中国检察文献研究

ZHONGGUO JIANCHA WENXIAN YANJIU

◎ 主 编／薛伟宏 杨迎泽

中国检察出版社

《中国检察文献研究》
编 委 会

目 录

第一篇 文 献

第二篇　法学文献

第三篇　检察文献

绪 论

一、文献是物质化知识——语言文字等符号之信息含义的物质载体

诚然，"人们最初怎样脱离动物界（就狭义而言），他们就怎样进入历史"；① 而人与动物的根本区别不仅在于会劳动，更在于人固有意识及其主观能动性。② 在主观能动性支配下，人不仅能思维和创制语言文字，还能借助语言文字等符号这种物质化、形态化或外化的知识信息以及笔墨纸砚等书写工具，③ 有目的地创制出形形色色的文献，并以其记录人类的发展历史。因此，

① 恩格斯语（参见《马克思恩格斯选集》，人民出版社 1972 年版，第 218 页）。

② 所谓意识，即"人的头脑对客观物质世界的反映，是感觉、思维等各种心理过程的总和。其中的思维是人类特有的反映现实的高级形式"；主观能动性，即"人的主观意识和行动对于客观世界的反作用"（参见中国社会科学院语言研究所词典编辑室编：《现代汉语词典》（修订本），商务印书馆 1999 年版，第 1495、1642 页）。

③ 而值得说明的是，本书所用"创制"，除具有"初次制定（多指法律、文字等）"［参见中国社会科学院语言研究所词典编辑室编：《现代汉语词典》（修订本），商务印书馆 1999 年版，第 198 页］含义外，还具有制作、生产、创作、翻译、编辑、主编、改编、注释、整理、主管、主办、印制、编印等含义。而所谓语言，即"人类所特有的用来表达意思、交流思想的工具，是一种特殊的社会现象，由语音、词汇和语法构成一定的系统。'语言'一般包括它的书面形式，但在于'文字'并举时只指口语"；所谓文字，即记录语言的符号、语言的书面形式；所谓知识，即"人们在改造世界的实践中所获得的认识和经验的总和"；所谓信息，"信息论中指用符号传送的报道，报道的内容是接收符号者预先不知道的"；所谓笔墨纸砚等书写工具，亦即文具，即"指笔、墨、纸、砚等用品"［参见中国社会科学院语言研究所词典编辑室编：《现代汉语词典》（修订本），商务印书馆 1999 年版，第 1539、1320、1612、1404、1319 页］。因此，语言文字等符号是物质化、形态化或外化的知识，信息则是物质化、形态化或外化的知识——语言文字等符号所蕴含的具体含义，文具是通过语言文字等符号记录知识信息的工具。

像物化劳动一样，① 文献是物质化、形态化或外化的知识——语言文字等符号之信息含义的客观物质载体；而"知识是生产杰作的基础，也是源泉"。②

然而，倘若没有知识信息、语言文字等符号和文具，人就无法创制出各色文献；反之，倘若没有各色文献，知识信息也无法被记录、传承并转化为物质进而产生和迸发出"提笔定乾坤"的巨大能量来。譬如，倘若没有宪法文本（如图1所示）的客观存在，③ 那么，宪法治国安邦的总章程作用也无法彰显，而各种国家制度也无法建构。因此，没有文献，知识就难以转化为信息力量。

人的知识是从哪里来的？不是人脑中固有的，而是从后天的教育和社会实践中积累而来的。教育培训积累也好，实践自学积累也罢，都离不开文献宇宙的熏陶、滋养。④ 正是："这一时代的真正大学，是汇集起来的书籍"；⑤ 而汇

---

① 所谓物化劳动，"经济学上指凝结或体现在产品中的劳动"［参见中国社会科学院语言研究所词典编辑室编：《现代汉语词典》（修订本），商务印书馆1999年版，第1338页］。

② ［古罗马］贺拉斯《诗艺》中语，载《格言大词典》（修订本），辽宁人民出版社1996年版，第424页。

③ 值得说明的，一是本书所举文献实例，主要源于国家检察官学院图书馆馆藏文献汇文检索系统、孔夫子旧书网（http：//www.kongfz.com/）之高级检索、最高人民检察院编的《人民检察史》画册（检察2008）、高洪海主编的《检察老照片》（检察2008），以及全国图书馆文献缩微复制中心编辑的缩微制品之《报纸目录》、《期刊目录》、《影印书目录》。二是所举实例主要为检察文献，以期紧扣"中国检察文献研究"之主题，并包括清末、中华民国和新中国3个时期。三是所举实例文献之责任者——"……出版社×××年版"简称"……××××"。例如，"法律出版社1954年版"简写为"法律1954"、"中国检察出版社2000年版"简写为"检察2000"，"中国法制出版社2000年版"简写为"法制2000"，"中国民主法制出版社2000年版"简写为"民主法制2000"，"人民法院出版社2000年版"简写为"法院2000"，"方正出版社2000年版"简写为"方正2000"，"商务印书馆2000年版"简写为"商务2000"，"中国人民公安大学出版社2000年版"简写成"公大2000"，"中国政法大学出版社2000年版"简写成"法大2000"，"中国人民大学出版社2000年版"，简写成"人大2000"，以期减少篇幅之冗长。四是报刊名称后所注时间，为其创刊时间。

④ 所谓文献宇宙，是指处于量与质的变化中的人类知识及其载体的总和。美国图书馆学家巴特勒在1952年发表的《图书馆的文化职能》一文中最早使用这一概念。他认为，存储着人类知识的巨大的文献集合体犹如宇宙一样，时时刻刻都在膨胀，如果对其放任自流，那只会使这一日益庞大的知识宝库处于混沌之中，而不能为人类有效利用。因此，图书馆的职能在于使混乱无序的文献处于有组织、有秩序的状态中。只有这样，人类才能有效地开发利用自己创造的、日益增长的知识财富。

⑤ ［英］卡莱尔《论文学英雄》中语，载《格言大词典》（修订本），辽宁人民出版社1996年版，第445页。

图1　左上起:《钦定宪法大纲》(1908 年 8 月 27 日),《中华民国宪法》
(1923),中英文对照《中华民国宪法》(商务 1947),《中国人民政治协商会议
全国委员会共同纲领》(1949 年 9 月 29 日),1954、1975、1978、1982 年《中
华人民共和国宪法》(人民 1954、1975、1978、1982) 文本

集图书、报刊等文献的图书馆,则是大学的不可或缺标识和"精神家园"。

　　何谓大学?"非谓有大楼之谓也,有大师之谓也",① 乃"'囊括大典、网
络众家'之学府也"。② 进言之,大楼、大师、大典为大学之"三大"要素。③
但比较而言,大典为冠,大师为亚,大楼为季。究其原因,大典是大学永恒增
长的精神食粮和"铁打的营盘",而大师、大楼都似"流水的兵"。为此,诸
如我国《教育法》(1995 年 3 月 18 日) 第 42 条、《高等教育法》(1998 年 8
月 29 日) 第 63 条以及国务院《普通高等学校设置暂行条例》(1986 年 12 月
15 日) 第 9 条和国家教委《成人高等学校设置的暂行规定》(1988 年 4 月 9

---

　　① 原清华大学校长梅贻琦语 (参见刘莎:《所谓大学者,非谓有大楼之谓也,有大
师之谓也》,载《新闻晨报》2010 年 10 月 17 日)。
　　② 原北京大学校长蔡元培语 (参见杨光钦:《蔡元培办学实践美的多重向度》,载
《教育研究》2006 年第 6 期)。
　　③ 其中,大典者,"(1) 国家的重要法令典章。文选南朝梁任彦升 (昉) 王文宪集
序:'至于军国远图,刑政大典,既到在廊庙,则理擅民宗'。后也称重大的典礼为大典。
(2) 称为典范的重要著作。后汉书三五郑玄传论:'郑玄囊括大典,网罗众家,删裁繁诬,
刊改漏失,自是学者略知所归'";大师者,"对学者的尊称。史记一二一伏生传:'学者由
是颇能言尚书,诸山东大师无不涉尚书以教矣'";大楼者,大的"房屋"(参见商务编辑
部等编:《辞源 (缩印版)》,商务印书馆 1991 年版,第 360 页、第 362 页、第 819 页)。

日）第 14 条、《广播电视大学暂行规定》（1988 年 5 月 16 日）第 14 条、《中外合作办学暂行规定》（1995 年 1 月 26 日）第 8 条、《民办高等学校设置暂行规定》（1993 年 8 月 17 日）第 12 条等法律法规都明确规定，设立各种高等院校的不可或缺条件之一，必须有一定数量的"图书资料"——文献。而特别值得说明的是，住房和城乡建设部、国家发展和改革委员会《国家检察官学院分院建设标准条文说明》（2011 年 1 月 1 日）第 10 条第 1 款第 6 项还明确规定："图书馆是教学用房的重要组成部分，也是检察文献信息收集、整理、展示和传播的基地。"①

因此，"有了人，我们就开始了历史"；② 但没有知识信息及其外化的语言文字等符号以及承载这些符号的各色文献，人类的历史就难以被记录和展现。当然，诸如庄子、禅宗认为言不尽意，主张口传心授而反对用语言文字记录、传承人类历史者，毕竟少数。所以从这个意义上说，人类发展的历史，就是其所创制的各色文献的发展史；各色文献的发展史，也就是人类发展历史的记载与呈现。因为，即便是"没有军队、宪兵、警察，没有贵族、国王、总督、地方官，没有诉讼，而一切都是条理的"原始社会，③ 也存在"结绳记事"之文献。④

二、文献是司法官判断正义与邪恶的知识标尺

有国家，必有法律；⑤ "如果法律可以自动运用，那么法官也就是多余的了"；⑥ "夫法之善者，仍在用法之人，苟非其人，徒法而已"。⑦ 因此，古今中外法制（治）实践表明，一方面，司法官或其检察官，都应成为拯救邪恶灵魂的工程师和维护公平正义的捍卫者。相反，"没有任何行为比起法官（检

---

① 参见中华人民共和国住房和城乡建设部、国家发展和改革委员会《国家检察官学院分院建设标准》（建标 150 - 2011），中国计划出版社 2011 年版，第 20~21 页。
② 参见恩格斯：《自然辩证法导言》，载《马列著作选读（哲学）》，人民出版社 1988 年版，第 151 页。
③ 参见恩格斯：《家庭、私有制和国家的起源》，载《马克思恩格斯选集》（第 4 卷），人民出版社 1972 年版，第 92 页。
④ 所谓结绳记事，是文字发明前，人们所使用的一种记事方法。即在一条绳子上打结，用以记事。上古时期的中国及秘鲁印地安人皆有此习惯，即到近代，一些没有文字的民族，仍然采用结绳记事来传播信息。
⑤ 其实法律本身，就是名副其实的文献——法律文本文献。
⑥ 马克思语（参见《马克思恩格斯全集》（第 1 卷），人民出版社 1956 年版，第 76 页）。
⑦ 参见沈家本著：《历代刑法考》，中华书局 1985 年版，第 51 页。

察官又何尝不是——引者注，下同）的徇私枉法对一个社会更为有害的了。司法的腐败，即使是局部腐败，也是对正义的源头活水的玷污"。① 另一方面，为防止司法腐败除应依法规范司法官或其检察官的行为之外，还应依法铸造他们的疾恶如仇、从善和平和志趣。

　　然而，"心灵中的黑暗必须用知识来驱除"；② 而"天下没有一桩蠢事不会由于知识或者意外而得到纠正；也没有一种聪明的事不会由于缺乏知识或者由于意外而遭到失败"，③ 包括司法腐败。因此，知识及其物质、形态化的信息载体——文献，对于司法官或其检察官来说，再重要不过了——"他们（法官和检察官）懂得不正义，并不是把它作为自己心灵里的东西来认识的，而是经过长久的观察，学会把它当作别人心灵里的别人的东西来认识的，是仅仅通过知识，而不是通过本人的体验认识清楚不正义是多么大的一个邪恶的"。④ 易言之，通过知识及其物质、形态化的信息载体——文献，司法官或其检察官既可认清邪恶的丑陋嘴脸，也可识别正义的善良面庞。正是："法官是法律世界的国王，除了法律就没有别的上司"；⑤ 而其中的法律世界、法律，就包括诸如法治理念、法律文本、法律书籍和报刊等文献或其社会科学文献或其法律文献或其检察文献。⑥ 所以，没有文献，就没有物质、形态化的知识；没有物质、形态化的知识——文献，司法官或其检察官就失去了判断正义与邪恶的知识标尺。

三、文献中心——图书馆建设的最终目标

　　当然，"随着时代的发展，作为'图书的馆'的图书馆不仅集藏图书，也集藏报刊、缩微胶卷、磁带、光盘、E－book（即电子书）、数据库等其他类型的资料。在此背景下，用'文献'取替'图书'来指涉图书馆的集藏对象，

---

　　① ［美］道格拉斯语（参见《格言》，载《法律咨询》2008 年第 2 期）。
　　② ［古罗马］卢克莱修《物质论》中语，载《格言大词典》（修订本），辽宁人民出版社 1996 年版，第 424 页。
　　③ ［德］歌德《歌德的格言和感想集》中语，载《格言大词典》（修订本），辽宁人民出版社 1996 年版，第 425 页。
　　④ ［古希腊］柏拉图：《理想国》，商务印书馆 1986 年版，第 119 页。
　　⑤ 马克思语［参见《马克思恩格斯全集》（第 1 卷），人民出版社 1995 年版，第 181 页。］
　　⑥ 例如，全国人大常委会办公厅编写的《马克思 恩格斯 列宁 斯大林论法》（法律 1986）、我国 1979 年《刑法》和《刑事诉讼法》（1979 年 7 月 1 日）、钟海让著的《法律监督论》（法律 1993）、《中国法学》杂志（1984 年）和《法制日报》（原名《中国法制报》，1980 年 8 月 1 日）。

更能达成名（能指）与实（所指）的统一"。① 易言之，随着馆藏品种的增加，"图书的馆"正逐步向"文献的馆"演变。究其原因，其所藏并不限于图书，而是所藏文献品种多元化作用的结果。为此，教育部《普通高等学校图书馆规程（修订）》（2002 年 2 月 21 日）规定："高等学校图书馆是学校的文献信息中心，是为教学和科学研究服务的学术性机构，是学校信息化和社会信息化的重要基地。高等学校图书馆的工作是学校教学和科学研究工作的重要组成部分。高等学校图书馆的建设和发展应与学校的建设和发展相适应，其水平是学校总体水平的重要标志"（第 1 条）；"高等学校图书馆应积极采用现代技术，实行科学管理，不断提高业务工作质量和服务水平，最大限度地满足读者的需要，为学校的教学和科学研究提供切实有效的文献信息保障。主要任务是：（一）建设包括馆藏实体资源和网络虚拟资源在内的文献信息资源，对资源进行科学加工整序和管理维护。（二）做好流通阅览、资源传送和参考咨询工作，积极开发文献信息资源，开展文献信息服务。（三）开展信息素质教育，培养读者的信息意识和获取、利用文献信息的能力。（四）组织和协调全校的文献信息工作，实现文献信息资源的优化配置。（五）积极参与文献保障体系建设，实行资源共建、共知、共享，促进事业的整体化发展。开展各种协作、合作和学术活动"（第 3 条）。

如果说"文献馆"或其图书馆既是人类的知识宝库，也是培育人才的摇篮的话，那么，文献就是人类感悟真知的殿堂，也是人们体验终身教育的学校，更是司法官或其检察官追求公平正义的加油站。为此，最高人民检察院明确提出，"检察队伍素质能力和执法公信力明显提升"，是"十二五"时期检察工作发展的"五个主要目标"之一。② 而这一目标的实现，既需要教育培训以及检察人员对知识的日积月累和工作的亲力亲为，也需要图书馆特别是国家检察官学院及其分院图书馆所藏文献及其法律文献及其检察文献的磨砺以须。

检察实践证明，没有检察文献的支撑、给力，检察教育培训就像无米之炊；没有检察文献的积淀、滋润，检察理论研究就像无本之木；没有检察文献的规范、导引，检察工作就像无头苍蝇甚至脱缰野马……因为，一方面，文献

---

① 参见傅荣贤、马海群：《从文献的本质看图书馆的使命和图书馆学的学科取向》，载《情报资料工作》2011 年第 6 期。

② 参见《"十二五"时期检察工作发展规划纲要（摘要）》，载《检察日报》2011 年 9 月 15 日。其余四个主要目标为：检察职能作用发挥更加充分；科学合理、协调发展的法律监督工作格局基本形成；基层基础工作持续加强；中国特色社会主义检察制度进一步完善。而每一主要目标的实现，都离不开检察文献的支持。

及其法学文献及其检察文献，是一种由高贵的语言和闪光的思想所构成的精神财富，为人类及其司法官及其检察官所铭记和仰仗。另一方面，检察文献既是检察实践经验教训的结晶，也是坚持好、发展好、完善好中国特色社会主义检察制度的动力源泉。倘若无视检察文献的价值，既无法摆脱"我是谁？我的位置在哪里"的妄自菲薄，① 也无法回答"为什么检察制度屡受质疑"、"谁来监督监督者"等理论不自信与质疑；② 倘若无视检察文献的作用，既无法摆脱检察制度的"头重脚轻根底浅"、"嘴尖皮厚腹中空"，也无法保证检察工作的理性、平和、文明、规范；倘若无视检察文献的功能，既无法树立"任何公权力的行使都必须受到监督制约，检察权也不例外"的权力监督观，③ 也无法避免做出数典忘祖的蠢事来。正是："知识不是天赋的"，④ 大多是从瀚如烟海的文献中获取的，而"只有知识才是真正的权力，人类只应当受知识的统治"。⑤ 当然，"命定要为防范法官恣意与警察滥权而奋斗，更需为自身不被相类的病毒感染而苦斗"的检察官，⑥ 更需要各类文献所承载的知识信息特别是其中法律及其检察知识信息的统治。因此，根据我国《检察官法》（2001 年 6 月 30 日修正）和最高人民检察院《检察官培训条例》（2007 年 1 月 24 日）规定，作为肩负检察官终身教育职责的学校——"国家检察官院校和其他检察官培训机构"，为增强检察人员素质而为其提供切实可行的精神食粮——检察文献，是责无旁贷的法定义务。

而据《国家检察官学院分院建设标准》第 10 条、国务院《行政学院工作条例》（2009 年 12 月 22 日）第 50 条第 2 款的规定，⑦ 国家检察官学院及其分院图书馆，不仅应成为收集、整理、展示和传播检察文献信息的基地，也应成为现代化的检察文献中心。其间，国家检察官学院图书馆不仅要发挥龙头示范

---

① 参见林钰雄：《检察官论》，法律出版社 2008 年版，第 50 页。

② 参见朱孝清：《中国检察制度的几个问题》，载《中国法学》2007 年第 2 期；陈卫东：《我国检察权的反思与重构，以公诉权为核心的分析》，载《法学研究》2002 年第 2 期。

③ 参见曹建明：《坚定不移走中国特色社会主义检察事业发展道路》，载《检察日报》2012 年 3 月 1 日。

④ ［英］洛克《人类理解力论》中语，载《格言大词典》（修订本），辽宁人民出版社 1996 年版，第 426 页。

⑤ ［法］雨果《悲惨世界》中语，载《格言大词典》（修订本），辽宁人民出版社 1996 年版，第 424 页。

⑥ 参见林钰雄：《检察官论》，法律出版社 2008 年版，第 94～95 页。

⑦ 其中第 50 条第 2 款规定，"国家行政学院和省、自治区、直辖市人民政府设立的行政学院图书馆应当办成现代化的文献资料中心"。

和辐射作用，也理应成为全国检察文献资料中心。为此，经最高人民检察院批准的《国家检察官学院"十二五"时期发展规划》明确提出："大力加强图书馆建设，进一步突出馆藏特色，规划期内要力争收齐各类中文检察文献，有计划地收集、收藏有代表性的国外检察文献，努力建成全国检察文献资料中心；积极推进图书馆数字化、网络化建设，探索构建'基层检察院电子图书馆'，为检察系统提供更好的检察文献服务。"①

总之，现今悬挂于南京师范大学社科图书馆的下列金匾中堂跋语（如图2所示），则一语中的地道出了文献于人及其检察人、于大学及其检察官学院、于图书馆及其检察官学院图书馆的不可或缺地位——文献及其法学文献及其检察文献，是高等院校或其法学院校或其检察院校不可或缺的生成因素和立命之本。

图2　蔡元培语："大学者，'囊括大典、网络众家'之学府也"——己丑岁夏雨之时陈仲明于金陵松月

---

① 参见《国家检察官学院"十二五"时期发展规划（摘要）》，载《检察日报》2012年1月6日。

第一篇 文献

第一章　文献的词源与词义

一、文献的词源

在国外，"文献"英语为"Literature"，法语为"littérature"，俄语为"литература"，德语为"Literatur"，阿拉伯语为"أدب"，日语为"文学"，韩语为"문학"……在我国，"文献"原为"文獻"。1964年3月7日，中国文字改革委员会、文化部、教育部在颁行的《简化字总表（第二表）》中，将"獻"简化为"献"。至此，"文献"替代"文獻"而产生并流传至今。

而汉语"文献"最早出现于何时何处？一般认为，它初现于《论语·八佾》："子曰：'夏礼吾能言之，杞不足征也；殷礼吾能言之，宋不足征之。文献不足故也。足，则吾能征之矣'"的记载。① 可见，文献最初便有证据作用。例如，"银雀山汉简中有一段关于'岁刑'的记载，证明有期徒刑制度早在战国时期的齐国就已经出现了，与学界一向坚持的始于汉文帝刑制改革大相径庭。原文如下：'卒岁少入百斗者，罚为公人一岁。卒岁少入二百斗者，罚为公人二岁。出之之岁，以为公人终身。卒岁少入三百斗者，黥刑以为公人'"。② 而时至今日，书证既是证据，③ 也是名副其实的文献或其法律文献或其诉讼文献或其检察文献。例如，1950年9月，"美国特务李安东反革命案"中所附炮击天安门城楼示意图（如图3所示），④ 以及成克杰受贿案中《北京

---

① 而此段文字的今意为："孔子说：'夏礼，我能说出来，但其后者杞国不足以证明；商礼，我也能说出来，但其后者宋国也不足以证明。究其原因，在于文字资料与熟知礼的宿贤不多；如果多的话，我说的话的正确性就会得到证明。'"

② 参见张臻臻：《中国法律文献研究》，载《经营管理者》2011年第8期。

③ 所谓书证，即"用文字、符号或图画等方式记载和表达人的思想或行为，而其内容对案件的真实情况又具有证明作用的物品。诉讼证据的一种，主要有合同、书信、遗嘱、传单、证明文件、账本、票据等"（参见邹瑜、顾明总主编：《法学大词典》，法大出版社1991年版，第291~292页）。

④ 参见高洪海主编：《检察老照片》，中国检察出版社2009年版，第12~13页。

市第一中级人民法院刑事判决书》（〔2000〕一中刑初字第1484号，2000年7月31日）所附"《关于变更广西银兴实业发展公司隶属关系的函》、《企业申请变更登记注册书》……《关于广西银兴房屋开发公司新建银兴商城项目立项的批复》……《地价评估报告》、《关于南宁市停车城地价问题的批复》、《关于缓交南宁市停车城土地转让费的报告》……《人民币资金》、《抵押合同》贷款转存凭证、银兴公司银行明细账……《关于广西民族宫建设筹备工作会议纪要》、《公司设立登记申请书》……《人民币短期借款合同》、银行存款明细账……《关于广西民族宫有限公司5000万元财政拨款情况的说明》、《财政周转借款合同书》、预算拨款凭证……自治区四十周年大庆筹委会会议纪要、请求解决自治区四十周年庆祝活动重点项目建设经费的请示、国家计委办公厅的复函、预算拨款凭证……银兴公司账册、北海银新房地产公司南宁分公司账册、广西南宁财贸物资公司的账册……转账支票、户名为张静海的中国银行长城信用卡、转账传票……广西民族宫建设有限公司账册、基达企业有限公司账册……中国建设银行广西分行、中国银行广西分行的贷款审批手续……桂信公司账册、银行进账单、银行活期储蓄存款凭条、取款凭条……"，均为书证，亦为文献；而山西省忻县专署公安处批准逮捕一贯道道首李长林、汉奸张兴的《逮捕证》（1955年，如图3所示）等文献，便可佐证新中国成立初期公安机关有代行检察职权情形的客观存在。①

---

① 《中央人民政府最高人民检察署试行组织条例》（1949年12月20日）第3条第2款就曾规定："前项各款之职权，在下级检察署尚未设立的地区，得暂委托各该地公安机关执行，但其执行须直接受最高人民检察署的领导。"山西省人民政府还颁行有《关于设立专职检察长的问题与一般县公安局代行检察职务的通知》（1952年10月17日，如图3所示）。

图3　左起：由美国特务山口隆一（日本人）绘制的炮击天安门城楼示意图，山西省忻县专署公安处《逮捕证》（1955 年），罗江县法院《审判笔录》，西藏自治区日喀则县革命委员会《审讯笔录》（1976 年），《审讯汪伪汉奸笔录》（上下，南京市档案馆编，香港凤凰 2004）；山西省人民政府《关于设立专职检察长的问题与一般县公安局代行检察职务的通知》①

另外，《论语》，系"儒家经典之一。西汉（公元前 206 年至公元 220 年）时有今本的《鲁论》和《齐论》及古文本的《古论》3 种，今本《论语》系东汉郑玄（127—200 年）混合各本而成，共 20 篇。是孔子（公元前 551 年 9 月 28 日至前 479 年 4 月 11 日）弟子及其再传弟子关于孔子言行的记录"。②

此外，关于《论语》成书的具体时间与编者，还有人考证认为，"《论语》为孔门弟子相与追忆其师所作，系回忆性的纪念文集。孔子逝世后，众弟子从四面八方云集阙里居丧，是孔门弟子的空前绝后的大聚会，具备追忆其师的天时、地利、人和的条件，其后绝无此机遇。子贡以其资历、声望、才智、财力、与夫师弟情谊，并受孔子遗命，操办丧事，倡议编纂纪念文集，统一师说，光大师门，自是情理中事，《论语》初编成于此时，顺理成章。孔门弟子传输师说，主要是记述于心口和笔书于简帛，故众人追忆之言语文字，容或长短不一，间有不同，并不避重复。三年心丧毕，同门离散，分处诸侯之国，各

---

①　该书中附有："一、陈公博：前言 1. 自白书；2. 江苏高等法院检察官起诉书；3. 陈公博之答辩书附件——做人和做事；4. 江苏高等法院刑事判决。附件一：艳电；附件二：国民政府还都宣言；附件三：国民政府政纲；附件四：怎样做近代国家的国民；附件五：关于中化民国日本国间基本关系条约；附件六：中日满共同宣言；附件七：中华民国日本国间同盟条约；5. 李励庄为陈公博声请复判状；6. 最高法院特种刑事判决。二、周佛海：1. 军统局为请依法办周佛海等犯致首都高等法院函；2. 简单的自白；3. 首都高等法院检察官讯问笔录；4. 首都高等法院检察官讯问笔录；5. 首都高等法院检察官讯问笔录；6. 首都高等法院检察官讯问笔录……"

②　参见辞海编辑委员会编：《辞海（1979 年版）》缩印本，上海辞书出版社 1980 年版，第 382 页。当然，实践中还有人认为，《论语》成书于 2700 年前的战国初期。

以其所能授弟子，其中曾子、子夏最为名世，而《论语》终编，出于曾子门人之手"。①

由上可见，繁体"文獻"一词为孔圣人创制，并最早为公元前206年至公元220年间成书的《论语·八佾》所记载；而简体"文献"出现于1964年3月7日。当然，从世界角度看，作为物质、形态化知识——语言文字等符号之信息含义之客观物质载体的文献（亦即实体或实物文献），则与语言文字符号和文具孪生，② 并出现于"结绳记事"的原始社会。换言之，实体（或实物）文献，要早于"文獻"或"文献"一词诞生，就像苹果、鸭梨、葡萄等水果实物要先于"水果"一词产生一样。正是："文献形态的胚胎滥觞于文字的产生……除结绳以外，人们还学会用刻木的方法来帮助记忆、交流思想。无论是结绳还是刻木，都不具备文献的基本特征，但可以把它看作文献形成的雏形。这样认识，人类社会第一次文献类型的演进也就是文献形成的过程，它是以延长记忆为目的、贮存积累的演进过程。"③

二、文献的词义

所谓文献的词义，即文献的语音形式所表达的意义。④ 它与文献的定义、含（涵）义、概念、内涵不同。文献的定义，即对文献本质特征或文献的内涵和外延的确切而简要的文字说明；文献的含（涵）义，即文献所包含的意义；文献的概念，即反映文献本质属性的思维形式；文献的内涵，即文献概念所反映的文献的本质属性。

在汉语语境，"文献"除有词汇和语法意义之外，还有古代与近现代词义："汉语'文献'一词最早见于《论语·八佾》。南宋朱熹注解：'文，典籍也；献，贤也。意指典籍与宿贤'。元代马端临将其作书名编成《文献通考》，把'文'释成本书的记载，把'献'释为学士名流的议论（这即为古

① 参见李建国：《〈论语〉成书揭秘》，载《宁波大学学报》（人文科学版）2012年第4期。
② 而现在看来，作为书写工具统称的文具，并不限于笔、墨、纸、砚等传统书写工具，还包括缩微、声像、电子数据制品（如胶片、录音录像带、光盘、硬盘、墨粉、纸张等），以及照相机、录音录像机、计算机、打印机、复印机、扫描仪、影印机、录入机等现代书写工具。因此，根据书写主体的不同，可将文具分为机读和非机读或者人和机器书写工具两种。
③ 参见朱宁：《中国文献载体演进过程述略》，载《图书与情报》2001年第1期。
④ 所谓意义，亦即"含义"（参见商务辞书研究中心修订：《新华词典》，商务印书馆2001年版，第1171页）。

代文献的词义）。近现代，文献被理解为'具有历史价值的图书文物资料'和'与某一学科有关的重要图书资料'（这即为近现代文献的词义）。"因此，"文献"既经历了一个由古词义到近现代词义的演进，也经历了一个由合成词义演变为单纯词义的过程。① 易言之，我国古代的"文献"是一个合成词，意指典籍与宿贤；而近现代的"文献（献）"则是一个单纯词，意指"记录知识和信息的一切载体。"② 当然，对近现代文献（献）词义的具体阐释，也不尽相同。例如，文献："（1）有历史价值的或同某一学科有关的图书资料；（2）有重大政治意义的文件"；③ "有历史价值或参考价值的图书资料"；④ "记录有知识与其他信息的一切载体。这些信息是用文字、符号、图形、声频、视频等手段记录下来的。"⑤

比较而言，《中国大百科全书》、《图书情报辞典》的上述阐释较妥，即文献是记录知识和信息的一切载体。⑥ 换言之，记录知识和信息的一切载体都是文献，而不仅限于图书、报刊、资料、档案等纸质文献，还包括诸如埃及的纸草文献，两河流域的泥板文献，欧洲的羊皮文献，我国的甲骨、金文、简牍、石刻、缣帛等古代文献，以及音像、缩微、电子数据、多媒体等非纸质的当代新型文献。

因此，除诸如《摩奴法典》、《国法大全》、《狄奥多西法典》、《萨利克法典》、《撒克逊法典》以及《晋律》、《开皇律》、《唐律》、《宋刑统》、《元典章》、《大明律》、《大清律》等中外纸质文献或其法律文献外，国外的《汉谟拉比法典》（或《石柱法》、《岩石法》，用楔形文字刻在一黑色玄武岩圆柱上）、《赫梯法典》（用楔形文字刻于泥版、石板上）、《亚述法典》（用楔形文字刻于泥版上）、《乌尔纳姆法典》（用楔形文字写成）、《十二铜表法》（或《十二表法》，因刻于 12 块铜牌之上而得名），以及我国的《睡虎地秦墓竹简》

_____

① 其中，合成词是指"两个以上的词素构成的词"，单纯词是指"只包括一个词素的词"；而词素，是指"语言中最小的有意义的单位"（参见中国社会科学院语言研究所词典编辑室编：《现代汉语词典》（修订本），商务印书馆 1999 年版，第 507、244、205 页）。

② 参见于友先等主编：《中国大百科全书》第 2 版，中国大百科全书出版社 2009 年版，第 23~311 页。

③ 参见商务辞书研究中心修订：《新华词典》，商务印书馆 2001 年版，第 1029 页.

④ 参见中国社会科学院语言研究所词典编辑室编：《现代汉语词典》（修订本），商务印书馆 1999 年版，第 1319 页。

⑤ 参见王邵平等编：《图书情报词典》，汉语大词典出版社 1990 年版，第 117 页。

⑥ 其中知识是经文献所承载的纸张、语言文字等物质因素展示的，信息是通过文献所承载语言文字的含义彰显的。

（或《云梦秦简》）等，① 都属于文献或其法律文献范畴。而诸如"一座建筑、一块门牌、一幅广告、一条标语，都可以说是一种信息知识的载体，有记录内容，有记录手段，符合文献构成的三大要素，能说它们都是文献吗？显然不能"等观点，② 值得商榷。进言之，就像盲人摸象一样，在文献宇宙面前，人们很难判定哪些（个）文献有价值，哪些（个）文献无价值。例如，就很难讲图 4 中的印章、年报图表、建筑、门牌号、单位牌子、布质标语、服装等不是文献。

---

① 参见曹建明、何勤华主编：《大辞海·法学卷》，上海辞书出版社 2003 年版，第 362～377 页、第 342 页。诚然，"1975 年底，在湖北省云梦县睡虎地发掘的一座秦墓中，出土了秦简一千多支，其中六百多支是法律文书，即秦律。全部云梦秦简释文，发表在《文物》1976 年第六、七、八期上。我国古代第一部公开颁布的法典是战国时候李悝编纂的《法经》。《法经》分六篇：盗、贼、囚、捕、杂、具。内容主要是刑法和刑事诉讼法。《法经》早已散佚，仅在西汉恒谭《新论》和《晋书·刑法志》中记载了它的一鳞半爪。秦商鞅变法时，以《法经》为基础，制定了秦国的法律，并改法为律，这就是秦律。秦律后来经不断修改增补，秦始皇统一六国后，则把它实施于全国。秦律也没有保留下来，现在出土的部分秦律文，是至今发现的我国最早的法律。据考证，出土秦律，是在商鞅变法到秦统一这段时间陆续制定的，也有人认为，其中有的法律制定于秦统一以后。按《文物》发表的云梦秦简释文，出土秦律分五种。第一、二、三种，包括田律、厩苑律、仓律、金布律、关市、工律、工人程、徭律、效律、军爵律、除吏律、游士律等近三十种法律。这些法律确定了政治、经济等社会生活各方面的规范以及违反时应怎样惩罚，其名称不见于《法经》，显然是商鞅变法以来陆续增补的新法律。第四种是结合问答的律文，没有标题，但内容排列次序大体与《法经》五篇相同，这是从《法经》脱胎而来的。第五种是治狱案例，包括治狱、讯狱、封守等二十多个标题，除头两条是断狱的原则规定外，主要是关于审讯、查封、捕亡及法医检验的案例记载，具有文书格式的性质"（参见陈光中、沈国峰：《我国封建法律文献一瞥》，载《文献》1979 年第 1 期）。

② 参见朱宁：《文献要素、功能和属性的探析》，载《图书馆论坛》1999 年第 5 期。

图4　左上起：清末"京师高等检察厅印"（左为满文，右为汉字），民国司法部总务厅编《中华民国七年第五次民事统计年报》，伪满洲国监察院地址明信片，1978年恢复重建后的最高人民检察院办公地址：北京东城区北河沿大街147号，1988年3月18日全国第一个举报中心在深圳揭牌，最高人民法院、最高人民检察院《关于贪污、受贿、投机倒把等犯罪分子必须在限期内自首坦白的通告》（1989年8月15日）宣传站，①84式检察服春秋季男装（右1：高检院杨易辰检察长，右2：高检院冯锦汶副检察长），立于江西铅山二中的"清白正直做人，植根知识沃土"警示牌，国家主席习近平书法——"众志成城"，国务院总理李克强书法——"深化仁爱之心，铸成伟大灵魂"

总之，在我国，"文献"由来已久，既有字形、字体的演变，也有词性、词义的演进；而目前，它已是图书馆学、文献学、校勘学、版本学、考古学、文物学、语言文字学甚至法学等多种学科的专用名词、术语。

---

①　据统计，在贯彻《通告》期间（1989年8月15日至10月31日），全国检察机关收到举报贪污、贿赂的线索133765件，受理投案自首的贪污、贿赂犯罪分子25544人，加上其他经济犯罪分子，共达36171人，追缴的贪污、贿赂赃款有2.09亿元。在自首人员中，县处级干部742人，司局级干部40人，副省级、副部级干部各1人。

第二章　文献的概念与作用

一、文献的概念

（一）观点综述和评价①

1. 国外观点综述与评价

总的来说，目前国外有关文献概念之观点，主要有"四派"：

一是社会传播派认为，文献是一种信息传播的载体。其代表美国情报学家萨瑞塞维克、英国情报学家维克里将文献纳入动态的传播模型中后认为，文献就是以通常大家接受的编码或语言表示的符号信息的任何物理载体。因此，该派强调文献与人、机器交互作用的结果和规律；不足的是，忽略了文献内容与形式的统一，注重文献的外在形式——载体，而轻视文献所记录承载语言文字等符号所表现的信息内容含义。

二是智能过程派认为，文献是一项智能过程。其代表美国情报学家戴彭斯认为，文献是作为引起认识过程信号的物理载体，也是产生和刺激产生再认识状态过程中的媒介。因此，该派强调文献的媒介作用是作为事件的新状态的获取手段，传播只是一个纯技术问题；不足的是，忽略了文献内容与形式的统一，注重文献的媒介作用。

三是属性结构派认为，文献是一种属性结构。其代表英国情报学家布鲁克斯、贝尔金认为，文献是信息生产者按一定结构形式有意汇集在一起的符号，其目的是改变接受者的意向结构。因此，该派的实质是将知识结构看作文献的本质属性；不足的是，忽略了文献内容与形式的统一。

四是广狭两义派认为，文献有广狭两义。例如，"国外古代的文献概念一开始就有广义与狭义之分。在古代拉丁语中，documentun 和 literatura 都是文献的意思；英语中的 doeument 和 literaturc 即源于此，但二词的含义是有区别的，

---

① 参见刘宝瑞：《"文献"定义之我见》，载《图书与情报》1997 年第 1 期；朱宁：《从古今文献的认识看文献的本质》，载《图书馆》1998 年第 4 期；贺巷超：《论文献的构成要素》，载《图书馆学刊》1994 年第 1 期。

前者的含义十分宽泛，包括印刷品及其以外的一切文字记录，如碑文、古币图文等。后者一般只包括通常喻义上的图书资料"。① 因此，该派的特点在于，强调文献的内涵随其外延的变化而变化。

另外，国际标准化组织文献工作技术委员会《文献情报工作术语国际标准（草案）》（ISO/DIS5227）认为，文献是在存储、检索、利用或传递记录信息过程中，可作为一个单元处理的，在载体内、载体上或依附载体而存储有信息或数据的载体。

此外，美国图书馆协会《ALA 图书馆和情报学词汇表》（ALAGLIS）认为，文献是记录一部或多部著作的全部或部分内容的物质实体，包括书籍或类似的报刊资料、印刷品、图表、手稿、录音、录像资料电影及机读数据文档。

2. 国内观点综述与评价

（1）古代的文献概念。主要观点有六：

第一，《四书章句集注》认为，"文，典籍也；献，贤也"。②

第二，《文献通考》认为，"凡叙事则本之经史，而参以历代会要，以及百家传记之书，信而有征者从之，乖异传疑者不录，所谓文也。凡论事，则先取当时臣僚之奏疏，次及近代诸儒之评论，以至名流之燕谈，稗官之记录，凡一语一言，可以订典故之得失，证史传之非者，则采而录之，所谓献也"。③

第三，《辞源》认为，"文指有关典章制度的文字资料；献指多闻熟悉掌故的人"。④

第四，《辞海》和《古汉语大词典》认为，文献"原指典籍与宿贤"。⑤

第五，《中国大百科全书》认为，"汉语'文献'一词最早见于《论语·八佾》。南宋朱熹注解：'文，典籍也；献，贤也。意指典籍与宿贤'。元代马端临将其作书名编成《文献通考》，把'文'释成本书的记载，把'献'释为学士名流的议论"。⑥

---

① 参见张欣毅：《关于文献本质及其定义的再认识》，载《图书与情报》1992 年第 3 期。

② 参见（宋）朱熹撰：《四书章句集注》，中华书局 1983 年版，第 63 页。

③ 参见（宋）马端临撰：《文献通考》（自序），中华书局 1986 年版，第 2 页。

④ 参见商务编辑部等编：《辞源》（修订本，1－4 合订本），商务印书馆 1991 年版，第 737 页。

⑤ 参见辞海编辑委员会编：《辞海（1979 年版）》（缩印本），上海辞书出版社 1980 年版，第 1535 页；徐复等编：《古汉语大词典》，上海辞书出版社 2000 年版，第 1848 页。

⑥ 参见于友先等主编：《中国大百科全书》（第 2 版），中国大百科全书出版社 2009 年版，第 23～311 页。

第六，《古代汉语词典》认为，文献系"历史典籍及熟悉典籍的人"。①

因此，中国古人关于文献的概念，一方面，将文献作为合成词解释，且众说纷纭。另一方面，强调文、典籍与人三者的有机结合。同时，也蕴含并佐证了文献既是人类社会发展到一定时期（文字与文具的出现）的产物，也是人凭借本身所固有的意识及其主观能动性，借助语言文字等符号和文具，记录知识和信息的劳动结果。而劳动本身就包括活劳动与死劳动：前者是指在物质资料生产过程中劳动者支出的体力和脑力，后者亦即物化劳动。进言之，文献是活劳动与死劳动的客观结果。

（2）近现代的文献（献）概念。主要观点有八：

第一，《辞源》认为，文献"指有历史价值的图书文物"。②

第二，《辞海》认为，文献"今专指具有历史价值的图书文物资料"。③

第三，《现代汉语词典》认为，文献是"有历史价值或参考价值的图书资料"。④

第四，《新华词典》认为，文献是"有历史价值的或同某一学科有关的图书资料"。⑤

第五，《中国大百科全书》认为，文献是"记录知识和信息的一切载体。近现代，文献被理解为'具有历史价值的图书文物资料'和'与某一学科有关的重要图书资料'"。⑥

第六，《图书情报辞典》认为，文献是"记录有知识与其他信息的一切载体。这些信息是用文字、符号、图形、声频、视频等手段记录下来的"。⑦

第七，中国文献工作标准化技术委员会《文献著录总则》（GB3792 -

---

① 参见陈复华主编：《古代汉语词典》，商务印书馆 2006 年版，第 1632 页。

② 参见商务编辑部等编：《辞源》（修订本，1—4 合订本），商务印书馆 1991 年版，第 737 页。

③ 参见辞海编辑委员会编：《辞海（1979 年版）》（缩印本），上海辞书出版社 1980 年版，第 1535 页。

④ 参见中国社科院语言研究所词典编辑室编：《现代汉语词典》（修订本），商务印书馆 1999 年版，第 1319 页。

⑤ 参见商务辞书研究中心修订：《新华词典》，商务印书馆 2001 年版，第 1029 页。

⑥ 参见于友先等主编：《中国大百科全书》（第 2 版），中国大百科全书出版社 2009 年版，第 23 ~ 311 页。

⑦ 参见王邵平等编：《图书情报词典》，汉语大词典出版社 1990 年版，第 117 页。

1.83，1983 年 7 月 2 日）认为，"文献是记录有知识的一切载体"（第 2.1 条）。①

第八，北京图书馆《书刊文献采选条例》认为，文献即"书刊文献"的简称，"包括印刷型出版物（图书、期刊、报纸、图片等）、稿本、抄本、墨迹和缩微资料、音像资料、电子出版物等各种文献"（第 17 条）。②

因此，近现代人关于文献（献）的概念，一方面，将文献（献）作为单纯词解释，且莫衷一是；另一方面，强调文献是精神与物质相结合的产物，但其本身是物——客观存在的物质载体。当然，其间也存在诸如"结集、翻译、编纂诸端，谓之文；审订、讲习、印刷诸端，谓之献"等，③ 将文献（献）作为合成词定义之情形。而尽管通常认为，历史价值是指事物对历史发展所产生的积极影响或其本身所具有的特殊意义，但本书并不赞成上述以是否具有历史价值而界定文献的观点。因为，基于知识素养差异和个人对文献作用认识不同，势必导致人们对汗牛充栋中的每个文献价值几何的认知不尽相同，甚至相左。例如，对从事检察理论研究者而言，王桂五先生主编的我国"七五"期间国家社会科学研究重点项目——《中华人民共和国检察制度研究》（法律 1991）堪称"圣经"；④ 而它对天文爱好者来说，似乎毫无"价值"。

（3）国内观点综述和评价。概言之，国内古今有关文献概念，主要有以下"九观"：⑤

---

① 而中国文献工作标准化技术委员会《文献类型与文献载体代码》（GB3469 - 83）亦有相同规定。

② 参见《北京图书馆书刊文献采选条例》，载《图书馆规章制度选编》，北京图书馆出版社 2001 年版。

③ 参见郑鹤声、郑鹤春：《中国文献学概要》（我国首部以"文献学"冠名的专著，商务印书馆 1930 年初版），上海古籍出版社 2001 年版，第 1 页。

④ 王桂五（1918—1995 年），又名香山，河南巩县北侯人。我国当代著名法学家、人民检察理论的主要奠基人之一，曾任最高人民检察署副秘书长和办公厅主任、最高人民检察院委员、研究室主任。

⑤ 参见刘宝瑞：《"文献"定义之我见》，载《图书与情报》1997 年第 1 期；朱宁：《从古今文献的认识看文献的本质》，载《图书馆》1998 年第 4 期。而实践中，也有人认为，文献概念之观点总共有三：一是知识（或情报、信息、精神信息、观念信息）载体、载体上的知识、知识载体的统一（参见李锡初：《文献·文献信息·文献信息学》，载《图书情报论坛》1995 年第 4 期）；还有人认为，"考察古今中外'文献'概念的演变，笔者认为，迄今的关于'文献'的种种定义已经客观地形成了狭义与广义、学科操作性定义与基本定义、名词性定义与名动二义性定义这样三组最基本的概念类型"（参见李共前：《论文献概念的三大类型》，载《图书馆理论与实践》2001 年第 2 期）。

一是材料观认为，文献是一种材料。例如，"文献指一切历史材料"；文献是"具有使用价值、历史价值的字、词、语、篇、书、人、时、地、事、物的具体材料"。① 因此，此观强调从历史、是否有价值、能否供人使用的资料角度来认识文献，忽略了文献内容与形式的有机统一，注重文献形式或载体，致使文献的内涵随外延的拓展而飘忽不定。

二是图书、文物（字）、资料观认为，文献就是指图书、文物（字）或资料。例如，《辞源》、《辞海》、《现代汉语词典》、《新华词典》、《中国大百科全书》、《书刊文献采选条例》的上述观点，以及"文献应理解成一切历史遗留和现存有关某一问题、某一事实、某一作家的文字资料"；"文献就是能够反映人类社会各个历史发展阶段、一切领域人类活动对后代说来是具有历史价值和认识作用的、以文字记录形式存在的资料"。② 因此，此观强调文献的形式、载体，忽略了文献内容与形式的有机统一，使文献的内涵随外延的发展而发展。同时，对文献承载知识信息所蕴含的物质、价值力量视而不见。

三是知识观认为，文献就是知识。例如，"文献就是记录下来的知识"；"文献是用文字、图画、符号、声频、视频等手段记录的知识"；文献是"固化在一定物质载体上的知识"；"文献是用符号或声像记录在一切载体上的知识"。③ 因此，此观强调知识是文献的灵魂与主体，既忽略了文献内容与形式的有机统一，也忽略了文献对知识的记录承载作用。

四是信息记录观认为，文献是信息记录。例如，文献是"关于存储在物质载体上按照一定逻辑组织的有关知识内容的信息记录"，"指存储在物质载体上按一定逻辑组织的任何知识内容的信息记录"，"以某种语言表达的、用某种方式将其记录于某些物质载体内、以便在动态系统中进行流通的语义信息"，"人类文化信息（或曰知识与情报）在一定的固体物质上形成的记录品"，"以一定的方式记录有人类观念信息并作为人类观念信息间接交流中介

---

① 参见王欣夫：《文献学讲义》，上海古籍出版社1986年版，第2页；单柳溪：《"文献"诠释》，载《文献》1986年第1期。
② 参见谢灼华：《简论文学文献与文学文献学》，载《图书馆学研究》1982年第4期；严怡民：《情报学概论》，武汉大学出版社1983年版，第96页。
③ 参见陈光祚：《科技文献检索》（上册），武汉大学出版社1987年版，第14页；本书编写组：《目录学概论》，中华书局1982年版，第2页；穆庆云：《谈文献定义——与孙二虎先生商榷》，载《图书情报工作》1991年第2期。

的人工固态载体"。① 因此，此观强调信息是文献的灵魂与主体，并认为记录作为文献得以物质、形态化的第一功能，是文献其他功能的派生基础，从而忽略了文献内容与形式的有机统一。

五是附载物观认为，文献是记录有人类精神信息的，且便于存储或传递的人工固态附载物。②

六是知识载体观认为，文献是知识的载体。例如，《文献著录总则》的上述观点，以及"文献乃是用文字、图形、符号、声频、视频等技术手段记录人类知识的一种载体"；"文献是指以文字、图像、符号、声频、视频等为主要记录手段的一种知识载体"；文献是"记录有知识，且用于记录知识的一切载体"。③

七是科学情报载体观认为，文献是科学情报的载体。例如，"波兰的 A. 鲍梅卡尔斯基认为：'文献——科学情报的物质载体'"。④

八是知识与信息载体观认为，文献是知识与信息的载体。例如，《中国大百科全书》、《图书情报辞典》的上述观点，以及文献"今天专指以文字、图像、符号、声频、视频等为主要记录手段的一切信息和知识载体"，"就是记录一切人类知识信息的载体"。⑤ 因此，上述知识载体观、科学情报载体观和知识与信息载体观，一方面，它们都试图从文献的物质材料、制作方法、符号系统等外在形态特点和知识、科学情报、信息等内容特点去揭示文献的本质；另一方面，它们都强调文献的物质属性，也正是文献作为人类文化信息的物质化结果，才使文化信息长久地保存流传下来。

九是物质与精神结合（或融合体）观认为，文献是物质与精神的结合（或融合）体。例如，文献"既不是纯粹的物质，也不是纯粹的精神，而是二

---

①　参见贺修铭等：《社会科学文献检索教程》，湖南人民出版社 1986 年版，第 1 页；高崇谦等：《文献检索基础》，书目文献出版社 1983 年版，第 1 页；张欣毅：《关于文献本质及其定义的再认识》，载《图书与情报》1992 年第 3 期；杨晓骏：《文献定义新论》，载《图书情报工作》1994 年第 4 期。

②　参见尹锋：《网络信息资源管理引论》，湖南人民出版社 2007 年版，第 19 页。

③　参见严怡民：《情报学概论》武汉大学出版社 1983 年版，第 96 页；周文俊：《文献交流引论》，书目文献出版社 1986 年版，第 7~8 页；张欣毅：《关于文献本质及其定义的再认识》，载《图书与情报》1992 年第 3 期。

④　参见张欣毅：《关于文献本质及其定义的再认识》，载《图书与情报》1992 年第 3 期。

⑤　参见黄宗忠：《文献信息学》，科学文献出版社 1992 年版，第 47 页；朱南：《文献工作标准化》，载《文献著录标准化参考资料选编》，辽宁省图书馆 1984 年编印，第 24 页。

者的结合"，是"记录知识的物质载体与物质载体记录的知识的融合体"，"一定是知识与一定物质载体的结合产物"。① 因此，此观的实质是强调文献是文化信息性与载体物质化的中介与融合，既否定文献是纯物质性，也否定文献的纯精神性，而主张文献是"活知识"与"死知识"有机结合的产物。

（二）本书观点

比较而言，本书更倾向于上述第八、九两种文献概念之观点的综合。进言之，所谓文献的概念，即反映文献本质属性的思维形式，应把握以下三点：

第一，文献是人类社会发展到一定阶段的结果，也是随语言文字等符号和文具的产生而出现的产物——有人类，就有文献；没有语言文字等符号和文具，也就没有文献。

第二，文献是人类进行劳动的附带产品，也是人类从事"三大实践"的相应结果。当然，创制、管理和利用文献本身，也是活劳动或死劳动之一种。

第三，文献既是精神与物质，也是其主体、客体和内容"三要素"相互依存、相互结合和相互作用的结晶。

总之，文献是人类借助语言文字等符号和文具创造的、记录并承载知识及其内容含义——信息的一切物质载体。一方面，诚然，"文献记录的内容到底是信息，还是知识？这个问题在学术界还有争议。一种观点认为，文献中所记载的内容是人类通过实践和认识活动而获取和积累的知识。但多数学者认为，知识是人们在社会实践中积累的经验和总结出来的规律，文献不仅是知识的记录，也是信息的记录；信息可能是知识，也可能还不被人类所了解而成为知识，那么记录下来的东西就是信息。由于知识也属于信息，所以很多学者认为文献记录的内容是信息"。② 而本书认为，文献既是记录知识（亦即语言文字符号）的物质材料，也是承载知识信息内容含义（亦即语言文字符号所蕴藏的含义）的物质载体。进言之，语言文字符号，是物质、形态化的知识；语言文字符号所蕴藏的内容含义，则是（思想、精神）信息；而语言文字等符号和笔墨纸砚等文具既是知识的物质、形态化的形式，也是语言文字等符号所蕴藏信息的内容含义。换言之，知识是物质化、有形的——通过具体的语言文字等符号和文具所展现，知识的思想内容——信息是精神化、无形的，但知识和信息则借助语言文字和文具等物质材料共同寓于形形色色的文献之中。

---

① 参见朱见亮：《论文献观》，载《图书情报工作》1986 年第 6 期；高家望：《文献的认识论及其定义》，载《图书馆理论与实践》1988 年第 1 期；孙二虎：《从文献发展历史看文献的本质》，载《图书情报工作》1990 年第 2 期。

② 参见朱宁：《文献要素、功能和属性的探析》，载《图书馆论坛》1999 年第 5 期。

另一方面，文献具有自然、社会和本质属性。"我们不妨以它（即文献）的自然属性入手，再进一步了解它的社会属性，最后对它的本质属性进行剖析。这样有个比较清晰的脉络，以便更好地挖掘'文献'的深刻内涵"：一是文献的自然属性——即文献是客观知识的一种表现形式，必须通过具体的物质形态（如龟甲、兽骨、简牍、缣帛、纸张、磁带、光盘、胶片等）来体现。因此，文献首先必须是一种物质实体，可供人们收藏、保存、传递、转化，不受时间和空间影响。二是文献的社会属性——即文献的知识信息属性与价值（包括知识、思想、学术、审美、政治、经济、历史等价值）属性。三是文献的本质属性——即文献的本质属性应是文献本身所含内容的信息性。①

一言以蔽之，文献是精神与物质交互作用的结晶；凡是记录并承载语言文字等符号的物质材料或载体，都可称为文献。

二、文献的作用

作为人类社会的产物和劳动成果，文献除具有记录并承载知识及其内容含义——信息的功能以及证据作用之外，还具有以下作用：

第一，它既是人类活动的唯一记载，也是了解人类社会及其民族、国家、团体、单位乃至个人生死、兴衰、荣辱、命运轨迹的图谱、家史。正是："人类孕育了文献，文献又积累、传输和发展了人类文明，文献是人类文明的重要支柱和发展的巨大力量。"②

第二，"人的正确思想是从哪里来的？是从天上掉下来的吗？不是。是自己头脑里固有的吗？不是。人的正确思想，只能从社会实践中来，只能从生产斗争、阶级斗争和科学实验这三项实践中来。人们的社会存在，决定人们的思想。而代表先进阶级的正确思想，一旦被群众掌握，就会变成改造社会、改造世界的物质力量人们在社会实践中从事各项斗争，有了丰富的经验，有成功的，有失败的。无数客观外界的现象通过人的眼、耳、鼻、身这五个官能反映到自己的头脑中来，开始是感性认识。这种感性认识的材料积累多了，就会产生一个飞跃，变成了理性认识，这就是思想"。③ 但感性和理性认识也好，思想也罢，无不为物质、形态化的知识——语言文字等符号——文献所记录、承

---

① 参见朱宁：《文献要素、功能和属性的探析》，载《图书馆论坛》1999 年第 5 期。

② 参见杨挺：《知识体系、社会建制、科学趋势——关于文献的三点认识》，载《图书馆学研究》1999 年第 3 期。

③ 参见毛泽东：《人的正确思想是从哪里来的》，载《毛泽东著作选读（乙种本）》，中国青年出版社 1964 年版，第 248 页。

载。换言之，没有语言文字等符号——文献的记录承载，正确的思想也难以存在。

第三，它是现实社会和当代世界的大学——"富家不用买良田，书中自有千钟粟。安居不用架高楼，书中自有黄金屋。娶妻莫恨无良媒，书中自有颜如玉。出门莫恨无人随，书中车马多如簇。男儿欲遂平生志，五经勤向窗前读"。①

第四，它是构成学校的"三要素"之一；有学校，必有图书馆；有图书馆，必有文献。因为，教学、"研究必须充分占有资料"；② 而文献恰恰具有记录、存储、交流和传递知识信息（思想）、科学认识、证明参考、证据情报以及政治、经济、教育、历史、文化娱乐诸功能。

当然，尽管图书馆及其文献的作用无以言表，但不重视者却屡见不鲜。例如，"在各地调研过程中发现，很多地方忽略了图书馆的作用，有的分院甚至没有规划和建设图书馆"。③

总而言之，文献是具有价值和使用价值的劳动产品；而文献的价值与使用价值本身，又具有客观、普遍、正负（或利弊）、时效、多层次、可交换、非消失、反复利用、不断增长等特性。

言而总之，文献就是为人及其社会的发展提供历史资料和智力支持的商品，也是记录、承载并展示人类发展历程的晴雨表。例如，倘若没有诸如我国《人民检察院组织法》（1983 年 9 月 2 日修正）、《检察官法》（2001 年 6 月 30 日修正）、最高人民检察院《检察人员纪律处分条例》（2004 年 6 月 21 日）等专门检察法以及诸如"中华人民共和国人民检察院是国家的法律监督机关"[《宪法》（2004 年 3 月 14 日修正）第 129 条]、"人民检察院依法对刑事诉讼实行法律监督"[《刑事诉讼法》（2012 年 3 月 14 日修正）第 8 条]、"人民警察执行职务，依法接受人民检察院和行政监察机关的监督"[《人民警察法》（2012 年 10 月 26 日修正）第 42 条]、"看守所的监管活动受人民检察院的法

---

① （宋）宋真宗（赵恒）：《励学篇》。

② 马克思语（参见《马克思恩格斯选集》（第 2 卷），人民出版社 1972 年版，第 217 页）。

③ 参见中华人民共和国住房和城乡建设部、国家发展和改革委员会《国家检察官学院分院建设标准条文说明》第 10 条第 1 款第 6 项，载《国家检察官学院分院建设标准条文说明》（建标 150 – 2011），中国计划出版社 2011 年版，第 20～21 页。例如，尽管国家检察官学院占地面积已由原来的 60 亩增长为现今的 160 余亩，但图书馆的建筑面积却不增反降为现今的 2000 余平方米。

律监督"〔国务院《看守所条例》（1990年3月17日）第8条〕等附属检察法，① 抑或检察文献的客观存在，那么，中外检察制度就难以创建和发展。因为，"国家的法律（它也是名副其实的文献或其法律文献或其检察文献）是调整或规范国家制度的形式或手段，国家的制度是国家的法律对有关社会关系加以调整或规范的结果；如果无国家法律这种形式或手段，国家的有关制度就建立不起来。这就告诉人们，国家的有关制度，无论是其有根本性的国家制度（或社会制度）、政治制度、经济制度、文化制度、军事制度等，还是国家的各种各样的具体制度等，都是离不开国家的有关法律的，无法律调整或规范的国家有关制度是不存在的"。②

---

　　① 而其检察法律文本本身，就是典型的检察文献。
　　② 参见王先勇：《我国法制建设应以实现"法治国家"为最基本的出发点》，载《社会科学研究》1995年第6期。譬如，倘若1986年4月中共中央办公厅、国务院办公厅不联合颁行《关于在全国范围内实行夏时制的通知》，那么，随后我国就不会实行夏时制（1986年4月18日至1992年3月15日）。

第三章 文献的成分与构成要素

一、文献的成分

所谓文献的成份（分），是指构成实体或实物文献诸因素的总和。而目前对此的主要见解有两种：一种观点认为，它包括：文献生产和利用的主体——人或人类；文献生产的目的——为了把人类知识传播开来、继承下去；文献记录的手段——用语言、文字、符号、图形、声频、视频以及其他形式来记录；文献记录的内容——信息、情报、知识、记录等；记录方式——记录、附着、写、晒、摄制、录制、存储等；载体——纸、蓝图、感光片、唱片、磁带、物质实体、人工固态附载物等；功能——存储、检索、利用、传递、记录等；文献特性——可作为一个单元处理、依附载体而存储；文献的外延——包括书籍或类似的图书资料、印刷品、图表、手稿、录音、录像资料、电影及机读数据、文档、著作等"九因素"。[①] 另一种观点认为，它包括：知识和信息内容、信息符号（含文字、文字形式、符号系统）、载体材料（含载体及其形式）、记录方式（含制作方式、书写和印刷形式）、载体形态（含装帧形式）、体裁、体例等"七因素"。[②]

而本书认为，凡是构成实体文献的物质和精神因素，都可称为其成分。它包括诸如作者、编辑、改编者、翻译、注释者、整理者等文献的主体因素，诸如文献记录的手段和方式、文献的载体以及载体材料、形态等文献的客体因素，诸如文献生产的目的、文献的内涵和外延、文献的功能（或作用）、文献的特性、文献记录的内容，以及文献的知识信息内容、信息符号、体裁、体例等文献的内容因素三部分。

例如，就《当代中国的检察制度》（中国社会科学 1988，精装本）一书而言，其主体因素包括（如图 5 所示）：主编：李士英，副主编：王桂五、梁

---

① 参见贺巷超：《论文献的构成要素》，载《图书馆学刊》1994 年第 1 期。

② 参见崔慕岳：《文献构成要素诸说质疑》，载《郑州大学学报（哲学社会科学版）》1997 年第 5 期。

国庆；顾问：江文；主要撰稿人：于新年、王孝罡、王洪俊、王桂五、刘白笔、迟强、周来以、张穹、张立军、张永恩、张伟春、张佑维、张忠海、赵汝昆、徐良清、徐静村、钟仁伟、蔡博松、鞠永春；责任编辑：李苏、张忠海；装帧设计：张慈中；版式设计：丁淑雄；责任校对：李建；编辑：《当代中国》丛书编辑部；出版者发行者：中国社会科学出版社；经销：新华书店；印刷者：北京京津印刷厂。其内容因素包括：《当代中国》丛书编委会；总序；凡例；目录；绪论；第一编；第二编；第三编；结束语；后记；附录一；附录二；彩色插图目录；英文目录，以及 ISBN、定价、出版时间、印次等。其客体因素包括：文字：480 千字；纸张开本：32 开本，850×1168 毫米；印张：21.25 印张；装订：平装、精装等。

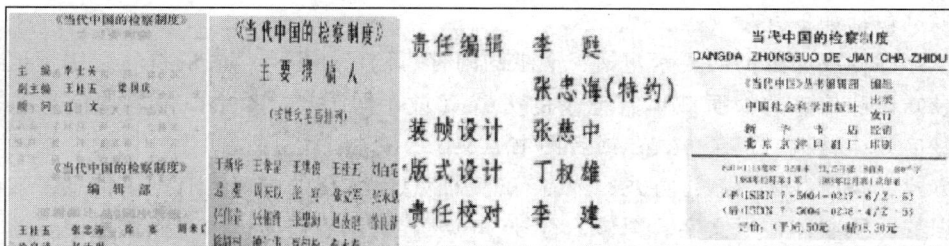

图 5 《当代中国的检察制度》之主体因素

二、文献的构成要素

（一）观点综述和评价①

1. 观点综述

概言之，目前我国有关文献构成要素的具体主张，主要有如下四说，而每一说又有许多具体观点：

（1）两要素说认为，文献由两要素构成；而基于两要素的性质差异，本说又包括如下三种观点：

即构成文献的两要素包括：知识内容和用于记录知识的物质载体；或者知识和载体；或者知识信息和载体。

（2）三要素说认为，文献由三要素构成；而基于三要素的性质差异，本

---

① 参见聂加慧、万永兰：《文献构成要素探析》，载《江西图书馆学刊》2010 年第 4 期；崔慕岳：《文献构成要素诸说质疑》，载《郑州大学学报（哲学社会科学版）》1997 年第 5 期。

说又包括如下九种观点：

即构成文献的三要素包括：① 知识信息内容、载体材料和记录方式；或者文献的知识性、记录性和物质性；或者文献记录的内容——信息，文献记录的符号——文献内容的表达形式，文献载体——记录文献符号的物质实体；或者文献含有的知识信息，负载知识信息的物质载体、记录知识信息的符号和技术，知识信息内容、信息符号和载体材料；或者知识性的内容、内容的载体、与前两项相结合的记录手段；或者要有一定的知识内容，要有用以保存和传递知识的记录方式，要有记录知识的载体；或者信息（情报、知识）内容、载体形式和记录；或者知识内容、体裁和记录。

（3）四要素说认为，文献由四要素构成；而基于四要素的性质差异，本说又包括如下九种观点：

即构成文献的四要素包括：文献的内容、记录知识和信息的符号、用于记录知识和信息的物质载体、记录的方式（或手段）；或者知识内容、信息符号、载体材料、记录方式；或者图书、文献、资料、信息、知识，记录、描述方式，物质载体，制作方式；或者有记录信息、知识的内容，有记录信息、知识的物质载体，以文字、图像、符号、声频、视频等作为记录手段，以一定的形态呈现出来；或者特定的知识内容，以文字、图像、代码、公式、声频、视频等能作用于我们感官的信息形式进行表述、记录，各种语言、文字、图像、代码等符号系统，负载知识信息的物质形式；或者信息、载体、记录方式和符号系统；或者信息内容、载体材料、信息符号和记录方式；或者所记录的知识和信息——文献的内容，记录知识和信息的符号，用于记录知识和信息的物质载体，记录的方式或手段；或者文字、载体、信息、体裁、体例；或文字形式、载体形式、书写与印刷形式、装帧形式。

（4）五要素说认为，文献由五要素构成；而基于五要素的性质差异，此说又包括如下三种观点：

即构成文献的五要素包括：② 知识内容、记录符号、载体材料、记录方式和文献形态；或者信息内容、载体材料、信息符号、制作方式、载体形态；或者以一定的知识为内容，以一定的信息符号（主要是文字）作为表

---

① 参见贺巷超：《论文献的构成要素》，载《图书馆学刊》1994年第1期；蓝芬芬：《对文献的认识》，载《科技情报开发与经济》2007年总第35期；刘宝瑞：《"文献"定义之我见》，载《图书与情报》1997年第1期；张欣毅：《关于文献本质及其定义的再认识》，载《图书与情报》1992年第3期。

② 参见周国正：《"零次文献"的提法不妥》，载《医学情报工作》1991年第1期。

达方式，以一定的载体（如纸张、磁性材料）作为存在的依据，以一定的生产方法（如油印、铅印等）进行制作，以一定的形态表现出来（如印刷型、缩微型等）。

2. 观点评价

总的来说，上述两要素、三要素也好，四要素、五要素也罢，既有正当、可取之处，也有不足。一方面，只有感性的简单列举，而没有理性的思考升华。例如，文献的载体形态、记录或书写方式（或技术）和手段、体裁、体例、人的大脑等，怎么能成为文献的构成要素？而这，就像不能将葡萄皮、西瓜瓢称为水果的道理一样。

另一方面，人为地割裂了文献之主体—客体—内容三者间的内在联系，并片面强调文献诸客体因素或诸内容因素的不可或缺。同时，自觉、不自觉地忽略了人在创制与利用文献过程中的主体地位，进而也忽略了人与文献之间唇亡齿寒、荣辱与共的联动关系，导致人们不禁要问：文献是谁创制的？人创制文献的目的何在？文献的作用几何……

（二）本书观点

之所以说当下有关文献构成要素的观点均存不足，关键在于立论者没有真正理解并界定文献构成要素的内涵、外延。而对此，上述四说也都"不约而同"地采取了回避策略。

何谓文献的构成要素？这需要从两方面把握：一方面，是文献的构成，亦即实体文献是由什么成分构成的？所谓构成，是指"（1）形成；造成……（2）结构……"① 由此推论，文献的构成，是指文献的内容和形式是如何形成（组成）的，组成文献诸成份的结构怎样？另一方面，则是文献的要素，亦即在构成文献的诸成分中哪些又是必备要素？所谓要素，是指"构成事物的必要因素"。其中，必要就是"不可缺少"，因素就是"构成事物本质的成分"。② 由此推论，文献的构成要素，就是不可缺少的、构成文献本质的成分。因此，文献的构成要素是文献的成分的下位（或种）概念、子集，文献的成

---

① 参见中国社会科学院语言研究所词典编辑室编：《现代汉语词典》（修订本），商务印书馆 1999 年版，第 445 页。

② 参见中国社会科学院语言研究所词典编辑室编：《现代汉语词典》（修订本），商务印书馆 1999 年版，第 1466 页、第 69 页、第 1198 页。

分则是文献的构成要素的上位（或属）概念。①

那么，文献的构成要素又包括哪些因素？对此，就有上述四说及其诸多具体观点。当然，由于它们混淆了文献的成分与构成要素之间的属种关系，因而都不可取。而本书认为，作为文献成分的子集，文献构成要素包括主体、客体和内容三方面。

1. 文献的主体

即创制、经管和利用文献的人，包括自然人和法人。细言之，他又包括以下三种：

第一，文献的创制者。即创制文献的自然人（如个人作者）和法人（如单位作者）。例如，书籍的作者、编者、改编者、翻译、注释者、整理者、编辑者、校对者以及排版者、装帧和设计者、印制者，等等。同时，比较而言，主体又是文献三要素中的核心要素——没有人的创制、经管和利用，文献的客体、内容不仅难以产生，而且其客体、内容所记录承载的知识信息，也难以发挥作用。

第二，文献的经管者。即经营管理文献的自然人（如个体书店）和法人（如新华书店）。例如，书店、图书馆、文献工作者和收藏者等。其中，文献工作者，是指参与"持续系统地收集、整理、传播与利用文献或记录于文献的情报的活动与过程"的人，② 同样他也包括自然人（如图书管理员）和法人（如图书馆）两种。

第三，文献的利用者。作为一种特殊的文献经管者，他是指利用文献的自然人（如自然人读者）与法人（如馆际互借中的图书馆）。

另外，作为一个集合概念，文献的主体除包括文献的创制、经管、利用者外，还包括人脑、意识、思维、主观能动性，以及创制文献的动机、目的等与人有关的或者离不开人的精神活动。因此，文献的主体既包括人的物质体，也包括人的精神体。因而从这个意义上说，文献是人的精神与物质世界相互作用的结晶——没有人，就没有文献；同时，文献既能促进人类发展，

---

① 其中，作为数学集合中的概念，子集是指对于两个非空集合（即至少含有一个元素的集合，是空集的对称，空集不含任何元素）A 与 B，如果 A 的任何一个元素都是 B 的元素，那么，集合 A 就是集合 B 的子集；作为逻辑学术语的属种关系，亦称真包含关系、上属关系，是指一个概念的部分外延与另一个概念的全部外延重合的关系。这就是说，在概念 a 和概念 b 的关系上，如果所有的 b 都是 a，但有的 a 不是 b，那么 a 和 b 这两个概念之间就是属种关系。其中，外延大的概念叫属概念，或上位概念；外延小的概念叫种概念，或下位概念。

② 参见王邵平等编：《图书情报词典》，汉语大词典出版社1990年版，第121页。

也能阻碍人类进步。例如，好的作品，可使人奋进；坏的作品，则可使人颓废。

此外，实践中也有人认为，文献的主体是"文献信息的内容"。例如，"文献信息并非文献主体，文献信息需要通过各种方法，利用人类创造的符号系统进行记录。尽管各种符号也是一种人工信息，但它是一种客体，文献的主体是文献信息的内容。'苹果'是人类创造的文字符号中的两个字，可以通过记录技术和方法将其固化在载体上。就'苹果'二字本身而言，并不能说明什么问题，但该二字是人类通过约定俗成后具有了专门意义，它表达的意思或内容是：生长在一种蔷薇科的落叶乔木上，花色为淡红或淡紫红色，该树所结果实即称苹果。'苹果'所包含的上述内容，即文献的主体"。① 而基于上述分析不难发现，此观点既混淆了文献主体与内容的界限，也简单、绝对化了主体的含义。一方面，只看到了主体的"事物的主要组成部分"含义，却忽略了其还有"哲学上指有认识和实践能力的人"、"法律上指依法享有权利和承担义务的自然人、法人或国家"含义。② 另一方面，人为地割裂了人与文献之间的血肉联系。而事实上，"文献与人、社会关系的真谛缘于文献是人类所创造的物质与精神、认识与实践的结合体——精神文明与物质技术的成品，是人的具体的、有形的、可感的、不断处于生生灭灭之中的造物，它包容着人类文化遗产和文明成果，代表着人类的总体性存在，涵盖着人类的一切，并在其发展过程中建构起和又建构着人及其社会的形象（形象是本质的外化，形象一旦形成，就会产生一种形象的力量，对人及其社会会产生重大的影响）。其核心是反映人及其社会的生存方式，或曰反映人及其社会的知识和相应的知识体系即人及其社会的认识体系。从这个意义上说，文献就像血脉一样，熔铸着人及其社会总体性文明—物质文明、精神文明、制度文明、环境文明、人本书明的各个层面，并以此来提高人、装备人、造就人，使人及其社会发展更全面、更富有、更自由"。③

2. 文献的客体

它亦称文献的形式，是指文献的载体及其所附属的物质、形态化的知识信

① 参见吴馀华：《文献的主体与客体》，载《图书馆建设》1994年第1期。
② 参见中国社会科学院语言研究所词典编辑室编：《现代汉语词典》（修订本），商务印书馆1999年版，第1643页。
③ 参见杨挺：《文献与人、社会》，载《江苏图书馆学报》2002年第2期。

息因素。① 例如，图书就是图书文献的载体；而图书所含的文字、图片、记录和印制方式、版面设计、纸张、油墨、装订、开本等，则是图书所附属的物质、形态化的知识信息因素。

3. 文献的内容

文献的内容即文献客体所记录并承载的知识信息（亦即语言文字等符号）在读者头脑中所展现的内容含义，抑或文献所记录承载物质、形态化知识信息（或语言文字符号所蕴含的）的内容含义。例如，读者对《现代汉语词典》所记录并承载知识信息——"【检察】jiancha〈书〉检举核查；考察"之含义的知悉，② 便是文献——《现代汉语词典》所记录并承载的知识信息——"【检察】jiancha〈书〉检举核查；考察"的内容。

因此，文献的内容，就是文献所记录承载的物质、形态化知识信息内容含义的头脑化、意识化、精神化，包括文献所承载的知识信息及其内容含义，而并非文献的载体及其所附属的物质、形态的知识信息因素的总和。又如，张思卿主编的《检察大辞典》（上海辞书1996）关于"检察长负责制"的下列阐释："一些国家检察机关实行的一种领导体制。指由总检察长或检察长统一领导全部检察系统或本检察机关的工作。一切检察活动均以总检察长或检察长的名义进行，而且对于一切有关检察工作的重大问题，总检察长或检察长享有最终决定权。苏联及东欧一些国家检察机关实行过这种领导体制。"③ 其中，这一解释的具体内容，就是作为文献或其检察文献《检察大辞典》的内容之一；而有关这一解释的具体文字及其字体、字号，以及本辞典的护封、书皮、封面、版权页、开本、序言、凡例、目录、词目表等，都不是本书的内容，而是其所附属的物质、形态化的知识信息因素。一言以蔽之，文献的内容就是文献所记录并承载的文字、图片等记录符号所彰显的信息内容之含义，是无形但可通过语言文字等符号的具体含义而感知。

总之，文献是其主体、客体和内容三要素相互依存、相互联系、相互作用的客观结果；而缺少任何一要素，都不能称之为文献。正是："文献内涵是人类文明（人类认识与改造自然和社会的一切成果）两个层面——物质与精神、

---

① 而实践中，也有人认为，"文献客体是相对于文献主体而言的，是文献存在的实体形式。文献信息的内容寓于文献客体之中。文献客体由文献符号系统、文献记录系统和文献载体系统组成"（参见吴馀华：《文献的主体与客体》，载《图书馆建设》1994年第1期）。

② 参见中国社会科学院语言研究所词典编辑室编：《现代汉语词典》（修订本），商务印书馆1999年版，第616页。

③ 参见张思卿主编：《检察大辞典》，上海辞书出版社1996年版，第674页。

认识与实践的成果。物质与精神体现文献实体即文献的物质外壳和文献的知识内容，认识与实践体现文献的动因即文献知识（文献所含知识或文献形态的知识）与人脑知识相交引发的活动。物质与精神和认识与实践的交融、结合、相依、互动陶铸着文献知识与人脑知识的交融、升华、增殖。知识的这种交融、升华与增殖，正体现着人类发展的精神与物质、认识与实践的综合和统一这个特征。"①

---

①　参见董光璧：《科学与我们的时代》，载《新华文摘》1999 年第 4 期。

第四章　文献的特性及其与相关概念的关系

一、文献的特性[①]

所谓文献的特性，亦即文献所特有的性质、属性或本质，抑或文献之特征（点）与性质的统称。当然，实践中也有人认为，文献的一般属性（共性）并不等于文献本质，两者有着密切的联系，但也有着质的区别：一是两种概念的含义不同。前者是指文献所具有的区别于他物（非文献）的各种性质，而后者则是存在于文献共性之中的根本属性；二是前者是对文献整体的共同属性的规定，后者则是一个对文献整体内在联系进行揭示的概念；三是不能脱离文献本质探讨文献属性，否则文献属性就仅是一个抽象的概念。[②]

那么，文献究竟具有哪些特性？见解不一。社会主体说认为，它是社会主体（亦即人）实践认识的产物，是人类实践和认识活动的伴生物，社会主体是文献生存发展的主宰；知识说认为，它是人类知识的综合性载体，是人类知识的储存和传输工具，社会的知识或知识体系是文献生存发展内趋力；综合说认为，它的主体性和综合性是人类主体实践和认识活动的伴生物，或者综合性是主体性的伴生物，是主体性的要求和体现。[③]

还有人认为，文献的本质是特定的知识内容，是知识与物质载体的统一体，是内容的信息性、符号的单一性和载体的非生命固态性三者的统一，是文献本身所含内容的信息性，或者是存在于文献实践过程之中，并随着人们对文献认识的不断深入，而呈现出多层次的结构，即一级本质——记录有信息的人工载体、二级本质——信息交流的中介、三级本质——人类认识和改造世界的

---

① 参见周文骏、杨晓骏：《论文献的属性、现象和本质》，载《北京大学学报》（哲学社会科学版）1994 年第 2 期；董光璧：《科学与我们的时代》，载《新华文摘》1999 年第 4 期；蓝芬芬：《对文献的认识》，载《科技情报开发与经济》2007 年第 35 期。

② 参见周文骏、杨晓骏：《论文献的属性、现象和本质》，载《北京大学学报（哲学社会科学版）》1994 年第 2 期。

③ 参见董光璧：《科学与我们的时代》，载《新华文摘》1999 年第 4 期。

观念工具。①

也有人认为，文献的本质属性是知识与物质载体的统一性，是知识与一定物质载体的结合产物。但知识与载体结合产物不一定是文献，是非物质又非精神的特殊存在，是其内容的信息性、符号的识别性、载体的固态性、形态的呈现性四者的统一性。②

而本书也认为，作为人借助语言文字等符号和文具创制的、记录并承载知识及其内容含义——信息的一切物质载体，除具有价值和使用价值之外，"文献属性包含两个既相互联系又相互区别的内容：一是一般属性（共性），即存在于所有文献类型之中，贯穿于文献发展的各个历史阶段，使文献根本有别于他物的特性；二是具体属性（个性），即文献发展的各个历史阶段或文献的各种类型所表现出来的具体特性，它体现的是文献属性之间的差别。文献的一般属性存在于具体属性之中，而作为客观存在物的部分的文献个体所表现出来的具体属性之中也一定包含着文献的一般属性。因此，文献属性既是文献共性和个性的辩证统一"，也是文献本身所具有的物质性、知识信息性和社会性的辩证统一。其中，"文献的物质属性、信息属性及社会属性形成了文献一般属性的完整结构。这个结构并不是一个固定的框架，而是一个具有调节与发展能力的动态的结构。在其发展过程中，物质属性、信息属性及社会属性是紧密地联系在一起的，它们在总体上是相互促进、相互补充和共同发展的"。③ 一言以蔽之，文献的特性在于，它既是共性与个性统一，也是物质性、知识信息性和社会性的统一。

（一） 文献的物质性

所谓文献的物质性，即作为物质的文献所具有的物质特性、属性或本质，主要表现为以下三个方面：

1. 文献既是物质产品，也是精神产品；既是人类的劳动成果，也是人类经过活劳动或死劳动创制的、具有价值和使用价值的商品。

第一，文献具有价值。价值，"（1）体现在商品里的社会必要劳动……（2）积极作用"。④ 而由于在文献这一物质统一体中，精神与物质，载体、语

---

① 参见朱宁：《文献要素、功能和属性的探析》，载《图书馆论坛》1999 年第 5 期。

② 参见朱宁：《从古今文献的认识看文献的本质》，载《图书馆》1998 年第 4 期。

③ 参见周文骏、杨晓骏：《论文献的属性、现象和本质》，载《北京大学学报》（哲学社会科学版）1994 年第 2 期。

④ 参见中国社会科学院语言研究所词典编辑室编：《现代汉语词典》（修订本），商务印书馆 1999 年版，第 610 页。

言文字符号和知识信息是不可分割的，因而文献内含的价值，即文献所含知识信息价值的大小，它主要因使用者需求不同以及其对知识信息的理解、认知、吸收利用之能力的不同而不同；同时，也因文献时效、使用者的文化程度、社会的文化消费观念、语言障碍等因素的影响，而表现出巨大的价值差异。因此，作为物质产品，文献的价值一般是以其生产、加工、储存、流通的成本消耗或其所具有的积极作用来测度的；而作为精神产品，文献的价值的测度则非常困难，影响因素很多，具有较大的模糊性。

第二，文献具有使用价值。即文献具有的能够满足人们某种需要的属性。①

第三，文献具有实践性。即文献在实践中产生、发展、转化，为实践服务，指导实践并接受实践的检验。

第四，文献具有增殖（值）性。即文献一经创制出来，便可供人及社会长久地、有效地、反复地利用，并在利用的过程中得到修正、补充、完善、转化和增殖（值）。

因此，作为具有价值和使用价值的商品，文献不仅本身具有经济价值，还能带来经济效益甚至保值、增值。

2. 文献作为人脑储存人类文化成就的延伸功能器，是产生再认识的观念工具。易言之，尽管文献所蕴含的知识信息是精神的，但知识信息一经语言文字等符号所记录沉淀下来，就因其外化和一定程度的物质化获得了客观实在性，因而文献也是物质的客观存在，并不以人的意志为转移。

3. 文献首先是由一定的物质材料构成的客观存在物，并具有某些物质属性。一方面，文献的物质性体现在它的外壳是物质，其介质有结绳、甲骨、石刻、青铜、竹木、纸张、胶片、磁带、光盘、电子数据等，尤其是运用计算机技术储存和传输人类的经验、信息、知识、智力，使其从传统载体介质的固化状态中解放出来，达到立体的活化效应。一是在文献结构中，载体代表文献物的方面，属于文献形式的范畴。二是文献是人类经过长期探索和选择而创造的最为理想的知识信息载体。因此，文献具有载体性，即为知识信息的外化、物质化、形态化特别是跨时空的传播交流奠定了坚实的物质基础。三是文献的知识信息被记录在载体上，便可供人随时阅读传播交流，长期保存。

另一方面，文献的物质性主要表现为：一是文献的可创制性。即构成文献的物质材料，都可通过一定的方法创制而获得。二是文献的可保存性。即构成文献的物质材料，在通常情况下，可保存较长的一段时间而不会改变其基本形

---

① 参见中国社会科学院语言研究所词典编辑室编：《现代汉语词典》（修订本），商务印书馆 1999 年版，第 610 页。

态。三是文献的可记录性。即通过一定的手段或借助笔墨纸砚等文具，可在这些物质材料上记录某些信息。四是文献的可迁移性。即构成文献的物质材料可在人工的作用下按照人的意愿进行一定空间距离的迁移。当然，以计算机网络技术及现代通信技术等为依靠的机读型文献已不再需要具有这一物质属性。因为，文献中所存储的信息可以通过光电手段远距离传输，而文献实体本身不必迁移。五是文献的可反复使用（利用）性。构成文献的物质材料可方便地供人们反复使用，以便从中汲取有用的信息。在使用过程中，物质材料本身不易被磨损、消耗。六是文献的可破坏（毁灭）性。既然文献是由人类制造而获得的，人类也同样可以用一定的方法损坏构成文献的这些材料，甚至使之灭亡而转变为其他物质形态。例如，《十二铜表法》（如图6所示）的毁灭以及将纸质书转化为缩微胶片或电子书。①

图6　左起：后人描绘的罗马市民围观议论罗马《十二铜表法》场景，《十二铜表法》模型，《十二铜表法》图书（法律2000）

（二）文献的知识信息性

1. 文献的知识信息性体现在除了已经内化为人类素质的技术、技艺、技巧等意会知识信息之外，人类在生产、生活、科学实验中积累的知识信息基本都反映在文献之中，并依托相应的物质载体而传输、开发、利用、转化、增殖和增值。

---

① 《十二铜表法》（Law of the Twelve Tables）是古罗马在约前450年制定的法律，是罗马法的重要基础，因各表系由12块青铜铸成（也有说是着色的木牌）上，故而得名《十二铜表法》。这是古罗马第一部成文法典。它颁布之后，就成为共和时期罗马法律的主要渊源。公元前390年，高卢人入侵罗马，在战火中铜表全部被毁。其中，第一表"传唤"共9条；第二表"审理"共4条；第三表"执行"共8条；第四表"家长权"共5条；第五表"继承和监护"共11条；第六表"所有权和占有"共11条；第七表"土地和房屋"共10条；第八表"私犯"共27条；第九表"公法"共6条；第十表"宗教法"共11条；第十一表"前五表的补充"共1条；第十二表"后五表的补充"共5条。

2. 从文献结构上讲，文献的外在内容由其所承载的语言文字符号——物质、形态化的知识信息所展现；文献的内在内容则由其所承载的物质、形态化知识信息——语言文字符号的具体含义所彰显。

因此，文献实际上是知识信息凭借一定的记录符号（如语言文字）和载体（如纸张、胶片）得以外化或者物质、形态化。

3. 文献的知识信息属性，主要表现为：

第一，文献的可存储性。即通过语言文字符号和利用多种方式，如刻写、印刷、磁化等，就可将知识信息存储到一定的物质材料（亦即文献载体）上。换言之，如果知识信息不能被存储，那么，文献也就不可能出现。反之，只有存储知识信息的物质材料，才能被称为文献。

第二，文献的可感知性。即文献所记载的知识信息大多以一定的语言文字符号——物质、形态化的知识所表现，其他形式（如电子数据）也可通过一定的技术手段使之转变为一定的语言文字符号、图像或声音，使得人们可通过自己的感官直接感知、识别和获取有关知识信息。

第三，文献的可转换性。即文献所记录承载的知识信息可从一种形态被转换到另一种形态。例如，通过计算机可将机读文献中的知识信息转换成印刷型的语言文字符号知识信息；通过阅读等活动也可将文献中的知识信息转换成人脑中的知识信息。

第四，文献的不守恒性。即尽管我们强调知识就是力量，但文献中的知识信息不同于物理性质的物质及其能量，它并不是守恒的。一方面，如果记载了知识信息的物质材料被破坏，就会导致文献知识信息的突然消逝；另一方面，单个的文献个体中的知识信息是相对稳定的，但文献整体中的知识信息呈不断增长和累积（亦即增殖、增值）的趋势。

因此，文献的知识信息性是其社会功能和存在价值的立命之本。

（三）文献的社会性

1. 文献的相互依存性。一方面，文献是人类社会的产物，也是现代社会文明必不可少的构成之一。社会需要文献，文化、科学技术的发展促进文献的变化，但有时候社会也会因为种种因素限制着文献的发展。例如，我国秦时的"焚书"。①

---

① 公元前213年秦丞相李斯进言，说愚儒"入则心非，出则巷议，非主以为名，异趋以为高，率群下以造谤"。于是，秦始皇为了统一原六国人民的思想，于当年开始销毁除《秦记》以外的所有六国史书和私藏于民间的《诗》、《书》，一直到公元前206年秦朝灭亡，史称"焚书"。

另一方面，文献的存在离不开人类社会，并可促进社会进步，但有时也可在一定程度上阻碍社会的发展。例如，伪科学文献。因此，文献与社会是相互依存、相互促进、相互制约的；在文献整体中，文献个体与个体之间也存在相互依存、相互促进、相互制约的关系。例如，文献的原本与其副（复）本、足本与残本之间；古代与近现代文献之间的相互影响与制约。

2. 文献的知识信息共享性。社会的主体人通过对文献载体的迁移和对其中所记录承载的知识信息的感知和转换，可在不同时空范围的人的个体或群体之间实现知识信息的传播；而在社会依赖文献所进行的知识信息传播过程中，社会成员共享社会的文献知识信息资源。例如，莫言的中篇小说《红高粱》（载《人民文学》1986 年第 3 期）可为全世界人所共享和交流；而电影《红高粱》（1987 年西安电影制片厂出品，1988 年获第 38 届柏林国际电影节最佳故事片金熊奖）就是对其中篇小说《红高粱》的转换、传播。

3. 文献的文化性。即文献的发展是人类文化发展的一种缩影。文献及其相关社会活动均属文化现象，它既是文化产物，也是文化媒体；而文化信息与物质信息的统一，不同文化背景的融合交流等都体现了文献的文化性。

4. 文献的交流性。人类创制文献的目的是交流。文献既是交流的产物，也是一种交流媒介。文献交流在表面上看是一种物质产品的交流，在本质上却是文化信息的交流。因此，文献交流是大众传播系统中的一种基本方式。

5. 文献的资源性：

第一，文献是对人类文化知识信息的记录，它如同自然资源一样，是人类的一种宝贵资源，可被反复利用、可复制、可再生。

第二，文献资源用科学搜集、整序、加工、存储等重要手段进行有效的开发利用，就可成为供全人类所共享的用之不竭的财富。

第三，文献作为一种资源，是以有效积累为前提的。当然，社会文献资源并不简单地等同于文献单位量的总和，相同信息内容的文献的重复积累，并不增加总的文献信息量亦即文献的增殖，但可增加文献本身所蕴含的知识信息的价值量。

6. 文献的时效性。文献具有较强的时效性，有些文献随着时间的推移会老化，其内容价值会减少甚至消失；有些文献随着时间的推移，其内容价值却日益增加。因此，文献的时效性既可与其价值成正比，也可与其价值成反比。

7. 文献的娱乐交际性。在文献信息传递和共享的过程中，同时满足了一部分社会成员的娱乐心理需求；而通过文献作为媒介，使社会成员的交际功能得到延伸。

8. 文献的社会教育性。通过文献的传递和共享，可改变社会成员的知识

中国检察文献研究

结构，并直至改造其主观世界。

总之，人类创制了文献；而文献不仅反哺人类，也是人类赖以生存、发展的精神家园。

二、文献与相关术语的关系

（一）与文明、文化、精神、物质的关系

所谓文明，是指"人类在认识和改造世界的活动中所创造的物质的、制度的和精神的成果的总和"。所谓文化，是指"人类在社会实践过程中所获得的能力和创造的成果……广义的文化包括人类物质生产和精神生产的能力、物质的和精神的全部产品。狭义的文化指精神生产能力和精神产品"。[①] 因此，文献是文化、文明的下位（种）概念、子集和内容，文化和文明则是文献的上位（属）概念。易言之，文献是人类文明、文化的重要标志和成果。

所谓精神，是指"人的意识、思维活动和一般心理状态"。所谓物质，是指"独立存在于人的意识之外的客观现实"。[②] 因此，文献既是精神——知识信息之物质、形态化的记录载体，也是记录并承载人类精神——知识信息——语言文字等符号的物质材料。

因此，文献只能从生产斗争、阶级斗争和科学实验三大实践中来；没有人就没有文献；没有文献，人类的文明、文化以及精神和物质生活，就难以被记录——产生、发展。

（二）与语言、文字、符号、知识、信息、情报的关系

所谓语言，是指"人类所特有的用来表达意思、交流思想的工具，是一种特殊的社会现象，由语音、词汇和语法构成的一定系统。'语言'一般包括它的书写形式，但与'文字'并举时只是口语"。[③] 所谓文字，即"语言的书写符号（包括图画、图片、符号、手语等广义的文字），人与人之间交流信息

---

① 参见于友先等主编：《中国大百科全书》（第2版），中国大百科全书出版社2009年版，第23页、第281~282页、第23~296页。

② 参见中国社会科学院语言研究所词典编辑室编：《现代汉语词典》（修订本），商务印书馆1999年版，第667页、第1339页。

③ 参见中国社会科学院语言研究所词典编辑室编：《现代汉语词典》（修订本），商务印书馆1999年版，第1539页。

· 42 ·

的约定俗成的视觉信号系统"。① 所谓符号，即"记号；标记"。② 因此，语言文字是一种最常见的符号；而文献既是物质、形态化的语言文字等符号，也是语言文字等符号的载体；没有语言文字等符号，就没有文献；不含有语言文字等符号的文献，是不存在的，也是没有价值的。所以，文献的价值主要通过其所记录并承载的语言文字等符号的具体含义展现的。当然，文献所记录并承载语言文字之字体的写法和作者、纸张等因素，也有一定的价值。例如，书法的价值并不在于书法所书文字的内容含义，而在于书法者以及所书文字的字体、形态甚至纸张等因素是否具有收藏价值；而如图 7 所示文献既是书法、文物，也是文献。

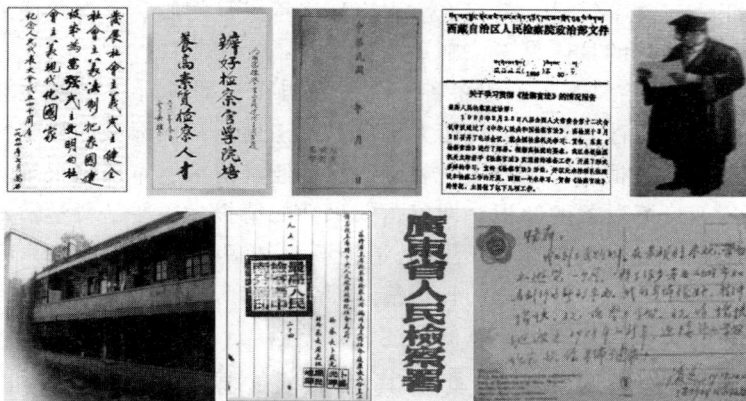

图 7 左上起：1994 年 7 月，时任全国人大常委会委员长乔石为纪念人民代表大会成立成立 40 周年题词——"发展社会主义民主，健全社会主义法治，把我国建设成为富强、民主、文明的社会主义现代化国家"；2011 年，最高人民检察院原检察长贾春旺为国家检察官学院建院 20 周年题词——"办好检察官学院 培养高素质检察人才"；民国空白公文纸；《西藏自治区人民检察院政治部文件——关于学习〈检察官法〉的情况报告》（藏检政法〔1996〕第 30 号）；民国检察官服照片；1951 年 1 月 3 日北京市人民检察署成立时办公所在地（东交民巷）照片；最高人民检察署华南分署呈请中央人民政府对广东省人民检察署检察长周楠的任命请示；1954—1967 年广东省人民检察署印章；最高人民检察院原检察长刘复之 1957 年于莫斯科致其子刘畅舜的明信片

① 参见于友先等主编：《中国大百科全书》（第 2 版），中国大百科全书出版社 2009 年版，第 23～346 页。

② 参见中国社会科学院语言研究所词典编辑室编：《现代汉语词典》（修订本），商务印书馆 1999 年版，第 388 页。

所谓知识，是指"人们通过实践对客观事物及其运动过程和规律的认识。是信息的一部分，即被人们理解和认识并经头脑重新组织和系列化了的那部分信息"。① 因此，文献是物质、形态化知识——语言文字符号的物质载体；没有文献，知识就难以存在；没有语言文字符号等物质、形态化的知识，文献也难以产生、发展。

所谓信息，亦称消息，"一般指数据、消息中所包含的意义，它可以使消息中所描述的事件不肯定性减少"。② 因此，文献既是物质、形态化知识——语言文字符号的物质载体，也是物质、形态化知识——语言文字符号之含义——信息的物质载体；没有知识，就没有信息；有信息，就有知识，且两者共同统一于语言文字符号。进言之，语言文字符号是物质、形态化或外化的知识；语言文字符号的具体含义，则是信息。

所谓情报，"广义指人们以各种方式传递与交流的具有一定目的与时效的信息。可分为知识性和非知识性两大部分。知识性情报大部分为科学情报，也包括一部分生活情报、市场情报、旅游情报、经济情报、军事情报等。狭义指作为人们传递交流对象的知识。即仅指知识性的情报，主要是科学情报。通常意义的情报多为科学情报"。③ 因此，情报既是知识，也是信息，并可通过语言文字符号变为物质、形态化的知识信息而为文献所记录承载。所以，情报与文献的关系同文献与知识、信息的上述关系类似。

（三）与文房四宝、文具及其计算机、录入机、打印机、印刷机、照排机、复印机、缩微照相机、录音录像机、唱片机的关系

所谓文房四宝，是指"笔、墨、纸、砚，是书房中常用的四件文具"。④所谓文具，亦称书写工具。传统意义上或狭义的文具，仅指"笔、墨、纸、

---

① 参见王邵平等编：《图书情报词典》，汉语大词典出版社1990年版，第555页。

② 参见王邵平等编：《图书情报词典》，汉语大词典出版社1990年版，第677页。而实践中，也有人认为，信息的含义有二："（1）音信；消息……（2）信息论中指用符号传送的报道、报道的内容是接受符号者预先不知道的"（参见中国社会科学院语言研究所词典编辑室编：《现代汉语词典》（修订本），商务印书馆1999年版，第1404页）。

③ 参见王邵平等编：《图书情报词典》，汉语大词典出版社1990年版，第853页。当然，实践中也有人认为，情报是指"关于某种情况的消息和报告，多带机密性质"（参见中国社会科学院语言研究所词典编辑室编：《现代汉语词典》（修订本），商务印书馆1999年版，第1035页）。

④ 参见中国社会科学院语言研究所词典编辑室编：《现代汉语词典》（修订本），商务印书馆1999年版，第318页。

砚等用品";① 而现代意义上或广义的文具，除包括笔、墨、纸、砚等传统书写用品之外，还包括打字机、计算机（电脑）、录入机、打印机、印刷机、照排机、复印机、缩微照相机、录音录像机、唱片机等现代书写工具。但传统或现代文具都是文献所承载知识信息——语言文字等符号的记录工具。

因此，一方面，文房四宝等文具是人创制文献的不可或缺工具；没有文房四宝、计算机等文具，人就无法创制文献，而文献也不会产生。另一方面，文房四宝等文具也是文献记录载体知识信息——语言文字等符号的附属品；没有文具，物质、形态化的知识信息——语言文字等符号就难以被记录、展现。

（四）与知识产权、著作权（版权）、邻接权的关系

无疑，最常见的文献是著作、作品；而著作或作品通常都具有知识产权或其著作权或其邻接权。

1. 知识产权。它"意为智力财产权或智慧财产权。……知识产权传统上可以分为工业产权和文学艺术产权"。其中，工业产权"亦称'工业所有权'。……工业产权的对象包括专利、商标、服务商标、厂商名称、货源标记、原产地名称以及制止不正当竞争的权利等"，文学艺术产权"知识产权的传统分类。因文学艺术作品的创作和传播所享有的权利。又分为版权（著作权）和邻接权（传播者权）"。②

2. 著作权。它"亦称'版权'。作者依法对其创作的文学、艺术和科学作品享有的权利。知识产权的一种"。③ 而据我国《著作权法》（2001 年 10 月 27 日修正）规定：

第一，"著作权包括下列人身权和财产权：（一）发表权，即决定作品是否公之于众的权利；（二）署名权，即表明作者身份，在作品上署名的权利；（三）修改权，即修改或者授权他人修改作品的权利；（四）保护作品完整权，即保护作品不受歪曲、篡改的权利；（五）复制权，即以印刷、复印、拓印、录音、录像、翻录、翻拍等方式将作品制作一份或者多份的权利；（六）发行权，即以出售或者赠与方式向公众提供作品的原件或者复制件的权利；（七）出租权，即有偿许可他人临时使用电影作品和以类似摄制电影的方法创作的作品、计算机软件的权利，计算机软件不是出租的主要标的的除外；（八）展览权，即公开陈列美术作品、摄影作品的原件或者复制件的权利；

---

① 参见中国社会科学院语言研究所词典编辑室编：《现代汉语词典》（修订本），商务印书馆 1999 年版，第 1319 页。

② 参见曹建明、何勤华主编：《大辞海·法学卷》，上海辞书出版社 2003 年版，第 145 页。

③ 参见曹建明、何勤华主编：《大辞海·法学卷》，上海辞书出版社 2003 年版，第 146 页。

（九）表演权，即公开表演作品，以及用各种手段公开播送作品的表演的权利；（十）放映权，即通过放映机、幻灯机等技术设备公开再现美术、摄影、电影和以类似摄制电影的方法创作的作品等的权利；（十一）广播权，即以无线方式公开广播或者传播作品，以有线传播或者转播的方式向公众传播广播的作品，以及通过扩音器或者其他传送符号、声音、图像的类似工具向公众传播广播的作品的权利；（十二）信息网络传播权，即以有线或者无线方式向公众提供作品，使公众可以在其个人选定的时间和地点获得作品的权利；（十三）摄制权，即以摄制电影或者以类似摄制电影的方法将作品固定在载体上的权利；（十四）改编权，即改变作品，创作出具有独创性的新作品的权利；（十五）翻译权，即将作品从一种语言文字转换成另一种语言文字的权利；（十六）汇编权，即将作品或者作品的片段通过选择或者编排，汇集成新作品的权利；（十七）应当由著作权人享有的其他权利。著作权人可以许可他人行使前款第（五）项至第（十七）项规定的权利，并依照约定或者本法有关规定获得报酬。著作权人可以全部或者部分转让本条第一款第（五）项至第（十七）项规定的权利，并依照约定或者本法有关规定获得报酬"（第 10条）。其中，"著作权人包括：（一）作者；（二）其他依照本法享有著作权的公民、法人或者其他组织"（第 9 条），并通常标注于文献封面（如图 8 所示）。

图 8　左上起：罗东甫著的《各国刑律考》（1901 年），周鲠生著的《法律》（商务 1949），高里亚柯夫著、张君梯译的《苏联的法院》（东北书店 1948）；刘润发编的《检察官法实例说》（湖南人民 2006），最高人民检察院《检察业务教程》编写组编的《检察业务教程》（红旗 1988），李言静主编的《中外宪法关于检察体制的规定》（海南人民检察院海南分院 2004 年编印），个旧市人民检察院编的《个旧检察志》（云南人民 2008）

第二，"在下列情况下使用作品，可以不经著作权人许可，不向其支付报酬，但应当指明作者姓名、作品名称，并且不得侵犯著作权人依照本法享有的其他权利：（一）为个人学习、研究或者欣赏，使用他人已经发表的作品；（二）为介绍、评论某一作品或者说明某一问题，在作品中适当引用他人已经发表的作品；（三）为报道时事新闻，在报纸、期刊、广播电台、电视台等媒体中不可避免地再现或者引用已经发表的作品；（四）报纸、期刊、广播电台、电视台等媒体刊登或者播放其他报纸、期刊、广播电台、电视台等媒体已经发表的关于政治、经济、宗教问题的时事性文章，但作者声明不许刊登、播放的除外；（五）报纸、期刊、广播电台、电视台等媒体刊登或者播放在公众集会上发表的讲话，但作者声明不许刊登、播放的除外；（六）为学校课堂教学或者科学研究，翻译或者少量复制已经发表的作品，供教学或者科研人员使用，但不得出版发行；（七）国家机关为执行公务在合理范围内使用已经发表的作品；（八）图书馆、档案馆、纪念馆、博物馆、美术馆等为陈列或者保存版本的需要，复制本馆收藏的作品；（九）免费表演已经发表的作品，该表演未向公众收取费用，也未向表演者支付报酬；（十）对设置或者陈列在室外公共场所的艺术作品进行临摹、绘画、摄影、录像；（十一）将中国公民、法人或者其他组织已经发表的以汉语言文字创作的作品翻译成少数民族语言文字作品在国内出版发行；（十二）将已经发表的作品改成盲文出版。前款规定适用于对出版者、表演者、录音录像制作者、广播电台、电视台的权利的限制"（第22条），以及"为实施九年制义务教育和国家教育规划而编写出版教科书，除作者事先声明不许使用的外，可以不经著作权人许可，在教科书中汇编已经发表的作品片段或者短小的文字作品、音乐作品或者单幅的美术作品、摄影作品，但应当按照规定支付报酬，指明作者姓名、作品名称，并且不得侵犯著作权人依照本法享有的其他权利。前款规定适用于对出版者、表演者、录音录像制作者、广播电台、电视台的权利的限制"（第23条）。

第三，著作权属于作者。"创作作品的公民是作者；由法人或者其他组织主持，代表法人或者其他组织意志创作，并由法人或者其他组织承担责任的作品，法人或者其他组织视为作者；如无相反证明，在作品上署名的公民、法人或者其他组织为作者"（第11条）。"改编、翻译、注释、整理已有作品而产生的作品，其著作权由改编、翻译、注释、整理人享有，但行使著作权时不得侵犯原作品的著作权"（第12条）。"两人以上合作创作的作品，著作权由合作作者共同享有。没有参加创作的人，不能成为合作作者。合作作品可以分割使用的，作者对各自创作的部分可以单独享有著作权，但行使著作权时不得侵犯合作作品整体的著作权"（第13条）。"公民为完成法人或者其他组织工作任务所创作的作品是职务作品，著作权由作者享有，但法人或者其他组织有权在其业务范围内优先使用。作品完成两年内，未经单位同意，作者不得许可第三人以与单位使用的相同方式使用该作品"（第 16 条第 1 款）。"著作权属于公民的，公民死亡后，其复制权、发行权、出租权、展览权、表演权、放映权、广播权、信息网络传播权、摄制权、改编权、翻译权、汇编权和应当由著作权人享有的其他权利在本法规定的保护期内，依照继承法的规定转移。著作权属于法人或者其他组织的，法人或者其他组织变更、终止后，其复制权等上述权利在本法规定的保护期内，由承受其权利义务的法人或者其他组织享有；没有承受其权利义务的法人或者其他组织的，由国家享有"（第 19 条）。

第四，"作者的署名权、修改权、保护作品完整权的保护期不受限制"（第 20 条）。

第五，"公民的作品，其发表权、复制权、发行权、出租权、展览权、表演权、放映权、广播权、信息网络传播权、摄制权、改编权、翻译权、汇编权和应当由著作权人享有的其他权利的保护期为作者终生及其死亡后 50 年，截止于作者死亡后第 50 年的 12 月 31 日。如果是合作作品，截止于最后死亡的作者死亡后第 50 年的 12 月 31 日。法人或者其他组织的作品、著作权（署名权除外）由法人或者其他组织享有的职务作品，其发表权等上述权利的保护期为 50 年，截止于作品首次发表后第 50 年的 12 月 31 日，但作品自创作完成后 50 年内未发表的，不再保护。电影作品和以类似摄制电影的方法创作的作品、摄影作品，其发表权等上述权利的保护期为 50 年，截止于作品首次发表后第 50 年的 12 月 31 日，但作品自创作完成后 50 年内未发表的，不再保护。电影作品和以类似摄制电影的方法创作的作品、摄影作品，其发表权等上述权利的保护期为 50 年，截止于作品首次发表后第 50 年的 12 月 31 日，但作品自创作完成后 50 年内未发表的，不再保护"。（第 21 条）

此外，国务院《计算机软件保护条例》（2013 年 1 月 30 日修正）规定，一方面，"软件著作权人享有下列各项权利：（一）发表权……（二）署名权……（三）修改权……（四）复制权……（五）发行权……（六）出租权……（七）信息网络传播权……（八）翻译权……（九）应当由软件著作权人享有的其他权利。软件著作权人可以许可他人行使其软件著作权，并有权获得报酬。软件著作权人可以全部或者部分转让其软件著作权，并有权获得报酬"（第 8 条）。另一方面，"自然人的软件著作权，保护期为自然人终身及其死亡后 50 年，截止于自然人死亡后第 50 年的 12 月 31 日；软件是合作开发的，截止于最后死亡的自然人死亡后第 50 年的 12 月 31 日。法人或者其他组织的软件著作权，保护期为 50 年，截止于软件首次发表后第 50 年的 12 月 31

日，但软件自开发完成之日起 50 年内未发表的，本条例不再保护"（第 14 条第 2—3 款）。①

3. 邻接权。它"亦称'著作邻接权'、'传播者权'。通常指作品传播者对其传播作品的创造性劳动成果所享有的权利。我国《著作权法》称之为'与著作权有关的权益'，是独立于著作权之外而又与著作权邻近的专有权利。一般包括表演者权、录音录像制作者权和广播、电视组织者权"。②

另据我国《著作权法》第 41 条第 1 款规定，"录音录像制作者对其制作的录音录像制品，享有许可他人复制、发行、出租、通过信息网络向公众传播并获得报酬的权利；权利的保护期为 50 年，截止于该制品首次制作完成后第 50 年的 12 月 31 日"。

因此，文献是精神产品之权利——知识产权、著作权（版权）和邻接权的物质、形态化载体；没有文献，就没有知识产权、著作权（版权）和邻接权。

（五）与精神产品、知识产品、出版物、印刷品、作品、著作的关系

1. 与精神产品、知识产品、出版物和印刷品的关系。所谓精神产品，是指能够满足人们精神生活需要的产品。因此，它与物质产品的区别在于，后者满足的是人的身体需要的产品，具体表现在满足人的吃、穿、住、行，以及物质产品的再生产上；而前者则满足人的情感、意志、心理以及求知等的精神上的需要，采取理解的方式来获得。同时，前者是在被使用和时间的流逝中最终失去其对人而言的存在意义，而后者尤其是高尚而富有理性和人情味的精神产品则会超越时空的限制使人终身受益，甚至是对人类社会的发展起到无限的促进作用。

所谓知识产品，是指"由各种形式的脑力劳动所创造的具有新颖性与创造性的成果。如文艺作品、科学著作、创造性思想等。是知识的客观表现

---

① 其中，计算机软件，是指计算机程序及其有关文档。计算机程序，是指为了得到某种结果而可以由计算机等具有信息处理能力的装置执行的代码化指令序列，或者可以被自动转换成代码化指令序列的符号化指令序列或者符号化语句序列。同一计算机程序的源程序和目标程序为同一作品。文档，是指用来描述程序的内容、组成、设计、功能规格、开发情况、测试结果及使用方法的文字资料和图表等，如程序设计说明书、流程图、用户手册等。软件著作权人，是指依照本条例的规定，对软件享有著作权的自然人、法人或者其他组织（第 2—3 条）。

② 参见曹建明、何勤华主编：《大辞海·法学卷》，上海辞书出版社 2003 年版，第 155 页。

形式"。①

所谓出版物，即"复制成一定份数并广泛发行的文献。可分为图书、小册子、报刊、卡片、挂图等印刷品，以及声像型、缩微型和机读型出版物；根据其出版周期，可分为定期和非定期出版物"；其中定期出版物，亦称连续出版物，即"具有统一的提名，逐次分册发行，通常编有数码或年月标志，并且计划无限期地连续出版下去的印刷或非印刷形式的出版物。包括期刊、报纸、年鉴、报告丛书及学（协）会会刊"，非（不）定期出版物"包括增刊、特辑、索引卷等，还包括一些会刊、会议记录丛刊、专题统计等"，小册子是指"一定篇幅以下并制成卷册的非连续刊行的文献。根据联合国教科文组织的规定，小册子的篇幅为5—48页。与图书的区别主要是篇幅短小、装帧简单、出版及时、时效性强"。② 而"本条例所称出版物，是指报纸、期刊、图书、音像制品、电子出版物等"。③ 同时，除有定期与不定期出版物之分外，出版物还有官方与非官方、合法与非法出版物，以及传统与新型出版物之别。其中，官方出版物，亦称"政府出版物"，即"各政府部门及其所属机构出版的文献"，非法出版物是指"违反国家出版法规的出版物"；④ 而传统出版物，包括报纸、杂志和图书等印刷品。但随着留声机、缩微成像技术、录音录像技术和计算机的发明与应用，出现了新型的、非印刷品的出版物，如唱片、缩微胶片、录音带、录像带、光盘、移动硬盘等，通称为缩微制品、视听材料和电子出版物。

所谓印刷品，亦称印刷型文献，即"以纸张为存贮介质，以印刷为记录

---

① 参见王邵平等编：《图书情报词典》，汉语大词典出版社1990年版，第557页。

② 参见王邵平等编：《图书情报词典》，汉语大词典出版社1990年版，第206页、第406页、第26页。例如，《人民日报》（1956年5月15日）、《法学研究》（1954年）、《北京检察年鉴》（1987年）就属于连续（或定期）出版物；王洪俊著的《我国的检察制度》（西南政法学院诉讼法教研室1984）、《上海检察志》（上海社会学院1999）就属于不连续（或非定期）出版物；而《党建》杂志社主办的《学习活页文选》、《国家检察官学院分院建设标准》（中国计划出版社2011年版，共36页）、《中华人民共和国惩治贪污条例》（中央人民政府法制委员会1952年编印，共7页）就属于小册子。

③ 参见国务院《出版管理条例》（2001年12月25日）第2条第3款。

④ 参见王邵平等编：《图书情报词典》，汉语大词典出版社1990年版，第628页、第483页。

手段生产出来的文献。印刷方法有铅印、胶印、油印、石印、雕刻木印等"；①
而"本条例适用于出版物、包装装潢印刷品和其他印刷品的印刷经营活动。
本条例所称出版物，包括报纸、期刊、书籍、地图、年画、图片、挂历、画册
及音像制品、电子出版物的装帧封面等。本条例所称包装装潢印刷品，包括商
标标识、广告宣传品及作为产品包装装潢的纸、金属、塑料等的印刷品。本条
例所称其他印刷品，包括文件、资料、图表、票证、证件、名片等"。②

因此，精神产品、知识产品、出版物和印刷品是文献的下位（种）概念、
子集，文献则是它们的上位（属）概念。

2. 与作品、著作的关系。所谓作品，是指"文学艺术方面的成品"；③
而"本法所称的作品，包括以下列形式创作的文学、艺术和自然科学、社
会科学、工程技术等作品：（一）文字作品；（二）口述作品；（三）音乐、
戏剧、曲艺、舞蹈、杂技艺术作品；（四）美术、建筑作品；（五）摄影作品；
（六）电影作品和以类似摄制电影的方法创作的作品；（七）工程设计图、产
品设计图、地图、示意图等图形作品和模型作品；（八）计算机软件；（九）法
律、行政法规规定的其他作品"，"本法不适用于：（一）法律、法规，国家机
关的决议、决定、命令和其他具有立法、行政、司法性质的文件，及其官方正
式译文；（二）时事新闻；（三）历法、通用数表、通用表格和公式"。④

所谓著作，"（1）用文字表达意见、知识、思想、感情等……（2）著作
的成品……"⑤

因此，作品、著作是文献的下位（种）概念、子集，文献则是作品、著
作的上位（属）概念；而从著作权法意义上说，文献包括我国《著作权法》
第3条和第5条所规定作品的全部。换言之，有些文献的著作权受法律保护，
有些文献的著作权则不受法律保护；当然，对文献著作权的保护是有时间限
制的。

---

① 参见王邵平等编：《图书情报词典》，汉语大词典出版社1990年版，第240页。例
如，《四川省绵阳市人民检察院工作报告（市一届人大二次会议文件之十三）铅印本》（绵
阳市一届人大二次会议秘书处1986）、《铜陵市检察志（1954—1985）油印本》（《铜陵市
检察志》编写组1987）、《古文字研究》（手写稿本、胶印本，中华书局1986）。

② 参见国务院《印刷业管理条例》（2001年7月26日）第2条第1—4款。

③ 参见中国社会科学院语言研究所词典编辑室：《现代汉语词典》（修订本），商务
印书馆1999年版，第1685页。

④ 参见《中华人民共和国著作权法》（2001年10月27日修正）第3条、第5条。

⑤ 参见中国社会科学院语言研究所词典编辑室编：《现代汉语词典》（修订本），商
务印书馆1999年版，第1647页。

（六）与图书、报刊、资料、内部资料、录音录像（视听）资料的关系

所谓图书，"又称'书'、'书籍'。具有一定篇幅并制成卷册的非连续刊行文献"。① 例如，贺恒扬著的《中国检察权实证研究》（法律 2010）、毛昭辉的《监督学》（中央广播大学 2008），黄常清编著的《检察官手记：给权力掌控者的忠言警示》（中国工人 2008）。

所谓报刊，是指"报纸和杂志的总称"。其中，报纸是指"以国内外社会、政治、经济、文化等新闻为主要内容的散页的定期出版物，一般指日报"；杂志亦称期刊，是指"刊物"，期刊是指"定期出版的刊物，如周刊、月刊、季刊等"。② 如图 9 所示文献。

图 9 左上起：清末的《刑法总论》（湖北法政编辑社编 1906 年编印），《东方杂志》（1904 年），《汇报》（1910 年）；民国的《刑事诉讼法释疑》（夏勤著，正中书局 1946），《司法日刊》（1931 年 9 月 1 日），《法律评论》（1923 年）；新中国的《苏维埃司法制度》（［苏］卡列夫著，法律 1955），《哲里木检察报》（1995 年 3 月），《云南检察》（原名《实践与研究》，1989 年 1 月创刊，1990 年改为现名）

所谓资料，"广义指用作参考或依据的一切文献材料。狭义指用作参考或依据的非书非刊的文献材料，如小册子、图表、图纸、卡片、胶卷、录音带、录像带等"。③ 如图 10 所示文献。

---

① 参见王邵平等编：《图书情报词典》，汉语大词典出版社 1990 年版，第 515 页。

② 参见中国社会科学院语言研究所词典编辑室编：《现代汉语词典》（修订本），商务印书馆 1999 年版，第 47 页、第 48 页、第 1565 页、第 992 页。

③ 参见王邵平等编：《图书情报词典》，汉语大词典出版社 1990 年版，第 778 页。

图 10　左上起：《中华民国最高法院特种刑事裁定》（1948 年），布告——《中央工农检察委员会公布》，小册子——《怎样改组工农检查院》（共 32 页），内蒙古包头市 1957 年《起诉书》，陕西省白河县公安局 1955 年《逮捕搜查证》副页，《京师高等检察厅书记课事务草则》（民国线装本），1963 年辽宁省人民检察院检察员《任命通知书》，《甄别定案工作中的几点体会》（山西省潞安县检察长程金成 1957 年），《2011 年律师资格考试模拟试题（光盘）》（法律 2001）

所谓内部资料，是指"在特定范围内传播或发行的文献。包括内容不宜公开流传的书刊、文件和其他资料以及机关团体向特定对象发行的出版物等。其含义与灰色文献相近，但范围比较广泛"。① 例如，山西省人民检察院主办的内部资料——《山西检察》（1984 年 6 月）、江西省人民检察院 2007 年编印的《江西省检察机关执法规范》（1978 年 8 月 5 日）以及图 11 所示文献。

---

① 参见王邵平等编：《图书情报词典》，汉语大词典出版社 1990 年版，第 76 页。

图11 左上起:《法部办事细则》(司法部 1938 年编印)、《司法公报第 32 次临时增刊——司法部十二年份办事情形报告》;《华北人民政府法令汇编》(华北人民政府秘书厅 1949 年编印),《蒙古人民共和国法院组织法、检察监督法》(西南政法学院诉讼法教研室 1986 年编印),内部资料性刊物《开封检察》和《遂溪检察》,最高人民检察院《关于征求对〈中华人民共和国人民检察院组织法〉修改意见的通知》(1978 年 8 月 5 日),长沙市纪律检查委员会文件(联发)——《关于组织参观〈全国检察机关惩治贪污贿赂展览〉的通知》

所谓录音录像资料,亦称视听资料,亦叫音像制品,即录音与录像资料的统称。其中,录音资料"又称'录音制品'、'听觉资料'。单纯记录声音的声像型文献。所录声音可用机械或电子方式重放。包括唱片、录音带、录音膜等";录像资料"又称'视觉资料'。单纯记录图像的声像型文献。图像可以是静态的,也可以是动态的。记录的方法有光学与电磁两种。如照片底片、摄影胶片、幻灯片、无声录音带、无声电影片等"。① 如图 12 所示文献。

图12 左起:民国老唱片《法门寺》(丽歌唱片 1912),《从光明走向深渊》(录像带,中纪委、河北纪委 1997),《珍惜岗位 远离犯罪(VCD)》(检察出版社音像中心 2010)

① 参见王邵平等编:《图书情报词典》,汉语大词典出版社 1990 年版,第 602 页。

因此，作为精神或知识产品常见类型，作为出版物的一种，图书、报刊、资料、内部资料、录音录像资料是文献的下位（种）概念、子集或一种，文献则是它们的上位（属）概念。

（七）与档案、文物的关系

1. 档案。即"单位和个人在活动中形成的、具有保存价值并经整理归档集中保管起来的文件材料。包括收发电文、会议记录、电话记录、人事材料、技术文件、出版物原稿、财会账册、印模、照片、影片、录音带等"；① 而"本法所称的档案，是指过去和现在的国家机构、社会组织以及个人从事政治、军事、经济、科学、技术、文化、宗教等活动直接形成的对国家和社会有保存价值的各种文字、图表、声像等不同形式的历史记录"。② 如图 13 所示文献，同时也是档案。

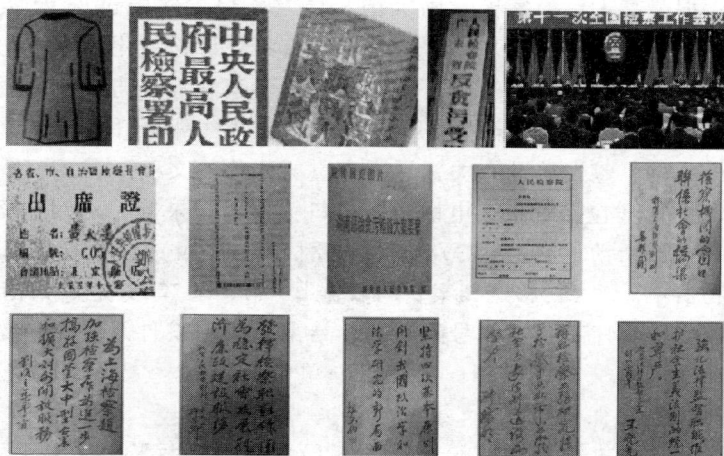

图 13 左上起：民国时检察服图例，中央人民政府最高人民检察署印模，中央人民政府最高人民检察署，全国首个反贪污贿赂局——广东省人民检察院反贪污贿赂工作局牌匾，第十一次全国检察工作会议会场照片，时任最高人民检察院军事检察院检察长黄火星参加 1955 年 11 月各省、市、自治区检察长会议《出席证》，内蒙古包头市人民检察院 1957 年 9 月 21 日《起诉书》，湖南省人民检察院编的《湖南省惩治贪污贿赂大案要案宣传展览图片》，浙江省衢州市人民检察院抗诉档案（2005 年），全国人大常委会原委员长吴邦国题词——"检察机关的窗口 联系社会的桥梁"，最高人民检察院原检察长刘复之题词——"加

---

① 参见王邵平等编：《图书情报词典》，汉语大词典出版社 1990 年版，第 723 页。
② 参见《中华人民共和国档案法》（1996 年 7 月 5 日修正）第 2 条。

强检察工作为进一步搞好国营大中型企业和扩大改革开放服务",最高人民检察院原检察长张思卿题词——"发挥检察职能作用 为稳定社会发展经济廉政建设服务",司法部原部长魏文伯题词——"坚持四项基本原则开创我国政治学和法学研究的新局面",最高人民检察院原副检察长张灿明题词——"做好检察业务研究提高检察专业水平为加强社会主义的法制建设而努力",最高人民检察院原副检察长王晓光题词——"强化法律监督职能维护社会主义法制的统一和尊严"

另外,据最高人民检察院、国家档案局《人民检察院诉讼档案管理办法》(2000年11月2日)规定,一是"各级检察院须做好诉讼档案管理工作"(第4条);二是"按国家有关规定,① 应进馆的档案在本机关保存期满后,向有关档案馆移交"(第19条);三是"外单位查阅本院档案,应有县、团级以上单位的介绍信,经本院有关领导人批准,方可查阅"(第23条)。

此外,据最高人民检察院、国家档案局《人民检察院诉讼文书立卷归档办法》(2000年11月2日)规定,一是"检察院诉讼文书的案卷分为侦查、审判监督的刑事案卷,直接受理立案侦查的刑事案卷和控告申诉案卷"(第3条)。二是"检察院在办理案件中形成的下列文书材料须归档:(一)法律文书的正本或副本、签发稿及有关领导同志重要修改的文稿。(二)有关具体案件的请示、批复(包括电报、电话记录、口头指示记录等)和讨论案件记录、阅卷笔录等内部活动材料。(三)案件来源材料。(四)证据材料。(五)移交赃款赃物清单。(六)移送档案材料收据"(第5条)。三是"归档的诉讼文书必须按年度、程序、一案一号的原则,结案后,由案件承办单位整理立卷,于翌年第二季度移交档案部门。案件承办单位要根据《人民检察院诉讼档案保管期限表》划出保管期限"(第15条)。

再者,据最高人民检察院、国家档案局《关于人民检察院诉讼档案保管

---

① 例如,我国《档案法》规定:"机关、团体、企业事业单位和其他组织必须按照国家规定,定期向档案馆移交档案"(第11条);"博物馆、图书馆、纪念馆等单位保存的文物、图书资料同时是档案的,可以按照法律和行政法规的规定,由上述单位自行管理"(第12条第1款);"国家档案馆保管的档案,一般应当自形成之日起满30年向社会开放。经济、科学、技术、文化等类档案向社会开放的期限,可以少于30年,涉及国家安全或者重大利益以及其他到期不宜开放的档案向社会开放的期限,可以多于30年,具体期限由国家档案行政管理部门制订,报国务院批准施行"(第19条)。而国务院《中华人民共和国档案法实施办法》(1999年6月7日)还规定:"属于中央级和省级、设区的市级国家档案馆接收范围的档案,立档单位应当自档案形成之日起满20年即向有关的国家档案馆移交;属于县级国家档案馆接收范围的档案,立档单位应当自档案形成之日起满10年即向有关的县级国家档案馆移交"(第13条第2款)。

期限的规定》（2000 年 11 月 2 日）第 1 条规定，人民检察院诉讼档案的保管期限分为永久、长期（保管时间为 60 年）、短期（保管时间为 20—30 年）3 种。

　　而目前，我国档案尤其是政法档案文献的分布状况是："作为国家级档案馆有三家，它们是中央档案馆：馆内保存 202 个全宗，56 个案卷。其中政法档案较为集中的案卷主要分布在中央国家机关入档文件中，它包括 1954—1977 年全国人大常委在各项立法过程与重大司法活动中形成的案卷；1949—1968 年内务部涉及行政立法、司法的档案；1941—1954 年政务院财经委涉及财经法律制度形成的档案等。中国第一历史档案馆：全部馆藏档案分为 74 个全宗，其中（明）朝皇家档案 3600 余件，（清）皇朝档案约 1000 万件。大量馆藏中涉及中国古代法史学内容的全宗档案主要有：（清）内阁档案、吏部、户部、刑部、民政部档案、督察院、政务部、京师高等审判厅、检察厅等朝庭公务档案卷宗。其中仅（清）内阁档案一宗就有 271 万件。中国第二历史档案馆：馆藏档案 756 个全宗，共有 140 余万卷。其中涉及政法档案较为集中的部分有：北洋政府司法部全宗 3218 卷、北洋大理院全宗 15000 卷、国民党立法全宗 2654 卷、国民党司法院全宗 483 卷、国民党最高法院案宗 10810 卷，涵盖了中华民国时期与国民党中央及政府逃离大陆前历届政府的档案文献……其次，专门与部门档案馆，这里主要指某些专业性或行业性较强的政府主管部门所设置的档案馆，其中专门涉及政法档案业务的类型馆主要为公安档案系统、法院档案系统、检察院档案系统及中央与国家业务主管部、委档案系统。"①

　　2. 文物。即"人类在历史发展过程中遗留下来的遗物、遗迹"；② 而据我国《文物保护法》（2007 年 12 月 29 日修正）规定："在中华人民共和国境内，下列文物受国家保护：（一）具有历史、艺术、科学价值的古文化遗址、古墓葬、古建筑、石窟寺和石刻、壁画；（二）与重大历史事件、革命运动或者著名人物有关的以及具有重要纪念意义、教育意义或者史料价值的近代现代重要史迹、实物、代表性建筑；（三）历史上各时代珍贵的艺术品、工艺美术品；（四）历史上各时代重要的文献资料以及具有历史、艺术、科学价值的手稿和图书资料等；（五）反映历史上各时代、各民族社会制度、社会生产、社会生活的代表性实物"（第 2 条第 1 款）；"历史上各时代重要实物、艺术品、

　　①　参见建设：《政法档案述略》，载《法律文献信息与研究》1998 年第 4 期。
　　②　参见于友先等主编：《中国大百科全书》（第 2 版），中国大百科全书出版社 2009 年版，第 23~306 页。

文献、手稿、图书资料、代表性实物等可移动文物，分为珍贵文物和一般文物；珍贵文物分为一级文物、二级文物、三级文物"（第3条第2款）。因此，图14所示文献，同时也是文物。

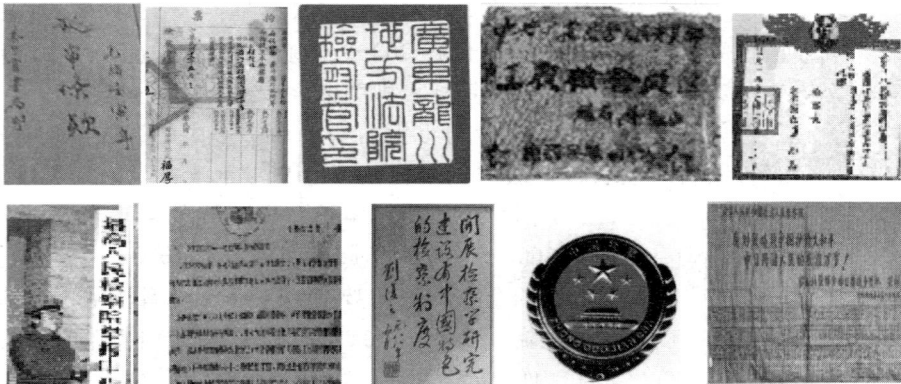

图14　左上起：《秋审条款》（秦中官书局排印1902年），北洋政府时期京师地方检察厅《拘票》，民国二十九年（1940年）广东龙川地方法院检察官印，工农检查委员部（会）臂章，1953年10月26日长沙市人民检察院聘任检察通讯员《聘任书》，最高人民检察院举报中心揭牌，《内蒙古包头市人民检察院起诉书》，1988年5月20日时任最高人民检察院检察长刘复之为中国检察学会（1988年3月5日）成立题词——"开展理论研究建设有中国特色的检察制度"，现行检徽，第二批被免予起诉的日本战犯送给最高人民检察署的锦旗

另据文化部《文物藏品定级标准》（2001年4月5日）规定："一、一级文物定级标准：（一）反映中国各个历史时期的生产关系及其经济制度、政治制度，以及有关社会历史发展的特别重要的代表性文物；（二）反映历代生产力的发展、生产技术的进步和科学发明创造的特别重要的代表性文物；（三）反映各民族社会历史发展和促进民族团结、维护祖国统一的特别重要的代表性文物；（四）反映历代劳动人民反抗剥削、压迫和著名起义领袖的特别重要的代表性文物；（五）反映历代中外关系和在政治、经济、军事、科技、教育、文化、艺术、宗教、卫生、体育等方面相互交流的特别重要的代表性文物；（六）反映中华民族抗御外侮，反抗侵略的历史事件和重要历史人物的特别重要的代表性文物；（七）反映历代著名的思想家、政治家、军事家、科学家、发明家、教育家、文学家、艺术家等特别重要的代表性文物，著名工匠的特别重要的代表性作品；（八）反映各民族生活习俗、文化艺术、工艺美术、宗教信仰的具有特别重要价值的代表性文物；（九）中国古旧图书中具有特别重要

价值的代表性的善本；（十）反映有关国际共产主义运动中的重大事件和杰出领袖人物的革命实践活动，以及为中国革命做出重大贡献的国际主义战士的特别重要的代表性文物；（十一）与中国近代（1840—1949）历史上的重大事件、重要人物、著名烈士、著名英雄模范有关的特别重要的代表性文物；（十二）与中华人民共和国成立以来的重大历史事件、重大建设成就、重要领袖人物、著名烈士、著名英雄模范有关的特别重要的代表性文物；（十三）与中国共产党和近代其他各党派、团体的重大事件，重要人物、爱国侨胞及其他社会知名人士有关的特别重要的代表性文物；（十四）其他具有特别重要历史、艺术、科学价值的代表性文物。

"二、二级文物定级标准：（一）反映中国各个历史时期的生产力和生产关系及其经济制度、政治制度，以及有关社会历史发展的具有重要价值的文物；（二）反映一个地区、一个民族或某一个时代的具有重要价值的文物；（三）反映某一历史人物、历史事件或对研究某一历史问题有重要价值的文物；（四）反映某种考古学文化类型和文化特征，能说明某一历史问题的成组文物；（五）历史、艺术、科学价值一般，但材质贵重的文物；（六）反映各地区、各民族的重要民俗文物；（七）历代著名艺术家或著名工匠的重要作品；（八）古旧图书中有具有重要价值的善本；（九）反映中国近代（1840—1949）历史上的重大事件、重要人物、著名烈士、著名英雄模范的具有重要价值的文物；（十）反映中华人民共和国成立以来的重大历史事件、重大建设成就、重要领袖人物、著名烈士、著名英雄模范的具有重要价值的文物；（十一）反映中国共产党和近代其他各党派、团体的重大事件，重要人物、爱国侨胞及其他社会知名人士的具有重要价值的文物；（十二）其他具有重要历史、艺术、科学价值的文物。

"三、三级文物定级标准：（一）反映中国各个历史时期的生产力和生产关系及其经济制度、政治制度，以及有关社会历史发展的比较重要的文物；（二）反映一个地区、一个民族或某一时代的具有比较重要价值的文物；（三）反映某一历史事件或人物，对研究某一历史问题有比较重要价值的文物；（四）反映某种考古学文化类型和文化特征的具有比较重要价值的文物；（五）具有比较重要价值的民族、民俗文物；（六）某一历史时期艺术水平和工艺水平较高，但有损伤的作品；（七）古旧图书中具有比较重要价值的善本；（八）反映中国近代（1840—1949）历史上的重大事件、重要人物、著名烈士、著名英雄模范的具有比较重要价值的文物；（九）反映中华人民共和国成立以来的重大历史事件、重大建设成就、重要领袖人物、著名烈士、著名英雄模范的具有比较重要价值的文物；（十）反映中国共产党和近代其他各党派、团体的重大事件，重要人物、爱国侨胞及其他社会知名人士的具有比较重要价值的文物；（十一）其他具有比较重要的历史、艺术、科学价值的文物。

"四、一般文物定级标准：（一）反映中国各个历史时期的生产力和生产关系及其经济制度、政治制度，以及有关社会历史发展的具有一定价值的文物；（二）具有一定价值的民族、民俗文物；（三）反映某一历史事件、历史人物，具有一定价值的文物；（四）具有一定价值的古旧图书、资料等；（五）具有一定价值的历代生产、生活用具等；（六）具有一定价值的历代艺术品、工艺品等；（七）其他具有一定历史、艺术、科学价值的文物。"如图15所示文献。

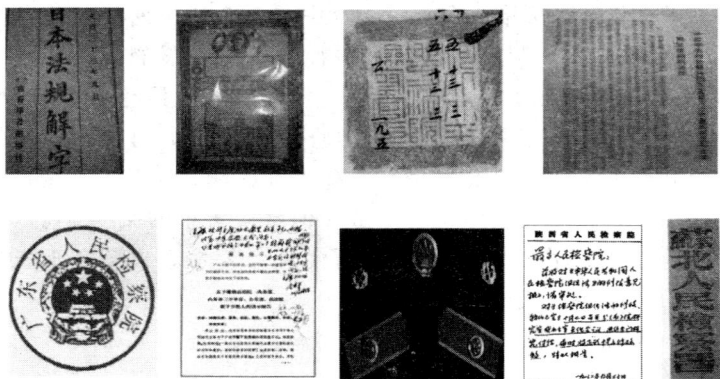

图15　左上起：《日本法解字》（商务1907），《司法纸状——刑事状》（司法行政部1932年印制），南京国民政府时期河北北平地方法院检察官印，《中共中央关于废除国民党伪六法全书奥确定解放区司法原则的指示》（1949年2月），1987年后启用至今的广东省人民检察院印，《关于撤销高检院、内务部、内务办三个单位，公安部、高法院留下少数人的请示报告》及其批示（1968年12月11日），84式检服所配帽徽、领花、肩章，《陕西省人民检察院给最高人民检察院的报告》（1982年9月30日），1950—1952年苏北人民检察署印

因此，文献与档案、文物之间存在交叉关系，抑或交集——亦即有些档案、文物属于文献，① 或者有些文献属于档案或文物；而有些档案、文物不属于文献，或者有些文献也不属于档案或文物。

---

① 作为一个数学概念，一般地，对于给定的两个集合 A 和集合 B 的交集，是指含有所有既属于 A 又属于 B 的元素，而没有其他元素的集合。

（八）与文本、版本、文稿、书稿、文集、文库、文件、文告、文牍、文书、文契、文摘的关系

所谓文本，亦称稿本，是指在文件撰稿、审批、印制过程中形成的，形式、内容、文字表述和作用有所不同的文稿和版本。从公文来说，主要有草稿、定稿、正本、副本、试行本、暂行本、修订本、各种文字文本等。私人文件也有不同文本，但要求不似公文严格；① 而所谓版本，即"文献在撰写和制作过程中形成的各种不同的文本"。② 因此，文本也称版本。例如，《苏维埃检察制度（重要文件）》就存在法律出版社 1957 年版与中国检察出版社 2008 年版（如图 16 所示）。

图 16　左起《检察官论》台湾学林文化事业有限公司 1999 年版、大陆法律出版社 2008 年版，《苏维埃检察制度（重要文件）》（法律 1957）、（检察 2008），《检察业务教程》（检察 1999）及其修订本（检察 2002）

所谓文稿，即"文章或公文的草稿"。③ 如图 17 所示。

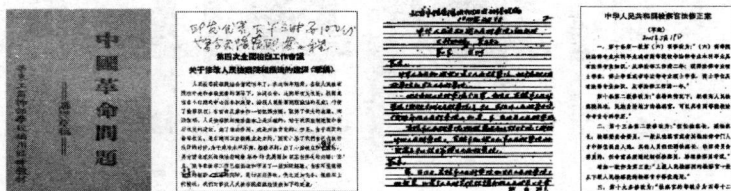

图 17　左起：李聪聋著的《中国革命问题讲授草稿（毛边本）》（华东工商干部学校 1949 年编印），第四次全国检察工作会议《关于修改人民检察院组织法的建议（草稿）》，《北京市人民检察院对〈中华人民共和国人民检察院组织法〉（修改稿—草稿）》（1978 年 2 月 9 日），《中华人民共和国检察官法修正案（草案）》

---

① 参见于友先等主编：《中国大百科全书》（第 2 版），中国大百科全书出版社 2009 年版，第 23～276 页。

② 参见王邵平等编：《图书情报词典》，汉语大词典出版社 1990 年版，第 560 页。

③ 参见中国社会科学院语言研究所词典编辑室编：《现代汉语词典》（修订本），商务印书馆 1999 年版，第 1318 页。

　　所谓书稿，即"著作的底稿"；而所谓底稿，即"公文、信件、文章等的原稿，多存起来被查"；原稿即"写成后没有经过他人修改、增删的稿子"。① 如图 18 所示。

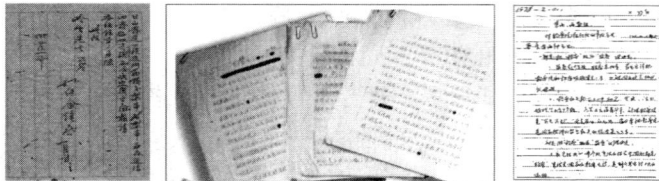

　　图 18　左起：孙经畬毛笔书写的《涂税暂行办法》（1944 年），王桂五先生检察理论研究手稿，第七次全国检察工作会议（1978 年 12 月 16—27 日），东北、西南组对修改检察院组织法的意见

　　所谓文集，即"按统一的格式、体例和开本，将一家或多家的学术著作、文艺作品等汇集而成的书"。② 如图 19 所示。

　　图 19　左上起：《国立北京大学五十周年纪念论文集文学院第四种：中国法律之儒家化》（北京大学出版部 1948 年），《检察工作十年》（最高人民检察院 1961 年编印），《钟澍钦检察文集》（检察 1999），《青秀检察文集》（广西人民 2009），《检察发展论坛第三次会议文集》（湖北人民 2011），《江苏省盱眙县人民检察院恢复重建 30 周年纪念文集》（2008 年），《纪念陈养山文集》（检察 1993），《检察学研究文集》（沈阳市检察学会 1986 年编印）

---

　　①　参见中国社会科学院语言研究所词典编辑室编：《现代汉语词典》（修订本），商务印书馆 1999 年版，第 1168 页、第 271 页、第 1548 页。
　　②　参见于友先等主编：《中国大百科全书》（第 2 版），中国大百科全书出版社 2009 年版，第 23～291 页。

所谓文库，即"有许多书汇编成的一套书"，亦称丛书。① 例如，湖北法政编辑社 1906 年编辑的中国近代正式出版的第一套大型法政丛书——《法政丛编》，民国时期商务印书馆出版的"实用法律丛书"以及为配合《中华人民共和国检察制度研究》（"七五"期间国家社会科学研究重点项目，法律 1991）的编写，1990—1991 年间，检察出版社就组织编写了《外国检察制度丛书》（共 8 册），② 如图 20 所示。

所谓文件，亦称文告、文牍、公文，是指"社会组织或个人在各项活动中产生的、具有特定效用的凭证性信息记录"；③ 而所谓文告，是指"机关或团体发布的文件"；④ 所谓文牍，亦即"公文"，而公文是指"机关相互往来联系事务的文件"。⑤ 如图 21 所示。

图 20 左上起：湖北法政编辑社编辑的《法政丛编》（亦称"法政讲义"）之《财政学》、《刑法各论》、《商法总则》、《商法商行为》、《商法海商》（丙午社 1906—1907 年编印）；熊辑京师法律学堂笔记《法律丛书》第 15 册——《刑事诉讼法》（法大 2012 年再版）；民国时期"实用法律丛书"之《海商法》（1935 年）、《民法继承》（1936 年）、《公司登记规则》（商务 1936）；新中国"外国检察制度丛书"之《日本检察讲义》（1990 年）、《美国检察官》（1990 年）、《苏联检察院组织法诠释》（1990 年）、《日本检察厅法逐条解释》（1991 年）、《皇家检察官》（1991 年）、《英国总检察长政治与公共权利的代表》（1991 年）、《法国诉讼制度的理论与实践》（1991 年）

① 参见中国社会科学院语言研究所词典编辑室编：《现代汉语词典》（修订本），商务印书馆 1999 年版，第 1318 页、第 212 页。
② 另一本为梁启明译的《苏联东欧国家的检察长监督》（检察 1991）。
③ 参见中国社会科学院语言研究所词典编辑室编：《现代汉语词典》（修订本），商务印书馆 1999 年版，第 1318 页。
④ 参见于友先等主编：《中国大百科全书》（第 2 版），中国大百科全书出版社 2009 年版，第 23～292 页。
⑤ 参见中国社会科学院语言研究所词典编辑室编：《现代汉语词典》（修订本），商务印书馆 1999 年版，1318 页、第 436 页。

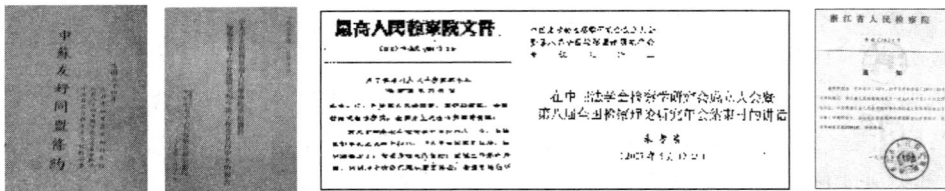

图 21　左起:《中苏友好同盟条约》(国际 1945),《中共中央批转最高人民检察院党组〈关于检察业务工作会议情况和今后工作意见向中央的报告〉》(最高人民检察院办公厅 1955 年 3 月 20 日印制),最高人民检察院文件——《关于征求对人民检察院组织法修改意见的通知》[〔82〕高检发(研)13 号],中国法学会检察学研究会成立大会暨第八届全国检察理论研究会会议文件三,浙江省人民检察院正式对外挂牌办公的《通知》(1978 年 6 月 26 日)

所谓文书,是指"国家机关、社会组织、企事业单位或个人在社会活动中为处理事务、交流信息而使用的各种载体的文字、图表、声像等记录材料。是人社会交往的工具,也是档案的前身。又称文件"。① 如图 22 所示。

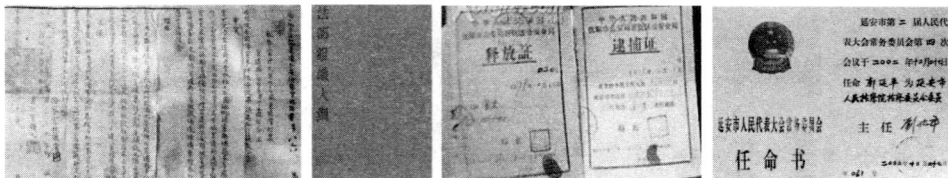

图 22　左起:《福山地方法院莱阳分庭起诉书》(1934 年),《法部组织大纲》(司法部 1938 年编印),辽宁省抚顺市公安局《释放证》、《逮捕证》(1959 年),《延安人民代表大会常务委员会任命书》(2002 年)

所谓文契,是指"买卖房地产的契约"。② 如图 23 所示:

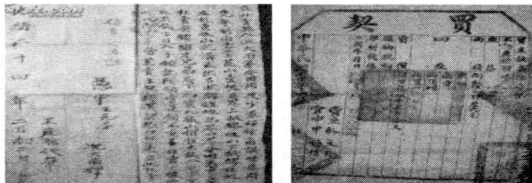

图 23　左起:光绪三十二年(1906 年)《地契》、民国时期《卖契》

---

①　参见于友先等主编:《中国大百科全书》(第 2 版),中国大百科全书出版社 2009 年版,第 23～302 页。

②　参见中国社会科学院语言研究所词典编辑室编:《现代汉语词典》(修订本),商务印书馆 1999 年版,第 1319 页。

所谓文摘，亦称摘要，是指"检索刊物中描述文献内容特征（文献提要）的条目（也包括题录部分），是一种文献著录的结果"；① 而所谓摘要，是指"（1）摘录要点……（2）摘录下来的要点"。② 如图 24 所示：

图 24　左起：《检察诉讼监督的概念、特点与种类》（载《中国刑事法杂志》2012 年第 7 期）一文摘要，《新华文摘》（1947 年 12 月 5 日创刊号），《法学文摘》（1985 年 1 月 9 日试刊号），《检察学文摘》（1993 年 9 月）

因此，文本、版本、文稿、书稿、文集、文库、文件、文告、文书、文契、文牍、文摘是文献的下位（种）概念、子集，文献则是它们的上位（属）概念。

（九）与文体、文笔、文句、文采、文辞（词）、文法、文理、文风、体裁、体例的关系

所谓文体，是指"文章风格与体裁的统称"；③ 文笔即"文章的用词造句的风格和技巧"，文句即"文章的词句"；文采即"文艺方面的才华"；文辞（词）即"文章的用词、用语等"；文法即"语法"；文理即"文章内容方面和词句方面的条理"；文风即"使用语言文字的作风"；体裁即"文学作品的

---

① 参见于友先等主编：《中国大百科全书》（第 2 版），中国大百科全书出版社 2009 年版，第 23～243 页。

② 参见中国社会科学院语言研究所词典编辑室编：《现代汉语词典》（修订本），商务印书馆 1999 年版，第 1579 页。

③ 参见于友先等主编：《中国大百科全书》（第 2 版），中国大百科全书出版社 2009 年版，第 23～303 页。

表现形式",① 体例即"著作的编写格式，文章的组织形式"。②

因此，文献是文体、文笔、文句、文采、文辞（词）、文法、文理、文风、体裁、体例的物质载体。

---

① 而体裁的门类众多，一般包括文章体裁，它又有记叙文、说明文、议论文、应用文，诗歌、散文、小说、戏剧；绘画体裁，它又有风景画、肖像画、静物画、风俗画、战事画、主题画等；雕塑体裁，它又有肖像、动物像、风俗、历史、花纹图案、纪念性雕塑等；舞蹈体裁，它又有民间舞、古典舞、民族舞、技巧运动舞、节奏造型舞等；电影体裁，它又有故事片、纪录片、新闻片、戏剧片、喜剧片、音乐戏剧片、艺术文献片等；音乐体裁，它又有交响乐、奏鸣曲、颂歌、浪漫曲、歌曲等；建筑体裁，它又有宫殿、文化设施、住宅、厂房等。

② 参见中国社会科学院语言研究所词典编辑室编：《现代汉语词典》（修订本），商务印书馆1999年版，第1318～1319页、第1240页。

第五章 文献的载体

一、文献载体的概念

毋庸讳言，关于文献的构成要素的两、三要素说也好，四、五要素说也罢，无不都将文献载体视为文献构成的要素之一。但何谓文献载体，却众说纷纭。例如，有人认为，载体的含义有二："（1）科学技术上指某些能传递能量或运载其他物质的物质。……（2）承载知识或信息的物质形体，语言文字是信息的载体"；① 载体是"信息（包括知识）赖以存在的物质外壳。有广、狭两义。广义指信息的通用载体，它除了人脑之外，从人类创造与利用载体的发展史看，可分为语言、文字、符号、电磁波等。狭义指文献载体，即可供记录信息的一切人工负载物。古代文献载体的种类有泥版、金石、甲骨、简策、绵帛、羊皮等。现代文献载体的种类主要有纸张、磁性材料、感光材料等"；②"载体是标志着信息内容的符号的附着物，是信息内容进一步物化的结果"；③也有人认为，文献载体亦称文献现象，而"文献现象是指文献的外部形态，是人们可以通过感官而感知的文献表面特征和外部联系。文献是一种社会现象，是社会主体人创造的一类物质形态，是记录有信息的人工载体"；④ 还有人认为，文献载体亦称文献交流媒介，而"文献交流媒介是插入文献交流过程之中，用以扩大并延伸信息传递的工具"。⑤

而本书认为，文献载体亦称文献客体、文献现象或文献交流媒介（体），是指可供记录并承载知识信息之物质及其内容含义的一切物质载体，包括古代的泥版、金石、甲骨、简策、绵帛、纸张、羊皮等，以及近现代的纸张、磁性

---

① 参见中国社会科学院语言研究所词典编辑室编：《现代汉语词典》（修订本），商务 1999 年版，第 1568 页。

② 参见王邵平等编：《图书情报词典》，汉语大词典出版社 1990 年版，第 602 页。

③ 参见贺巷超：《论文献的构成要素》，载《图书馆学刊》1994 年第 1 期。

④ 参见周文骏、杨晓骏：《论文献的属性、现象和本质》，载《北京大学学报》（哲学社会科学版）1994 年第 2 期。

⑤ 参见蓝芬芬：《对文献的认识》，载《科技情报开发与经济》2007 年第 35 期。

材料（如录音录像带）、感光材料（如胶卷）、电子数据（如电子书）等。例如，图 25 中的木质牌子、用布做的横幅、书本、照片、光盘即相关文献及其法律文献及其检察文献的载体。

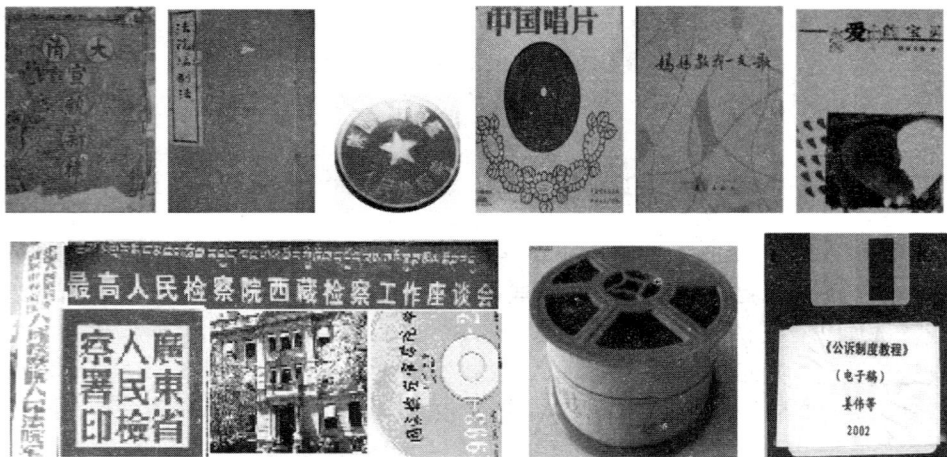

图 25　左上起：纸质《大清宣统新律》（1907 年 2 月），老宣纸书籍民国法律书——《法院编制法讲议》（民国政府 1910 年印制），20 世纪 50 年代陕西省甘泉县人民检察院检察人员所佩戴的检徽，中国唱片——《红军不怕远征难》（1976 年），《妈妈教我一支歌》（录音带，漓江 1985），《恋爱中的宝贝》（录像带，人民文学 2004），"中国人民解放军北京海淀区市人民检察院人民检察院军管小组"木牌，最高人民检察院西藏工作会议布质会标，广东省人民检察署印，最高人民检察署办公地址照片，《国家检察官学院学报》创刊 15 周年光盘，《单县志》（山东人民 1996，缩微胶片），3.5 寸软盘《公诉制度教程（电子稿)》（姜伟，2002 年）

二、文献载体的特点

文献载体有哪些特点？莫衷一是。有人认为，"记录有知识的载体作为文献，必须具备四大特性：（1）载体上的知识必须是'记录'而有的，如有学者所称人的大脑中所储存的知识就不能称为文献；（2）必须能长期保存，如冰雕、砂雕、黑板上所写、食品上所'写'等虽然记录有知识，但不能长期保存，不能称为文献；（3）必须具有收藏价值，如一般的借条、收条、请假条以及食品、药品、用品等包装袋（箱）上的使用（食用）说明书和学生做作业的草稿等虽然记录有知识，也能够长期保存，但没有收藏保存价值，这些东西不应作为文献（当然有些由于时间久远而使其有着特定的研究价值则另当别论）；（4）必须是能够为人们所收藏，如墙壁、立柱、建筑物、崖雕等虽然记录有知识,能长期保存,且具有收藏保存价值,但由于其载体的特殊性不能为人们所收藏,故不能称为文献。他们认为定义中的'载体'一词应改为'物体'为好"。①

也有人认为,"无论载体的物质形式和特征如何,作为文献符号的附着物必须具备如下功能:(1)可保存性;(2)可记录性;(3)可生产性;(4)可共享性"。②

还有人认为,"现代文献现象突出地表现出下列特征:品种繁多、数量剧增,所载信息量大、时效性强、老化速度加快,多文种、多载体、形式多样等。归纳起来说,就是文献的人工载体多样化、记录符号多样化、记录方式多样化以及记载信息大量化"。③

但本书认为,作为文献的载体,需具备如下特点:一是可供记录并承载知识信息——语言文字符号之物质及其内容含义——信息的一切物质载体;二是载体上所承载的知识信息及其内容含义必须是人通过语言文字符号而有目的地记录上去的;三是能长期保存;四是具有价值和使用价值;五是可生产、共享和反复利用。因此,上述第一种观点不仅值得商榷,而且很难说下列文献(如图26所示)不属于文献及其法律文献及其检察文献。

三、文献载体的种类

无疑,人们对文献载体种类的理解不尽相同。有人认为,"记录文献符号的物质实体主要有:纸、蓝图、感光片、唱片、磁带、人工固态附载物、物质实体、物质客体等";④ 文献的载体包括:报刊、法规工具书、光盘和网站;⑤

---

① 参见傅广荣等:《文献定义"载体"辨析》,载《图书馆学研究》1988第3期。但本书认为,一是如果上述冰雕等为照片、录音录像带所记录承载,那么,就很难说它们不是文献。二是基于受众、读者文化知识素养的不同,因而对同一文献是否有价值和使用价值的判断、认识就会截然不同。所以说,是否有价值和使用价值并非文献的构成要素。三是能否为人们所收藏,同样也不是文献的构成要素。因此,文献之载体并不限于物体,而是一切物质材料或载体,包括沙雕所用砂子、书写文字所用的黑板、所刻文字的石柱,等等。

② 参见贺巷超:《论文献的构成要素》,载《图书馆学刊》1994年第1期。而此"四性",必须为相应的语言文字符号记录、承载和彰显。

③ 参见周文骏、杨晓骏:《论文献的属性、现象和本质》,载《北京大学学报》(哲学社会科学版)1994年第2期。

④ 参见贺巷超:《论文献的构成要素》,载《图书馆学刊》1994年第1期。

⑤ 参见欧阳晨红:《浅谈我国法律文献的检索》,载《法律文献信息与研究》2000年第4期。

图 26　左上起：工农检查委员部（会）木质控告箱，民国二十七年（1938 年）广东广州市地方法院检察官印，1959—1968 年最高人民检察院办公地址——北京东交民巷 27 号，周恩来任命陈养山为南京市人民检察署检察长《任命通知书》，最高人民检察署东北工作团印章，最高人民检察署西北分署检察业务培训结业纪念章——《人民检察》，最高人民检察院特别检察厅向江青反革命集团案主犯——张春桥送达起诉书照片，最高人民检察院卷宗

载体包括自然和人造载体，其中人造载体又可分为印刷载体和光、电、磁载体等。① 也有人认为，"早期记录文字的材料，除甲骨、金石外，使用时间最长、最广泛的是竹和木。……到了汉代，造纸术的发明是古代科学技术飞跃发展的标志，是中国古代人民对世界文化的巨大贡献。纸质载体取代简策丝帛后，文献数量和质量突飞猛进，各种类型纸质载体文献丰富着人们的精神生活，也促进人类社会政治、科技、经济、文化的不断发展。……到 20 世纪 70 年代出现的缩微文献、音像文献。20 世纪 80 年代以电子出版物为代表的电子文献的出现，不仅为文献信息领域带来一场特殊的革命，而且使文献的载体结构产生了重大的变化，使传统文献由纸质媒体向光、电方面过渡"；② "凡是以文字、图画、表格、公式、编码、声像等作为记录符号，以写画、印刷及光、电、声、磁记录等作为记录方式，记录有一定量信息的人工载体，包括图书、连续出版

---

① 参见贺巷超：《论文献的构成要素》，载《图书馆学刊》1994 年第 1 期。

② 参见王兴国：《文献载体的发展及电子文献出现给图书馆带来的变化》，载《理论探索》2003 年第 4 期。

物、录音带、录像带、唱片、电影拷贝、计算机磁带和磁盘、光盘等都属于文献现象的范围"。① 还有人认为，文献载体经历了自然、印刷、电子文献 3 个发展时期；② 文献载体经历了天然、纸质、电子文献载体 3 个演变阶段，或者"信息载体的发展，依次经过了零载体、天然载体、纸质载体和电子载体 4 个阶段"。③

而本书认为，"追寻我国（但并不限于我国，其他国家或者地区也大多如此——引者注）文献类型发展演变的轨迹，有学者把它概括为三次文献转型和三种文献类型：第一次是以结绳、刻木记事为代表的原始型文献转变为以甲骨文、青铜铭文、刻石、简策、帛书为代表的手工刻写型的非纸质文献；第二次是以手工刻写型非纸质文献转变为印刷型的纸质文献；第三次是以印刷型纸质文献转变为以机读数据库、网络数据、电子书刊等为代表的机读型电子文献"。④ 进言之，古今中外文献载体主要包括如下五类，抑或经历了如下五个发展阶段：

第一，原始（或天然）型文献载体。此时以结绳、刻木记事为代表。

第二，手工刻写型（或古代）的非纸质文献载体。例如，埃及的纸草、两河流域的泥板以及我国的甲骨、金文、简牍、石刻、缣帛等（如图 27 所示）。此时的文献载体，基本上是自然物的原始状态，并发挥着知识信息的存储积累、传递交流、验证参考、教育和知识传播功能。而目前专门介绍我国手工刻写型法律文献的主要著作，是《中国珍稀法律典籍集成（第 1 册·甲编）》（刘海年、杨一凡主编，科学 1994，如图 27 所示）。

---

① 参见周文骏、杨晓骏：《论文献的属性、现象和本质》，载《北京大学学报》（哲学社会科学版）1994 年第 2 期。

② 参见陈修英：《论文献客体的演变与文献传播》，载《淮北煤师院学报》（哲学社会科学版）1999 年第 1 期。

③ 参见张莹、贾二鹏：《文献载体与文献传播》，载《科技情报开发与经济》2011 年第 34 期。

④ 参见张玉珍：《文献载体演变对文献功能的影响》，载《图书馆建设》2002 年第 5 期。当然，实践中也有人认为，"把这三次文献的演进过程都看成是转型并不大妥。第一次应该是文献的形成过程。因为结绳、刻木都不具备文献的基本特征；第二次可以看作是转型。因为纸质文献出现后，以前其他类型文献都在逐渐消失；第三次只是文献转型的开端。因为到目前为止，纸质文献仍占主导地位，并没有实现真正意义上的转型"（参见朱宁：《中国文献载体演进过程述略》，载《图书与情报》2001 年第 1 期）。

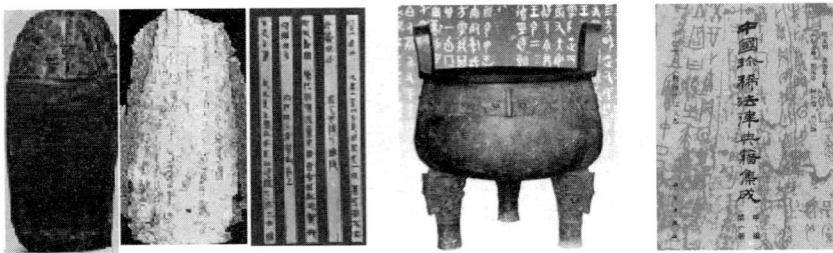

图27　左起：石柱上的《汉谟拉比法典》，阴虚甲骨文，睡虎地秦墓竹简，金文（亦称钟鼎文），《中国珍稀法律典籍集成（第1册·甲编）》

第三，印刷型的纸质文献载体。公元105年，我国东汉时期的蔡伦（61—121年）发明了纸。随着造纸技术的不断改进和提高，自晋代以后，纸已成为我国和世界各国最主要的书写材料。而印刷型的纸质文献载体主要包括：书籍、报刊、资料等（如图28所示），并发挥着信息知识的保存和积累、传递与交流、科学认识、教育、资政、娱乐等功能。

图28　左上起：《大清律例通纂》（1912年），《舆论日报》（1907年创刊号），《中国新报》（周刊，1907年创刊），陆丰著的《苏联的司法制度》（大东书局1949），《复旦学报》（1947年5月创刊号），《民议报》（1913年1月10日创刊号），薛献斌著的《话说检察权》（检察2010），北京市人民检察院第二分院主办的《检察时空》（1999年），广东省番禺市人民检察院主办的《番禺检察（报）》（2003年）

第四，光、电、声、磁、电子数据型文献载体，包括照相缩微胶卷、录音录像带、唱片、拷贝，以及计算机磁带和磁盘、光盘、硬盘等（如图29所示），并发挥着知识信息的保存和积累、传递和交流、科学认识、教育、资政、娱乐、共享等功能。

图 29　左上起：3.5 寸软盘《民事行政检察教程（电子稿）》（杨立新 2002），《杜鹃花红映友情（纪录片拷贝）》，《中华人民共和国国歌（唱片）》，《饮食与健康（录音带）》，《常见病简易气功疗法（录像带）》，《黑龙江检察年鉴 1998—2008（光盘）》（黑龙江省人民检察院政研室 2009），《单县志》（山东人民 1996，缩微胶片）

第五，多媒体型文献载体。它是一种新载体，包括电脑、光纤通信、高清晰度电视和数字化电视、通信卫星、录像、有线电视、综合数字通信网络、信息高速公路等多媒体技术，并能高效地发挥知识信息的保存和积累、传递与交流、教育、资政、娱乐、共享等功能。

因此，文献是人借助语言文字符号和文具创造的、记录并承载知识及其内容含义——信息的一切物质载体。

第六章 文献的种类：按主体分

总的来说，据文献创制主体的不同，可将文献分为：作（著）者、（翻）译者、编者、主编者、改编者、注释者、整理者，官方和非官方，署名和不署名（匿名），个人和单位作者，单一和多个作者，男性和女性作者，中国和外国作者，古代、近代、现代和当代作者，汉族和少数民族作者，名家和非名家文献等29种。

一、作（著）者、（翻）译者、编者、主（总）编、改编者、注释者、整理者、点校者、校注者文献

据所署著作权人身份、性质的不同，可将文献分为以下七种；同时，所署著作权人姓名通常标注在文献封面（如图30所示）。

图30 左上起：（日）织田万著，李秀清、王沛点校的《清国行政法》（清国留学生会馆1907），张朝墉编著的《现行刑律折赎表》（奉天太古山房代1910）；赵琛著的《刑法总则》（商务1947），俞叔平著的《刑事警员与犯罪侦查》（远东1946）；（苏）列别吉斯基著的《苏维埃检察署的工作组织》（法律1955），中国司法工作者访苏代表团1956年8月1日编印的《苏联司法工作访问记——关于检察工作部分》，高洪海主编的《检察老照片》（检察2009），王俊、曾哲著的《中国检察权论略》（检察2012）

第一，作（著）者文献。即署名为作（著）者的文献。其中，作者亦称著者，即"书或文章的作者"。① 例如，俞静尧著的《检察权的利益分析》（公大 2007）、《检察官与人权保障教程》编写组著的《检察官与人权保障教程》（检察 2009）。

第二，（翻）译者文献。即署名为（翻）译者的文献。其中，译者亦称翻译者，即文献的翻译人。例如，吕清、马鹏飞译的《欧盟成员国检察机关的任务和权力》（检察 2007）、人大苏联东欧研究所译的《苏联检察系统》（群众 1980），以及如图 31 所示文献。

图 31　左起：归安等译的《日本法规解字》（商务 1908），黄公觉译的《欧洲新民主宪法的比较》（神州国光社 1930）；张君悌译的《苏俄刑事诉讼法》（新华书店 1949 年 11 月），申君贵译的《蒙古国人民共和国法院组织法、检察监督法》（西南政法学院诉讼法教研室 1986 年印制）

第三，编者文献。即署名为编（者）的文献。其中，编者即"编写的人"。② 例如，闵钐编的《中国检察史资料选编》（检察 2008）、最高人民检察院研究室 1987 年编印的《中国检察制度史料汇编》。

第四，主（总）编文献。即署名为主（总）编的文献。其中，主编即"（1）负编辑工作的主要责任……（2）编辑工作的主要负责人"。③ 例如，薛伟宏主编的《羁押制度创新热点问题研究与法律适用》（法院 2007）、牡丹江人民检察院主编的《牡丹江检察官论文集》（检察 1998）、王宇良主编的《湖北法制报》（1982 年 4 月）、武汉主编的《刑侦研究》（1982 年）。而总编，

---

① 参见中国社会科学院语言研究所词典编辑室编：《现代汉语词典》（修订本），商务印书馆 1999 年版，第 1647 页。

② 参见中国社会科学院语言研究所词典编辑室编：《现代汉语词典》（修订本），商务印书馆 1999 年版，第 75 页。

③ 参见中国社会科学院语言研究所词典编辑室编：《现代汉语词典》（修订本），商务印书馆 1999 年版，第 1641 页。

即总编辑的简称，是指新闻（如报社、杂志社、互联网站）或出版单位（如出版社、资讯公司）的负责人。通常，总编下面是主编，再下面是编辑、助理编辑等。例如，《河南法制报》（1985 年 1 月）总编辑李群玉、《大连法制报》（1981 年）总编辑宋文喜、《比较法研究》（1987 年 1 月）总编辑潘汉典、法律出版社总编辑胡一丁、《法制网》总编辑雷晓路。

第五，改编者文献。即署名为改编者的文献。其中，改编者是指"根据原著重写的人"。① 例如，陈岳著，水泓改编的《最后的审判》（北京联合出版公司 2012）；彭瑞高根据电影《检察官》改变的连环画《检察官》（上海人民美术 1982）。

第六，注释者文献。即署名为注释者的文献。其中，注释者亦称注解者，"（1）用文字来解释字句……（2）解释字句的文字"的人。② 例如，马建石、杨育棠注释的《旧唐书刑法志注释》（群众 1988），艾伦·诺里著，杨丹译、冯军注释的《刑罚、责任与正义》（人大 2009）。

第七，整理者文献。即署名为整理者的文献。其中，整理者即使文献"有条理秩序"的人。③ 例如，沈亮整理的《七人论案》（法律 2011），江平口述、陈夏红整理的《沉浮与枯荣：八十自述》（法律 2010）。

第八，点校者文献。即署名为点校者的文献。其中，点校者即对古籍加标点并校订（对）的人。例如，李俊、王为东、叶士东点校的《清末法制变革史料》（法大 2010），田涛、郑秦点校的《中华传世法典》（法律 1999）。

第九，校注文献。即署名为校注者的文献。其中，校注亦称校订、校改、校勘、校正，即校正并注释、订正、改正。例如，沈家本撰、邓经元、骈宇骞点校的《历代刑罚考》（中华书局 1985），张达校注的《苏联检察院对 5810 例反苏维埃鼓动宣传活动案件的司法复查》（人民 2010）；（意大利）恩里科·帕塔罗著，滕锐、兰薇、邓姗姗译，滕锐校注的《法律与权利》（武汉大学 2012）。

而由上可见，通常，上述著作权人既可是自然人，也可是法人；既可一人，也可多人。

---

① 参见中国社会科学院语言研究所词典编辑室编：《现代汉语词典》（修订本），商务印书馆 1999 年版，第 401 页。

② 参见中国社会科学院语言研究所词典编辑室编：《现代汉语词典》（修订本），商务印书馆 1999 年版，第 1645 页。

③ 参见中国社会科学院语言研究所词典编辑室编：《现代汉语词典》（修订本），商务印书馆 1999 年版，第 1604 页。

二、官方和非官方文献

据创制主体是否具有官方身份，可将文献分为官方和非官方文献两种。其中，官方是指"政府方面"，① 包括立法、行政、司法诸方；而立法方即立法机关及其立法人员的统称，行政方即行政机关及其行政人员的统称，司法方即审判机关及其审判人员、检察机关及其检察人员的统称。因此，官方文献亦称"政府出版物"，即"各政府部门及其所属机构（编辑）出版的文献"，② 有如下六种。其中，最常见的是各色"法律文本"、"情况反映"、"简报"、"通报"（如图 32 所示）。③

图 32　左上起：季法馆 1909 编印的《大清现行刑律案语》，《各种文官学士考用法令》（1915 年），《大理院办事章程》（大理院书记厅 1919 年编印），政务院《公文处理暂行办法》（人民 1951），山西省太原市北城区人民检察院 1956 年《通报》，《第七届全国检察工作会议预备会简报》，《检察工作简报》，《陕西省人民政府任命通知书》，苏南人民检察署印，1951 年 1 月 24 日上海市人民检察署成立大会会场照片

第一，立法方文献。它即由各级立法方创制的文献，包括立法机关及其立

---

① 参见中国社会科学院语言研究所词典编辑室编：《现代汉语词典》（修订本），商务印书馆 1999 年版，第 464 页。

② 参见王邵平等编：《图书情报词典》，汉语大词典出版社 1990 年版，第 628 页。

③ 其中，法律文本亦称"法律文献单行本"，通常还具有出版形式简单、时效性强、内容不断更新、多个法律条文汇集成册等特点。

法人员创制的文献两类。例如，全国人大常委会办公厅创制的《中华人民共和国全国人民代表大会常务委员会公报》（1957年）和《中华人民共和国刑法草案（初稿）》（第22次稿，1957年6月28日），① 浙江省人大常委会创制的《浙江人大》（2002年）和《关于加强检察机关法律监督工作的决定》（诸稿，2010年7月30日），② 以及胡康生主编的《中华人民共和国检察官法释义》（法律2001）、王汉斌著的《社会主义民主法制文集（上下）》（中国民主与法制2012）。与此同时，四级〔即全国或中央、省级（含诸如大连、青岛等副省级单列市）、地级和县级〕人大还办有相关的"人大"杂志。例如，全国的《中国人大》（1999年2月）、省级的《江西人大工作》（1982年1月5日）、地级的《杭州人大》（1993年底试刊）、县级的《富源人大》（2008年6月）等。而据《立法法》第52条第2款和第70条第1款规定，③ 各级"人大"杂志还承担本级人大所制定法律和地方性法规的公布、刊登任务。当然，实践中最常见的立法方文献，主要是由立法机关创制的各类"立法公报"以及四级"人大志"、"人大年鉴"。如图33所示。

第二，行政方文献。即由各级行政方创制的文献，包括行政机关及其行政人员创制的文献两方面。例如，国务院制定的《中华人民共和国看守所条例》（诸稿，1990年3月17日）、司法部创制的《中国司法》（1982年1月1日）、《中国律师报》（1994年1月4日）和《律师资格考试办法》（诸稿，2001年7月12日），吉林省长春市人民政府制定的《长春市人民政府审批管理办法》（诸稿，2001年11月28日）以及广大行政人员〔如杨景宇、李飞主编的《中华人民共和国公务员法释义》（法律2005）、国务院法制局编的《中华人民共和国行政法规全书》（法制1993）〕创制的文献。同时，一方面，行政方文献还包括羁押方文献〔如看守所教程编写组编的《看守所教程》（群众1997）〕、侦查方文献〔如公安部主管的《人民公安报》（1984年10月5日）、天津市公安局西青分局史志办公室2000年编印的《西青区公安志》〕、执行方文献〔如北京市高级人民法院执行工作手册编写组编的《执行工作手册》（法院

---

① 其中，公报"（1）公开发表的关于重大会议的决议、国际谈判的进展、国际协议的成立、军事行动的进行等的正式文告……（2）由政府编印的刊物，专门登载法律、法令、决议、命令、条约、协定及其他官方文献"（参见中国社会科学院语言研究所词典编辑室编：《现代汉语词典》（修订本），商务印书馆1999年版，第434页）。

② 本书所称"诸稿"，即从初稿到定稿各稿之总称。

③ 即"法律签署公布后，及时在全国人民代表大会常务委员会公报和在全国范围内发行的报纸上刊登"；"地方性法规、自治区的自治条例和单行条例公布后，及时在本级人民代表大会常务委员会公报和在本行政区域范围内发行的报纸上刊登"。

图 33　左上起：民国《参议院公报》（1912 年），《众议院公报》（1923 年），《立法院公报》，新中国《全国人民代表大会常务委员会公报》（1957 年创刊号），《浙江人大（公告版）》（2003 年），《青海省人大志》（青海省人大常委会办公厅 1990），《杭州市人大志》（浙江摄影 2002），《东明县人大志》（中华书局 2002），《中国人大年鉴》（2006 年创刊号，中国言实 2006），《临汾人大年鉴》（2001 年创刊号，临汾市人大常委会 2001 年编印）

1988）]、监管方文献［如司法部主管的《中国监狱学刊》（1985 年 2 月）、北京市监狱管理局编的《中国首都监狱》（新华 2004）]。① 另一方面，四级政府都办有相关的"政报"、"行政"杂志。例如，国务院的《中华人民共和国国务院公报》（1955 年）和《中国行政管理》（1985 年 7 月）、省级政府的《河北政报》（1985 年）和《重庆行政》（1999 年）、地级市政府的《广州政报》、县级政府的《湘潭县政报》等。而据《立法法》第 62 条第 1 款和第 77 条第 1

---

① 其中，四级公安机关都办有相应的"公安"、"警察"杂志。例如，公安部的《人民公安》（1952 年 11 月）和《警察技术》（1985 年）、省级的《警察教育》（1984 年）和《黑龙江公安》（1955 年）、地级的《公安月刊》（1989 年）和《深圳警察》（2008 年）、县级的《太和和县公安局电子期刊》（2011 年 6 月）等；四级司法行政机关都办有相应的"司法"、"律师"杂志。例如，司法部办的《司法行政》（1983 年）和《中国律师》（1986 年 7 月）、省级的《浙江司法》（1988 年）和《北京律师》（1983 年 6 月）、地级的《千岛司法》（2011 年 2 月）和《青岛律师专刊》（2010 年 11 月 30 日）、县级的《澄城司法动态》（2011 年 3 月 17 日）和《五河法援》（2011 年 11 月）等。

款规定，① 各级"政报"杂志还承担本级政府所制定行政法规和规章的公布、刊登任务。当然，实践中最常见的行政方文献，是各类行政公报、志、年鉴。② 如图 34 所示。

图 34　左上起：《国民政府公报》，《行政院公报》，《考试院公报》（1931
年创刊号），《浙江省政府公报》，《中华人民共和国国务院公报》（1954 年创刊
号），《外交公报》（1950 年 1 月创刊），《徐州市人民政府公报》（2003 年创刊
号），《山东司法行政志 1984—1985》（山东省司法厅 1989 年编印），《兰州司法
行政志》（兰州大学 1994），《平昌县司法行政志》（四川省平常县司法局 2008
年编印）

　　第三，检察方文献。即由各级检方创制的文献，包括检察机关和检察人员
创制的文献两方面。例如，最高人民检察院创制的《中华人民共和国最高人民

---

　　① 即"行政法规签署公布后，及时在国务院公报和在全国范围内发行的报纸上刊
登"；"部门规章签署公布后，及时在国务院公报或者部门公报和在全国范围内发行的报纸
上刊登"。

　　② 另政务院《关于中央人民政府所属各机关发表公报及公告性文件的办法》（1950
年 1 月 1 日）规定："本院于 1949 年 12 月 9 日颁布了《关于统一发布中央人民政府及其所
属各机关重要新闻的暂行办法》，该办法规定：一切公告及公告性的新闻，均由新华通讯
社统一发布。现为进一步加强新闻发表的效果及其准确性，特指定：凡属中央人民政府及
其所属各机关的一切公告及公告性新闻，均应交由新华通讯社发布，并由《人民日报》负
责刊载；如各种报刊所发表的文字有出入时，应以新华通讯社发布、《人民日报》刊载的
文字为准。……"

　　· 80 ·

检察院公报》（1989 年 4 月）和《共和国检察 60 周年丛书》（检察 2009）、① 北京市人民检察院创制的《北京检察年鉴》（1987 年）和《北京检察大事记（1949—1986）》（1997）、河南省舞钢市人民检察院创制的《舞钢检察》报，以及各类检察解释〔如《最高人民检察院人民检察院刑事诉讼规则》（诸稿，1997 年 1 月 15 日）〕、② "准检察解释"〔如《湖北省人民检察院刑事立案与侦查活动监督调查办法（试行）》（定稿，2006 年 9 月 25 日）文本和广大检察人员创制的文献。例如，种松志著的《中国检察制度改革与探索》（公大 2010）、曾龙跃主编的《人民检察院组织法》（辽宁人民 1988）。与此同时，四级检察机关都办有"检察"杂志。例如，最高人民检察院反贪污贿赂总局与检察出版社联合主办的《反贪工作指导》（2000 年），省级的《浙江检察》（1988 年 8 月）、《宁夏检察》（1989 年 12 月）、《北京检察》（1982 年），地级的《青城检察》（1999 年 1 月）、县级的《越城检察》（2009 年）。当然，实践中最常见的检察方文献，是各类检察报刊、公报、志、年鉴，如图 35 所示。

　　第四，审判（或司法）方文献。即由各级审判方创制的文献，包括审判机关和审判人员创制的文献两方面。例如，最高人民法院创制的《中华人民共和国最高人民法院公报》（1985 年）、《人民法院报》（1992 年 10 月 1 日）和《当代中国的审判工作》（当代中国 1993），③ 山东省高级人民法院主管的《山东审判》（1985 年）、北京市高级人民法院主管的《北京知识产权审判年鉴》、四川南充市中级人民法院 2002 年编印的《南充地区法院志》、四川高级人民法院编著的《四川审判志》（电子科技大学 2003）。与此同时，四级审判机关都办有相应的"审判"、"司法"杂志。例如，最高人民法院的《人民司法》（1957 年）和《中国审判》（2002 年 3 月），省级的《甘肃审判》（1990 年）、地级的《南平审判》（2002 年 7 月 5 日）和《黄河口司法》（2003 年 5 月 29 日）、县级的《华亭审判》（2010 年 5 月 17 日）。当然，实践中最常见的

---

　　①　另最高人民检察院《司法解释工作规定》（2006 年 5 月 10 日）第 18 条规定："最高人民检察院的司法解释以最高人民检察院公告的形式在《最高人民检察院公报》和全国性的媒体上公开发布。"

　　②　随后，该规则又经 1998 年 12 月 16 日、1999 年 9 月 21 日两次修正，并至 2013 年 1 月 1 日废止。因为，最高人民检察院《人民检察院刑事诉讼规则（试行）》（2012 年 11 月 22 日）第 708 条规定："本规则自 2013 年 1 月 1 日起施行。最高人民检察院 1999 年 1 月 18 日发布的《人民检察院刑事诉讼规则》同时废止；最高人民检察院以前发布的司法解释和规范性文件与本规则不一致的，以本规则为准。"

　　③　另最高人民法院《关于司法解释工作的规定》（2007 年 3 月 23 日）第 25 条第 2 款规定："司法解释应当在《最高人民法院公报》和《人民法院报》刊登。"

图 35　左上起：《西北人民检察汇编》（1951 年 4 月创刊号），《中华人民共和国人民检察院组织法》（1954 年版），《人民检察》（1956 年 6 月创刊号），《西藏检察》（2005 年 1 月创刊号），《台州检察》（2011 年创刊号），《诸暨检察》（2008 年创刊号），《最高人民检察院公报》（1989 年），《检察工作应用法规选编》（1993 年 1 月创刊号，1993 年 10 月改名为《检察工作文选》），《中国检察报》（1991 年 7 月 4 日创刊号），《湖北检察志》（湖北人民 2003），《沈阳检察志》（沈阳市人民检察院 1987 年编印），《江油县检察志》（四川省人民检察院 1990 年编印），《中国检察年鉴》（1988 年创刊号，检察 1988），《广东检察年鉴》（1990 年创刊号，广东省人民检察院 1990 年编印），《富阳市检察年鉴》（浙江省富阳市人民检察院 1999 年编印），《西华县检察年鉴》（河南省西华县人民检察院 2007 年编印）

审判（或司法）方文献，是各类公报以及司法（或审判）报刊、志、年鉴，如图 36 所示。

第五，政党方文献。即由政党方创制的文献，包括政党机关和政党人员创制的文献两方面。例如，中共中央机关报《人民日报》（1948 年 6 月 15 日）、机关刊《求是》（原名《红旗》，1958 年 6 月 1 日，1988 年 7 月 1 日改名《求是》）、中央人民政府政治法律委员会主办的《中央政法公报》

图 36　左上起：民国时期《大理院公报》、《司法院公报》、《司法公报》
(1929 年 1 月)，《安徽司法公报》，《最高法院公报》，《河北高等法院公报》；
新中国《中华人民共和国最高人民法院公报》(1985 年 5 月 25 日创刊号)，《江
苏高级人民法院公报》(2009 年创刊)，《人民司法》(原名《人民司法工作》
1957 年创刊，1958 年 1 月 30 日创刊号)，《西北司法》(1950 年 9 月创刊号)，
《司法文件选》(1998 年 1 月创刊号)，《人民法院报》(1992 年 10 月 1 日创刊
号)，《中国商事审判年鉴·2009》(法律 2011)，《宁夏审判志》(宁夏回族自
治区高级人民法院 1998 年编印)，《人民法院年鉴·1989》(1988 年创刊，法院
1989 年)，《河北人民法院年鉴·1993—1997》(河北高级人民法院 1999 年编
印)，《澳门特别行政区法院司法年度年鉴·2010—2011》

(1950 年 1 月创刊号，① 1954 年 9 月停刊)、中国法学会主办的《中国法学》

---

① 据《中华人民共和国中央人民政府组织法》第 18 条规定，该委员会是政务院的一
个部门，于 1949 年 9 月，据国务院《关于设立、调整中央和地方国家机关及有关事项的通
知》规定，中央人民政府政务院政治法律委员会即告结束。

（如图 37 所示），① 民革中央机关报《团结报》（1956 年）和机关刊物《团结》（1987 年）、全国工商联机关报《中华工商时报》（1989 年 10 月 6 日），以及毛泽东著的《毛泽东选集》（1944 年晋察冀日报社首次出版）、邓小平著的《邓小平文选》（人民 1993）、彭真著的《论新中国的政法工作》（中央文献 1992）。

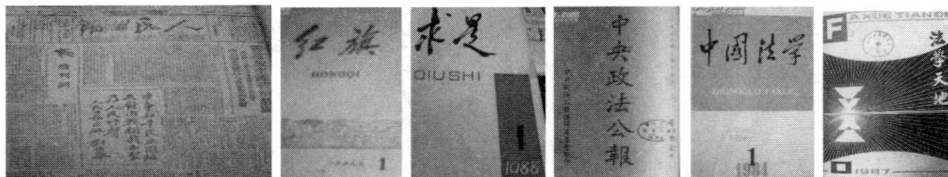

图 37　左起：《人民日报》（1946 年 5 月 15 日创刊号），《红旗》（1958 年创刊号），《求是》（1988 年改刊名号），《中央政法公报》，《中国法学》（1984 年 1 月 1 日创刊号），《法学天地》创刊号

所以，作为官方文献对称的非官方文献，亦称民间文献，是指除官方文献之外的其他文献。例如，刘清生著的《中国近代检察权制度研究》（湘潭大学 2010）、林海主编的《中央苏区检察史》（检察 2001）。

三、署名和不署名（佚名）文献

据所署著作权人是否署真实姓名，可将文献分为署名和不署名（佚名）

---

① 其中，中国法学会是中国共产党领导的人民团体，是中国法学界、法律界的全国性群众团体和学术团体，是党和政府联系广大法学工作者、法律工作者的桥梁和纽带，是加强社会主义民主法制建设，推进依法治国、建设社会主义法治国家的重要力量。目前，全国共有 554 个地方法学会，其中，省级法学会 32 个，副省级和大城市法学会 15 个，地（市）级法学会 287 个，县（市）级法学会 220 个。中国法学会成立的学科、专业、专门研究会有 50 多个，全国省级法学会成立了研究会 340 多个，基本上涵盖了法学主要学科和法学边缘学科。它主管主办的刊物有《中国法学》、《民主与法制》、《民主与法制时报》、《中国法律年鉴》、《中国法学会》。与此同时，各省级法学会和有些专业委员会也办有自己的刊物。例如，《法学杂志》（1979 年）、《法学内参》（1983 年）、《法学与实践》（1984 年）、《浙江法学》（1984 年 11 月）、《江西法学》（1984 年）、《河南法学》（1984 年）、《晋阳法制》（1984 年，原名《山西法学通讯》）、《法学通讯》（1985 年）、《山东法学》（1986 年）、《法学天地》（1986 年，原名《江苏法学通讯》）、《上海法学》（1988 年）、《法治时代》（1989 年 11 月）、《贵州法学》、《海南法学》（2000 年）等。

文献两种。其中，署名是指"在书信、文件或文稿上，签上自己的名字"。①因此，署名文献，即署有著作权人姓名（含笔名）的文献。例如，苏满满著的《刑事检察心理学》（江苏人民 1992）、秦醒民著的《邓小平理论与当代检察》（检察 1999）、最高人民检院研究室编的《人民检察官》（红旗 1986）。

所谓不署名文献，"又称'佚名文献'。未署作者或不明真实作者的文献"。②而常见的不署名文献，多为法律文本。如图 38 所示文献。

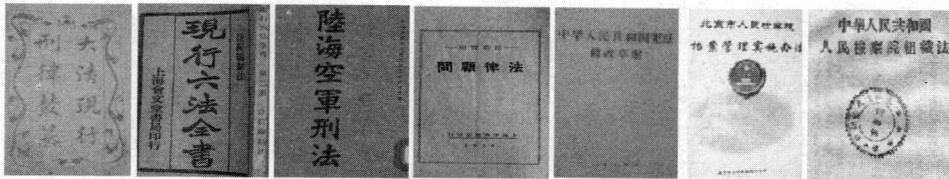

图38　左起：《大清现行刑律丛纂》（1908）；《现行六法全书——法院编制法》（上海会文堂书局 1932 年印行），《陆海空军刑法》（1929 年 9 月 25 日公布），《法律顾问》（上海中央书店 1935）；《中华人民共和国宪法草案》（人民 1982），《北京市人民检察院档案管理实施办法》（办公室 2002），《中华人民共和国人民检察院组织法》（人民 1954）

而值得注意的，诸如最高人民检察院编写组编的《法纪检察》（吉林人民 1987）、四川省江油市人民检察院 1990 年编印的《江油县检察志》、《检察官与人权保障教程》编写组著的《检察官与人权保障教程》（检察 2009）等，属于单位作者文献，并不是匿名文献。

四、个人和单位作者文献

据所署著作权人是个人还是单位，可将文献分为个人和单位作者文献两种。所谓个人作者文献，即所署著作权人是个人的文献。它又包括个人一人文献［如薛伟宏著的《检察机关办案笔录制作技巧》（检察 2005）、罗辑主编的《中国反贪污贿赂检察业务全书》（检察 1996）］与多人文献［如尹吉、倪陪兴著的《当代中国检察监督体制研究》（检察 2008），张凤阁、江礼华主编的《中国检察官出庭全书》（山西经济 1994），赵登举、徐欣常、刘升铨主编的《检察学》（湖南人民 1988）］两种。

所谓单位作者文献，即所署著作权人是单位的文献。它又包括一个单位文

---

① 参见中国社会科学院语言研究所词典编辑室编：《现代汉语词典》（修订本），商务印书馆 1999 年版，第 1686 页。

② 参见王邵平等编：《图书情报词典》，汉语大词典出版社 1990 年版，第 747 页。

献［如最高人民检察院 1960 年编印的《检察工作的十年：1949—1959》］与多个单位文献［如国家检察官学院、人大法学院和大连市人民检察院 2011 年编印的《人民检察院组织法修改——第七届国家高级检察官论坛会议文章》］两种。而值得注意的是，我国目前编辑出版的报刊（含年鉴、年刊），① 其主管（办）者，则均为单位（如图 39 所示）。为此，《报纸出版管理规定》第 2 条和《期刊出版管理规定》（2005 年 9 月 30 日）第 2 条规定，报纸（期刊）由依法设立的报纸（期刊）出版单位出版；报纸（期刊）出版单位，是指依照国家有关规定设立，经新闻出版总署批准并履行登记注册手续的报（期刊）社。法人出版报纸（期刊）不设立报（期刊）社的，其设立的报纸（期刊）编辑部视为报纸（期刊）出版单位。

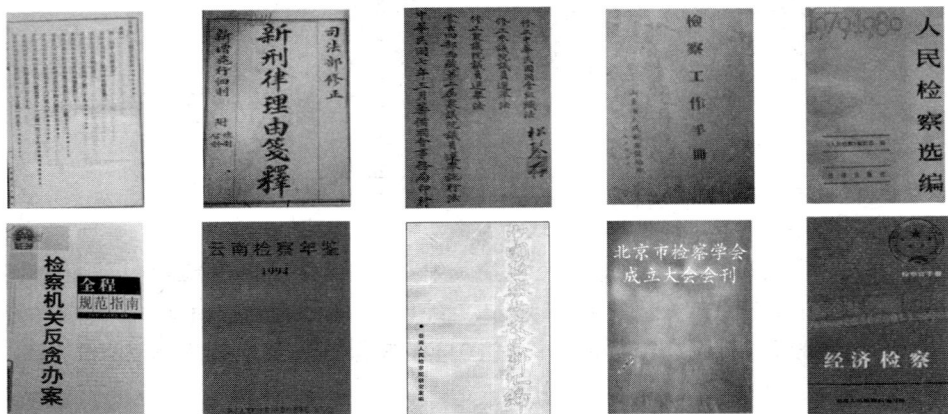

图 39 左上起：法部 1908 编印的《法部第二次统计表》，司法部修正的《新刑律理由笺释》（上海书局 1912 年石印），筹备国会事务局 1918 年编印的《修正中华民国国会组织法等四部法律》；山东省人民检察院 1955 年编印的《检察工作手册》，《人民检察》编辑部编的《人民检察选编（1979—1980）》（法律 1983），沈阳市人民检察院编著的《检察机关反贪办案全程规范指南》（检察 2007），云南省人民检察院云南检察年鉴编写组 1996 年编印的《云南检察年鉴·1994》，最高人民检察院研究室 1978 年编印的《中国检察制度史料汇编》，北京市检察学会 1989 年编印的《北京市检察学会成立大会会刊》，最高人民检察院编写组编的《经济检察》（吉林人民 1988）

---

① 年鉴即"记录和反映上年度重大事件、学科进展及有关统计资料的工具书。一般逐年编辑、连续出版"；年刊即"每年看行一次的定期出版物"（参见王邵平等编：《图书情报词典》，汉语大词典出版社 1990 年版，第 314 页、第 313 页）。

五、单一和多个作者文献

据所署著作权人人数的多少，可将文献分为单一和多个作者文献两种。所谓单一作者文献，即所署著作权人为一人的文献。例如，冯中华著的《检察管理论》（检察 2010）、上海市检察官协会编的《当代检察理论研究》（上海交通大学 2006）。

所谓多个作者文献，即所署著作权人为两人或两人以上的文献。例如，孙谦、刘立宪主编的《检察理论研究综述：1979—1989》（检察 1990），王晓军、孙谦、刘立宪、陈平、张穹、苏德永编著的《实用检察学》（辽宁人民 1988），最高人民检察院民事行政检察厅与检察出版社联合主办的《民事行政检察指导与研究》（2004 年）和《人民检察院民事行政抗诉案例选》连续出版物。

六、男性和女性作者文献

据所署著作权人性别的不同，可将文献分为男性和女性作者文献两种。例如，（男）张兆松主编的《检察学教程》（浙江大学 2009）和（女）甄贞主编的《21 世纪的中国检察制度研究》（法律 2008）。

七、中国和外国作者文献

据所署著作权人国籍的不同，可将文献分为中国和外国作者文献两种。

所谓中国作者文献，即所署著作权人为中国人的文献。例如，张文志著的《中国检察制度改革论纲》（法律 2007）、张鸿巍著的《美国检察制度研究》（人民 2009）、最高人民检察院编写组编的《控告申诉检察》（吉林人民 1987）、最高人民检察院反渎职侵权检察厅与民主法制出版社联合主办的《惩治与预防渎职侵权犯罪指南》（2003 年创刊，2004 年改与法院联合主办，2005 年改与检察出版社联合主办，2006 年名为《反渎职侵权工作指导与参考》）。

所谓外国作者文献，即所署著作权人国籍为外国人的文献。例如，［苏］包尔迪列夫等著的《苏维埃法庭上的国家公诉人》（法律 1956）、［俄］维诺库罗夫主编，刘向文译的《检察监督》（检察 2009）、国际检察官联合会编著的《检察官人权指南》（检察 2006）。

八、古代、近代、现代和当代作者文献

据著作权人所处年代不同，可将文献分为古代、近代、现代和当代作者文献 4 种。其中，在我国历史分期上，古代"多指 19 世纪中叶以前"，近代

"多指 19 世纪中叶到五四运动之间的时间",现代"多指五四运动到现在的时期";而当代,即"当前这个时代",① 多指新中国成立至今这段时期。

因此,诸如宋慈著的《洗冤集录》(群众 1980),沈家本著的《历代刑法考》(中华书局 1985)以及〔日〕冈田朝太郎创稿、曹汝霖译、沈家本和刘若曾同订的清末《法院编制法最初之稿》〔宣统元年十二月二十八日(1909年 1 月 19 日)前〕,② 熊元翰编辑的《检察制度》(安徽法学社 1918)和庄作铭著的《检察制度之研究》(武汉大学 1944 年硕士论文),王同庆著的《中国特色检察制度研究》(中南工业大学 2002)和刘建国主编的《鄂豫皖革命根据地的人民检察制度》(检察 2011)等,就依次为古代、近代、现代和当代文献。

九、汉族和少数民族作者文献

据所署著作权人民族的不同,可将文献分为汉族和少数民族文献两种。例如,王戬(汉族)著的《不同权力结构模式下的检察权研究》(法律 2011)、石少侠(满族)著的《检察权要论》(检察 2006)。

十、名家和非名家文献

据所署著作权人在社会或学科领域的知名度、权威性差异,可将文献分为名家与非名家文献两种。其中,名家是指"在某种学术或技能方面有特殊贡献的著名人物"。③ 因此,所谓名家文献,即由名家、大家或著名人物(士)所创制的文献。例如,朱孝清、张智辉主编的《检察学》(检察 2010)、孙谦著的《检察:理念、制度与改革》(法律 2004)。

而所谓非名家文献,即由一般人士所编写的文献。例如,浙江省嵊州市检察志编写组 1988 年编印的《嵊州市检察志》、江西省南昌市西湖区人民检察院主办的《西湖检察》(2006 年 1 月)、《沧州日报》开辟的《检察战线》(2009 年)专栏。

---

① 参见中国社会科学院语言研究所词典编辑室编:《现代汉语词典》(修订本),商务印书馆 1999 年版,第 449 页、第 660 页、第 1367 页、第 249 页。

② 而值得说明的是,冈田朝太郎这位将日本检察制度介绍到中国的日本人,在清末日本侵华时,曾向日本政府献计曰:"东三省若归日本,各国也不答应的,最好将东三省退还中国,开做万国公地,由中国陪日本的兵费,理民小事,中国掌理,一切兵权、财权,日本掌理"(参见陈天华:《警世钟》,载《1895—1995 世纪档案》,中国档案出版社 1995 年,第 77 页。

③ 参见中国社会科学院语言研究所词典编辑室编:《现代汉语词典》(修订本),商务印书馆 1999 年版,第 886 页。

第七章　文献的种类：按客体分

诚然，"载体是记录信息符号的物质材料，它作为文献的一个属性，是区别不同文献客体的一个重要标准。以文献的载体形式作为立类标准对文献的划分有以下几种：（1）按照文献的载体，分为印刷型（纸质）、缩微型、计算机阅读型和声像型4种；（2）按文献记载形式和物质载体方法，分为手写与印刷型文献、缩微型文献、声像型文献和机读型文献4类；（3）按载体可分为纸草型文献、泥板文献、甲骨文献、金文文献、石刻文献、简牍文献、纸质文献、声像文献、机读文献等（9种）；（4）按记录信息的文献媒体类型划分为古代原始载体、纸印本、缩微型文献、计算机可读型文献、声像型文献、多媒体文献（等6种）；（5）文献按载体形式、符号、记录手段及读取方式可分为：纸质印刷型、感光缩微型、计算机阅读型3类；（6）按文献的外载体划分，可分为甲骨文献、金石文献、简牍文献、兽皮文献、泥版文献、树叶文献、缣帛文献、纸质文献、胶质文献……"[①] 而本书认为，立足文献客体亦即载体立类，据下列标准还可将文献分为如下种类：

一、纸质和非纸质（原始、手工刻写、缩微、声像、电子、多媒体）型文献

据是否以纸本（张）为载体，可将文献分为纸质和非纸质型文献两大类。

（一）纸质型文献

所谓纸质型文献，即以纸张为载体的文献的统称。例如，辽宁省检察学会编的《检察学论文选》（辽宁大学1988）、李昂主编的《军事检察学》（军事科学2003）、天津市人民检察院主办的《天津检察》（双月刊，1982年）、甘肃人民检察院主办的《甘肃检察年鉴》（1987年）和《交流与参考》（季刊，1989年）、山东省东营市河口区人民检察院主办的《河口检察报》（2011年4月）。

---

① 参见吕维平、余波：《文献按载体形式分类刍议》，载《图书情报工作》1999年第8期。

所谓纸，是指"用以书写、印刷、绘画或包装等的片状纤维制品。……纸的种类很多，按用途可分为文化用纸、工农业技术用纸、包装用纸和生活用纸；按炒制方式可分为手工纸和机制纸；按重量或厚度可分为纸和纸板"。① 因此，纸质型文献亦称印刷、书写或绘画型文献，亦可分为印刷、书写或绘画型文献3 种。如图 40 所示文献。

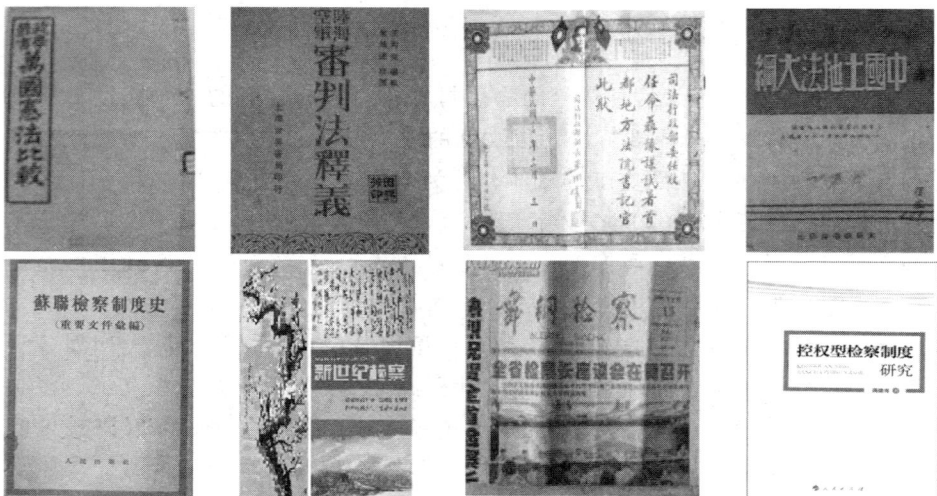

图 40　左上起：《万国宪法比较》（商务 1906），《陆海空军审判法释义》（世界书局 1931）、《司法行政部委任状》（1935 年），《中国土地法大纲》（太岳新华书店 1948）；《苏联检察制度史（重要文件汇编）》（人民 1954），安徽省蚌埠市人民检察院李靖绘画作品，原最高人民检察院特别检察厅副厅长史进前书法，北京市人民检察院第一分院主办的《新世纪检察》（2000 年）杂志，河南省舞钢市人民检察院主办的《舞钢检察》报（2007 年 8 月），《控权型检察制度研究》（蒋德海，人民 2012）

而实践中，最常见的纸质（或印刷）型文献有纸质书籍、报刊、档案、文物等。它们的物质载体是纸本（张），对知识信息内容的表征形式包括文字、符号、表格、图画等，并以文字最为常见和重要。因此，据纸质型文献所承载印刷文字的不同，还可将其分为中文［如王克主编的《世界各国检察院组织法选编》（中国社会科学 1994）、王俊著的《当代中国检察权性质与职能研究》（检察 2010）］、少数民族文字［如《新疆法制报》（维文版，1980 年 8 月）、《西藏法制报》（藏文版，1985 年 12 月）、《内蒙古法制报》（蒙文版，

---

① 参见王邵平等编：《图书情报词典》，汉语大词典出版社 1990 年版，第 455 页。

1987 年 1 月)、《中华人民共和国法律汇编 1998（藏文版)》（民族 1999)]、外文［如何家弘著的《中美检察制度比较研究（英文)》（检察 1995)]、中文与外文混合文字［如夏登俊主编的《英汉法律词典》（法律 2008)、张培中主编的《汉藏法律大词典》（法律 2011)］文献 4 种；而两者又可据语言文字的不同，分为许多具体类别。例如，汉文、藏文、维吾尔文文献，以及英文、法文、俄文、日文文献等，如图 41 所示。

图 41   左上起：伪满洲国司法部 1941 年编印的《暂行民籍法关系法规集》（满文），《中华苏维埃共和国宪法大纲》（英文，纽约 1934），《中国人民政治协商会议共同纲领》（英文，北京国际书店 1950），《中华人民共和国宪法》（朝鲜文，民族 1954），《中华人民共和国宪法》（维文，民族 1954），《中华人民共和国宪法》（蒙古文，民族 1954），《中华人民共和国宪法·1982》（藏文，民族 1982），《中华苏维埃共和国的基本法律》（英文，纽约 International Publishers1934 年版），《蒙古律例》（日文，蒙古自治邦政府兴蒙委员会 1941 年编印），《中华人民共和国刑事诉讼法》（英汉对照，法制 1999），《China's laws》（《中国法律》杂志，五洲传播出版社主办）

尽管"随着电子文献的不断涌现，网络的日益发展与普及，纸质文献将如何发展呢？对此尚有不同的看法。有不少人认为，纸质文献消失只是个时间问题。但是笔者认为，纸质文献在可以预见的将来仍将存在，电子文献不可能取代纸质文献"。① 对此，本书亦有同感。更何况与非纸质型文献相比，纸质型文献还有如下特点和优势：一是增长势头不减；二是观念与阅读习惯使其更

---

①   参见张红瑄：《电子文献与纸质文献的比较研究》，载《现代情报》2003 年第 9 期。

易为读者接受；三是在保护与继承前人文献方面优势巨大；四是有较强的参考性、被引证性和权威性；五是其中所蕴含的知识产权易受保护；六是易于获取和携带，直观性强，阅读方便，经济实用，保健效果好。

当然，纸质型文献也有自身弱点和局限：一是急剧增长，导致储藏空间和本身所含的信息量受限；二是易变质和自然老化，不易保存，复制需大量成本；三是纸张生产和文献印刷破坏生态环境；四是承载知识信息量有限；五是不易检索、传递速度慢、制作成本较高；等等。但本书认为，纸质与诸如电子书等非纸质文献将"长期共存、荣辱与共"，更何况非纸质文献常以纸质文献为蓝本——亦即纸质文献的电子数据化。例如，《检察日报》和《检察风云》（1993 年）的电子版，以及伦朝平著的《刑事诉讼监督论》（法律 2007）、最高人民检察院法律政策研究室编的《检察官常用法律司法解释一本通》（法律 2006）、许海峰主编的《首都检察十大精品刑事诉讼监督案例》（法律 2004）之电子书。

（二）非纸质（原始、刻写、缩微、声像、电子、多媒体）型文献

何谓非纸质文献？有哪些种类？观点不一。例如，"关于非纸质文献，时下并无一个统一的概念。笔者认为，所谓非纸质文献就是不以纸作为载体的视听资料。……根据不同的分类标准可将非纸质文献分为不同的种类。（1）以是否与纸质文献相伴为标准，可将非纸质文献分为单独的非纸质文献及图书的附盘两种。……（2）从内容上来看，非纸质文献主要有以下几类，即计算机、外语、旅游、工具书及少量的影视类、教育类、少儿类非纸质文献"。[①]

但本书认为，非纸质型文献是指以纸张之外的物为载体的文献的统称，主要包括以下六种。其中，第3—5种文献，亦可称为"光、电、声、磁、电子数据型文献"；第4—6种文献，亦可称为"机读型文献"，它"又称'机读件'。广义指以编码形式记录有各种信息，输入给专用机器（如录音机、录像机、幻灯机、投影仪、摄影机、放映机、计算机）译读的载体，包括磁带、磁盘、磁鼓、穿孔带、穿孔卡、（光盘、移动硬盘）等。狭义指通过编码和程序设计，以计算机可识别的机器语言形式储存有信息的磁性载体，主要指计算

① 参见谷荣：《非纸质文献的网络化研究》，载《科技情报开发与经济》2008 年第 5 期。

机使用的磁带、磁盘、磁鼓等"。① 例如，本书图26、27、29 所列文献，均属于非纸质文献。

1. 原始（或天然）型文献。它以结绳、刻木记事文献为代表。

2. 手工刻写（或古代）的非纸质型文献。它以纸草、泥板、树叶、甲骨、金文、石刻、简牍、兽皮、羊皮、缣帛等文献为代表。

例如，本书图27以及国外的《汉谟拉比法典》、《赫梯法典》、《亚述法典》、《乌尔纳姆法典》、《十二铜表法》和我国的《云梦秦简》等。

3. 缩微型文献。② 它是指利用缩微技术而制作的文献。例如，全国图书馆文献缩微复制中心的缩微制品——《辛丑变法汇抄》和《民国法院文献史料汇编》、《司法日刊》（1922年5月1日至1949年10月14日）和《法声日报》（1948年2月14日至8月31日）、《法律评论》（1923—1948年）和《法部公报》（1939—1940年）等。如图42所示就是《蒋介石日记》的微缩胶卷样品。

图42　左上起：缩微拍摄设备，缩微胶片扫描仪，缩微数模整合设备（存档机），《蒋介石日记》微缩胶卷样品，中英青藏高原综合地质考察队编著《青藏高原地质演化——1985年中国科学院、英国皇家学会青藏高原综合地质考察报告》（内附胶印图3张及缩微胶片两张，科学1990），《单县志》（山东人民1996）及其缩微胶片，YTD－360型阅读器是我所新近开发生产的1635毫米（带旋转棱镜）缩微卷片电动台式阅读器，北京电影机械研究所生产的用于阅读16毫米和35毫米缩微卷片YTD360 16/35mm旋转棱镜电动阅读器

① 参见王郘平等编：《图书情报词典》，汉语大词典出版社1990年版，第285页。同时，值得说明的是，由于检察制度是近代世界的社会产物，因而检察文献不可能由原始（或天然）型、手工刻写（或古代）的非纸质型载体所承载。换言之，最早的检察文献是纸质型文献。至于检察文献的起源问题，可参见本书中篇的相关内容，不赘述。

② 参见侯健：《缩微文献的特点与利用》，载《图书馆学刊》1993年第1期；毛谦：《光盘技术和缩微技术》，载《缩微技术》1997年第1期。

所谓缩微技术，就是根据照相原理，利用专门的光电装置，对文献进行高密度缩小，并将其内容拍摄到胶片上的技术。它起源于 1838 年英国摄影师丹赛用摄影的方法通过显微镜第一次把一张 20 英寸的文件拍成 1/8 寸的缩微影像，至今已发展了上百年。而目前，一方面，缩微技犬、电子计算机技术、复印技术已经相互贯通、联机并用，实现了高速度、自动化的缩摄、检索和还原。另一方面，随着科学技术的发展，金融、卫生、保险、工业、档案馆、图书馆等系统，均采用缩微技术复制了纸质载体的文件，改变了过去传统管理方法。

与其他文献载体相比，用缩微技术记录承载的文献具有以下特点和优势：一是可保持文献原貌，资料精确，并可保护和替代原件，因而可作法律证据使用。二是技术成熟、稳定性高、存储密度大。例如，一卷长 30.5 米宽 16 毫米的缩微胶卷可容纳 2400 页资料。三是记录效果好，寿命长（可保存 800 年以上），成本低、价格便宜。例如，一卷 16mm 胶片售价 60 元，可拍 A4 文件 2400 页，每页 0.025 元。四是便于文献的收集、交流，适用范围广。五是节省空间、劳力、智力，管理方便。六是可密集化、小型化、规格化，有利于与电子计算机、复印机等联机使用，实现信息的存储、检索、复制、交流的自动、多功能化。当然，缩微型文献也有使用时必须借助专门的放大设备等局限。

另外，缩微型文献的类型，主要有：缩微胶卷、缩微平片、缩微擂套、穿孔卡片等。实践中，缩微胶卷最为常用，有 35mm 和 16mm 两种，标准长度为 30 米。而生产缩微文献型时，还需拍摄机、冲洗机、检片台、密度计、拷贝机、阅读复印机以及房间等硬件设备。一套小型缩微系统（平台拍摄机、冲洗机、阅读复印机）的设备费大约是 20—25 万元人民币。

此外，缩微文献不同于缩写、缩印、影印文献。其中，缩写是指"把文学作品（多为长篇小说）改写，是篇幅减少"；缩印是指"一种影印法，把书画、文件等先用照相法缩小，然后制成印刷版印刷"；影印是指"用照相的方法制版印刷，多用于翻印书籍或图表"。① 因此，缩写、缩印、影印方法创制的文献。如图 43 所示文献。

---

① 参见中国社会科学院语言研究所词典编辑室编：《现代汉语词典》（修订本），商务印书馆 1999 年版，第 1212 页、第 1512～1513 页。

图43　左上起：《红日》（吴强原著，闻曲、黄浩缩写，海峡文艺1991），《法制日报十周年（1980—1990）》（合订缩印本），《人民法院报（缩印本）》（1997年7—12月），《民国丛书影印本》（上海书店1984），《民国法规集成》（蔡鸿源主编，100卷，黄山书社1999影印），《剑桥政治思想史原著系列》（法大2003），《中国古代地方法律文献》（影印本，世界图书出版公司北京公司2002年）

再者，早在1985年，我国就以抢救祖国文化遗产为宗旨，在北京图书馆成立了全国图书馆文献缩微复制中心。该中心主要工作职责是制定全国公共图书馆文献缩微规划，组织并协调全国公共图书馆开展对馆藏古旧文献和其他需要长期保存文献的抢救工作。① 截至 2009 年底，该中心共抢救各类珍稀濒危文献典籍和报刊 100392 种，其中古籍善本 31871 种，报纸 2771 种，期刊 15230 种，民国时期图书 60520 种；同时，编有缩微《报纸目录》（2565 种）、《期刊目录》（11939 种）、《影印书目录》（含文史、奏议、珍稀期刊、民国文献、档案 5 类）和《专题目录》〔包括哲学、宗教，社会科学总论，政治、法律（此专题共包括报刊等文献 7249 种），军事，经济，文化、科学、教育、体育，文学，艺术，历史、地理，医药、卫生，农业科学，工业技术，交通运输，其他（其中含有各类公报 459 种）共 14 个专题〕。

4. 声像型文献。它亦称声像资料、视听资料、直感资料、音像制品，是指"以声音和图像作为传播载体的情报（文献）。包括录音、广播、电话、讲演、交谈和图片、绘画、电影、电视、录像、幻灯片等传递的情报（文献）"；② 而"本规定所称音像制品是指录有内容的录音带（AT）、录像带（VT）、激光唱盘（CD）、数码激光视盘（VCD）及高密度光盘（DVD）等"。③ 因此，声像型文献主要包括以下三种：

第一，录音型文献。它亦称录音资料文献，"又称'录音制品'、'听觉资料'。单纯记录声音的声像型文献。所录声音可用机械或电子方式重放。包括唱片、录音带、录音膜等"。④ 例如，《英汉对照双城记》附录音带（如图 44 所示）。

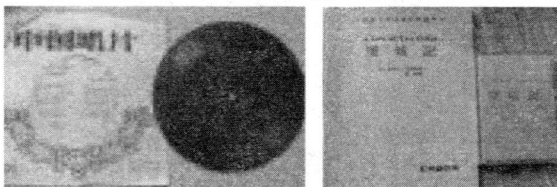

图 44　左起：中国唱片——《音乐舞蹈史诗·东方红》选曲（中国唱片社 1977），《英汉对照双城记》及其所附录音带

---

① 目前与该中心协作的单位有：国家、上海、南京、吉林省、辽宁省、山东省、山西省、湖南、广东省立中山、四川省、重庆、天津、湖北省、浙江省、甘肃省、贵州省、首都、河南省、安徽省、福建省、苏州市、江西省、广西壮族自治区、北碚、长春市、大连市、桂林、哈尔滨市、河北省、黑龙江省、吉林市、内蒙古自治区、宁夏回族自治区、青岛市、青海省、陕西省、深圳、沈阳市、武汉市、无锡市、厦门市、新疆维吾尔族自治区、烟台市、云南省 44 家图书馆。全国图书馆文献缩微复制中心：地址：北京市西城区文津街 7 号　邮编：100034　联系电话：88003172 88003167。

② 参见王邵平等编：《图书情报词典》，汉语大词典出版社 1990 年版，第 389 页。

③ 参见新闻出版总署《音像制品出版管理规定》（2004 年 6 月 17 日修正）第 2 条第 2 款。

④ 参见王邵平等编：《图书情报词典》，汉语大词典出版社 1990 年版，第 602 页。

第二，录像型文献。它亦称录像资料，"又称'视觉资料'。单纯记录图像的声像型文献。图像可以是静态的，也可以是动态的。记录的方法有光学与电磁两种。如照片底片、摄影胶片、幻灯片、无声录音带、无声电影片等"。①如图 45 所示。

图 45　左起：电影《昨日情未了》录像带，《邓丽君金曲》录像带

第三，录音录像型文献。它亦称录音录像资料、录音录像或音像并用资料或制品，是指各种具有保存和参考价值的录音带、录像带、唱片（含激光唱片）、激光视盘以及有关文字、图文资料。

5. 电子型文献。何谓电子型文献？观点不一。有人认为，电子文献"是以数码方式将图、文、声、像等信息存储在磁光电介质上，通过计算机或具有类似功能的设备阅读使用，用以表达思想、普及知识和积累文化的文献"；②"是一种新型的知识和信息载体，以磁、光、电为介质，以数码方式将文字、图像、图形、声音等多种形式的信息存储在磁、光、电等介质上，通过计算机或具有类似功能的设备阅读使用（的文献）"；③"是指以社会普遍信息化为基础，用电子数据的形式把文字、图像、声音、动画等多种形式的信息存放在光、磁等非纸介质中，并通过计算机或网络通信等方式表现出来"；④"是指以数字代码方式将图、文、声、像等信息存储在磁光电介质上，通过计算机或具有类似功能的设备阅读使用，用以表达思想、普及知识和积累文化的文献"；⑤

---

① 参见王邵平等编：《图书情报词典》，汉语大词典出版社 1990 年版，第 602 页。

② 参见丁夷：《电子文献的特点及服务对策》，载《科技情报开发与经济》2004 年第11 期。

③ 参见张红瑄：《电子文献与纸质文献的比较研究》，载《现代情报》2003 年第 9 期。

④ 参见王兴国：《文献载体的发展及电子文献出现给图书馆带来的变化》，载《理论探索》2003 年第 4 期。

⑤ 参见孙海英：《电子文献特征及其采访原则初探》，载《佳木斯大学社会科学学报》2005 年第 3 期。

"是指以数字代码方式将图、文、声、像等信息存储在磁光电介质上，通过计算机或具有类似功能的设备阅读使用，用以表达思想、普及知识和积累文化的文献"。① 而本书认为，最后一种观点较妥。如图 46 所示光盘文献，就属于电子型文献之一种。

图 46　左起：《中国大百科全书（光盘 1.1 版）》（中国大百科全书 2004），《法律小全书（附光盘）》（法律 2010），3.5 寸软盘《检察官管理制度教程（电子稿）》（于萍，2002 年）

另外，与其他型文献相比，电子型文献具有以下特点和优势：一是知识信息存储形式为文本→超文本→多媒体→超媒体。这使得知识信息的组织方式不仅以知识和信息为基本单元，而且充分展示了这些单元之间的逻辑关系。二是存储介质发生转换，是一种数字化的信息资源。因此，电子型文献亦称为电子数据化文献。三是知识信息存储量大，图文声像并茂，内容丰富。四是发布高时效，传播速度快、范围广，获取便捷，数据结构通用和开放。五是检索方便，易复制，并可对知识信息进行各种处理，实现资源共享。六是数据结构具有通用性、开放性和标准化的特点。七是具有高度的整合性，便于各种媒介信息的一体化。八是交互式性能增强。九是制作、生产和利用成本低。当然，电子型文献也有自身的不足和局限性：一是使用条件高，辅助阅读设备要求高，阅读不便，寿命短，一般不超过 30 年。二是文本的真实性和安全性低，数据易丢失。三是出版时间滞后，学术地位可信度低，引证和证据效用差。四是其中的知识产权不易保护。

此外，据划分标准的不同，可将电子型文献分为许多种类。据知识信息载体的不同，可将其分为联机网络出版物和单独发行的光盘、磁盘出版物；据储存知识信息内容表现形式的不同，可将其分为电子图书［亦称电子书、E-book，如孙万怀主编的《检察权的规范运作与人权保障》（法律 2005）之电子书］、电子期刊［如山西武乡县人民检察院主办的电子期刊——《红星杨》

---

① 　参见姜玉明：《试论电子文献的概念及其类型》，载《图书情报知识》2003 年第 1 期。

(2012 年 6 月 1 日）、江苏省人民检察院主办的《清风苑》（1988 年）电子版]、电子报纸（如《上海法制报》电子版）、数据库（如国务院法制办公室主管的《法律法规全文检索系统》）、音像（如本书图 44、45 所示）、多媒体、程序、文档型电子文献；据记载表现形式的不同，可将其分为单一媒体和多媒体型电子文献；据知识信息媒体形式的不同，可将其分为文本、超文本、多媒体和超媒体电子文献，或者磁带、磁盘、光盘、集成电路卡、网络型电子文献；据产品类型的不同，可将其分为正式出版（包括电子图书、期刊、报纸、名录、地图，以及软件出版物、光盘数据库、联机出版物、多媒体出版物和各种网络搜索工具等）和非正式出版（包括电子新闻、邮件、布告和论坛等）的电子文献；据内容结构、性质的不同，可将其分为检索、书目、参考、全文、阅读、视听结合和多媒体对话型以及学术、商业、文学、教育、娱乐性等电子文献。

　　而实践中，最常见的电子型文献是电子出版物。新闻出版总署《电子出版物管理规定》（2004 年 6 月 18 日）第 2 条规定："本规定所称电子出版物，是指以数字代码方式将图文声像等信息编辑加工后存储在磁、光、电介质上，通过计算机或者具有类似功能的设备读取使用，用以表达思想、普及知识和积累文化，并可复制发行的大众传播媒体。媒体形态包括软磁盘（FD）、只读光盘（CD – ROM）、交互式光盘（CD – 1）、照片光盘（Photo – CD）、高密度只读光盘（DVD – ROM）、集成电路卡（ICCard）和新闻出版署认定的其他媒体形态。"①　因此，电子型文献抑或电子出版物，主要包括以下六种：

　　（1）电子书。诚然，"电子书的称谓来自于英文中的 E – book，就是 ElectronicBook 的缩写，这是和传统出版中在纸张上印刷出版进行传播的图书 P – book（Paper book）相对应的。……有人认为它'是纸质书（P – Book）的对应物，它是以电子版的方式在互联网上出版、发行，读者通过个人电脑或便携式阅读终端进行有线下载或无线下载接收并阅读的数字化图书'。有人认为电子书是指将信息以数字形式存储在光盘、磁盘等存储介质上，通过计算机网络

---

　　①　1992 年，武汉大学出版社推出的我国第一部电子图书——《国共两党关系通史》（软盘）后，有关出版社推出的《水浒传》、《西游记》、《全唐诗》、《孙子兵法》（光盘）以及我国第一本拥有独立书号和版权的电子图书——《邓小平文选》第三卷等。迄今为止，电子图书已经历 3 个发展阶段：第一种形态——电子图书是利用电脑采用 Login 授权的方式，登录到远程存放电子文献的服务器上去获得，这种方式由于电子图书的版权不能得到有效的保护，所以现在基本上仅用以公司内部文件的传递。第二种形态——电子图书是通过电脑利用各种阅读器软件，先从网上下载获得，下载后再在电脑上用阅读器（软件）阅读。第三种形态——E – book，它可以随时从互联网上下载得到，并需用电子图书阅读器（硬件）阅读。

进行传播，并借助于计算机或类似设备来阅读的电子图书。……电子书是利用计算机技术将一定的文字、图片、声音、影像等信息，通过数码方式记录在以光、电、磁为介质的设备中，借助于特定的设备来读取、复制、传输（的'书'，并与电子读物、电子书手持阅读器不同）。……电子读物：凡以文字表述为主，图表、图像为辅，以二进制数码形式存储、传播，并可通过电子显示供人们阅读的读物，都统称为电子读物（含电子版的书籍、报纸、杂志、文件、资讯等）。……电子书手持阅读器：是能够存储并显示各种电子读物，具有阅读管理及操作界面，并以阅读为主要功能的、手持式的专用电子显示终端设备，是电子读物的一种新型的显示介质和阅读载体"。①

而本书认为，作为正式电子出版物的一种，电子书是利用计算机技术将一定的文字、图片、声音、影像等知识信息，通过数码方式记录在以光、电、磁为介质的设备中，借助于特定的设备来读取、复制、传输的媒介载体（如图47所示）。因此，它与电子读物、电子书手持阅读器不同,② 并具有利于环保、存储知识量大、信息密度大等特点。

图 47　法律门所售电子书《检察官常用法律司法解释一本通》

目前，国内从事电子书生产的企业主要有：北京方正阿帕比技术有限公司、北京超星公司、天津津科电子有限公司等。例如，北京方正阿帕比技术有限公司就生产有诸如汤唯、孙季萍著的《法律监督论纲》（北京大学2001）、文盛堂著的《反职务犯罪论略》（北京大学2005）、姜伟主编的《中国检察制

---

①　参见高峰：《关于电子书的概念及其发展》，载《沧桑》2006 年第 5 期。

②　其中，电子读物，即凡以文字表述为主，图表、图像为辅，以二进制数码形式存储、传播，并可通过电子显示供人们阅读的读物，包括电子版的书籍、报刊、文件、资讯等；电子书手持阅读器，即能够存储并显示各种电子读物，具有阅读管理及操作界面，并以阅读为主要功能的、手持式的专用电子显示终端设备，是电子读物的一种新型的显示介质和阅读载体。

度》（北京大学 2009）等纸质文献的电子版，而北京法讯网络技术有限公司（亦即法律门）也正将法律出版社所出版的纸质文献，包括法律及其检察文献（如龙宗智著的《检察制度教程》（2002 年）、于萍著的《检察官管理制度教程》（2002 年）、何家弘和杨迎泽著的《检察证据教程》（2002 年）、甄贞主编的《检察制度比较研究》（2010 年）电子化。

而以法律门创制的电子书为例，一方面，它具有"原版原式保留原格式、图文清晰"（即采用文本格式）、"出版社直接授予信息网络传播"（即版权无忧）、"OEB（Open ebook）标准"（即契约国际）、"可插入声音、动画、视频等多媒体资源"（即图文并茂）、"限制拷贝、打印等"（即可控传播）、"提供精炼检索、模糊检索、关键词检索、关联检索、全文检索"（检索方便）等特点。另一方面，使用方式包括以下三种：一是在线图书馆。即个人用户通过互联网访问电子图书馆（ebook. fadlivm. com. cn）：网站注册→登录→查找电子书→购买（借阅）→下载法律门阅读器→我的电子书架→充值（多种充值支付方式）→阅读电子书。二是便携法律电子图书馆。即利用特有技术手段，加密、革新等各种方式，把电子书结合图书馆软件系统灌装到移动存储设备上，实现掌中电子图书馆。一经拥有便可随时随地享有馆藏所有图书的查询、阅读、标注、打印等所有功能。三是局域网或校园网等电子图书馆。

（2）电子期刊。即"利用计算机通信系统撰写、编辑论文，并将编选的论文向订户传送的杂志"。[1]

据内容不同，可将其分为纸型期刊电子版（如《中国法学》、《清风苑》电子版）与纯电子期刊〔《西湖法律图书馆》网站（1999 年杭州西湖法律书店有限公司主办）主办的电子杂志《法律图书馆》http：//www. law - lib. com/law）；山东省潍坊市潍城区人民检察院主办电子期刊《城检 e 家》（2009 年 2 月 10 日）〕两种。

据载体不同可将其分为软盘型、光盘型和网络型电子期刊 3 种。例如，《中国检察年鉴 1997—2001（VCD 光盘）》（检察 2002）、《黑龙江检察年鉴 1998—2008（DVD 光盘版）》（黑龙江省人民检察院 2009）以及《西湖法律图书馆》网站主办的网络型电子期刊《新法规速递》（http：//www. law - lib. com/law）、四川省江油县人民检察院主办的电子期刊《江油检察》（2011 年 7 月）。

（3）电子报纸。即有固定出版周期和栏目结构等传统印刷报纸之特征，并通过电脑等阅读设备阅读，依靠互联网发行的电子出版物。

---

① 参见王邵平等编：《图书情报词典》，汉语大词典出版社 1990 年版，第 602 页。

其具体类型与电子期刊类似。例如,《法制日报》(1980 年 8 月 1 日)、《安徽法制报》(1983 年)、《江苏法制报》(1985 年 1 月)电子版。

(4)数据库。它又称"'信息库'、'情报库'、'资料库'。由专用软件管理的、专供分享的结构化机器可读数据的集合"。① 故它有多用途、低冗余度、使用和更新方便特点。

例如,《中国人大网》之《中国法律法规信息系统》、《检察日报 1991—2005(全文检索数据库光盘)》(检察日报社 2005)、《人民检察 1996—2005(全文检索光盘)》(人民检察杂志社 2005)、《全国报刊索引》(机读版)、《中文科技期刊篇名数据库》(光盘版)等。

(5)光盘。即"用激光束记录和读出信息的盘片"。② 据读写情形或功用的不同,可将其分为只读型(CD – ROM)、一次写多次读(CD – R)和可擦重写光盘(MO – RD)3 种。

据制造工业标准的不同,可将其分为 CD、CD – ROM、CD – ROM/XA、CD – I、Photo CD、VCD 和 DVD7 种。例如,高级检察官资格培训教程之《民事行政检察若干问题(VCD 光盘)》(法制音像 2002)、《天职(VCD 光盘)》(检察出版社音像中心 2009)。

(6)网络电子文献。即来自互联网上的各种电子文献的总和,包括电子邮件、电子图书(含纸质图书的电子版和纯电子书)、电子杂志(含纸质杂志的电子版和纯电子杂志)、电子报纸(含纸质报纸的电子版和纯电子报)、在线电影、在线音乐,终端可下载的各种程序及各种文档等。例如,福建省三明市大田县人民检察院主办的电子期刊《岩检风采》(2012 年 4 月 4 日)、《中国政府法制信息网》之《法律法规全文检索系统》。

而纸质报刊的电子版,亦称报刊电子版(化),是指报刊编辑部将已在电脑中编好准备付印的新闻报道,通过通信线路输入电脑联机服务公司的网络。订户通过电话线用个人电脑调阅已进入联机服务网络的各种报纸杂志。③

6. 多媒体型文献。④ 即运用计算机多媒体技术,以数字代码方式,将图、文、声、像信息存储在磁、光、电介质上,通过计算机多媒体设备或者具有类似功能的其他设备阅读使用,用以表达思想、普及知识、积累文化,并可复制

---

① 参见王邵平等编:《图书情报词典》,汉语大词典出版社 1990 年版,第 967 ~ 968 页。
② 参见王邵平等编:《图书情报词典》,汉语大词典出版社 1990 年版,第 303 页。
③ 至于纸质文献的电子化问题,还可参见本书第十七章的相关内容,此不赘述。
④ 参见邹瑾:《多媒体文献的现状、问题及对策》,载《图书情报知识》2002 年第 5 期。

发行的大众传播媒体。①

据内容题材的不同，可将其分为多媒体工具书（如《多媒体汉字字典》）、多媒体数据库（如《中国服饰文化多媒体数据库》）、多媒体电子报刊（如《光明日报（电子版）》、《读者（电子版）》）、多媒体图书（如《邮票上的中国》）；据载体形态的不同，可将其分为光盘型（如《中国大百科全书（光盘版）》）、网络型（如网络小说《来临的六月》）、芯片型多媒体文献。

而与传统文献相比，多媒体文献具有以下优越性和特点：一是容量大，资料丰富；二是检索便利，方法多样；三是图文并茂，声情俱现；四是人机交互，指导学习；五是网络链接，信息扩充；六是易于更新，时效性强；七是界面友好，操作简便。当然，它也有问题：一是教育性与娱乐性如何平衡；二是多媒体因素的增加与信息传递质量；三是网上多媒体文献求新与保持基本内容稳定；四是多媒体文献标准统一和知识产权保护。

二、木印、石印、油印、铅印、胶印、激光照排、复印、缩印、影印文献

据印制方式的不同，可将文献分为木印、石印、油印、铅印、胶印、激光照排、复印缩印、影印文献等9种。② 其中，木印，即木刻雕版印刷；石印，即"用石板印刷"；油印，即"用刻写或打字的蜡纸做版，用油墨印刷"；铅印，即"用铅字排版的印刷"；胶印，即"用胶版印刷"；激光照排，即用激光照排机进行光电转换在胶片上曝光生成潜影的工作；复印，即"即用复印机重印"；缩印是指"一种影印法，把书画、文件等先用照相法缩小，然后制成印刷版印刷"；影印是指"用照相的方法制版印刷，多用于翻印书籍或图表"。③ 如图48所示文献。

---

① 参见文振：《多媒体出版物与多媒体著作工具》，载《电子展望与决策》1996年第3期。

② 另外，印制方式还可分为以下八种：一是凸版印刷；二是凹版印刷；三是平版印刷；四是丝网印刷；五是热转移印刷；六是喷墨印刷；七是照相复印；八是静电复印。

③ 参见中国社会科学院语言研究所词典编辑室编：《现代汉语词典》（修订本），商务印书馆1999年版，第1142页、第1524页、第1009页、第396页、第1212页、第1512～1513页。而实践中最常见的复印文献，便是教育部主管、人大（由1958年成立的人大书报资料中心具体负责）主办的《复印报刊资料》杂志，包括各学科近百种《复印报刊资料》杂志。

图48　左上起:《金匮启钥妇科卷二》(清木印本);民国时期司法部修正的
《新刑律笺释》(上海书局 1912 年石印);陕西省宝鸡市人民检察院 1988 年编印
的《宝鸡市检察志》(油印本),崔敏著的《中国当代刑与法》(铅印本,群众
1993),小册子——辽宁省革命委员会人民保卫组革命大批判小组 1969 年 12 月编
印的《高举毛泽东思想伟大红旗彻底批判刘少奇、彭真、罗瑞卿在公检法推行的
反革命修正主义路线》,章若龙等编的《简明法律辞典》(胶印本,湖北辞书
1988),《激光照排北京日报样本》(1989 年),人大复印报刊资料《法学》和
《民商法学》(2005 年第 11 期),《辞海(缩印本)》(上海辞书 1979),《古代乡
约及乡治法律文献十种》(影印本全三卷,黑龙江人民 2005)

三、图书、期刊、报纸和资料型文献

据出版类型和周期、载体形态等不同,可将文献分为如下四种:①

(一) 图书型文献

所谓图书型文献,即载体为图书的文献。而图书,即"图片和书刊,一
般指书籍",书刊是指"书籍和刊物",书籍是指"书的(总称)";② 图书
"又称'书'、'书籍'。具有一定篇幅并制成卷册的非连续刊行的文献"。③ 例

---

① 而实践中,还存在以书代刊性质的"杂志性图书",即"内容和出版形式介于期
刊与图书之间的出版物"(参见王邵平等编:《图书情报词典》,汉语大词典出版社 1990 年
版,第 341 页)。

② 参见中国社会科学院语言研究所词典编辑室编:《现代汉语词典》(修订本),商
务印书馆 1999 年版,第 1275 页、第 1168 页。

③ 参见王邵平等编:《图书情报词典》,汉语大词典出版社 1990 年版,第 515 页。

如，（苏）卡列夫著的《苏联法院和检察署组织》（人民大学 1956）、最高人民检察院办公厅编的《检察战线上的先进经验》（法律 1959）、卞建林主编的《〈中华人民共和国人民检察组织法〉修改专家意见稿》（检察 2006）。

另外，国际社会通常认为，凡是篇幅达 48 页以上并构成一个书目单元的文献称为图书。① 而与其他文献相比，图书具有系统、全面、成熟、出版形式较固定，但出版周期长，传递信息速度较慢等利弊。另据有关资料统计显示，图书阅读量通常占阅读总量的 10%—14%。

此外，据载体性质的不同，还可将图书分为纸质［如［苏］列别吉斯基著、贾宝廉译的《区检察长的权利与义务及其工作组织》（人民 1954）、晏向华著的《检察职能研究》（公大 2007）、叶青主编的《中国检察制度研究》（上海社科 2003）］和非纸质［如夏黎阳著的《检察事务与理论研究》（法律 2010）、最高人民检察院一厅编写组编的《检察业务问答》（法律 1986）、慕平主编的《检察工作热点难点问题研究》（法律 2007）的电子书］图书、机读［如《防止电力生产重大事故安全系列片》（录像带，中国广播电视 2006）、《警示教育——远离商业贿赂（DVD 光盘）》（检察出版社音像中心 2009）、《单县志》（山东人民 1996，缩微胶片）］和非机读图书［如张培田著的《中国检察制度考论》（检察 1997）、最高人民检察院政治部编的《检察政治工作政策法规汇编：2005—2008》（检察 2009）、孙力主编的《检察实务中诉讼参与人合法权益保障研究》（检察 2006）］两种。

（二）期刊型文献

1. 期刊型文献概述。所谓期刊型文献，即载体为期刊的文献。而期刊亦称杂志、刊物，即"定期出版的刊物，如周刊、半月刊、月刊、双月刊、季刊、年刊等"；② 而"本规定所称期刊又称杂志，是指有固定名称，用卷、期或者年、季、月顺序编号，按照一定周期出版的成册连续出版物"。③ 例如，新华社主办的《瞭望新闻周刊》（1981 年 4 月）、国家检察官学院主办的《中

---

① 而不足 48 页且不连续出版的文献，通常称为资料型文献中的小册子。例如，辽宁省革命委员会人民保卫组革命大批判小组 1969 年 12 月编印的《高举毛泽东思想伟大红旗彻底批判刘少奇、彭真、罗瑞卿在公检法推行的反革命修正主义路线》（共 46 页，如图 48 所示）。

② 参见中国社会科学院语言研究所词典编辑室编：《现代汉语词典》（修订本），商务印书馆 1999 年版，第 1565 页、第 992 页。当然，实践中也存在诸如《中央政法公报》（1950 年 1 月）、《南京文物》（1985 年）、《体改信息》（1985 年）等不定期刊物。

③ 参见新闻出版总署《期刊出版管理规定》第 2 条第 3 款。

国检察官》（半月刊）、① 辽宁省人民检察院主办的《检察纵横》（月刊，1986年10月）、江西省人民检察院主办的《江西检察》（双月刊，1990年7月）、广东汕头市人民检察院主办的《汕头检察》（季刊，2009年）、西藏昌都县人民检察院主办的《昌都检察园地》（半年刊）、甘肃省人民检察院主办的《甘肃检察年鉴》（年刊，1987年创刊）、上海博物馆主办的不定期刊物——《文物译丛》（1977年1月1日），如图49所示。

那么，谁是世界上最早的期刊？主要观点有四：一是1593年创刊于德国的《MerouriuS Gall》（《高卢比利其人信使年刊》）；二是1663年创刊于德国的《Erbauliche Monatss – unterredungen》（《陶冶评论月刊》或《启蒙月谈》）；三是1665年1月5日创刊于法国的《Le Journal des Scavans》（学者杂志）；四是1665年3月6日创刊于英国的《Philosophical Transactions》（哲学汇刊）。与此同时，目前普遍认为，1815年8月5日创刊于马六甲，由英国传教士马礼逊和米连主编的《察世俗每月统纪传》（如图49所示）是世界上第一份中文期刊；② 1833年8月1日创刊于广州，由中国人麦都思和郭士立主编的《东西洋考每月统计传》（如图49所示），是我国本土产生的首份期刊；③ 1900年12月6日创刊于日本东京，由赴日留学生杨廷栋、杨荫杭、雷奋等人集资创办的《译书汇编》（月刊，如图49所示），是我国最早的法学期刊；1918年由国立北京法政专门学校创办的《法政学报》（胡英敏主编，如图49所示），是我国最早的法学学报；新中国最早创刊的不定期法学期刊，是中央人民政府政务院政治法律委员会1950年1月15日编印的《中央政府公报》（如图49所示）；公安部最早的机关刊物，是1952年11月15日创刊的《公安手册》（如图49

---

① 《中国检察官》原名《检察学文摘》（内部发行，季刊）1993年6月创刊；1999年1月，《检察学文摘》更名为《检察实践》公开发行，双月刊；2006年1月，《检察实践》更名为《中国检察官》月刊；2010年1月，《中国检察官》由月刊变为半月刊。

② 其中，"察世俗"可能是英文"Chinese"的译音，"每月"即月刊，"统计传"即杂志的意思。该刊每期5—7页，约2000字，初印500册，后增至1000册，免费在南洋华侨中散发，于1821年停刊，共出80多期。

③ 当然，也有人认为，我国明代出现的《缙绅》，是我国最早的期刊。它每年出4期，按春、夏、秋、冬四季刊出；还有人认为，早在干隆壬子年即1792年，苏州府长洲人唐大烈纂辑的《吴医汇讲》（如图49所示）就是一种既有别于图书，也不同于报纸的新的出版形式——期刊。

所示），1956 年 1 月改为现名《人民公安》；① 新中国最早创刊的法学理论期刊，是中国政法学会于 1954 年 1 月创办的《政法研究》（《法学研究》前身，如图 49 所示）；② 新中国最早创刊的法学学报，是华东政法学院于 1956 年 1 月创办的《华东政法学报》；③ 最高人民法院最早的机关刊物，是 1957 年 1 月创刊的《人民司法工作》，1958 年 1 月 30 日改为现名《人民司法》（如图 49 所示）；最早的法学年刊，是中国法学会主管主办、中国法律年鉴社出版发行，1987 年创刊的《中国法律年鉴》（如图 49 所示）；最早的法学半月刊，是《人民检察》（2005 年）。

另外，期刊具有出版数量大、周期短、内容新颖，能迅速反映国内外的各种学科专业的水平和动向等特点。而另据有关资料统计显示，报刊占阅读总量的 65%。

此外，期刊除有周、半月、月、双月、季、半年、年刊或不定期之分外，据划分标准的不同，还可将其分别为许多种类。

2. 据创刊时间的不同，可将期刊概分为以下三类：

第一，清末期刊。目前普遍认为，1815 年 8 月 5 日创刊于马六甲，由英国传教士马礼逊和米连共同主编的《察世俗每月统纪传》是世界上第一份中文期刊；④ 而 1833—1837 年由麦都思和郭士立在广州主编的《东西洋考每月统计传》，是中国本土的首份期刊。⑤ 同时，我国期刊还有如下之最：最早的

---

　① 1961 年，根据最高人民检察院、最高人民法院、公安部的决定，《人民检察》、《人民司法》同《人民公安》合刊，定名为《人民公安》。这是根据当时中央决定公检法合署办公而确定的，《人民公安》杂志作为政法机关唯一的业务指导刊物而增发到检法两家。此次合署办公仅持续了几个月就重新分开，同样，合刊工作也在一年后取消，检法的刊物各自重新复刊。1966 年，"文革"开始，公安机关受到冲击，《人民公安》杂志也于 1966 年第 13 期出版后被迫停刊。粉碎"四人帮"后，公安部党组决定于 1978 年 3 月恢复《人民公安》杂志的出版，并于 3 月 24 日《人民公安》杂志复刊号出版。

　② 随后，该刊于 1957 年停刊；1979 年复刊，并改名为《法学研究》，由中国社会科学院主管、中国社会科学院法学研究所主办、法学研究编辑部编辑、法学研究杂志社出版。

　③ 随后，该刊于 1957 年改名为《法学》，1958 年停刊，1980 年复刊。

　④ 其中，"察世俗"可能是英文 "Chinese" 的译音，"每月"即月刊，"统计传"即杂志的意思。该刊每期 5—7 页，约 2000 字，初印 500 册，后增至 1000 册，免费在南洋华侨中散发，于 1821 年停刊，共出 80 多期。

　⑤ 当然，实践中，也有人认为，我国明代出现的《缙绅》，是我国最早的期刊。它每年出 4 期，按春、夏、秋、冬四季刊出；还有人认为，早在乾隆壬子年即 1792 年，苏州府长洲人唐大烈纂辑的《吴医汇讲》就是一种既有别于图书，也不同于报纸的新的出版形式——期刊（如图 50 所示）。

图49　左上起：《瞭望新闻周刊》，《检察学文摘》1993年6月创刊号封面和封底，《检察实践》1999年创刊号封面、版权页和封底，《中国检察官》改名第一期封面，《检察纵横》月刊，《江西检察》双月刊，《汕头检察》季刊，《昌都检察园地》半年刊，《甘肃检察年鉴》年刊，《文物译丛》不定期刊物，《察世俗每月统纪传》创刊号，《东西洋考每月统计传》创刊号，《吴医汇讲》创刊号，《译书汇编》创刊号，《法政学报》封面，《中央政府公报》创刊号，《公安建设》（1950年6月30日，公安部最早的机关刊物），《公安手册》（《人民公安》前身）创刊号，《政法研究》创刊号，《华东政法学院学报》创刊号，《人民司法工作》（《人民司法》前身）创刊号，《中国法律年鉴（1987年）》创刊号

外文期刊——由美国人裨治文主编的《中国丛报》月刊（1932年5月）；最早的宗教期刊——由麦都思、奚礼尔、理雅各主编的《遐尔贯珍》（1853—1856年）；最早的综合性科技期刊——由徐寿和美籍学者傅雅兰创办的《格致汇编》（1876—1901年）；最早的画报——由美国传教士范约翰在上海主编的

《小孩月报》（1875—1915 年）；最早的文学期刊——《瀛寰琐记》月刊（1872—1874 年）；最早的外交期刊——张元济主编的《外交报》（1902—1911 年）；最早的教育专业期刊——由罗振玉发起、王国维主编的《教育界》半月刊（1901—1908 年）；最早的戏剧期刊——由陈去病主编的《二十世纪大舞台》（1904 年）；最早的大学学报——由苏州东吴大学主办的《东吴月报》（1906—1928 年）；出版时间最长的期刊——《东方杂志》（1904 年由商务创办，断续出版到新中国成立前夕，后曾在台湾出刊，直至近几年停刊，将在北京再次复刊）；最早的地方期刊——郑贯公主编的《开智录》（1899 年）；最早以省份命名的期刊——1903 年创刊的《湖北学生界》；最早的妇女期刊——1898 年于上海创刊的《女学报》；最早的综合性文学期刊——由康有为主编的《新小说》（1902 年）；最早的诗刊——《诗》（1922—1923 年）；最早的农业科技期刊——《农学报》（1897—1906 年）；最早的气象期刊——《气象丛报》（1915 年）；最早的综合性科技期刊——《科学》（于 1915 年在美国创刊，1918 年迁回上海，由中国科学社编辑出版至今）。

第二，中华民国期刊。它又可分为北洋政府（1912—1928 年）与国民政府时期（1928—1949 年）期刊两种。

第三，新中国期刊。它又分为"文革"前（1949 年至 1966 年 5 月）、"文革"中（1966 年 5 月至 1976 年 10 月）和"文革"后（1976 年 10 月至今）时期期刊 3 种。

而上述三时期之期刊代表，如图 50 所示。

3. 据是否属于核心期刊，可将期刊分为非核心与核心期刊两种。其中，前者是指除核心期刊之外的期刊；而后者"又称'重点期刊'、'重要期刊'、'常用期刊'等。一般指少数刊载某一学科大量高质量文献的期刊"。[①] 通常，在期刊封面上标有"核心期刊"、"CSSCI 扩展版来源期刊"等字样（如图 51 所示）。

1931 年，著名文献学家布拉德福首先揭示了文献集中与分散规律，他发现某时期某学科 1/3 的论文刊登在 3.2% 的期刊上；1967 年，联合国教科文组织研究了二次文献在期刊上的分布，发现 75% 的文献出现在 10% 的期刊中；1971 年，SCI 的创始人加菲尔德统计了参考文献在期刊上的分布情况，[②] 发现 24% 的引文出现在 1.25% 的期刊上；等等。而这些研究都表明，期刊存在

---

① 参见王邵平等编：《图书情报词典》，汉语大词典出版社 1990 年版，第 730 页。
② "SCI"即 Science Citation Index 的简称，亦即由美国科学信息研究所（ISI）1961 年创办出版的引文数据库。

图 50 左上起：清末期刊：《吴医汇讲》（1792 年），《国粹学报》（1905 年 2 月 23 日），《四川》（1908 年），《进步杂志》（1911 年）；民国期刊：《京都法学协会杂志》（亦称《法学协会组织》，1913 年 2 月），《中华法学杂志》（1930 年）；新中国期刊：《政法研究》（1954 年 1 月创刊号），《政法批判》（1967 年 5 月创刊号），《法学研究》（1954 年创刊，1979 年 1 月复刊号）

图 51 左起："核心期刊"——《政治与法律》（原名《政治与法律丛刊》1982 年创刊，1983 年更为现名），《中国刑事法杂志》（创刊号，原名《检察理论研究》，1991 年 7 月 10 日创刊），《法学家》（1989 年）；《中文核心期刊要目总览·1992·9》（北京大学 1992），《中文核心期刊要目总览·2011 年版》（北京大学 2011）

"核心效应"，从而衍生了"核心期刊"的概念。

而确定核心期刊的标准，主要有四：一是主办机构的权威性；二是文章作者的权威性；三是文章的被引用率；四是文献的半衰期，即测定文章内容新颖性的指标，一般科技文献半衰期较短，社科文献则较长。例如，《中文核心期刊要目总览》（2008 年版，如图 51 所示）就是采用了被索量、被摘量、被引量、它引量、被摘率、影响因子、获国家奖或被国内外重要检索工具收录 7 个评价指标，评选出 1800 种核心期刊，分属 7 大编 75 个学科类目的。

另外，目前，国内有 9 大核心期刊（或来源期刊）遴选体系：一是《中文核心期刊要目总览》中所列出的期刊。它由北京大学图书馆联合众多学术界权威专家鉴定后，每 4 年（2011 年后每 3 年）出版一次。二是《中文核心期刊目录总览》中所列出的期刊。它由中国知网、中国学术期刊网和北京大学图书馆期刊工作研究会联合发布。三是南京大学的《中文社会科学引文索引（CSSCI）来源期刊》。它是从文献之间的引证关系上，揭示科学文献之间的内在联系；通过引文的统计与分析，可从一个重要侧面揭示学科研究与发展的基本走向，评价科学研究质量，为人文社会科学事业发展与研究提供第一手资料。四是中国科学技术信息研究所的《中国科技论文统计源期刊》（又称《中国科技核心期刊》）。五是中国社会科学院研究出版的《中国人文社会科学核心期刊要览》。六是中国科学院文献情报中心的《中国科学引文数据库（CSCD）来源期刊》。七是中国人文社会科学学报学会的《中国人文社科学报核心期刊》。八是万方数据股份有限公司的《中国核心期刊遴选数据库》。九是《人大复印报刊资料》转载学术论文指数排名。它由人大人文社会科学学术成果评价研究中心联合书报资料中心研制，每年发布。

此外，目前国内最权威的中文核心期刊遴选标准有二：一个是中国科技信息研究所每年出版一次的《中国科技期刊引证报告》；另一个是北京大学图书馆与北京高校图书馆期刊工作研究会联合编辑出版的《中文核心期刊要目总览》。而国际最权威的核心期刊遴选标准也有二：一个是 SCI，即《科学引文索引》（Science Citation Index），是由美国科学信息研究所创建、出版的一部世界著名的期刊文献检索工具，包括了全世界出版的数、理、化、农、林、医、生命科学、天文、地理、环境、材料、工程技术等自然科学各学科的核心期刊 3700 多种；另一个是 SSCI，即社会科学引文索引（Social Sciences Citation Index），亦由美国科学信息研究所创建，是目前世界上可以用来对不同国家和地区的社会科学论文的数量进行统计分析的大型检索工具，包括人类学、法律、经济、历史、地理、心理学等 55 个领域，收录期刊 1300 多种。

再者，核心期刊阵营是不断流动、变化的。有的非核心期刊可变为核心期刊，有的核心期刊也可变为非核心期刊。

4. 据主要刊载论文学科性质的不同，可将期刊概分为以下五大类，共计 22 种：

第一，马列类期刊。例如，《马克思主义研究》（1995 年）。

第二，哲学类期刊。例如，《哲学研究》（1955 年 3 月）。

第三，社会科学类期刊，包括：社会科学总论〔如《中国社会科学》

（1980 年 1 月）］，政治［如《政治学研究》（1985 年）］、法律［如《法学研究》（1954 年）］，军事［如《世界军事》（1989 年）］，经济［如《经济研究》（1955 年）］，文化［如《世界文化》（1954 年）］、科学［如《中国科学》（1950 年 8 月）］、教育［如《中国高等教育》（1965 年）］、体育［如《足球世界》（1980 年）］，语言［如《英语世界》（1981 年）］、文字［如《语言文字》（2001 年）］，文学［如《人民文学》（1949 年 10 月 25 日），艺术［如《美术杂志》（1950 年）］，历史［如《世界历史》（1978 年）］、地理［如《世界地理研究》（1994 年）］。

第四，自然科学类期刊。包括：自然科学总论［如《自然杂志》（1978 年）］，数理科学和化学［如《中国数学杂志》（1951 年 11 月）、《应用化学》（1983 年）］，天文学［如《中国国家天文》（2006 年 11 月）］、地球科学［如《地球》（1982 年）］，生物科学［如《生物学通报》（1952 年）］，医药［如《中国医药学报》（1986 年）］、卫生［如《环境卫生学杂志》（2011 年）］，农业科学［如《中国农业科学》（1960 年）］，工业技术［如《中国乳品工业》（1973 年）］，交通运输［如《城市交通》（2010 年 1 月）］，航空、航天［如《航天工艺》（1983 年）］，环境科学［如《中国环境科学》（1981 年）］，劳动保护科学［如《劳动保护》（1953 年）］。

第五，综合性知识类期刊。例如，《北京年鉴》（1990 年）、《中国法律年鉴》（1990 年）。

5. 据载文性质不同，可将期刊分为学术与非学术期刊两种。其中，学术期刊，是指以学术论文为主的期刊。例如，《中国社会科学》（1980 年）、《法学研究》、《国家检察官学院学报》。而非学术期刊，是指以刊发文件、报道、讲话、体会、知识等非学术论文为主的期刊。例如，《国务院公报》、《最高人民检察院公报》、《检察工作应用法规选编》（1988 年）、《方圆》、《清风苑》等。

6. 据主办者单位级别、身份、发行地域等不同，可将期刊分为如下四种：

第一，国家（或中央、全国）级期刊。即由党中央、全国人大、"一府两院"以及国务院各部委，或者中国科学院、中国社会科学院、各民主党派中央和全国性人民团体、国家一级专业学会（如中国法学会）主办的期（会）刊。例如，《求是》、《中国人大》、《人民司法》、《人民检察》、《国务院公报》以及《人民公安》、《中国司法》、《团结》、《中国法学》、《法学研究》等。

第二，省级（含副省级）期刊。即由各省级党委、人大、"一府两院"及其省级政府所属委办、厅、局，或者省级科学院、社会科学院（如上海市社会科学院）、民主党派、人民团体、专业学会（如省法学会）主办的期刊，以及由各本、专科院校等主办的学报。例如，《山东人大工作》（1981 年）、《四川公安》（1957 年）、《检察研究》（1987 年）、《安徽审判》（1995 年 1 月）、《北京律师》（1983 年 6 月）、《广东法学》（1987 年）等。

第三，地级期刊。即由各地级党委、人大、"一府两院"及其地级政府所属委办、厅、局，或者地级科学院、社会科学院（如济南市社会科学院）、民主党派、人民团体、专业学会（如地级法学会）主办的期刊。例如，《铜仁人大》（2012 年 7 月 9 日）、《邢台公安》（2010 年 9 月 16 日）、《集宁检察》（2004 年）、《南平审判》（2002 年 7 月 5 日）、《佛山律师》（2012 年 9 月）、《合肥政法》（2008 年 12 月 15 日）等。

第四，县级期刊。即由各县级党委、人大、"一府两院"及其县级政府所属委办、厅、局，或者县级科学院、社会科学院、民主党派、人民团体、专业学会主办的期刊。例如，《清涧人大信息》（2007 年 8 月）、《水城警营》（2011 年 7 月）、《南湖检察》（2006 年 2 月 21 日）、《昆都仑审判》（2011 年 12 月）、《晋一律师》（2005 年 6 月）等。

7. 据发行范围等不同，可将期刊分为以下三种：

第一，国内外公开出版发行期刊。即依法取得 CN、ISSN 刊号的期刊。其中，CN 类期刊，是指在我国境内注册、国内公开发行的刊物，其刊号均标注有 CN 字母；ISSN 类期刊，是指在我国境地外注册，国内外公开发行的刊物，其刊号前标注有 ISSN 字母。同时，两者一般需标注在期刊封底。如图 52 所示文献。

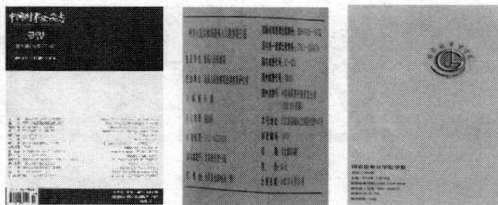

图 52　左起：《中国刑事法杂志》、《最高人民检察院公报》和《国家检察官学院学报》封底

第二，内部资料性期刊。据新闻出版总署《内部资料性出版物管理办法》（1997 年 12 月 30 日）规定，"本办法所称内部资料性出版物，是指在本系统、本行业、本单位内部，用于指导工作、交流信息的非卖性成册、折页或散页印刷品，不包括机关公文性的简报等信息资料"（第 2 条第 2 款）；"对内部资料性出版物的委印和承印，实行核发《内部资料性出版物准印证》管理。未经

批准取得《准印证》，任何单位和个人不得从事内部资料性出版物的委印和承印活动"（第3条）；"委托印刷内部资料性出版物，应当向所在地省、自治区、直辖市新闻出版局提出申请，申请书应当注明编印目的、内容、发送对象、印张数、印刷期数、册数、开本等，经审核批准，领取《准印证》后，方可从事委印活动"（第4条）；"内部资料性出版物不得使用'××报'、'××刊'或'××杂志'等字样，必须注明'内部资料，免费交流'。印刷时，应在明显位置完整地印出'内部资料准印证'编号，不得省略或假冒、伪造。内部资料性出版物所设的有关机构，不具有法人资格"（第5条）。如图53所示文献。

图53　左起：吉林省人民检察院主办的《吉林检察官》封面与版权页，云南省曲靖市人民检察院主办的《曲靖检察》封面与封底，江西省南昌市东湖区人民检察院主办的《东检沙龙》封面与版权页

第三，以书代刊的连续出版物。即以书号代替刊号连续出版的"准期刊、年刊"。如图54所示文献。

图54　左起：最高人民检察院反贪污贿赂总局与检察出版社联合主办的《反贪工作指导》创刊号之封面、版权页与封底，最高人民检察院渎职侵权检察厅与民主法制出版社联合主办的《惩治与预防渎职侵权犯罪指南》（现名为《反渎职侵权工作指导与参考》，2003年创刊）之封面、版权页与封底，最高人民检察院职务犯罪预防厅与检察出版社联合主办的《预防职务犯罪工作手册》封面与封底

第四，其他。即除具有CN或ISSN刊号、《内部资料性出版物准印证》、以书代刊之外的"准期刊"。而常见的有两类：一类是"准期刊"，包括地方各级公安、检察、审判、司法行政类期刊；另一类是各种会刊。如图55所示文献。

图55 左起：《青城检察》封面与版权页，《怀仁检察》封面与封底，《中国检察学会成立大会会刊》

（三）报纸型文献

所谓报纸型文献，是指载体为报纸的文献。而报纸是指"以国内外社会、政治、经济、文化等新闻为主要内容的散页的定期出版物，一般指日报"；①而"本规定所称报纸，是指有固定名称、刊期、开版，以新闻与时事评论为主要内容，每周至少出版一期的散页连续出版物"。② 因此，报纸包括日报（如《人民日报》和《法制日报》）、周一报［如《宾川时讯》和《法制周报》（2005年8月22日）］、周二报［如《大连法制报》（1981年）］、周三报［如《西部法制报》（2000年8月）、周四报［如《四川法制报》（1985年1月1日）］、周五报［如《新法制报》（1982年10月1日）］、不定期报纸［如《工作往来》（新黑龙江报，1948年）、《新文化报》］等多种形态。

另外，通常认为，我国最早的报纸是唐朝的"邸报"。③ 它是封建宫廷发布消息的政府机关报，类似于现在的"政报"；而我国近代最早的报纸，则是1872年4月30日于上海的《申报》（原名《申江新报》，1949年5月停刊）。

此外，据出版年代不同，可将报纸分为清、民国和新中国3个时期。如图56所示。

---

① 参见中国社会科学院语言研究所词典编辑室编：《现代汉语词典》（修订本），商务印书馆1999年版，第48页。

② 参见国家新闻出版总署《报纸出版管理规定》（2005年9月30日）第2条第2款。

③ 而实践中，也有人认为，汉代已有邸报。而唐人孙樵（约公元867年前后在世）所写的《读开元杂报》一文，则是关于"邸报"的最早的记载。而《开元杂报》亦是发行于唐玄宗开元年间（公元713—742年）的报纸。

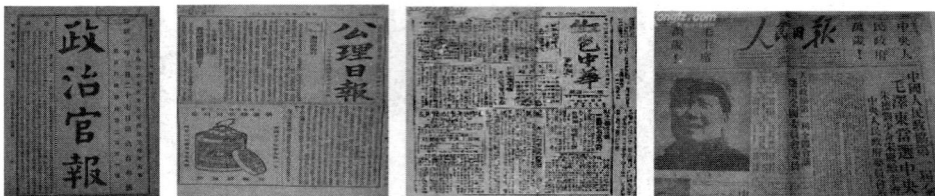

图 56　左起：宣统二年三月二十七日（1910 年 5 月 6 日）的《政治官报》，中华民国十四年六月十九日（1925 年 6 月 19 日）的《公理日报》，1933 年 9 月 30 日出版的中华苏维埃共和国临时中央政府机关报——《红色中华》，1949 年 10 月 1 日出版的《人民日报》（1946 年 5 月 15 日）

（四）资料型文献

所谓资料型文献，是指载体为资料的文献。所谓资料，是指"有作参考或依据的材料"；①"广义指用作参考或依据的一切文献材料。狭义指用作参考或依据的非书非刊的文献材料，如小册子、图表、图纸、卡片、胶卷、录音带、录像带等"；② 所谓非书资料，即"除书、期刊等常规出版物以外的所有文献"；③ 所谓内部资料，即"在特定范围内传播或者发行的文献。包括内容不宜公开流传的书刊、文件和其他资料以及机关团体向特定对象发行的出版物等"；④ 而"本办法所称内部资料性出版物，是指在本系统、本行业、本单位内部，用于指导工作、交流信息的非卖性成册、折页或散页印刷品，不包括机关公文性的简报等信息资料"。⑤

但本书所称的资料，是指除纸质和非纸质图书、报刊之外的纸质和非纸质文献的统称。而实践中常见的资料，主要包括纸质和非纸质的下列文献：

第一，机关公文性的情况反映、简报、参阅件等信息资料。如图 57 所示文献。

---

① 参见中国社会科学院语言研究所词典编辑室编：《现代汉语词典》（修订本），商务印书馆 1999 年版，第 1662 页。

② 参见王邵平等编：《图书情报词典》，汉语大词典出版社 1990 年版，第 778 页。

③ 参见王邵平等编：《图书情报词典》，汉语大词典出版社 1990 年版，第 482 页。

④ 参见王邵平等编：《图书情报词典》，汉语大词典出版社 1990 年版，第 76 页。

⑤ 参见《内部资料性出版物管理办法》第 2 条第 2 款。

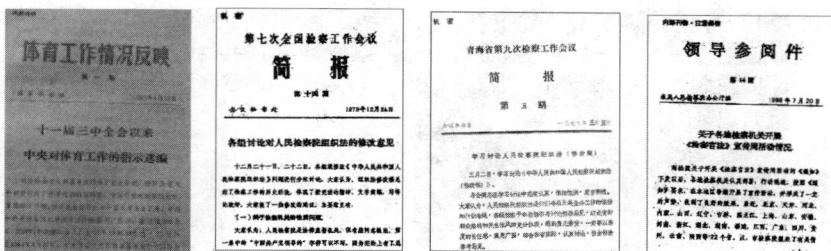

图 57　左起：国家体委《体育工作情况反映》（1985 年第 1 期），第七
次全国检察工作会议《简报》第 14 期（1978 年 12 月 24 日），青海省第九次
检察工作会议《简报》（1979 年 3 月 5 日），最高人民检察院办公厅主办的
《领导参阅件》（1995 年 7 月 20 日）

　　第二，科技报告文献。即各学术团体、科研机构、大学研究所的研究报告
及其研究过程中的真实记录。因此，其特点有三：一是内容详尽、专深，能代
表一个国家的研究水平，特别是一些新兴学科和尖端科学的研究成果往往首先
在科技报告中反映出来。二是理论性强，数据可靠。三是保密性强，难以获
取。如图 58 所示文献。

图 58　左起：朱景文主编的《中国法律发展报告：数据库和指标体系》（人
大 2007），吉林省人民检察院《关于〈人民检察院组织法〉修改意见的报告》
（吉检研字〔1982〕第 17 号），浙江省人民检察院《关于人民检察院组织法修改
意见的报告》（浙检〔78〕17 号）

　　第三，会议文献。它又称会议录，是指国内外各种学术团体召开的专业会
议上发表的论文与报告。其特点在于，学术性强，内容比较新颖，通常代表着
一门学科的最新研究成果、出版形式多样（如以图书形式出版，刊登在期刊
上或以期刊的专辑、特辑等形式出版，以科技报告的形式出版）、文献名称复
杂等特点。如图 59 所示文献。

图59　左上起：浙江省《全省检察机关讯问全程同步录音录像工作会议》布质会标，《检察改革暨检察院组织法修改专家座谈会》（2004年8月12日）照片，《第十二届全国检察理论研究年会论文集》（检察理论研究所2011年4月编印），《湖北省检察官协会湖北省女检察官协会成立暨湖北省检察学会第二次全员代表大会会刊》（1995年）

第四，专利文献。即发明人向政府部门（专利局）递交的、说明自己的创造的技术文件，同时也是实现发明所有权的法律性文件。它包括专利说明书、专利公报（摘要）、商标、设计公报以及检索专利的工具等，并具有技术性、新颖性、独创性、实用性等特点。例如，北京市知识产权局编印的《北京专利报告2010年》。

第五，标准文献。即对产品、工程和管理的质量、规格、程序、方法所作的规定。因此，它具有约束性、适用性、统一性、可靠性、协调性、时效性等特点。如图60所示文献。

图60　左起：郭静波主编的《ISO9000族标准与人民检察院规范化管理》（检察2010），《公安机关经侦部门管辖刑事案件立案标准》（检察2010），住房和城乡建设部、国家发展和改革委员会《国家检察官学院分院建设标准》（建标150-2011）（中国计划2011），最高人民检察院、公安部《关于经济犯罪案件追诉标准的规定》（法制2001），《人民检察院办案用房和专业技术用房建设标准》（建标137-2010）（中国计划2010），《国家公诉人办案规范手册》（最高人民检察院公诉厅编，法律2008），《人民检察院法律文书格式（样本）》（最高人民检察院法律政策研究室编，法制2002）

第六，学位论文。如图 61 所示文献。

图 61　左起：肖城理著的《历史时期农村集市中心地空间结构分析》（北京大学 2006 本科生毕业论文），麦小宇著的《中国古代的尸变观念——以〈聊斋志异·尸变〉为分析重点》（四川大学 2007 本科生毕业论文），刘彦龙著的《论检察权的性质定位和公检法关系重构》（法大 2011 硕士研究生毕业论文），陈韦著的《检察权的性质》（山东大学 2009 硕士研究生毕业论文），刘清生著的《近代中国检察权配置与实践研究》（湘潭大学 2009 博士研究生毕业论文），陈莹莹著的《刑事检察监督的程序化研究》（复旦大学 2011 博士研究生毕业论文），孙谦著的《检察改革论》（中国社会科学院法学研究所 2003 年博士后研究工作报告）

第七，政府出版物。例如，《全国人大常委会公报》、《国务院公报》、《教育部公报》、《卫生部公报》、《商业部公报》以及《最高人民检察院公报》、《最高人民法院公报》。

第八，产品资料。如图 62 所示文献。

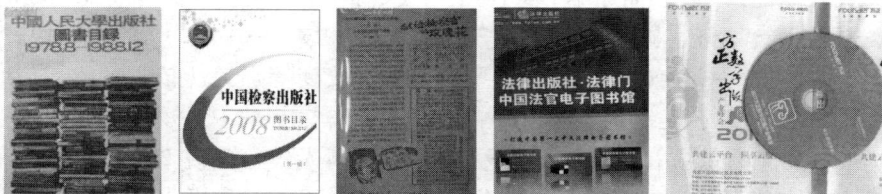

图 62　左起：《人大出版社图书目录（1978.8—1988.12）》（人大 1988），《中国检察出版社·2008 年图书目录》（第一册，检察 2008），《电影说明书：献给检察官的玫瑰花》、《法律出版社·法律门：中国法官电子图书馆》（法律出版社 2011）、《方正数字出版 2011 年产业峰会·国家会议中心·2011 年 6 月 30 日》介绍

第九，档案。如图 63 所示文献。

四、版（文）本不同文献（30 余种）

诚然，"读书的人都知道，一种书籍可能有几种版本，各版本往往有不同之处，内容或者有修改，或者有增删，前言后记可能有添有减；甚至同一版本

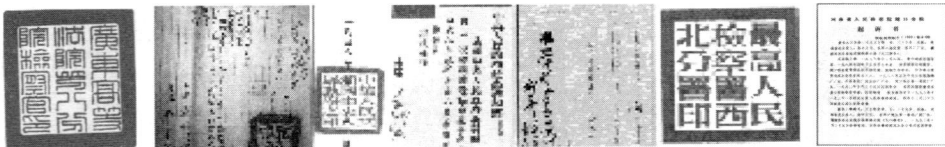

图 63　左起：民国二十六年（1937 年）广东高等法院第八分院检察官印，
陕甘宁边区政府关于马定邦任检察长的通知，毛泽东任命罗荣桓担任最高人民
检察署检察长的《中央人民政府人民通知书》，刘少奇对《中央人民政府最高
人民检察署试行组织条例》的批示，最高人民检察署西北分署印模，《河南省
周口分院起诉书》（豫检周刑起字〔1993〕第 40 号）

的不同版次，也可能有这些差别"。①　其中，版本即"文献在撰写和制作过程
中形成的各种不同的文本"；②　而文本亦称稿本，是指在文件撰稿、审批、印
制过程中形成的，形式、内容、文字表述和作用有所不同的文稿和版本。从公
文来说，主要有草稿、定稿、正本、副本、试行本、暂行本、修订本、各种文
字文本等。私人文件也有不同文本，但要求不似公文严格。③　因此，版本亦称
文本；而版（文）本不同文献，即根据版（文）本差异，而对文献进行的分
类。它主要包括以下种类：

第一，正本文献。所谓正本，"又称'原本'。一份以上的相同文献中作
为正式依据的一份"；而原本，即"（1）又称'真本'。首次写成或刻成的著
作，与传抄、增订、修改、重刻、改版的本子相对……（2）又称'原著'、
'原作'。对某一文献进行翻译、摘要、索引、改变等加工所依据的本子"；原
件，即"任何用于复制的文献"。④　例如，黄东熊著的《中外检察制度之比
较》（中央文物供应社 1986，32 开），即为最高人民检察院 2004 年 6 月所复
制的、黄东熊著的《中外检察制度之比较》（16 开）之原本（如图 64 所示）。
同时，《中外检察制度之比较》（中央文物供应社 1986，32 开）又称真本、原
著、原件。

---

①　参见叶圣陶：《序》，载《民国时期总书目（1911—1949）法律》，书目文献出版
社 1990 年版，第 1 页。

②　参见王邵平等编：《图书情报词典》，汉语大词典出版社 1990 年版，第 560 页。

③　参见于友先等主编：《中国大百科全书》（第 2 版），中国大百科全书出版社 2009
年版，第 23～276 页。

④　参见王邵平等编：《图书情报词典》，汉语大词典出版社 1990 年版，第 179 页、第
749 页、第 743 页。

图 64　左起：《中外检察制度之比较》的原本（32 开）与复印本（16 开），《中国刑法溯源》的原本（商务 1929）与影印本（上海书店 1992）

第二，足本文献。所谓足本，"又称'全本'。著作内容完整无缺的版本。它既无残缺，也未加删节，保留了著作的原貌，包括某些通常须删去的不妥的内容"。① 因此，除古籍珍本、善本外，绝大多数文献都属于足本。例如，徐从锋著的《检察规律与检察民主论》（检察 2009），庄建南主编的《和谐社会语境下的中国检察制度》（检察 2007），湖北省人民检察院陆军检察发展研究中心编的《检察工作一体化机制创新》（检察 2009）。

第三，残本文献。所谓残本，"或称'残缺本'。卷册残缺不全的多卷书、丛书或连续出版物"。因此，残本不等于残书。而所谓残书，"或称'残卷'。图文不全或有倒页、重页的书本"。② 例如，《南宋草堂杜集》（残本）。而与足本一样，现代文献鲜为残本，但残书并不鲜见。如图 65 所示文献。

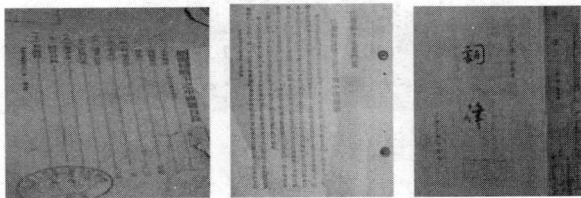

图 65　左起：《帝国主义铁蹄下的中国》（民国第三版，缺前后封皮，最后两页内容不全），《汪精卫文集（第四编）》（大半本，内容不全），万树编著的《词律》（上海古籍，无封面、封底、版权页，内容不全只有 606 页）

第四，抄本文献。所谓抄本，"又称'写本'、'手抄本'、'手写本'。手抄的书本。与印本相对"。③ 如图 66 所示文献。而古抄本（型文献），即"具

---

① 参见王邵平等编：《图书情报词典》，汉语大词典出版社 1990 年版，第 414 页。
② 参见王邵平等编：《图书情报词典》，汉语大词典出版社 1990 年版，第 634 页。
③ 参见王邵平等编：《图书情报词典》，汉语大词典出版社 1990 年版，第 491 页。

有现代书本形态的古代手抄本"。① 例如,《红楼梦古抄本:干隆抄本百廿回红楼梦稿（杨本)》。

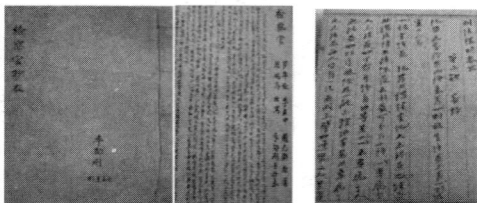

图 66　左起:李劫刚《检察官抄本》(1981 年),《刑法总则 卷二》(手抄本)

第五,样本文献。所谓样本,亦称预印书、预赠本、试行（用）本,"又称'样书'。图书（等文献）正式出版前送交有关方面作凭借推广之用的副本";所谓预印本,是指"在完整的文献出版前预先引发的部分,以便有关人员及时了解即将出版的文献的内容";所谓预赠本,是指"出版社赠送的用于评论、宣传、编目或其他目的的新出版物";所谓试行本,亦称暂行本,是指"图书正式编订出版前少量发行的版本,用以征求意见"。② 而实践中,通常盖有"样本"、"出版样书"字样。如图 67 所示文献。

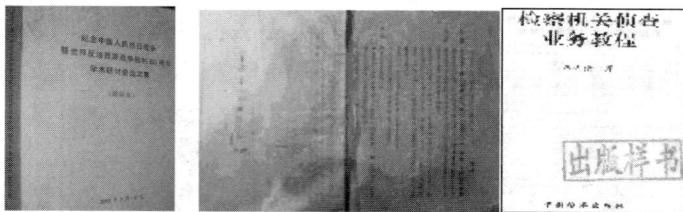

图 67　左起:《纪念中国人民抗日战争暨世界反法西斯战争胜利 60 周年学术研讨会论文集（清样本)》(北京 2005),《天津人民检察署建立检察通讯员试行办法》(1951 年 10 月),朱孝清著的《检察机关侦查业务教程（出版样书)》(检察 2003)

第六,限定版本文献。所谓限定版,"又称'限数本'。发行册数有限的图书版本。通常有编号,有的有著者签名"。③ 例如,《满洲国の邮便切手》(2000 部限定版,1941 年)、《嘉德丽雅名花集（最珍贵的兰花品种）限定版

---

① 参见王邵平等编:《图书情报词典》,汉语大词典出版社 1990 年版,第 182 页。

② 参见王邵平等编:《图书情报词典》,汉语大词典出版社 1990 年版,第 730 页、第 795 页、第 595 页。

③ 参见王邵平等编:《图书情报词典》,汉语大词典出版社 1990 年版,第 603 页。

精装本》（创译 1964 年）。

第七，孤本文献。所谓孤本，"又称'海内孤本'。仅留存一份的书本"。①　如图 68 所示文献。

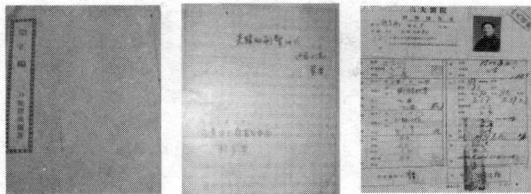

图 68　左起：缪鸿儒著的《崇正篇》（丹徒民间 1905），赖定贤著的《失踪的刑警队长》（手稿），《山大医院体格检查表》（1954 年 5 月）

第八，再印本文献。所谓再印本亦称重印本，是指"以前版为底本，再次排版印刷的版本。页码、版面等与前版有所不同"；重印本，"又称'再版'。基本上用原来的印版重新印刷的版本"。②　如图 69 所示文献。

图 69　左起：《英汉法律词典》之原本（法律 1985）与修订本（法律 1999），《检察理论研究综述（1979—1989）》之原本（检察 1990）与再印本（检察 2000）

第九，绝版本文献。所谓绝版本，是指"不准重印再版或原版已销毁的文献"。③　例如，《古代疑问词语用法词典（绝版本、精装 1600 册）》（浙江教育 1992），以及《检察实践》（原名《检察学文摘》、现名《中国检察官》）杂志创刊号、国家检察官学院 2010 年度科研基金项目——《刑事诉讼审前羁押替代性措施研究》课题申报表（如图 70 所示）。

---

①　参见王邵平等编：《图书情报词典》，汉语大词典出版社 1990 年版，第 607 页。

②　参见王邵平等编：《图书情报词典》，汉语大词典出版社 1990 年版，第 290 页、第 672 页。

③　参见王邵平等编：《图书情报词典》，汉语大词典出版社 1990 年版，第 719 页。

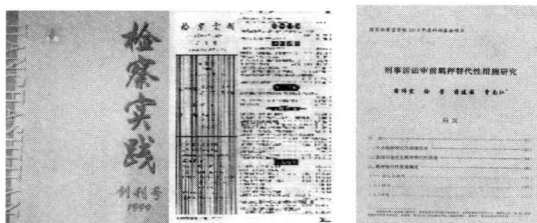

图70　左起：《检察实践》1999 年创刊号封面与目录，《刑事诉讼审前羁押
替代性措施研究》课题申报表（2010 年 11 月 29 日）

　　第十，翻印版本文献。所谓翻印版亦称翻制版，即 "把著作内容由文献
的一种载体转换到另一种载体上形成的版本"。① 例如，《清五朝监察御史给事
中等条陈密奏》及其影印本，《东莞司法三日刊》（1946 年 2 月 7 日至 1947 年
7 月 21 日）、《法学月报》（1942—1943）和《立法院公报》（1922—1949）及
其缩微胶片，以及如图 71 所示文献。

图71　左起：《检察制度史略》（检察 1992 原版）与（检察 2008 再版），
《中华人民共和国检察制度研究》（法律 1991 原版）与（检察 2008 再版）

　　第十一，影印本文献。所谓影印本，即 "用照相方法复印印刷的文献版
本"。② 例如，《民国法规集成（影印本）》（黄山书社 1999）、上海书店影印
的《中国刑法溯源》和《中国刑法史》。值得说明的是，在 20 世纪 70—90 年
代，应法学界和广大法律工作者的要求，北京中国书店选印了一批港台出版的
法律图书特别是其中的大学教材作内部参考资料使用。例如，苏朝荣等编的
《各国刑法汇编》（司法通讯社 1980）、陈朴生和洪增福编著的《刑法总则》
（五南图书 1982）、翁国栋著的《中国刑法总论》（正中书局 1970）、陈焕生著
的《刑法分则实用》（汉林 1976）、陈朴生著的《刑法各论》（正中书局

---

　　①　参见王邵平等编：《图书情报词典》，汉语大词典出版社 1990 年版，第 1023 页。
　　②　参见王邵平等编：《图书情报词典》，汉语大词典出版社 1990 年版，第 992 页。

1954）、陈朴生著的《刑事诉讼法论》（正中书局1970）、袁坤祥编著的《法学绪论》（三民书局1980）、张金鉴著的《法制史概要》（正中书局1973）、林咏荣著的《法制史》（大中国图书公司1976）、史尚宽著的《民法总论》（正大印书馆）。如图72所示。

图72　《中国文化史丛书》（影印本，上海书店1984），《古代乡约及乡治法律文献十种》（影印本，全三册，黑龙江人民2005），《各国刑法汇编》（上下）影印本和影印书号

第十二，影写本文献。所谓影写，即"用薄纸覆在原书上摹写成的书本"。① 例如，《新修本草（影写本）》（上海古籍1985）。

第十三，异本文献。所谓异本，亦称副本，"又称'别本'。同一文献的另一来源的本子。有基本相同的题名和内容，但因所据来源的不同，字句和内容可能有所差异"。② 例如，中央人民政府司法部司法干部轮训班1950年编印的《检察制度》一书中，所包括的李六如著的《各国检察制度纲要》（亦称《检察制度纲要》、《各国检察制度大纲》）；《王桂五论检察》（检察2008）一书中，所包括王桂五的《人民检察制度概论》（法律1982）、《敬业求实集》（法大1992初版）和《检察回忆及其他》（1995年，如图73所示）。

图73　左起：王桂五著的《人民检察制度概论》（法律1982），《敬业求是集》（法大1992），《检察回忆及其他》（未出版）

第十四，合订本文献。所谓合订本，亦即"分卷、分期出版的书刊合订

---

① 参见王邵平等编：《图书情报词典》，汉语大词典出版社1990年版，第992页。
② 参见王邵平等编：《图书情报词典》，汉语大词典出版社1990年版，第374页。

而成的单卷本"。① 如图 74 所示文献。

图 74 左起：《中国刑法溯源》和《中国刑法史》上海书店 1992 年影印合订本，《检察实践》杂志 1999 年合订本，《检察学文摘》（《检察实践》前称）1997 年合订本，《沧州日报》和《检察战线》2009 年合订本

第十五，改装本文献。所谓改装本，即"根据特定的要求重新加以装订的文献"。② 例如，《实用土木工程计算图表（改装本）》。例如，上述由精装 32 开《中外检察制度之比较》改为简装 16 开的《中外检察制度之比较》。

第十六，挖补本文献。所谓挖补本，即"书中残缺部分由同一版本的其他残卷零页填补完整的本子。与百衲本不同，它不是用许多不同版本补缀而成的本子"。③ 例如，《集邮 1995 年合订本（第 1 期第 5 页有挖补）》（1995 年）。

第十七，修订本文献。所谓修订本，亦称修正本，订正版，"又称'修订版'。已刊文献内容经增删或重大修改后重新制作出版的版本"。④ 例如，《白毛女（修订本）》（新华书店 1949）、《中国大百科全书（修订本）》（中国大百科全书 2009）以及如图 75 所示文献。

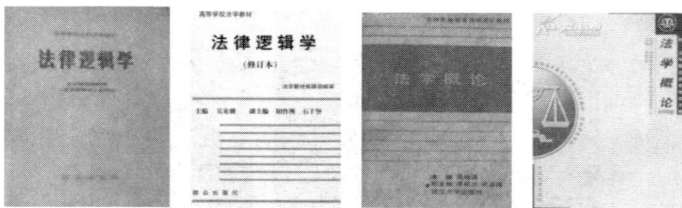

图 75 左起：《法律逻辑学》之原本（群众 1986）与修订本（群众 1998），《法学概论》之原本（武汉大学 1988）及其修订本（武汉大学 2005）

---

① 参见王邵平等编：《图书情报词典》，汉语大词典出版社 1990 年版，第 339 页。
② 参见王邵平等编：《图书情报词典》，汉语大词典出版社 1990 年版，第 446 页。
③ 参见王邵平等编：《图书情报词典》，汉语大词典出版社 1990 年版，第 643 页。
④ 参见王邵平等编：《图书情报词典》，汉语大词典出版社 1990 年版，第 674 页。

第十八，增订本文献。所谓增订本，"（1）又称'增订版'。已刊文献内容经增订修补后重新制作出版的版本。是修订本之一种。（2）又称'增补版'。在文献正文中或正文末附加新增材料的版本"。① 例如，《中国共产党历史大辞典（增订本）》（中共中央党校2001）、《中华人民共和国现行法律法规及司法解释大全（最新增订版）》（方正2001）和如图76所示文献。

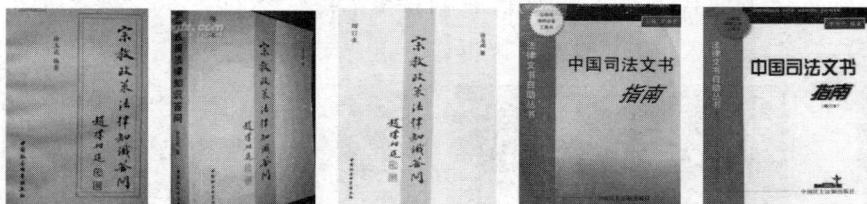

图76 左起：《宗教政策法律知识答问》之原本与增订本（中国社会科学1997），《中国司法文书指南》之原本与增订本（中国民主与法制2001）

第十九，节本文献。所谓节本，亦称简明本、"删节本、缩写本"。② 例如，《中华法学大辞典（简明本）》（检察2003）、《战争论（删节本）》（中国人民解放军1978）、《四世同堂（缩写本）》（北京1982）。

第二十，缩印本文献。所谓缩印，即"用照相方法把原本按一定比例缩小后，制版印成的文献"。③ 如图77所示文献。

图77 左起：《汉语大词典（缩印本）》（湖北辞书1992），《文汇报（缩印本）》（1938年10—12月），《人民法院报1997年（缩印本）》

第二十一，改编本文献。所谓改编本，"又称'改写本'。根据某一著作的材料，将其体裁或内容予以改编而成的著作"。④ 例如，《龙须沟（改编

---

① 参见王郆平等编：《图书情报词典》，汉语大词典出版社1990年版，第990页。
② 参见王郆平等编：《图书情报词典》，汉语大词典出版社1990年版，第177页。
③ 参见王郆平等编：《图书情报词典》，汉语大词典出版社1990年版，第985页。
④ 参见王郆平等编：《图书情报词典》，汉语大词典出版社1990年版，第446页。

本）》（文化生活 1951）、《西游记（改写本）》（辽宁人民 1981）。

第二十二，大字本文献。即"用大号铅字排印的书刊"。① 例如，孙谦主编的《中国特色社会主义检察制度》（检察 2009，大字本，如图 78 所示）、贾春旺著的《法律监督与公平正义》（上下，民主法制 2008）。

第二十三，小字本文献。即"我国古籍中字小行密的本子"。② 例如，孙谦主编的《中国特色社会主义检察制度》（检察 2009，小字本，如图 78 所示）。

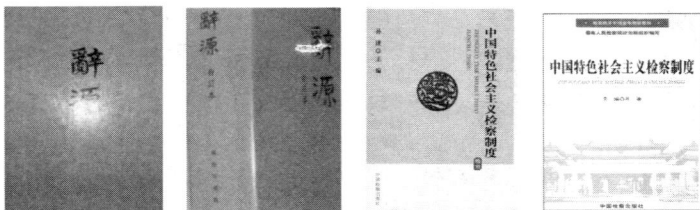

图 78　左起：《辞源》大字本（商务 1979）、小字本（商务 1988），《中国特色社会主义检察制度》大字本、小字本（检察 2009）

第二十四，袖珍本文献。即"开本较小的书本"。③ 如图 79 所示。

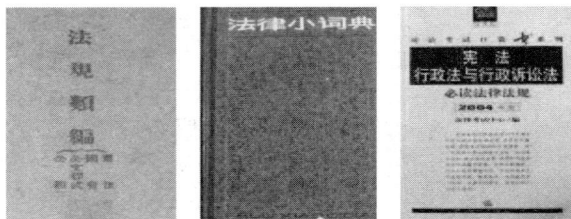

图 79　左起：民国《法规汇编》（袖珍本），《法律小词典》（袖珍本，上海辞书 1983），司法考试口袋书系列——《宪法 行政法与行政诉讼法》（法律 2004）

第二十五，课本文献。所谓课本，即"教科书"，"阐述某一学科或专业的基本知识的教学用书"。④ 如图 80 所示文献。

---

① 参见王邵平等编：《图书情报词典》，汉语大词典出版社 1990 年版，第 20 页。
② 参见王邵平等编：《图书情报词典》，汉语大词典出版社 1990 年版，第 29 页。
③ 参见王邵平等编：《图书情报词典》，汉语大词典出版社 1990 年版，第 790 页。
④ 参见王邵平等编：《图书情报词典》，汉语大词典出版社 1990 年版，第 812 页。

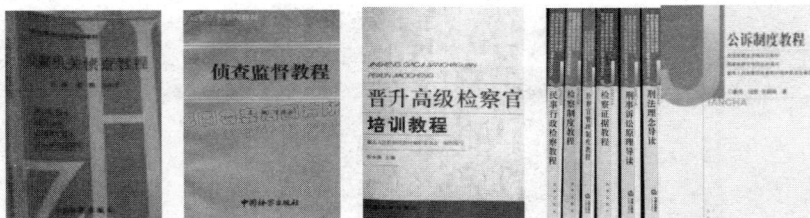

图80　左起：检察专业证书系列教程——《检察机关侦查教程》（检察1995），检察业务系列教材——《侦查监督教程》（检察1992），检察机关标准化教材——《晋升高级检察官培训教程（修订版）》（检察2004），高级检察官资格培训教材——《刑法理念导读》、《刑事诉讼法原理导读》、《检察证据教程》、《检察官管理制度教程》、《检察制度教程》、《民事行政检察教程》、《公诉制度教程》（法律2002）

第二十六，小册子文献。所谓小册子，即"一定篇幅以下并制成卷册的非连续刊行的文献"。① 而实践中，通常将不足48页的文献，称为小册子。如图81所示文献。

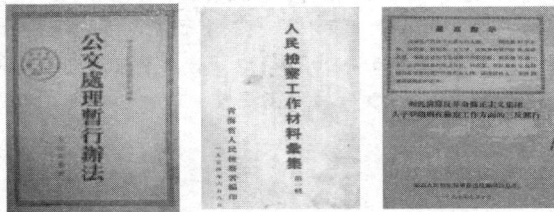

图81　左起：政务院《公文处理暂行办法》（人民1952），青海人民检察署1954年编印的《人民检察工作材料汇编》（第一辑，共47页），最高人民检察院无产阶级革命派联合总部1967年7月10日编印的《彻底清算反革命修正主义集团头子罗瑞卿在检察工作方面的三反罪行》（16开，11页）

第二十七，毛边书文献。毛边书"又称'毛装书'。装订成册后不加裁切的书本"。② 如图82所示文献。

第二十八，直排本文献。所谓直排本，"又称'竖排本'、'中式翻身'。文字自上而下，字行由右至左排印的书刊"。③ 如图83所示文献。

---

① 参见王邵平等编：《图书情报词典》，汉语大词典出版社1990年版，第29页。
② 参见王邵平等编：《图书情报词典》，汉语大词典出版社1990年版，第29页。
③ 参见王邵平等编：《图书情报词典》，汉语大词典出版社1990年版，第466页。

图 82 左起：《检察机关办案笔录制作技巧（毛边书）》（检察 2005），《中国共产党历史第一卷（1921—1949）》（上册）毛边书（中共党史 2012）

图 83 左起：中央人民政府政务院《标点符号用法》（人民 1952），山西忻县区公署人民检察处《关于开展反贪污反浪费反官僚主义斗争的通知》（1951 年），最高人民检察署办公厅 1954 年 6 月 20 日编印《检察署组织法研究资料》封面与目录，《李木庵同志对〈中华人民共和国人民检察署组织法草案〉（初稿第一稿）的意见》（1954 年 6 月）

第二十九，横排本文献。即"又称'西式翻身'。文字自左而右、字行由上至下排印的书刊"。① 而我国河时采用横排版？早在五四运动时期，受西方文化影响，当时一定出现过不少横排版的刊物，只是鲜有记载。比如说，早在 1937 年叶籁士主编的《语文》月刊上，就采用横排的形式了。而最早提议汉文横书的是爱国华侨、企业家陈嘉庚，1950 年 6 月全国政协一届二次会议上，陈嘉庚正式向大会提出了中文书写应统一由左而右横写的提案。1955 年 1 月 1 日，《光明日报》（如图 84 所示）首次采用把从上到下竖排版改变为横排版，并刊登文章《为本报改为横排告读者》说："中国文字的横排横写，是发展趋势"。到 1955 年 11 月，中央级 17 种报纸已有 13 种改为横排。1956 年 1 月 1 日，《人民日报》也改为横排，至此，全国响应。

第三十，还有作者和内容相同而名称不同［如李六如著的《检察制度纲要》（法大教务处 1950）与《各国检察制度大纲》（最高人民检察署 1950

① 参见王邵平等编：《图书情报词典》，汉语大词典出版社 1990 年版，第 990~991 页。

图 84　左起：1955 年 1 月 1 日首次横排版的《光明日报》，1956 年 1 月 1 日首次横排版的《人民日报》

年）]；简装与精装 [如《日本检察制度》（法律 1991）]；① 特种本 [如《保健按摩（精装特种本）》（世界图书 2011）]；各种文字本 [如《汉藏法律大词典》（法律 2011）、维文《中华人民共和国人民检察院组织法》、英文《中华人民共和国刑法、刑事诉讼法、法院组织法、检察院组织法》]、中文与外文对照文本 [如王晋主编的《英国审判与检察制度（中英文对照）》（方正 1999），如图 85 所示]；等等。

图 85　左起：名称不同的《检察制度纲要》，精装和简装《日本检察制度》，维文《中华人民共和国人民检察院组织法》，英文《中华人民共和国刑法、刑事诉讼法、法院组织法、检察院组织法》，《英国审判与检察制度（中英文对照）》

五、文稿不同的文献（8 种）

所谓文稿不同文献，即根据文稿差异，而对文献进行的分类。其中，文稿是指"文章或公文的草稿"。② 例如，我国《检察官法》的第 1—27 稿、《反贪污法（草案）》（或《反贪污贿赂法（草案）》）的第 1—17 稿。

所谓工作文稿（文献），"又称'讨论文稿'，正式发表之前为征询意见而

---

① 所谓简装，又称平装，即"书刊装订形式之一。一般用普通书皮纸作封面"（参见王邵平等编：《图书情报词典》，汉语大词典出版社 1990 年版，第 177 页）。

② 参见中国社会科学院语言研究所词典编辑室编：《现代汉语词典》（修订本），商务印书馆 1999 年版，第 1318 页。

散发的论文或者研究报告的未定稿"。① 例如，济南市志编纂委员会办公室 1991 年 11 月编印的《〈济南市志〉第六卷政法军事——第二篇检察（讨论稿）》。

所谓手稿（文献），亦称初稿，"狭义指某一作者的著作在付印前的亲笔书写的底稿，通常包括打字的原稿，但不包括印刷术发明以前的手抄图书"。② 例如，《偃师县检察志》编写组 1984 年 12 月编印的《偃师县检察志（初稿）》。

所谓打字稿（文献），即"用打字机打印的稿件，通常包括于手稿之内"。③ 例如，《实用幻灯片印片机的设计（打字稿）》。

另外，还有修订（正）稿（如《中国近代体育史的分期问题（修正稿）》、《临猗县教育志（修订稿）》）、修正稿×次稿（如《十一同学会校友名册（第一稿）》、《中国古代建筑艺术（第二稿）》、《山东省志·报纸志目录（第八稿）》）、油印稿（如《王渭川诗选（油印稿）》）、送审稿（如山东省人民检察院编制办公室 1990 年 4 月编印的《山东省志·司法志·检察篇（送审稿）》）型文献，等等。

此外，文稿不同文献如图 86 所示。

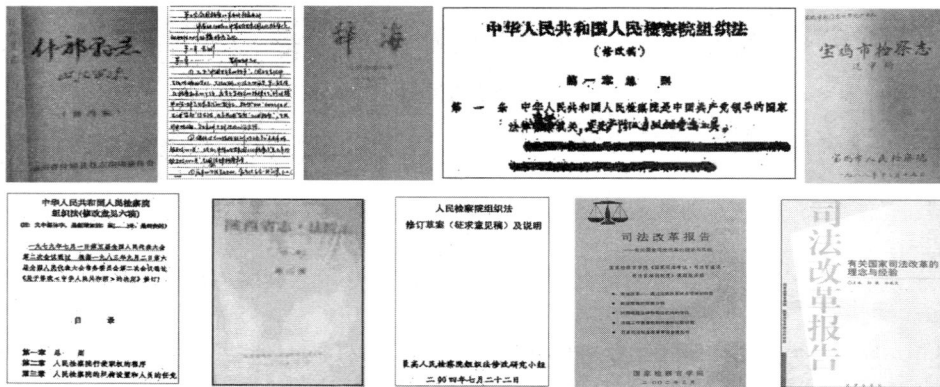

图 86　左上起：《什邡政法（修改稿）》（四川省什邡县县志编辑委员会 1981 年编印），《第七次全国检察工作会议预备会议中南组讨论〈中华人民共和国人民检察院组织法〉修改稿综合意见》底稿，《辞海——政治法律分册（修订稿）》（上海辞书 1978）、《中华人民共和国人民检察院组织法（修改稿）》（1978 年 12 月），《宝鸡市检察志（送审稿）》（宝鸡市人民检察院 1988），《中华人民共和国人民检察院组织法（修改意见六稿）》（1983 年），《陕西省志·法院志（初稿）》（陕西省高级人民法院 1992 年编印），《中华人民共和国人民检察院组织法修订草案（征求意见稿）及说明》（2004 年 7 月 22 日），《有关国家的司法改革的理念和经验》之初稿（国家检察官学院 2002 年编印）和出版本（法律 2002）

---

① 参见王邵平等编：《图书情报词典》，汉语大词典出版社 1990 年版，第 17 页。

② 参见王邵平等编：《图书情报词典》，汉语大词典出版社 1990 年版，第 100 页。

③ 参见王邵平等编：《图书情报词典》，汉语大词典出版社 1990 年版，第 176 页。

六、其他（20 余种）

第一，据人的感官功能不同，可将文献分为视觉、听觉和触觉型文献 3 种。其中，视觉型文献，即可视的文献，包括有文字、符号、图形、图画、影视连续动态画面、色彩等因素的文献；听觉型文献，即可听到声音的文献；触觉型文献，即可用手触摸的文献。① 如图 87 所示文献。

图 87　左起：视觉文献——图书：《国家最高检察机关比较研究》（检察 2010），听觉文献——光盘：《贪婪的忏悔》（DVD 光盘，中国检察出版社音像中心 2012），《职工法律常识读本》（盲文版，中国盲文 1986）

第二，据是否能为机器识别，可将文献分为机读和非机读型文献两种。其中，前者"又称'机读件'。广义指以编码形式记录有各种信息，输入给专用机器译读的载体，包括磁带、磁盘、磁鼓、穿孔带、穿孔卡等"。② 因此，上述缩微、声像、电子和多媒体型文献，都属于机读型文献；而除此之外的其他型文献（如原始、手工刻写型文献），则属于非机读型文献。

第三，据是否能发声，可将文献分为有声型和无声型文献两种。其中，前者是指"将原文记录于录音带或者唱片的录音式读物"。③ 如上述声像、电子、多媒体型文献，就属于有声型文献。而诸如纸质文献与非纸质文献中的原始、手工刻写、缩微型文献，就属于无声型文献。

第四，据文献出版是否定时，可将文献分为定期（或连续）和不定期（或不连续）出版型文献两种。其中，前者亦称连续文献，即"具有统一的提名，逐次分册发行，通常编有数码或年月标志，并且计划无限期地连续出版下去的印刷或非印刷形式的出版物。包括期刊、报纸、年鉴、报告丛书及学（协）会会刊"。④ 例如，国家检察官学院与法律出版社联合主办的《检察论

---

① 参见谭荣：《试论文献内容信息的表征形式》，载《图书情报工作》2006 年增刊。
② 参见王邵平等编：《图书情报词典》，汉语大词典出版社 1990 年版，第 280 页。
③ 参见王邵平等编：《图书情报词典》，汉语大词典出版社 1990 年版，第 293 页。
④ 参见王邵平等编：《图书情报词典》，汉语大词典出版社 1990 年版，第 406 页。

丛》、最高人民检察院职务犯罪预防厅与检察出版社联合主办的《职务犯罪预防工作手册》；而定期出版物之外的其他文献，包括纸质与非纸质型以及白色、灰色和黑色文献，都属于不定期（或不连续）出版型文献。

第五，据卷册的不同，可将文献分为单卷册和多卷册型文献两种。其中，后者亦称多卷书或丛书，是指"分为有限的若干卷册并以编次形式出版的图书（文献）"（如图 88 所示文献）；① 而除多卷册型文献之外的文献，即为单卷册型文献。例如，〔苏〕郭力斯特等著、赵涵舆译《侦查的领道与监督》（人民 1951），幕平主编的《检察改革的新探索》（法律 2007），王玄伟著的《检察制度的中国视角与域外借鉴》（检察 2011），最高人民检察院编写组编的《监所检察》（吉林人民 1988）。

图 88　左起：《共和国检察 60 周年丛书》（检察 2009 年，一函 6 册），检察理论研究所与检察出版社联合主办的《中国检察》（2003 年创刊号），《检察业务技能丛书》（检察 2008，共 8 本）

第六，据载体的多少，可将文献分为单载体和多载体型文献两种。其中，后者亦称"配套文献"，即"包含两种或两种以上载体形式的一套完整文献。各组成部分在内容上是互相关联的，一般不能确定其中以哪一种载体为主"。② 如图 89 所示文献。而除多载体型文献之外的文献，即为单载体型文献。例如，庄建南著的《强化法律监督与检察权配置》（检察 2006），喻良新著的《检察程序概论》（群众 1989）。

第七，据页数的多少，可将文献分为单页和多页型文献两种。前者是指"由单张纸构成的文献"（如图 90 所示）；③ 而除单页型文献之外的文献，即为多页型文献。例如，毕连芳著的《北京民国政府司法官制度研究》（中国社会科学 2009，共 280 页），吴克利著的《审讯心理学》（检察 2006）；而不足

---

① 参见王邵平等编：《图书情报词典》，汉语大词典出版社 1990 年版，第 344 页。
② 参见王邵平等编：《图书情报词典》，汉语大词典出版社 1990 年版，第 732 页。
③ 参见王邵平等编：《图书情报词典》，汉语大词典出版社 1990 年版，第 583 页。

图 89　左起：《中国法律年鉴 2008（附光盘）》（中国法律年鉴社 2008），《法律英语（附光盘）》（高等教育 2010）

48 页的为小册子。例如，惠林编的《农业社的检察工作》（吉林人民 1958，32 开 26 页），苏联国立莫斯科大学法律系刑事诉讼教研室编、刘起志译的《〈苏联法院和检察署组织〉课程提纲》（人大 1956，32 开 15 页）以及图 90 所示文献。

图 90　左起：原全国人民代表大会乔石委员长为《长安》杂志创刊题词——"综合治理 长治久安 维护稳定 促进建设"，原最高人民检察院副检察长张灿明书法——"艰苦奋斗可以磨炼意志，坚持奋斗又会获得成功"，《苏维埃法院和检察机关》（［苏］卡列夫著，徐立根译，法律 1955，32 开 32 页），《苏联、各盟员共和国及自治共和国法院组织法》（新华书店 1950，32 开 24 页），《彭真在政法方面反革命修正主义言行二百例》（首都红代会北京政法学院政法公社 1967 年 7 月编印，16 开 25 页）

第八，据页是否能够增减，可将文献分为活页、死页和散页文献 3 种。其中，活页文献，即"书页可随时增删的文献"；散页文献，即"单张或数张不加装订的文献"；① 而除活、散页文献之外的，即为死页型文献。例如，《中华人民共和国最高人民法院司法解释（活页）》（法律、法院 1997，精装 16 开，共 8 卷）。

---

① 参见王邵平等编：《图书情报词典》，汉语大词典出版社 1990 年版，第 691 页、第 896 页。

第九，据刊本大小的不同，可将文献分为 2、8、16、32 开等文献。如图 91 所示。

图 91　左起：《最高人民检察院报告集》（12 开，检察 1999），《人民检察院刑事诉讼规则流程》（16 开，法律 2006），《监所监察工作指导》（大 32 开，检察），《刑事检察》（32 开，吉林人民 1988），《人民检察通讯员手册》（64K，最高人民检察署西北分署翻印 1953 年编印）

第八章　文献的种类：按内容分

一、零次、一次、二次和三次文献

据内容、性质和加工程度或价值、级别的不同，可将文献分为零次、一次、二次和三次文献 4 种。① 当然，也有人认为，"'零次文献'的提法不妥"。②

所谓零次文献，即"完全以非正式交流形式传递的情报（文献）。大多以自然物为传播载体，如口头情报和实物情报，也包括一部分以人工载体传播的非公开情报，如手稿、信件、私人电话、绝密文件等"。如图 92 所示文献。

图 92　左起：王桂五先生手稿，《福建省人民检察院对检察院组织法修稿的意见》（闽检〔82〕130 号），《最高人民检察院任命通知书》（1955 年），《浙江省人民检察院文件——对〈人民检察院组织法〉的修改意见》（浙检研字〔1982〕第 77 号），1948 年 4 月 27 日毛泽东写给蓝公武（后任最高人民检察署副检察长）的信，1989 年 3 月时任上海市委书记江泽民为上海市人民检察院举办的《反贪污反贿赂要案展览》题词——"强化法律监督 严格依法办事 惩治贪污贿赂 为促进廉政作出贡献"

所谓一次文献，"又称'第一手材料'、'一级文献'。作者以本人的研究

---

① 参见王邵平等编：《图书情报词典》，汉语大词典出版社 1990 年版，第 949 页、第 1 页、第 3~4 页、第 13 页。

② 参见周国正：《"零次文献"的提法不妥》，载《医学情报工作》1991 年第 1 期。

或研制成果为依据而创作的文献。如学术专著、期刊论文、研究报告、会议文献、专利说明书等"。例如，王然冀主编的《当代中国检察学》（法律 1989），张平著的《正当法律程序视野下检察权监督制约机制研究》（法制 2008），黎藩著的"检察制度存废论"（载《法科月刊》1929 年 4 月），陈一云著的"人民检察院要独立行使检察权"（载《人民日报》1979 年 3 月 20 日）以及图 93 所示文献。

图 93　左起：《检察权及其独立行使问题研究》（冯景合著，检察 2012），陕西省人民检察院《关于应否设立检察委员会的请示》（〔54〕陕检人字第 103 号），《河北省县政府承审官考试暂行规则》（民国时期），新疆维吾尔自治区《阿勒泰市人民检察院起诉书》（〔1991〕阿市检刑起诉字第 48 号），江泽民题写《国家检察官学院》院名，《云南省人民检察署楚雄专区分署公告》，第七次全国检察工作会议（1978 年 12 月 16—27 日）《东北组对检察院组织法的修改意见》，《北京大学给最高人民检察院的复函》（1978 年 6 月 10 日）

所谓二次文献，"又称'第二手材料'、'二级文献'。对一次文献进行加工、提炼和压缩之后得到的文献。……可分为书目、索引、文摘等"。如图 94 所示文献。

图 94　左起：《中国法学图书目录》（群众 1986），《1985—1987 法学论文目录》（浙江人民 1993），《日本国大木干一所藏中国法学古籍书目》（法律 1991），《检察理论研究综述（1979—1989)》附录——检察理论研究主要著作论文索引（1979—1989）（检察 2000），《1966 年 12 月人民日报索引》（人民日报 1966）

所谓三次文献，"又称'第三手材料'、'三级文献'。根据一定的需要和目的，在有关的一次文献和二次文献基础上综合分析、重新编写而成的文献。

包括各种专题述评、综述、进展报告及书目指南等"。例如，廖中洪主编的《民事诉讼改革热点问题研究综述 1991—2005》（检察 2006）、赵国玲著的《中国犯罪被害人研究综述》（检察 2009）、卢建平主编的《中国刑事政策研究综述》（检察 2009）。

另外，比较而言，零次文献的特点在于内容新颖但不成熟，不公开交流且难以获得；一次文献反映科研或生产技术的新成果、新技术、新知识、新发明、新创造，因而亦称原始文献，并具有内容新颖丰富、叙述具体详尽、参考价值大、数量庞杂；二次文献有汇集性、工具性、综合性、交流性等特点；三次文献则具有很强的综述性、综合性。

此外，从功能上看，零次文献主要用于私人之间或组织内部的信息交流，不进入正式交流领域，社会影响与作用受到一定的范围限制，因而亦称灰色文献；一次文献不仅可产生巨大而深远的经济和社会效益，也是二三次文献的坯料，并具有强烈的创造性；二次文献是提供一次文献的标识，且有序化；三次文献是一二次文献的高度浓缩、提炼、再创造。

二、直读、检索和复合型文献

据功能差异，可将文献分为以下三种：一是直读型文献。此类文献供读者系统阅读，或查检直接用于解决具体问题的事实或知识性内容。因此，按编写形式，它又可分为原始与综合再创型文献两种：前者是指直接来自人们社会实践、生产实践和科学实验过程的各种认识材料；而后者亦可称为三次文献。二是检索型文献。它主要供读者查找有关学科或主题的文献信息线索，包括原二次文献检索工具和三次文献中的书目之书目。三是复合型文献。它既可供读者检索文献线索，又可直接提供文献原文供读者阅读。此种文献一般为机读数据库。如图 95 所示。

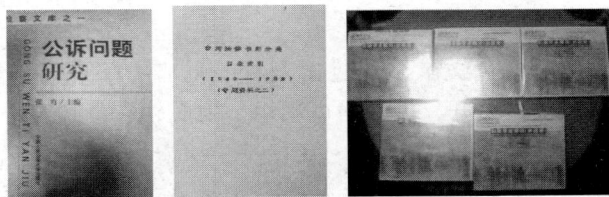

图 95　左起：《公诉问题研究》（公安大学 2000），《台湾法律书籍分类目录索引 1949—1985》（中国社会科学院法学研究所），《中国学术期刊（光盘版）》

三、白色、灰色和黑色文献

对于白色、灰色和黑色文献划分依据的认知，并不统一。有人认为，"按照文献发售途径与获取难易来区分，人们将正式出版发行的文献称为'白色文献'，将非正式出版、发行范围狭窄、内容保密的文献称为'黑色文献'；而'灰色文献'正是介于黑白之间的文献"；①"控制论、模糊论将文献划分为黑色文献、白色文献和灰色文献"。②

而本书认为，这种划分起源于英国，并至少不晚于 1978 年 12 月在英国约克郡欧共体和大英图书馆外借部共同召集的关于灰色文献的会议上。1983 年，在德国慕尼黑召开的国际图书馆协会联合会（IFLA）第 49 届年会上，英国图书馆学家伍德先生对灰色作了如下具体界定："灰色文献，是指那些通过正规购书渠道或正常方法所得不到的资料。其特点：（1）无计划，根据特别安排发行的；（2）印刷数量少或是限量发行；（3）不公开发行，无定价；（4）在一般图书馆难以获得；（5）包含着对很多人可能有用的情报。"③ 1993 年 12 月，由欧洲图书馆联盟（EAGLE）主持的第一次灰色文献国际会议在荷兰阿姆斯特丹召开……因此，根据是否正式公开出版发行和内容公开程度大小，也可以将文献分为白色、灰色和黑色文献 3 种。

（一）白色文献

所谓白色文献，亦即正式、公开出版发行文献统称，并非形成于国统区的"白色文献"。④ 细言之，白色文献是指正式、公开出版发行并在社会成员中公开流通的文献，包括图书、报纸、期刊、音像制品、电子出版物等。例如，周其华著的《中国检察学》（法制 1998）、国家检察官学院主办的《中国检察官》（原名《检察学文摘》、《检察实践》）、河北省人民检察院与河北日报报业集团联合主办的《河北日报》之《检察周刊》（原名《法镜周刊》，2001 年创刊）。

通常，一方面，白色文献多通过出版社、书店、邮局等正规渠道出版发行，并向社会所有成员公开，人人均可利用。因此，它也是当今社会利用率最

---

① 参见张超美：《论灰色文献的开发与利用》，载《图书馆学研究》2000 年第 1 期。

② 参见桂秀珍：《"灰色文献"综论》，载《安徽科技》1999 年第 8 期。

③ 参见桂秀珍：《"灰色文献"综论》，载《安徽科技》1999 年第 8 期。

④ 另据，中新社 2011 年 6 月 1 日报道，中国国家图书馆建馆以来最大规模的革命历史文献展览 1 日在此间揭幕。60 余种国统区"白色文献"首次披露。其中包括《清党运动》、《清党丛书》、《剿匪纪实》等。

高的文献。另一方面，白色文献版权页有特殊的事项要求。如图96所示。

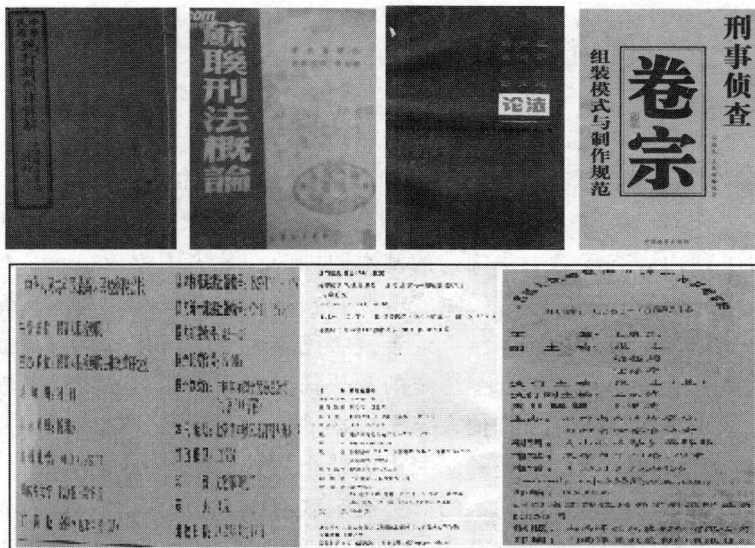

图96　左上起：《中华民国现行新刑律详解》（法政学社1919年编印），
《苏联刑法概论》（新华书店1949），《马克思、恩格斯、列宁、斯大林论法》
（全国人大常委会办公厅研究室、中国社会科学院法学研究所编，法律1986）
《刑事侦查卷宗组装模式与制作规范》（检察2005）《最高人民检察院公报》、邓
思清所著《检察权研究》（北京大学2007）和《山西检察》之版权页

　　所谓版权页，"又称'版本记录页'。记录图书和类似图书文献的出版情况的一页。按规定，图书版权页应记录书名、责任者、出版者、发行者、印刷者、版次、印次、印数、开本、印张、字数、出版年月、定价、书号等项目。有的图书还记有在版编目数据"。其中，责任者，即"对文献中的著作内容进行创造、整理，负有直接责任的个人或者团体（亦即著者）"；出版者，即"负责出版文献的个人或机构（亦即出版社）"；发行者，即"发售文献的个人或机构"；印刷者，即"负责文献印刷工作的个人或机构"；版次，即"某一印刷型文献排版的次数"；印次，即"印刷型文献依某一版型印刷的次数"；印数，即"某一印刷型文献用同一版型一次印刷的总册数"；开本，即"又称'书型'。印刷性出版物的幅面大小"；印张，即"计算印刷性出版物篇幅的单

位"。① 而书号，是指"主管部门对正式出版物给予的编号，包括出版社的代号、书刊类别代号等"。② 因此，文献版权页所记事项即为文献的"户口簿"、"身份证"，其中的书刊报号则是文献的"身份证号码"，具有唯一性。

而在我国目前，白色文献的编写、印制和发行，必须遵循并符合下列出版、发行、印刷法律规定，否则，便是非法出版物。

1. 国务院《出版管理条例》（2011 年 3 月 19 日修正）规定：

第一，任何出版物（包括报纸、期刊、图书、音像制品、电子出版物等）不得含有下列内容：反对宪法确定的基本原则的；危害国家统一、主权和领土完整的；泄露国家秘密、危害国家安全或者损害国家荣誉和利益的；煽动民族仇恨、民族歧视，破坏民族团结，或者侵害民族风俗、习惯的；宣扬邪教、迷信的；扰乱社会秩序，破坏社会稳定的；宣扬淫秽、赌博、暴力或者教唆犯罪的；侮辱或者诽谤他人，侵害他人合法权益的；危害社会公德或者民族优秀文化传统的；有法律、行政法规和国家规定禁止的其他内容的（第 25 条）。

第二，出版物必须按照国家的有关规定载明作者、出版者、印刷者或者复制者、发行者的名称、地址，书号、刊号或者版号，出版日期、刊期以及其他有关事项（第 28 条第 1 款）。

第三，任何单位和个人不得伪造、假冒出版单位名称或报纸、期刊名称出版出版物（第 29 条）。

因此，作为正式出版发行物的图书、报刊除应标注出版物条码外，图书还应标注国内统一书号或国际标准统一书号，期刊还应标注国际、国内统一刊号（如图 97 所示文献）。其中，国内统一书号，一般印在图书版权页和封底下端，包括图书分类号、出版社代号和序号的组合数码。为此，1956 年 2 月，文化部出版事业管理局颁行《全国图书统一编号方案》；1986 年 1 月，国家标准局决定自 1987 年 1 月 1 日起，中国标准书号取代全国统一书号。与此同时，为了与国际标准书号统一，从 1987 年 1 月 1 日起，全国出版社执行国家标准局颁布的中国标准书号，它由国际标准书号（ISBN）和图书分类一种次号两部分组成，其中国际标准书号是中国标准书号的主体，可独立使用。国际标准书号（International Standard Book Number，简称 ISBN）由 EAN. UCC 前缀、组区号、出版者号、出版序号、校验码四部分共 13 个数字组成。前缀与数字之

---

① 参见王邵平等编：《图书情报词典》，汉语大词典出版社 1990 年版，第 563 页、第 460~461 页、第 206 页、第 274 页、第 239 页、第 561 页、第 239 页、第 238 页、第 48 页。

② 参见中国社会科学院语言研究所词典编辑室编：《现代汉语词典》（修订本），商务 1999 年版，第 1168 页。

间有半个汉字宽的间空，数字间用半字线隔开；各部分的顺序为：ISBN－组区号－出版者号－出版序号－校验码。

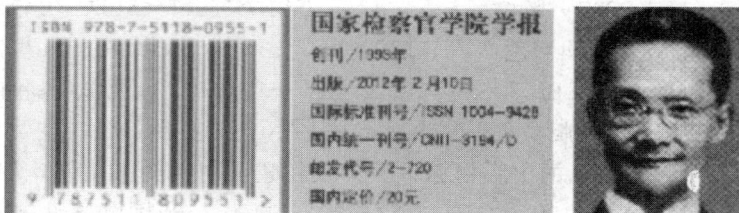

图 97　左起：甄贞主编《人大监督与诉讼监督》（法律 2010）ISBN 与《国家检察官学报》封底，中国近代著名法学家徐谦

总之，在我国，书号主要包括如下五种情形：一是旧中国出版文献并无书号。例如，徐谦校订的《检察制度详考》（检察制度研究会 1919）版权页上，① 就没有任何书号标识。二是新中国大陆 1949—1956 年出版的图书有书号（各地出版社自己编制），但没有国内统一书号。例如，陈启育著的《新中国检察制度概论》（新华书店 1950）版权页上："书号：京 777"；党凤德等译的《苏联检察制度史（重要文献汇编）》（人民 1954）版权页上："书号：1606"。三是 1957 年至 1986 年 12 月 31 日出版的图书，实行国内统一书号机制。例如，王舜华著的《我国刑事诉讼中的检察机关》（群众 1982）版权页："统一书号：6067·23"。四是 1987 年 1 月 1 日至 1988 年 12 月 31 日出版的图书，实行国内统一书号与中国标准书号并用机制。例如，李广祥、赖伯瑾、李梦茹著的《通俗检察学》（群众 1988）版权页，中国标准书号为 "ISBN7－

① 据《近代中国百年史词典》（李华主编，浙江人民 1987，第 548 页）、《民国史大辞典》（尚海等主编，中国广播电视 1991 第 972 页）记载：徐谦（1871 年至 1940 年 9 月 26 日，如图 95 所示）：字季龙，号黄山樵客；安徽歙县徐村人，生于江西南昌；民国政要，现代著名法学家、政治活动家。1904 年，应试及第，成为清光绪朝进士，进入翰林院仕学馆攻读法律。1907 年毕业以后，先后任翰林院编修和法部参事，主持制定全国新式法律；1908 年任京师地方审判厅厅长、京师高等审判厅检察长；1910 年同许世英赴华盛顿参加国际司法会议，考察英、法、德、俄等国的司法制度；1912 年 3 月，任唐绍仪内阁司法部次长；1917 年南下广州，任孙中山广州军政府秘书长；1918 年任广州政府司法部长；1921 年任广州护法军政府大理院院长；1922 年任北京政府王宠惠 "好人内阁" 司法总长；1924 年在上海创办《评议日报》和政法大学；1927 年 7 月 15 日 "武汉政变" 后，受到汪蒋两派的排挤，被迫辞去一切职务，寓居香港，重开律师生涯；1933 年参加福建事变，任中华共和国人民革命政府最高法院院长。主要著述有《民法总论》、《刑法丛编》、《劳资合一》等。

5014 - 0010 - 5/D. 5", "统一书号：6067·298"。五是 1989 年 1 月 1 日至今出版的图书，则实行中国标准书号。例如，闵钐、薛伟宏编著的《共和国检察历史片段》（检察 2009）版权页上："书号：ISBN7978 - 7 - 5102 - 0147 - 7。"

2. 新闻出版署《出版物条码管理办法》（2000 年 3 月 29 日）规定，凡在中国注册并获准使用 ISBN、ISSN、ISRC 号的出版单位，必须办理和使用出版物条码（第 2 条）；出版物条码是由一组按 EAN 规则排列的条、空及其对应字符组成的表示一定信息的出版物标识。出版物条码包括图书条码、期刊条码、音像制品条码和电子出版物条码（第 3 条）。因此，出版物条码具有出版物"指纹"之效。如图 98 所示文献。

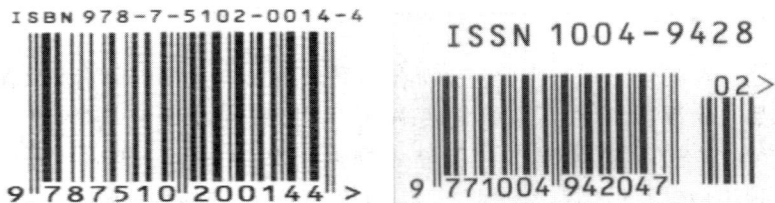

ISBN 978-7-5102-0014-4

9 787510 200144 >

ISSN 1004-9428

02>

9 771004 942047

图 98　左起：朱孝清著的《中国检察若干问题研究》（检察 2009），《国家检察官学院学报》之出版物条码

3. 与《出版管理条例》相映，国务院《音像制品管理条例》（2011 年 3 月 19 日修正）第 5 条第 1 款规定："国家对出版、制作、复制、进口、批发、零售、出租音像制品，实行许可制度；未经许可，任何单位和个人不得从事音像制品的出版、制作、复制、进口、批发、零售、出租等活动。"

新闻出版总署《音像制品出版管理规定》（2004 年 6 月 17 日）第 17 条规定："音像出版单位应当按照国家标准及其他有关规定标识、使用《中国标准音像制品编码》。版号由新闻出版总署负责管理和调控，由省、自治区、直辖市人民政府出版行政部门发放。"

新闻出版总署《报纸出版管理规定》（2005 年 9 月 30 日）第 31 条规定："报纸出版时须在每期固定位置标示以下版本记录：（一）报纸名称；（二）报纸出版单位、主办单位、主管单位名称；（三）国内统一连续出版物号；（四）总编辑（社长）姓名；（五）出版日期、总期号、版数、版序；（六）报纸出版单位地址、电话、邮政编码；（七）报纸定价（号外须注明'免费赠阅'字样）；（八）印刷单位名称、地址；（九）广告经营许可证号；（十）国家规定的涉及公共利益或者行业标准的其他标识。"为此，作为国家公开、正式出版物的《检察日报》的天头和地脚，就标有"●中华人民共和国最高人

民检察院主办 ●国内统一刊号：CN11－0187 ●邮发代号1－154 ●社址：北京石景山区鲁谷西路5号 ●邮编：100040 ●订阅：全国各地邮局 ●印刷：解放军报印刷厂"等事项。

新闻出版总署《期刊出版管理规定》（2005年9月30日）第31条也规定："期刊须在封底或版权页上刊载以下版本记录：期刊名称、主管单位、主办单位、出版单位、印刷单位、发行单位、出版日期、总编辑（主编）姓名、发行范围、定价、国内统一连续出版物号、广告经营许可证号等。领取国际标准连续出版物号的期刊须同时刊印国际标准连续出版物号。"为此，作为国家正式公开出版物的《中国检察官》、《公诉人》、《检察纵横》，其版权页都标有上述版本记录。反之，具有灰色甚至黑色文献性质的期刊，就不能标有上述版本记录。如图99所示。

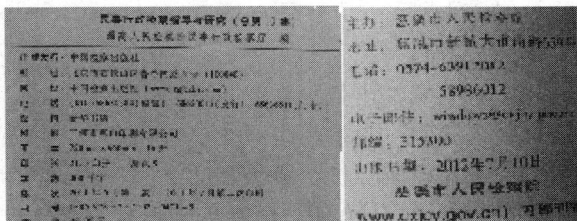

图99 左起：公开连续出版物《民事行政检察指导与研究》与内部资料《慈溪检察》版权页

新闻出版总署《电子出版物出版管理规定》（2008年2月21日）第23条第2款还规定："出版电子出版物，须在电子出版物载体的印刷标识面或其装帧的显著位置载明电子出版物制作、出版单位的名称，中国标准书号或国内统一连续出版物号及条码，著作权人名称以及出版日期等其他有关事项。"为此，《中国检察（DVD光盘）》的版权页就载有如图100所示事项。

图100 《中国检察（DVD光盘）》的版权页

而所谓国内统一连续出版物号，即国内统一刊号的全称，即我国报刊管理部门为了便于报刊统计、管理而按一定规则进行编排的号码总称。1988 年之前，我国报刊出版管理工作主要由各省、自治区、直辖市宣传部等部门管理，报刊刊号没作统一规定。① 1987 年新闻出版署成立后，报刊出版管理工作由新闻出版署、省级新闻出版行政管理部门管理。同年 5 月 9 日，新闻出版署下发《关于报刊、期刊和出版社重新登记注册的通知》规定，实行中国标准刊号（即国内统一刊号）机制。它以 GB2659 – 86 所规定的中国国别代码"CN"为识别标志，由报刊登记号和分类号两部分组成，两部分之间以斜线"／"分隔。其中，报刊登记号为定长的 6 位数字，由地区号（2 位数字）和序号（4 位数字）两部分组成：报刊登记号 = 地区号 + 序号。2001 年 11 月 14 日，国家质量监督检验检疫局发布《中国标准连续出版物号》（GB/T9999 – 2001）代替了《中国标准刊号》（GB9999 – 88）。例如，作为最高人民检察院机关刊物的《人民检察》，其"国际标准书号：ISSN1004 – 4043，国内统一刊号：CN11 – 1451／D"。

4. 新闻出版署《内部资料性出版物管理办法》（1997 年 12 月 30 日）规定：

第一，内部资料性出版物，是指在本系统、本行业、本单位内部，用于指导工作、交流信息的非卖性成册、折页或散页印刷品，不包括机关公文性的简报等信息资料（第 2 条第 2 款）。例如，最高人民检察院案件管理办公室 2011 年 11 月编印的《检察机关案件管理工作资料选编（一）》、上海市人民检察院主办的《上海检察》（1992 年 1 月 5 日）、山西阳泉市人民检察院主办的《阳泉检察》（2003 年）、黑龙江大庆市红岗区人民检察院主办的《红剑》（2012 年 5 月 4 日）。

第二，对内部资料性出版物的委印和承印，实行核发《内部资料性出版物准印证》（以下简称《准印证》）管理。未经批准取得《准印证》，任何单位和个人不得从事内部资料性出版物的委印和承印活动（第 3 条）。例如，天津市人民检察院主办的《天津检察》杂志之版权页上就标有"津内部资料性准印证第 12045 号"字样；山西省太原市人民检察院主办的《太原检察》（1993 年）杂志之版权页上就标有"准印证：山西省连续性内部资料准印证（99）K221 号"字样；江西省赣州市人民检察院主办的《赣州检察》杂志之版权页上就标有"准印证号：赣新出内准字第 0002949 号"字样。

---

① 主要情形有三：一是将报纸、期刊分类编号，如《集邮》在 1988 年以前刊号为"北京市期刊登记证第 551 号"；二是将报刊合并编号：一种是统一编号，另一种是在"报刊准印证"后再分报、刊，如当年《人民权利报》刊号为"山东省报刊出版准印证报字第 022 号"；三是将省、自治区、直辖市简称加报、刊或报、刊第一个大写字母编号。

　　第三，委托印刷内部资料性出版物，应当向所在地省、自治区、直辖市新闻出版局提出申请，申请书应当注明编印目的、内容、发送对象、印张数、印刷期数、册数、开本等，经审核批准，领取《准印证》后，方可从事委印活动（第4条）；内部资料性出版物不得使用"××报"、"××刊"或"××杂志"等字样，必须注明"内部资料，免费交流"。印刷时，应在明显位置完整地印出"内部资料准印证"编号，不得省略或假冒、伪造。内部资料性出版物所设的有关机构，不具有法人资格（第5条）。因此，作为"内部资料性出版物"——《检察之声》杂志版权页（如图101所示），就标有下列事项：

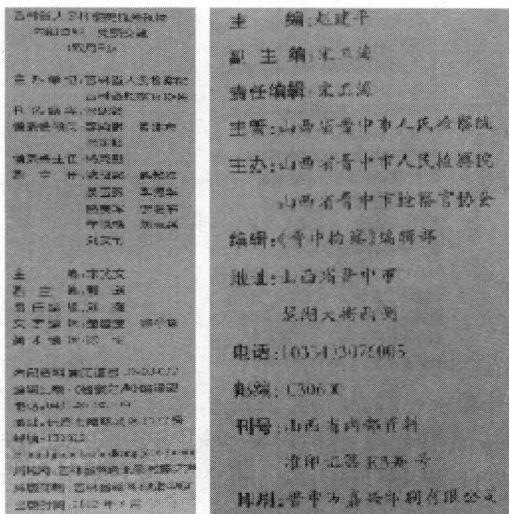

图101　左起：内部资料《检察之声》、《晋中检察》之版权页

　　但值得注意的是，实践中，除省级人大、"一府两院"和公安（警察）机关所主办的机关刊物有《准印证》外，其他三级人大、"一府两院"和公安（警察）机关所主办的机关刊物一般都无《准印证》。如图102所示文献。

图102　左起：浙江省绍兴市越城区人民检察院主办的《越城检察》、湖北省宜昌市人民检察院主办的《宜昌检察》版权页

5. 国务院《印刷业管理条例》（2001 年 7 月 26 日）规定：

第一，本条例所称印刷经营活动，包括经营性的排版、制版、印刷、装订、复印、影印、打印等活动（第 2 条第 5 款）。

第二，印刷企业接受出版单位委托印刷图书、期刊的，必须验证并收存出版单位盖章的印刷委托书，并在印刷前报出版单位所在地省、自治区、直辖市人民政府出版行政部门备案；接受出版单位委托印刷报纸的，必须验证报纸出版许可证；接受出版单位的委托印刷报纸、期刊的增版、增刊的，还必须验证主管的出版行政部门批准出版增版、增刊的文件（第 17 条）。

第三，印刷企业接受委托印刷内部资料性出版物的，必须验证县级以上地方人民政府出版行政部门核发的准印证（第 18 条第 1 款）。

第四，印刷企业不得盗印出版物，不得销售、擅自加印或者接受第三人委托加印受委托印刷的出版物，不得将接受委托印刷的出版物纸型及印刷底片等出售、出租、出借或者以其他形式转让给其他单位或者个人；不得征订、销售出版物，不得假冒或者盗用他人名义印刷、销售出版物（第 21—22 条）。

（二）灰色文献

何谓灰色文献？理解不一。例如，有人认为，"'灰色文献'一词，出现于 20 世纪 70 年代，是由英文'GreyLiterature'译过来的。……目前，'灰色文献'尚无统一的界定。一般认为，灰色文献是指那些已经形成文献（不管是什么形式和载体），但又不属于正式出版物，或者虽属正式出版物，但不公开发行的那一部分非秘密情报源"；① 灰色文献是"介于白色与黑色文献之间的半公开的、非正式文献"；② "灰色文献也称'非常规文献'、'难以获得文献'、'非定型文献'。通过常规的采访渠道难以获得的信息资料，大多为非卖品，发行量小，发行对象有一定的限制，有特定的读者群，书志记述不充分（的文献）"；③ 灰色文献，"通过正常发售途径难以获得的文献。如科技情报、学位论文、会议论文、政府文件等"。④ 而本书认为，灰色文献亦称零次文献、非常规文献、非正式文献、难以获得文献、非定型文献，是指那些介于白色与黑色文献之间的、非正式出版发行的、通过正规购书渠道或正常方法难以得到

① 参见李华影等：《高等院校灰色文献的开发与利用》，载《科技情报开发与经济》2012 年第 1 期。

② 参见桂秀珍：《"灰色文献"综论》，载《安徽科技》1999 年第 8 期；

③ 参见党跃臣：《灰色文献及其控制与开发研究》，载《西南民族学院学报·哲学社会科学版》1998 年第 1 期。

④ 参见王郘平等编：《图书情报词典》，汉语大词典出版社 1990 年版，第 294 页。

的文献。

与白色和黑色文献相比，灰色文献有以下特点：一是无计划，根据特别安排发行，时效性强；二是形式多样，内容复杂，印刷数量少或是限量发行；三是不公开发行，无定价，隐蔽性大；四是具有一定的动态性和模糊性；五是流通面窄，搜集较难；六是包含着对很多人可能有用的情报，有一定的权威性。而我国目前，灰色文献主要有以下八种：

1. 内部刊物。即由一些机关、大学、出版发行机构、科研院、企业等单位编印，无统一刊号，主要在本部门或本系统内部流通，重点介绍本单位的研究动向、研究成果、课题进展及学术动态等方面情况的期刊。而我国目前，内部刊物主要有4种：

第一，属于"内部资料性出版物"，并有《内部资料性出版物准印证》的内部刊物。例如，《福建检察》、《滨海检察》（天津市人民检察院第二分院主办）、《检察探索》（重庆市人民检察院第一分院主办）、《太原检察》。

第二，属于"内部资料性出版物"，但没有《内部资料性出版物准印证》的"准内部刊物"。例如，《中山检察》、《磐石检察》、《渝水检察》。

第三，与（检察）出版社联合主办的、以书号代替刊号的内部刊物。例如，最高人民检察院职务犯罪预防厅与检察出版社联合主办的《职务犯罪预防指引》（双月刊）、最高人民检察院监所检察厅与检察出版社联合主办的《监所检察工作指导》（双月刊）。

第四，正式刊物的副刊。例如，《方圆杂志》的副刊《人民监督》（原称《人民监督员》，2006年）。

2. 中央和地方政府资料：前者为国家政府行政机构制定政策法令、规则等进行行政管理活动编辑的文献信息资料，有政府公文、调查报告、咨询报告、会议报告、各种统计资料等；后者包括地方城镇的政治、经济、社会文化发展情况，自然环境变迁信息资料，地方人口类型、工农商业开发信息报告等。例如，最高人民检察院2003年7月30日编印的《最高人民检察院关于司法体制改革的专题意见研究》；而山东省人民检察院聊城分院编辑的《聊城地区检察志》之版权页（如图103所示），就记录有下列事项：

3. 会议资料。即各种学术讨论会、报告会及各种学会、年会、学术交流会等会议的资料。例如，最高人民检察院渎职侵权检察厅2007年6月编印的《全国检察机关第四次反渎职侵权侦查工作会议经验交流材料》、国家检察官学院2010年11月编印的《法律监督与三项重点工作——第六届国家高级检察官论坛论文集》。

4. 不出版的学位论文。即本科生、硕士研究生、博士研究生、博士后为

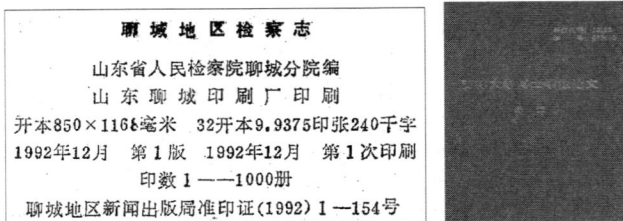

图 103　左起：《聊城地区检察志》之版权页，孙谦吉林大学 2000 年度博士学位论文——《逮捕论》

取得学位在某一专业学科领域所作的具有独创性的研究成果。例如，赵威著的《检察权研究》（吉林大学 1999 年硕士学位论文）、王雄飞的《检察官证明责任研究》（西南政法大学 2008 年博士学位论文）、孙谦的《检察改革论》（中国社会科学院法学研究所 2003 年博士后研究报告）。

5. 科研和技术报告。它包括某一科学研究领域的最新成果、进展、最新研究动态、发展趋势信息资料。例如最高人民检察院渎职侵权检察厅 2005 年编印的《严肃查处国家机关工作人员侵犯人权犯罪案件专项活动材料汇编》。

6. 预印本。它亦称未定稿本，即"在完整的文献出版前预先引发的部分，以便有关人员及时了解即将出版的文献的内容"。① 例如，国家检察官学院 2002 年 3 月编印的《司法改革报告——有关国家司法改革的理论与实践》（未定稿）。

7. 贸易文献。包括推荐书、商品广告、产品说明书等。如图 104 所示文献。

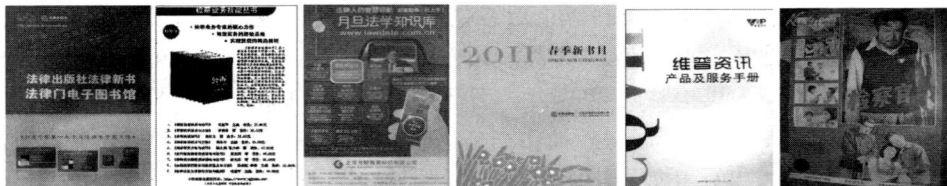

图 104　左起：《法律出版社·法律新书·法律门电子图书馆》宣传册（法律 2011），检察出版社 2008 年推出的"检察业务技能丛书"宣传广告，《月旦法学知识库》宣传册，《法律出版社 2011 年春季书目》，《维普资讯产品及服务手册》，电影《检察官》海报

----

① 参见王邵平等编：《图书情报词典》，汉语大词典出版社 1990 年版，第 795 页。

8. 其他。包括市场研究材料、翻译手稿、专利技术资料、军事情报等。例如，湖南永顺县志编纂委员会 2005 年 12 月编的《永顺县人民检察院志（手稿）》；济南市志编纂委员会办公室 1991 年 11 月编印的《〈济南市志〉第六卷政法军事——第二篇检察（讨论稿）》。

（三）黑色文献

所谓黑色文献，即非公开出版发行或者发行范围狭窄、内容保密的文献。因此，它主要包括两类：一类是人们未破译和未辨识其中信息的文献。如考古发现的古老文字未经分析、厘定的文献。

另一类是处于保密状态和不愿公布其内容的文献。如未解密的政府文件、内部档案、个人日记、私人信件等。因此，除个人隐私材料外，绝大部分黑色文献有密级规定，并对读者范围作明确限定，其制作、保管和流通都严格受控，一般不允许复制。例如，《无锡县人民检察署 1953 年回复上访信件》、最高人民检察院 2009 年编印并标有机密的《对〈关于深化检察改革 2008—2012 年工作规划（送审稿）〉中提出的改革任务的逐项说明》，以及如图 105 所示文献。

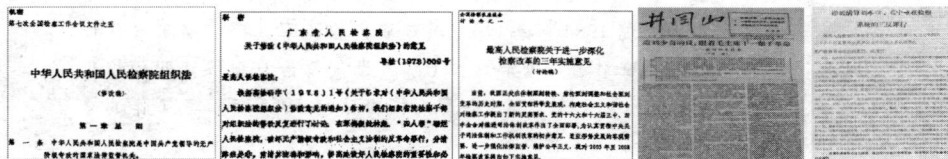

图 105　左起：（机密）第七次全国检察工作会议文件之五——《中华人民共和国人民检察院组织法（修改稿）》（1978 年 12 月），（秘密）《广东省人民检察院关于修改〈中华人民共和国人民检察院组织法〉的意见》（粤检〔1978〕009 号），全国检察长座谈会讨论件之一——《最高人民检察院关于进一步深化检察改革的三年实施意见（讨论稿）》，"文革小报"——《井冈山》，《彻底清算刘少奇、邓小平在检察系统的三反罪行》（文革材料）

四、公开、内部和不出版发行文献

据是否公开出版发行，可将文献分为以下三种：

第一，公开出版发行文献，亦称白色文献、正式出版物。例如，〔苏〕别里鸠根、什维采尔著，王更生译的《民事诉讼中的检察长》（人大 1957）、上海市人民检察院和检察出版社联合主办的法制新闻半月刊《检察风云》杂志。

第二，内部出版发行文献，亦称灰色文献，即介于公开与不出版发行文献之间的文献。其中，内部发行即公开发行的对称，是"一种书刊发行方式。

对于某些因内容或其他原因不宜公开发行的书刊，由发行部门在一定范围内宣传、征订和发行，不在门市部门陈列出售。内部发行的书刊一般在版权页和封底表明'内部发行'字样"。① 因此，内部出版发行文献既不同于灰色、黑色文献，也不同于内部资料性出版物，只是发行范围有别于公开出版发行的正式出版物。例如，上海市人民检察院主办的《上海检察调研》（月刊）、兵团人民检察院农六师分院主办的《检察工作研究》（双月刊）、山东省人民检察院主办的《检察理论与实践》（月刊）、内蒙古通辽市人民检察院主办的《通辽检察》、江西景德镇市主办的《瓷都检察》，以及图106所示文献封面或封底都标有"内部发行"、"内部文件，注意保存"等字样。

图106　左起：《西北人民检察汇编》封面，《司法解释文件汇编》（中国人民解放军军事检察院1984年编印），《渎职侵权犯罪侦查实务》（法律2008）和《反渎职侵权工作指导与参考》（原名为《惩治与预防渎职侵权犯罪指南》，2003年创刊）期刊封底，《最高人民检察院1955年检察工作的总结和1956年的工作任务》（内部文件）

第三，不出版发行文献，亦称黑色文献，既不出版，也不发行的文献，并主要包括机关公文性的简报等信息资料，但不包括上述内部资料性出版物。例如，最高人民检察院办公厅2005年12月编印的《机关办公秩序规章制度汇编》、河南省开封市人民检察院2011年编辑的《人民检察院检察委员会规范性文件汇编》。

五、核心、相关和边缘性文献

据内容与专业相关程度的不同，可将文献分为核心、相关和边缘性文献3大类。1934年，英国的化学家、文献学家布拉德福（S. C. Brandford）曾做了一个实验，将所有登载了有关电技术方面论文的期刊，按其载文量的多少顺序排队，发现全部有关电技术方面的论文，有1/3只发表在10种左右的本学科

---

① 参见王邵平等编：《图书情报词典》，汉语大词典出版社1990年版，第76页。

专业期刊中；另外的 1/3 的论文，则出现在大约 50 多种并非直接与电子技术有关的力能学和交通运输等相关期刊中；而最后的 1/3 的论文则发表在 200 多种与电技术毫无关系的期刊中。在统计的基础上，他总结出如下定律：在登载某一学科论文的所有期刊中，存在由若干种期刊构成的第一区域，即核心区域；在其周围还有另外两个区域，其中每一个区域都有与核心区域中数量相同的该学科论文。那么，构成第二区域的期刊数量则为核心区域期刊数量的 n 倍，而在第三个区域中的期刊数量则为核心期刊的 n^2 倍。这样核心区域和第二、三区域中的期刊数将为 $1:n:n^2$，其中 $N \approx 5$。因此，便产生了核心、相关和边缘性文献理论。

所谓核心性文献，即与本学科发展水平、发展动向密切相关并具有引领作用的主要文献。其典型代表，就是核心期刊。

所谓相关性文献，即所含内容与学科关系较远的文献。它主要是指参考文献；参考文献，即"进行某一著述、某一研究或其他活动时所参考的文献"。[1]例如，高一涵著的《中国御史制度的沿革》（商务 1930）、钟海让著的《法律监督论》（法律 1993）、向泽选著的《法律监督原理》（群众 2006），汤唯、孙季萍著的《法律监督论纲》（北京大学 2001），就是研究检察学的参考文献。

所谓边缘性文献，即所含内容与学科的关系相当疏远一些的文献。例如，陈国权著的《政治监督》（学林 2000）、朱维究著的《行政行为的司法监督》（山西教育 1997）、张秉银编的《人大法律监督案例选编》（法律 1992）、维辛斯基·A.R（1883—1954 年，苏联法学家、外交家）著、王之相译的《苏维埃法律上的诉讼证据理论》（人民 1954），同样也是研究检察学的参考文献。

六、工具书和非工具书文献

据功能、作用的不同，可将文献分为工具书与非工具书文献两大类。

（一）工具书文献

所谓工具书，是指"专为读者查考字义、词义、字句出处和各种事实而编纂的书籍，如字典、词典、索引、历史年表、年鉴、百科全书等"；[2]"根据一定需要收集有关资料并按特定的方法编排起来供人查考的文献"。[3] 因此，工具书具有以下特点：从编辑目的而言，它主要供查考、检索而非通读；从编

① 参见王邵平等编：《图书情报词典》，汉语大词典出版社 1990 年版，第 605 页。
② 参见中国社会科学院语言研究所词典编辑室编：《现代汉语词典》（修订本），商务印书馆 1999 年版，第 432 页。
③ 参见王邵平等编：《图书情报词典》，汉语大词典出版社 1990 年版，第 16 页。

·153·

排方法而言，它总是按某种特定体例编排，易检索；从内容而言，广泛吸收已有研究成果，所提供的知识、信息比较成熟可靠，叙述简明扼要，概括性强。而随着工具书的不断发展，种类也变得越来越多。既有综合性的，也有专门或专科性的；既有学术性的，也有生活方面的；既有检索性的，也有参考性的。而实践中，最常见的工具书有以下十一种：

第一，字（词、辞）典。即汇集各种语言中的字词及短语，分别给予拼写、发音和词义解释等项信息，并按字顺组织起来方便读者随时查检特定词语信息的语言工具书。其中，字典又分为普通和特种字典两大类。例如，《法律辞典》（法律 2003）、《现代法律词典》（学苑 1999）、《新编学生中华字典》（吉林文史 2007）。

第二，百科全书。即百科知识的汇总，并具有概述性、完备性、权威性特点。例如，《中国大百科全书》（中国大百科全书 2009）、《新不列颠百科全书》（中国大百科全书 2001）。同时，它包括综合性、专业性和地域性百科全书 3 种。例如《北京百科全书》（北京 2002）。

第三，年鉴。又称微型百科全书，即"记录和反映上年度重大事件、学科进展及有关统计资料的工具书，一般逐年编辑，连续出版"。① 例如，《中国法律年鉴》（1987 年），《上海公安年鉴》（1988 年）、《哈尔滨公安年鉴》（1991 年）、《株洲公安年鉴》（1992 年）、《无锡新公安局年鉴》，《中国检察年鉴》（1987 年）、《广东检察年鉴》（1990 年）、《富阳市人民检察年鉴》（1998 年）、《平邑县检察年鉴》，《中国司法行政年鉴》（2000 年）、《山东司法行政年鉴》、《海口司法行政年鉴》、《黑龙江监狱年鉴》（2006 年）、《上海监狱年鉴》（2001 年）、《北京监狱年鉴》（2003 年）、《沙洋监狱年鉴》（2002 年），《中国律师年鉴》等。

第四，方志。它又称地志、地方志、志书、志，即"专门记述地方自然和社会各方面历史与现状的地方文献"。② 它通常包括以下三类：一是综合全国情况的总志或一统志。例如，我国唐朝杜佑著的《通典》、宋朝郑樵著的《通志》、元朝马端临著的《文献通考》、《中国志》（华龄 1995）。二是地区性方志。例如，《云南省志》（云南人民 1995）、《随州志》（中国城市经济社会 1988）、《永川县志》（四川人民 1997）。三是专志。例如，《甘肃省志·公安志》（甘肃文化 1995）、《广西通志·公安志》（2002 年）、《上海公安志》（上海社会科学院 1997）、《遵义地区志·公安志》（贵州人民 2002）、《三门县公

---

① 参见王邵平等编：《图书情报词典》，汉语大词典出版社 1990 年版，第 314 页。
② 参见王邵平等编：《图书情报词典》，汉语大词典出版社 1990 年版，第 147 页。

安志》（群众 1999）、《五华区公安志》（云南省昆明市五华区公安局 1996年），《陕西省志·检察志》（陕西人民 2009）、《新疆检察志（1910—1985）》（新疆维吾尔自治区人民检察院编 1990）、《北京志·政法卷（检察志）》（北京 2007）、《桂林市检察志》（广西壮族自治区桂林市人民检察院 1998）、《祥云县检察志（1944—1990）》（祥云县人民检察院 1993）；《云南省志·审判志》（云南人民 1999）、《宁夏审判志》（宁夏人民 1998）、《天津通志·审判志》（天津社会科学院 1999）、《延安地区审判志》（陕西人民 2002）、《松江审判志》（本书编委会 2008）；《广东省志·司法行政志》（广东人民 2003）《宁夏司法行政志》（中央文献 2006）、《北京志·政法卷·司法行政志》（北京 2005）、《广州司法行政志》（2000 年）、《平昌县司法行政志》（2008 年）；《河北省志·监狱志》（中国对外出版公司 2002）、《上海监狱志》（上海社会科学 2003）、《宁夏监狱志》（宁夏人民 2012）、《焦作监狱志》（2002 年）、《赤山监狱志》（2005 年）；《山东律师志（1901—1995）》（齐鲁书社 1998）。

　　第五，手册。即以简明、缩写方式提供专门领域内基本的既定知识和实用资料的工具书。例如，《公安法律适用手册》（浙江人民 1998）、《检察手册》（检察 1990）、《经济审判手册》（法院 1988）、《司法行政执法手册》（法律 2003）、《监狱工作手册》（法律 2003）、《律师手册》（山西人民 1995）。

　　第六，书目。即图书或报刊目录的简称。例如，《全国总书目》、《全国新书目》以及《元照图书·期刊·知识库（目录）》和《元照出版征订目录》（如图 107 所示）。

　　第七，索引。旧称通检、备检、引得，是查找图书、报刊或其他文献中的语词、概念、篇目、人物等资料的检索工具。例如，最高人民检察院研究室1983 年 12 月 1 日编印的《检察业务学习资料 1—24 辑索引》》、《全国报刊索引》、《中文法律文献期刊索引》（邹育理主编，北京大学 2001）。

　　第八，文摘。即将文献的内容编成摘要，按一定方法编排的检索、报道性出版物，一般以期刊或报纸的形式出现。例如，《法学文摘卡》（1991 年）、《警察文摘》（1998 年）、《检察学文摘》（1993 年 6 月，现名《中国检察官》）、《律师文摘》（2001 年）等。

　　第九，标准。即对重复性事务和概念所作的统一规定。既可分为基础、产品、方法、安全与环境保护标准，也可分为国际、国际地区性、国家、行业、地方和企业标准。例如，《中国国家标准》、住房和城乡建设部、国家发展和改革委员会《国家检察官学院分院建设标准条文说明》（2011 年 1 月 1 日，中国计划 2011）。

　　第十，历史年表。即将一切有关历史的资料依时间或年份先后排列而形成的工具书。例如，《中国历史年表》、《世界历史年表》、《北京检察大事记（1949—1986）》（北京市人民检察院 1997）。

第十一，全书、大全、集成、汇（选）编（辑）。例如，《检察机关办案艺术实用全书》（公大 1998）、《最高人民法院、最高人民检察院司法解释与司法政策大全》（法制 2011）、《现行刑事法律司法解释分解集成》（吉林人民 2002）、《太原市检察机关规章制度汇编》（太原市人民检察院 1995）、《人民检察选编》（法律 1983）、《中华人民共和国宪法及其他发令条例彚集》（陕西省人民检察院 1955）、《法学论文选集》（云南省人民检察院 1985）等。

而据内容、性质的不同，还可将工具书分为如下六类：一是传记资料类工具书，包括传记词典、人名录、传记索引和姓名译名手册等。例如，《当代湖南检察长名录》（检察 1995）。二是地理资料类工具书，包括地名词典、地名录、地名译名手册、地图及地图集、旅游指南等。例如，《中华人民共和国人民检察院概览》（检察 1995）。三是机构名录。例如，《中华人民共和国人民检察院机构名录》（检察 2005）。四是类书。一般兼收各类文献。例如，《永乐大典》。五是政书，专记典章制度。例如，《通典》、《唐会要》、《中华人民共和国法律全书》（吉林人民 2008）。六是热门及特色工具书。例如，《刑事法学词典》（吉林大学 1987）、《中华法学大辞典·诉讼法学卷》（检察 1995）。

（二）非工具书文献

而除上述十种工具书性质文献之外的文献，即为非工具书性质文献。例如，谢佑平等著的《中国检察监督的政治性与司法性研究》（检察 2010）、苏德永、张穹主编的《检察官手册》（黑龙江人民 1987）、最高人民检察院办公厅 1955 年编印的《监所、劳动改造机关监督工作参考资料》等。

七、"文革"与非"文革"文献

据是否为"文革"时期（1966 年 5 月至 1976 年 10 月）出版，可将文献分为"文革"与非"文革"文献两种。而如何处理"文革"文献？一方面，据中共中央《关于处理无产阶级文化大革命中档案材料问题的补充规定》（1966 年 11 月 6 日）规定，一是责成原工作组、学校党委或者其他有关组织，必须将 1966 年 5 月 16 日以后的各种整学生、整群众的材料，包括整理过的或者没有整理的材料，除在这一文件宣布以前，确实已经焚毁的外，其余全部集中，不许隐瞒，不许转移，不许复制，不许私自处理。否则，就将加深错误，并将受到党的严厉处分。二是除个人被迫写出的检讨材料全部交还本人处理外，其他所有的材料，集中清点之后，在上级领导机关和本校学生代表的监督之下，当众焚毁。

另一方面，据中共中央、国务院《批转国家档案局〈关于处理文化大革命运动中形成的含有冤、假、错案内容的文书材料的意见〉的通知》（1979 年 8 月 13 日）规定，一是各级党、政、军机关和群众团体，以及学校、企业，事业单位，在文化大革命运动中，形成的含有冤、假、错案内容的文书材料，应区别于人事档案（即干部档案），按照文件归档范围立卷、归档，交由档案室保存：（1）有关上级决定、批示，下级报告、请示，本单位的工作计划、总结、简报、通报、请示、报告，会议记录、纪要、决定，有关负责同志在平反昭雪会议上的讲话，复查报告等。（2）党中央、中央领导人，各级党委和革委会，各级党、政、军机关负责人，在处理干部问题时的重要批示和意见。（3）老一辈无产阶级革命家和革命老同志在遭受迫害期间所写的革命回忆录性质的具有历史价值的材料，一些坚持真理、不畏强暴的共产党员和革命同志，在同林彪、"四人帮"一伙进行斗争中所写的信件、文章及有关的重要记载。（4）反映林彪、"四人帮"及其帮派体系罪恶活动的其他罪证材料。二是文化大革命期间形成的文书档案，凡涉及个人问题的材料，不应作为考查干部的依据。考查干部的历史，应以人事档案（即"干部档案袋"）中的结论材料为准。各级党委、各级机关和单位的落实干部政策办公室，在工作结束后，应将全部文书材料与人事档案分别进行整理。文书材料中，属于应该保存的，要立卷归档，移交机关档案室保管；属于不需要保存的，要编造清册，报党委批准后销毁。三是文书材料在立卷归档以前或以后，如遇某卷或某份文件含有对某同志的诬蔑不实之词，不要在文件上涂、抹、勾、裁，要注意保护这些文书材料的完整。必要时，可由负责落实干部政策，处理冤、假、错案的单位，在立卷时将情况写入"备考表"。四是对按规定保存下来的含有涉及冤、假、错案内容和其他诬蔑不实之词的案卷，必须严格控制，外单位要求利用时，要严格审批手续。五是在此次运动中，凡个人保存的有关揭发和批判他人的材料，均应交给组织统一处理，私人不得留存。今后如有人利用私自保存的此类材料，对他人进行诬陷迫害或打击报复时，应视情节轻重，按党纪国法处理。但实践中，"文革"文献并不鲜见。如图 107 所示文献。

八、马列、哲学、社会科学、自然科学和综合性科学文献

根据《中国图书馆图书分类法》和《中国图书资料分类法》以及《中国科学院图书馆图书分类法》规定，同时并根据所记录并承载知识信息性质的不同，可将文献分为以下五大类，共计 22 种：

第一，记录并承载马列知识信息的文献。包括记录并承载马列主义、毛泽东思想、邓小平理论、"三个代表"重要思想和科学发展观知识信息的文献。

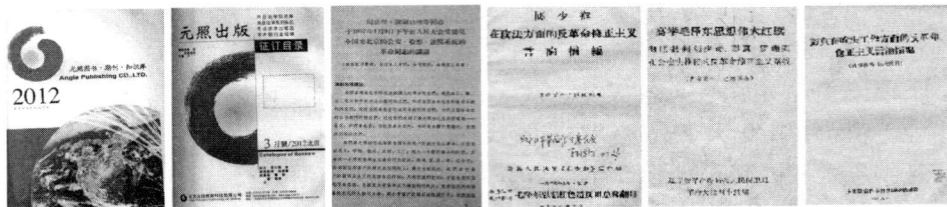

图107　左起:《元照图书·期刊·知识库(目录)》《元照出版征订目录》《周总理谢副总理等同志在人民大会堂接见全国来北京的公安检察法院系统的革命同志的讲话》(广东省公安厅文革筹委会1967年翻印)《刘少奇在政法方面的反革命修正主义言论摘编》(最高人民法院《东方红》公社1967)《高举毛泽东思想伟大红旗彻底批判刘少奇、彭真、罗瑞卿在公检法推行的反革命修正主义路线》(辽宁省革命委员会人民保卫组革命大批判小组编)《彭真在政法方面的反革命修正主义言论摘编》(上海政法界斗批改联络站1967年编印)

例如,全国人大常委会办公厅编辑的《马克思、恩格斯、列宁、斯大林论法》(法律1986)、彭真著的《论新中国的政法工作》(中央文献1992)。

第二,记录并承载哲学知识信息的文献。包括记录并承载哲学、宗教知识信息的文献。例如,艾思奇著的《大众哲学》(新华书店1949)、黄心川主编的《世界十大宗教》(东方1988)。

第三,记录并承载社会科学知识信息的文献。包括记录并承载社会科学总论[如《社会学简明辞典》(甘肃人民1984)],政治[如《政治学原理》(高等教育1999)]、法律[如《世界法律思想宝库》(法大1992)],军事[如《中国军事史图集》(湖南人民1998)],经济[如《现代经济学的最新发展》(经济科学1987)],文化[如《1901—2000上海百年文化史》(上海科学技术文献2002)]、科学[如《科学学研究论文选》(世界科学社1981)]、教育[如《普通教育学》(知识1983)]、体育[如《学校体育学》(人民体育1983)],语言[如《中国语言学年鉴》(语文2002)]、文字[如《汉字研究》(商务1950)],文学[如《悲惨世界》(人民文学1959)],艺术[如《绘画基础知识》(天津人民美术1979)],历史[如《世界历史年表》(辽宁大学1981)]、地理[如《简明地理辞典》(湖北人民1984)]知识信息的文献。

第四,记录并承载自然科学知识信息的文献。包括记录并承载自然科学总论[如《自然科学争鸣》(科学1977)],数理科学和化学[如《数学史译文集》(上海科学技术1981)],天文学[如《中国天文学史》(科学1981)]、地球科学[如《地球的外貌》(商务1973)],生物科学[如《生物科学信息》(1988年试刊)],医药[如《中草药学》(江苏科学1980)]、卫生[如《泸

州市卫生志》（方志 2005）]，农业科学 [如《中国农业百科全书》（农业
1988）]、工业技术 [如《英日汉工业技术大辞典》（中国新时代 1993）]，交
通运输 [如《松滋县交通运输史》（松滋县交通运输史志办公室 1986）]，航
空、航天 [如《世界航空航天博览》（1998 年）]，环境科学 [如《环境科学
大辞典》（中国环境科学 1991）]、劳动保护科学 [如《新中国的劳动保护》
（法律 1959）] 知识信息的文献。

第五，记录并承载综合性知识信息的文献。例如，《走向未来丛书》（四
川人民 1983）。

九、总结、社会、自然和综合科学文献

根据《人大图书馆图书分类法》规定，据所记录并承载知识信息性质的
不同，可将文献分为以下四大类，共计 17 种：

第一，记录并承载总结科学知识信息的文献。包括记录并承载马克思列宁
主义、毛泽东思想，哲学、辩证唯物主义与历史唯物主义知识信息的文献。

第二，记录并承载社会科学知识信息的文献。包括记录并承载社会科学、
政治，经济、政治经济学，国防、军事，国家与法、法律，文化、教育，艺
术，语言、文字学，文学，历史、革命史，地理、经济地理知识信息的文献。

第三，记录并承载自然科学知识信息的文献。包括记录并承载自然科学，
医药、卫生，工程技术，农业、畜牧知识信息的文献。

第四，记录并承载综合参考性科学知识信息的文献。

十、其他（22 种）

第一，据内容和形式是否合法，可将文献分为合法与非法文献两种。其
中，非法文献即合法文献 [如《江泽民文选》（人民 2006）] 的对称，是指违
反国家出版、发行、印刷等法律规定的文献。其表现为：一是盗用、假冒正式
出版单位或者报纸、期刊名义出版的；二是伪称根本不存在的出版单位或者报
纸、期刊名称出版的；三是盗印、盗制合法出版物而公开销售的；四是公开发
行的不署名出版单位或署名非出版单位的；五是承印者以牟利为目的擅自加
印、加制的；六是被明令解散的出版单位的成员擅自重印或以原单位名义出版
的；七是未经新闻出版行政部门批准的内部资料性出版物；八是买卖书（刊、
版）号出版的；九是擅自印刷或复制的境外出版物；十是非法进口的出版物。
例如，2004 年 11 月，新闻出版总署就认定《法制报》、《法制新闻》、《百姓
与法制》、《中国法治新闻》、《中外法制》等 60 种报刊为非法出版物。因此，
非法文献与灰色和黑色文献不尽相同，既互有交叉或交集，也有不同。

第二，据有无价值和使用价值，可将文献分为无用和有用文献两种。其中，前者即有用文献的对称，是指比较而言，本身无使用价值或使用价值较小的馆藏文献；而有用文献通常包括：专著［如林贻影著的《中国检察制度发展、变迁及挑战》（检察 2012）］、经典著作［如乔石著的《乔石谈民主与法制》（人民 2012）］和珍本［如《法院组织法资料汇编》（中央人民政府最高人民法院、司法部办公厅 1954 年编印）］。而所谓专著，即"（1）又称'单行本'。以印刷方式非连续刊行的出版物，其内容完整地包含于单一的册（卷）中，或有限的若干册（卷）中……（2）较完整与全面地阐述特定的主体或对象的研究情况或成果的著作"。经典著作，即"简称'经典'。某时代或跨时代最重要的、有指导意义的和深远影响的著作"。珍本，即"具有历史、艺术和科学价值的珍贵罕见的书本或资料。常指古籍中刻印较早、流传较少或文物价值较高的珍贵图书"。①

第三，据是否被利用，可将文献分为未用（或死性）和已用（或活性）文献两种。其中，未用文献，即已用文献的对称，是指由于馆藏组织管理等原因，而未被读者利用或充分利用的馆藏文献；活性文献，即死性文献的对称，是指"现实经常被人利用的文献"。②

第四，据是否被引证，可将文献分为引证和被引证文献两种。其中，被引证文献，即引证文献的对称，它"又称'被引用文献'。被引证文献引用的文献"。③ 例如，陈瑞华、汪贻飞所著《检察权监督制约机制的域外考察》一文（载《人民检察》2008 年第 5 期）、徐从峰等著《检察规律与检察民主论》（检察 2009）所引证的文献（如图 108 所示）。

图 108

---

① 参见王邵平等编：《图书情报词典》，汉语大词典出版社 1990 年版，第 40 页、第 613 页、第 614 页。

② 参见王邵平等编：《图书情报词典》，汉语大词典出版社 1990 年版，第 691 页。

③ 参见王邵平等编：《图书情报词典》，汉语大词典出版社 1990 年版，第 791 页。

　　第五，据内容和形式是否特殊，可将文献分为一般［如《新华词典》（商务 2000）］和特种文献两种。其中，特种文献，即一般文献的对称，它"有广、狭两义。狭义的特种文献指非书非刊，出版形式比较特殊的印刷型文献。包括科技报告、专利文献、会议文献、政府出版物、技术标准、技术档案、产品样本、学位论文等……广义的特种文献指普通书刊之外，包括非印刷型文献在内的所有类型的文献"。① 例如《第六届国家高级检察官论坛论文集》（国家检察官学院 2010 年编印）。

　　第六，据编制时间、（文物）价值等不同，可将文献分为古籍与非古籍性质文献两种。其中，古籍［如徐谦校订的《检察制度详考》（检察制度研究会1919）］即非古籍［如王春瑜主编的《中国反贪史》（四川人民）］的对称，"又称'古旧书'。印刷或抄写的年代比较久远的图书，包括善本和一部分珍本。我国的古籍多指辛亥革命以前印刷、抄写的图书，及辛亥革命以后以古籍装帧形式重印的版本"。② 另据国务院办公厅《〈关于进一步加强古籍保护工作的意见〉答问》（2007 年 3 月 2 日）规定，一方面，古籍是编纂、写印于1912 年前的书籍。珍贵古籍又称为善本，主要指具有较高文物价值、资料价值和艺术价值的古籍。另一方面，据估计，目前存世古籍超过 3000 万册件，大部分收藏于图书馆、博物馆和文物保护单位中。而迄今为止，文化部已公布9859 部国家珍贵古籍。其中，2008 年 3 月 1 日公布 2392 部，2009 年 6 月 9 日公布 4478 部，2010 年 6 月 11 日公布 2989 部。

　　第七，据是否具有地域性，可将文献分为全国性和地方性文献两种。其中，地方文献即全国性文献［如《中国检察年鉴》（1987 年）］的对称，是指"记录地方情况或具有地方特点的文献。包括方志、地方史料、地方人士著作和地方出版物"。③ 例如，《上海检察志》（上海社会科学院 1999）。

　　第八，据使用语言文字的多少，可将文献分为单语文和多语文文献两种。其中，多语文图书［如王晋主编的《英国刑事审判与检察制度（中英文对照）》（方正 1999）］，即单语文文献［如王伟华著的《澳门检察制度》（中国民主与法制 2009）］的对称，是指使用两种或两种以上语言文字的文献。

　　第九，据卷册数量的不同，可将文献分为单部和多部文献两种。其中，多部文献即单部文献［如西南政治学院诉讼法教研室 1986 年编印的《蒙古人民共和国法院组织法、检察监督法》］的对称，即"分为有限的若干物理单元

① 参见王邵平等编：《图书情报词典》，汉语大词典出版社 1990 年版，第 749～750 页。
② 参见王邵平等编：《图书情报词典》，汉语大词典出版社 1990 年版，第 182 页。
③ 参见王邵平等编：《图书情报词典》，汉语大词典出版社 1990 年版，第 284～285 页。

（卷、册、件等）并以编次形式出版的文献"。① 例如，《检察文库》（公大2000）、《检察业务丛书》（检察2000）、《首都检察院论坛》（法律2003）。

第十，据内容所涉及问题的多少，可将文献分为单主题和多主题（或综合性）文献两种。其中，多主题文献即单主题文献［如王红日等著的《民事行政检察监督的现实剖析与理想构建》辽宁大学1998）］的对称，是指"研究、论述两个或两个以上主体的文献。其主题有并列、从属、因果、比较、影响、应用、主客等各种关系"；综合性文献（如《检察日报》），"涉及一个学科中某一主题的全部或大部分问题或方面的文献"。② 例如，《检察与审判》（1998年1月1日）、《公检法办案指南》（公大2000年）、《公检法查处国家公务员职务犯罪案件重点难点与典型判例评析》（蓝天2006）。

第十一，据内容是否经过翻译，可将文献分为译著和非译著两种。例如，美国人琼·雅各比著、周叶谦等译的《美国检察官研究》（检察1990）与魏武著的《法德检察制度》（检察2008）。

---

① 参见王邵平等编：《图书情报词典》，汉语大词典出版社1990年版，第346页。
② 参见王邵平等编：《图书情报词典》，汉语大词典出版社1990年版，第346～347页、第888页。

第二篇　法学文献

第九章　法学文献概述

一、法学文献的词源和词义

有国家，必有法律；而诸如民法和民事诉讼法、刑法和刑事诉讼法以及针对国家机构的基本法律与国俱来。因此，从这个意义上说，法学文献随法律文本的出现而与国家孪生。

诚然，"纵观我国以往的所有古典书籍，直至夏朝以前的尧、舜、禹之时，还没有出现过'法'、'律'之类的概念，当时人们不知'法律'为何物。中国历史上最早出现与法律相关的概念是'刑'。'刑'的含义同近代的理解相似，即惩罚犯罪的手段。相传在尧舜以前的上古时代，就开始出现了'象刑'……中国的奴隶社会，历经夏、商、周三个朝代。后来许多史书都记载：'夏有乱政，而作《禹刑》；商有乱政，而作《汤刑》；周有乱政，而作《九刑》……中国古代的刑法，一开始就以成文法典的形式出现，传说早在西周时期，乃至在西周以前的夏朝，刑法的规定就有 3000 条。不过那时的成文法典，只是秘藏于官室和官府，不向老百姓公布。……这种刑法秘密主义，到了春秋战国开始有了突破。公元前 536 年，在郑国执政的具有改革精神的政治家子产，第一次把以往秘密于官府的刑书，浇铸于铁鼎之上，向国人公布……公元前 513 年，晋国的赵和荀寅，也以同样的方法颁布了《刑鼎》……紧接着，郑国邓析在公元前 501 年又公布了一部《竹刑》，即将刑书刻在竹简上予以公布……战国时期，魏国君王魏文侯的老师李悝，将当时各国已颁布的各种《刑书》汇集整理后，编著了一本《法经》，于公元前 407 年颁布……有趣的是，李悝编著的《法经》，第一次正式使用了'法'的名称，这在法制史上也属于创举……（战国后期，卫国的）商鞅传授《法经》又'改法为律'，开始启用了'律'的名称……但须说明：以往历朝历代的典籍、著述中，从来没有将'法'和'律'连在一起使用。①'法律'一词是近代才出现的概念"。② 因此，我国早在尧舜时期就已有法律文献存在。随后，它又相继经历了以"刑"、"法"、"律"、"法律"为名称之法律文本主导的四个发展时期。与之相应，当时除法律文本之外的法学文献的称谓亦大致如是。

而顾名思义，作为一种最古老、最常见的文献或其社会科学文献之一，法学文献就是关于法学的文献。其中法学，"又称'法律学或法律科学'。它是以法或法律现象及其发展规律作为研究对象的一门社会科学。法学是研究法律的科学，是社会上出现了较完整的法律规范体系，特别是出现了成文法以后，才逐渐形成和发展起来的"。③ 所以，一方面，法学文献亦称"法律学文献"或"法律科学文献"。另一方面，法学文献不等于法律文献。而所谓法律文献，亦即关于法律的文献。所谓法律，"有两种含义：（1）广义法律与法同义。（2）狭义法律为法的渊源（形式）之一，是指拥有立法权的国家机关依照立法程序制定和颁布的规范性文件"。④ 因而本书认为，法律文献包括法律文本以及支撑法律文本产生的诸法律文稿。例如，1988年7月组成专门起草小组时算起，那么，我国1995年《检察官法》的出台，就历时8年，经过3个阶段，先后提出27稿（如图109所示），才于1995年2月28日在八届全国人大常委会第二次会议审议通过。因此，法律文献是法学文献的下位（种）概念、子集，法学文献是法律文献的上位（属）概念。当然，实践中，也有人将法律文献与法学文献相混淆情形。例如，法律文献是在法律活动中形成的资料，是法律文件、法律文书、法律资料、法律图书、法律档案的积聚。⑤

① 但是，"以往历朝历代的典籍、著述中，从来没有将'法'和'律'连在一起使用"的论断，有些武断。例如，法律"古代多指刑法和各种律令。《庄子·徐无鬼》：'法律之士广治'……"（参见商务编辑部等编：《辞源（修订本）》（第1~4合订本），商务印书馆1991年版，第946页）。
② 参见崔敏：《中国古代刑与法》，公大出版社2008年版，第2~10页。
③ 参见王启富、陶髦主编：《法律辞海》，吉林人民出版社1998年版，第1056页。
④ 参见王启富、陶髦主编：《法律辞海》，吉林人民出版社1998年版，第1060页。
⑤ 参见李振宇：《法律文献学》，中国检察出版社2005年版，第5页。

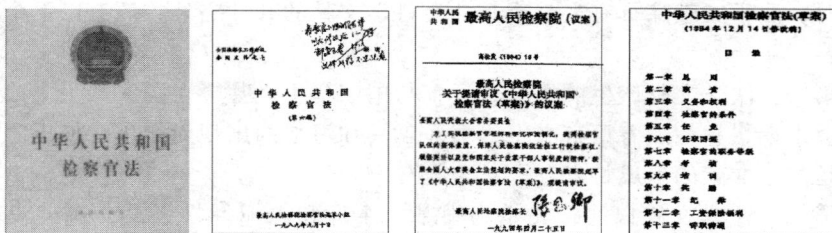

图 109　　左起：《中华人民共和国检察官法》（1995 年 2 与 28 日）及其第六稿、议案、草案

二、法学文献的概念和特点

作为偏正词组，从词义上说，"法学文献"就是有关法学的文献。因此，要给法学文献下一个科学而正当的定义，既要科学界定法学，也要正当界定文献。

而如上所述，所谓法学，就"是以法或法律现象及其发展规律作为研究对象的一门社会科学"；所谓文献，就是指人借助语言文字符号和文具创造的、记录并承载知识及其内容含义——信息的一切物质载体。因此，本书认为，所谓法学文献，亦称法律学文献或法律科学文献，是指人借助语言文字符号和文具创造的、记录并承载法学知识及其内容含义——信息的一切物质载体。所以，法学文献不等于法律即便是广义的法律，而是其上位（属）概念；法律文献包括广、狭两义的法律概念，也都是法学文献的下位（种）概念或子集。当然，实践中，则常将两者相混淆。例如，"法律文献从广义上理解，是指一切记录有法律知识的文献载体，它包括法律法规、司法解释、判例案例、条约、法学论著及法学类工具书等等"；① "法学文献就其形式来说有两种类型：一种是指国家按照统治阶级的利益和意志制定或认可，并由国家强制力保证实施的行为规范（亦即本书所称的"法律文本"或"原始法律文献"——引者注），包括法律、法令、条例、命令、决定等。在我国，包括宪法、法律、行政法规、地方性法规等各种法律形式。另一种是指对法的研究和解释（亦即本书所称的"非法律文本文献"或"二次法律文献"），其中包括理论法学和应用法学两大类。理论法学综合研究整个法的基本概念、原理、规律及其历史；应用法学包括国内法学、国际法学和法学边缘学科。② 与

---

① 参见欧阳晨红：《浅谈我国法律文献的检索》，载《法律文献信息与研究》2000 年第 4 期。

② 参见白国应：《关于法学文献分类的研究》，载《河北科技图苑》2001 年第 5 期。

此同时，法学文献除具有文献或其社会科学文献的共性之外，还有以下个性或特点：

第一，法学文献产生的历史久远，与国家孪生。甚至在国家产生之前的原始社会末期，它就随着语言文字、书写工具和习惯的出现而产生。换言之，官方性是法学文献的生成特点。

第二，法学文献以法律文本为根基、主导和志趣。易言之，倘若没有法律文本的客观存在，就不会有司法实践；没有法律文本和司法实践，司法实践文献和法学也不会产生；而没有法学，又哪来的法学文献？！因此，有国家，必有法律；有法律，必有法律文献；有法律文献，必有法学文献。反之亦然。

第三，基于法律文本的根基、主导和志趣作用，使法学文献除具有明显的官方性之外，还具有鲜明的规范性、程式性和强制性。特别是法律文本以及基于法律文本而产生的执法、司法实践文献的规范性、程式性和强制性更为突出。与此同时，也正是基于规范性、程式性和强制性要求，使法学文献必须用法言法语记载。为此，诸如我国《国家通用语言文字法》（2000 年 10 月 31日）明确规定："国家机关以普通话和规范汉字为公务用语用字。法律另有规定的除外"（第 9 条）。为此，《宪法》（1982 年 12 月 4 日）第 134 条、《行政诉讼法》（1989 年 4 月 4 日）第 8 条、《刑事诉讼法》（2012 年 3 月 14 日修正）第 9 条、《民事诉讼法》（2012 年 8 月 31 日修正）第 11 条进一步规定，各民族公民都有用本民族语言文字进行诉讼的权利。人民法院和人民检察院对于不通晓当地通用的语言文字的诉讼参与人，应当为他们翻译。在少数民族聚居或者多民族共同居住的地区，应当用当地通用的语言进行审judgment；起诉书、判决书、布告和其他文书应当根据实际需要使用当地通用的一种或者几种文字。而诸如最高人民检察院侦查监督厅《关于加强侦查监督说理工作的指导意见（试行）》（2012 年 1 月 18 日）则要求，各级检察院侦查监督部门在依法就监督事项送达相关决定或者进行答复时，应视具体情况分别向侦查机关（部门）说明理由或者向犯罪嫌疑人、被害人、投诉人等相关人员阐明法理、释疑解惑。

第四，分散性。这是法律社会性在法学文献中的客观表现。法律的发展经历了一个数量上由少到多，范围上由窄变宽的过程。法学文献也不例外，走过了一个由简到繁、由单纯到复杂的历程。社会越发展，法律越完备，法学文献的种类就越丰富，涉及的范围就越宽广。

第五，多样化。它是法律实践性在法学文献中的积极反映。社会生活的纷繁复杂必然呈多样色彩。随着法律的制定，围绕法律的补充、解释、应用、学习、研究、教育、宣传的开展，法学文献的样式也不断地增多，形式不断地创新，以便更加广泛地适应不同环境条件的需要。

　　总之，法律应当与道德保持一致，也应当与权利保持一致，更应当与正义保持一致；在民主的国家里，法律就是国王。但没有法学文献的客观存在，法律只是一种天方夜谭，也只能起到画饼充饥的作用。

第十章　法学文献的种类

一、概述

　　作为一种最古老的文献，作为一种最常见的社会科学文献，按主体分，法学文献也可以分为：作（著）者、（翻）译者、编者、主（总）编、改编者、注释者、整理者、点校者法学文献，以及官方和非官方，署名和不署名（匿名），个人和单位作者，单一和多个作者，男性和女性作者，中国和外国作者，古代、近代、现代和当代作者，汉族和少数民族作者，名家和非名家法学文献；按客体分，法学文献也可以分为：纸质和非纸质（原始、手工刻写、缩微、声像、电子、多媒体），木印、石印、油印、铅印、胶印、激光照排、复印、缩印、影印，图书、期刊、报纸和资料型法学文献，以及版（文）本、文稿不同的法学文献；按内容分，法学文献也可以分为：零次、一次、二次和三次，白色、灰色和黑色，公开、内部和不出版发行，核心、相关和边缘性，工具书和非工具书，"文革"与非"文革"法学文献等。例如，本书图1—105 所列文献，都属于相应的法学文献类别。

　　除此之外，法学文献还可分为：立法、司法和法理文献 3 种；或者原始和二次法学文献 2 种；或者法学思想、典志、资料、工具书、档案和评论，以及法律文本和文书文献 8 种；或者国内、国外和国际法学文献 3 种；或者核心、相关和边缘性法学文献 3 种；或者图书、期刊、报纸和资料型法学文献 4 种。

二、立法、司法和法理文献

　　诚然，"从法学的基本分布上，法律文献（亦为本书所称的法学文献——引者注）可以分为立法文献和司法文献以及法理文献。立法文献是法律文献的核心内容。立法文献即文本文献。法律文本文献分狭义和广义两种。狭义文本文献仅指通过一定程序公布的法律范本。……广义文本文献除指法律范本外，具有法律效力的注释、解释、决定、规章以及行政机关的法规都可以算是。……司法文献也有狭义和广义之分。狭义的司法文献仅指与案件有关的司法活动形成的文书资料，这是司法文献最珍贵的文书积聚。广义的司法文献包括古代上疏、奏折、契约，现代的合同、公证书、婚姻证明等，这是司法活动的特点决定的。法理文献不同于立法文献和司法文献，后者是有权法律文献，前者是无权法律文献"。① 因此，作为社会科学文献的常见子集，法学文献还可分为立法、司法和法理文献 3 种。

其中，立法文献，即因立法活动而产生的法学文献；司法文献，即因司法活动而产生的法学文献；法理文献，即因法学理论研究而产生的法学文献；比较而言，立法文献是后两者产生的前提和基础；立法文献以法律文本和稿本为代表，司法文献以法律文书为代表，法理文献则以形形色色的法学理论研究文献为代表（如图 110 所示）；而法理文献的数量要多于前司法文献的数量，司法文献的数量又要多于立法文献的数量。

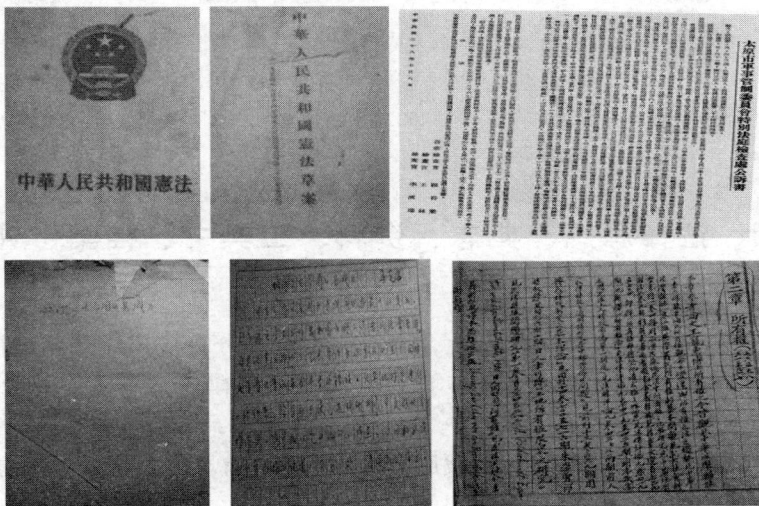

图 110 左上起：1954 年《中华人民共和国宪法》（人民 1954）文本、草案，《太原市军事管制委员会特别法庭检察处公诉书》[中华民国三十八年七月八日（1949 年 7 月 8 日）]，我国当代著名刑法学家马克昌手稿——《论古今图书集成》，我国当代著名民法学家李祖荫先生手稿

三、原始和二次法学文献

据法学文献资源的法律权威性大小，可将其分为原始和二次法律文献两

---

① 参见李振宇：《法律文献的特征、类型及考证与检索》，载《人文杂志》2002 年第 2 期。

种。其中，前者主要是指国家立法机关和政府颁行的法律、行政法规、行政规章和其他规范性文件。因此，它亦即通常所说的法律文本；而后者是指除原始法律文献之外的其他法律文献，亦即非法律文本文献，是指用以解释、查询和更新原始法律文献的资源，包括法学评论文章、法学专著和教材、法律百科全书和判例解释或释义等法律文献。如图111所示。

图111　左起：2001年《中华人民共和国检察官法》（法律2001）文本，《中华人民共和国检察官法释义》（法律2001），3.5寸软盘《检察证据实用教程（电子稿）》（何家弘、杨迎泽，2002年），《中国检察制度研究论文集》（中央检察官管理学院1991年编印）

四、法律思想、典志、资料、工具书、档案、评论法律文本和文书

诚然，"从法律文献的应用上，法律文献可以分为法律思想、法律文本、法律文书、法律典志、法律资料、法律工具书、法律档案和法律评论八个类型"。①

其中，法学思想文献，即记载历史人物或社会有影响人物对法律的见解和认识，阐述法律在国家治理中作用的文献；法学典志文献，即有关法律典志和法律史书的文献，包括刑法志、十通、会要等；法律资料汇编包括：古代律令、现代法规、法律案例、法学论文和与法律有关的资料汇集等；法学工具

---

① 参见李振宇：《法律文献的特征、类型及考证与检索》，载《人文杂志》2002年第2期。

书，包括：法律年鉴、国家公报、与法律有关的书目和索引、法律数据库等；① 法律档案，即法律活动的历史记录，是原始性极强的文献储存，具有再现法律事件和事实原貌的证据作用，包括：实物法律档案、现存有关法律档案、司法档案等；法律评论文献，即人们对法律文本、法律思想、法律原则、法律体系的科学评价和阐释而形成的各种文献；法律文本是法学文献的精华，即刑、法、律、法律的法典；法律文书文献，即法律活动、法律实施过程中所形成的原始资料，包括契约、判词、笔录、诉状等。如图 112 所示文献。

图 112　左上起：《邓小平论民主与法制》（法律 1990），《历代刑法志》（上下，丘汉平编著，商务 1938），《中华法令汇纂》（上海棋盘街广益书局 1923），《法律辞典》（上海辞书 2009），《秦法律竹简》，《中华人民共和国法律释义全书》（中国言实 1996），以及 1979 年《中华人民共和国刑法，中华人民共和国刑事诉讼法》（人民 1979），《中华人民共和国最高人民检察院免予起诉决定书》（〔56〕检免字第二号）

---

　　① 而实践中，最常见的法学工具书则是法规工具书，而它具有系统性、针对性强、时效性较差等特点。目前比较实用的法规工具书包括：《中华人民共和国新法规汇编》（国务院法制局编，法制出版），《中华人民共和国法律汇编》（全国人大常委会法制工作委员会编，人民出版）；《中华人民共和国法律法规全书》（全国人大常委会法制工作委员会审定，民主法制出版）；《中华人民共和国法律全书》（1989 年 6 月起由吉林人民出版）；《中华人民共和国法规汇编》（国务院法制局编，法制出版）；《中华人民共和国现行法律行政法规汇编》（国务院法制局编，法制出版）；《中华人民共和国涉外法规汇编》（国务院法制局编，法制出版）；《北京市法规规章汇编》（北京市人民政府法制办公室编，1998 年 3 月由民主法制出版）等。

五、国内、国外和国际法学文献

据法学文献产生区域的不同，可将其分为国内、国外与国际检察文献 3 种。如图 113 所示文献。

图 113　左上起：《当代中国肃贪实录》（检察 2000），（日文）《检察搜查》（讲谈社 1994），（英文版）《中华苏维埃宪法大纲》（伦敦进步 1934），《检察官人权指南》（国际检察官联合会编，检察 2006），《中国古代监察制度史》（邱永明，华东师大 1992），《中国诉讼法溯源》（徐朝阳，商务 1933），《审判学概论》（阚贵善、龚成，中国展望 1980），《刑事审判学》（刘家琛、郝银中，群众 2002），《中国审判制度史》（那思陆，上海三联 2009），《中国侦查史》（任惠华，检察 2004），《唐代官吏职务犯罪研究》（彭炳金，中国社会科学 2008）

六、核心、相关和边缘性法学文献

据内容与法学专业相关程度的不同，可将法学文献分为核心、相关和边缘性法学文献 3 种。

（一）核心性法学文献

所谓核心性法学文献，即与法学发展水平、发展动向密切相关的法学文献。其中，最主要的法学核心文献，就是法学名著、法学核心期刊。

另外，依据范围的不同，可将法学核心文献分为两类：一类是法学核心文献，主要包括法学综合知识、工具书文献。例如，《布莱克法律辞典》（Thomson West；8th edition2004）、《简明法律词典》（湖北辞书 1986）、《法律辞海》（吉林人民 1998）、《中国大百科全书·法学》（中国大百科全书 1984）、《中华人民共和国法律全书》（吉林人民）、《中国法律年鉴 1991》（中国法律年鉴1991）、《民国时期总书目·法律》（书目文献 1990）、《外国法律中译本篇名索引》（法大 2012）、《中华人民共和国法律目录 1949—1982》（法律 1984）等。另一类是法学各分支核心文献，主要包括法理学、立法学、宪法学、行政法学、刑法学、民法学、商法学、经济法学、婚姻法学、劳动法学、诉讼法学、司法制度学、刑事侦查学、法医学、司法精神病学、法制史学、外国法制史学、国际法学等核心文献。

此外，据法学分类不同，还可将法学核心文献分为：成文法和不成文法、国内法和国际法、宪法性法律和普通法律、实体法和程序法、特殊法和一般法、公法和私法、固有法和继受法、普通法和衡平法、制定法和判例法核心文献 18 种。

再者，据法系的不同，还可将法学核心文献分为大陆、英美和社会主义法系国家之法学核心文献 3 种。

最后，据法律类型的不同，还可将法学核心文献分为奴隶制、封建制、资本主义和社会主义国家之法学核心文献 4 种。

总之，由于核心性法学文献多出自法学大家、名人，因而核心性法学文献与法学核心期刊、法学名著异曲同工。

（二）相关性法学文献

所谓相关性法学文献，即所含内容与法学关系较远一些的文献。诚如，"法和其他社会现象"的范围一样，与法学相关的文献主要有经济学、政治学（或国家）、伦理学（或道德）、哲学（或宗教）。

但是，倘若我们承认并坚持唯物辩证法的联系普遍性观点，[①] 就不难发展，作为人类最古老的学科之一，法学几乎与任何学科都有或多或少、或直接或间接的联系。细言之，法学与"马克思主义、列宁主义、毛泽东思想、邓小平理论"有联系。例如，《马克思恩格斯列宁斯大林论法》（法律 1986），《邓小平论民主与法制》（法律 1990）。

与"哲学、宗教"有联系。例如，《法哲学原理》（商务 1982）、《法理学阶梯》（法律 2005）、《法律思维导论》（法律 2004）、《法律伦理学》（湖南人民 2006）、《法律心理学》（华东师范大学 2006），国务院《宗教事务条例》（2004 年 11 月 30 日）、《宗教法律制度初探》（法制 1995）等。

---

① 即任何事物内部的各个部分、要素、环节都是相互联系的；任何事物都与周围的其他事物相互联系着；整个世界是一个相互联系的统一整体。

与"社会科学总论"有联系。例如,《法律社会学》(法大1999)、《统计法律法规资料汇编》(法律年鉴社2010)、《法律管理学》(检察2010),以及国务院《全国人口普查条例》(2010年5月24日)、《中华人民共和国民族区域自治法》(2001年2月28日修正)、人事部《人才市场管理规定》(2001年9月11日)、《中华人民共和国劳动法》(1994年7月5日)等。

与"政治"有联系。例如,《中世纪的法律与政治》(法大2010)、《政党法律制度研究》(黑龙江人民2003)、《国际关系法》(法律1989)等。

与"军事"有联系。例如,《军事法学》(解放军1987)、《中华人民共和国预备役军官法》(1995年5月10日)等。

与"经济"有联系。例如,《经济法学》(北京大学1991)、《国际贸易法律惯例规则选编》(对外贸易教育1986)、《中国财政法史》(经济科学2002)、《国际金融法》(法律1989),以及《中华人民共和国循环经济促进法》(2008年8月29日)、全国人民代表大会常务委员会《关于惩治破坏金融秩序犯罪的决定》(1995年6月30日)、全国人民代表大会常务委员会批准国务院《关于改进财政管理体制的规定的决议》(1957年11月14日)等。

与"文化、科学、教育、体育"有联系。例如,《非物质文化遗产法》(2011年2月25日)、《科学技术进步法》(1993年7月2日)、《中华人民共和国义务教育法》(2006年6月29日)、《中华人民共和国体育法》(1995年8月29日)等。

与"语言、文字"有联系。例如,《法律语言艺术》(学林1989)、《新编司法文书教程》(法律1999)以及《中华人民共和国国家通用语言文字法》(2000年10月31日)等。

与"文学"有联系。例如,《法制文学导论》(公大2009)、全国人大常委会《关于我国加入〈伯尔尼保护文学和艺术作品公约〉的决定》(1992年7月1日)等。

与"艺术"有联系。例如,《艺术档案管理办法》(2001年12月31日)、《电影管理条例》(2001年12月25日)、《广播电视管理条例》(1997年8月11日)等。

与"历史、地理"有联系。《法制史》(复旦大学2002)、《外国法制史》(人大2003)、《外层空间法的现状与展望》(哈工大2006),以及国务院《地名管理条例》(1986年1月23日)、《中华人民共和国自然保护区条例》(1994年10月9日)、全国人民代表大会常务委员会《关于我国加入〈关于登记射入外层空间物体的公约〉的决定》(1988年11月8日)等。

与"自然科学"有联系。例如,《自然法典》(商务1959)、《中华人民共和国自然科学奖励条例》（1993 年 6 月 28 日）等。

与"数理科学和化学"有联系。譬如，司法鉴定学就需要数学、力学、物理学、化学、晶体学等知识支撑。例如，《司法鉴定学》（中国民主与法制 2006）、全国人民代表大会常务委员会《关于司法鉴定管理问题的决定》（2005 年 2 月 28 日）等。

与"天文学、地球科学"有联系。例如，《中华人民共和国测绘法》（1992 年 12 月 28 日）、国土资源部《重要地理信息数据审核公布管理规定》（2003 年 3 月 25 日）、国家质量监督检验检疫总局《地理标志产品保护规定》（2005 年 6 月 7 日）等。

与"生物科学"有联系。例如，《辽宁省野生动物保护手册》（新农杂志社 1983）、《中华人民共和国动物防疫法》（1993 年 7 月 3 日）以及《中华人民共和国野生动物保护法》（1988 年 11 月 8 日）、全国人民代表大会常务委员会《关于惩治捕杀国家重点保护的珍贵、濒危野生动物犯罪的补充规定》（1988 年 11 月 8 日）等。

与"医药、卫生"有联系。例如，《法医学》（中央广播电视大学 1987）、《中国卫生法学》（中国协和医科大学 2005）以及最高人民法院《人民法院法医学鉴定文书立卷归档办法》（1991 年 12 月 24 日）、《中华人民共和国精神卫生法》（2012 年 10 月 26 日）、《中华人民共和国国境卫生检疫法》（1986 年 12 月 2 日）、《中华人民共和国食品卫生法》（1995 年 10 月 30 日）等。

与"农业科学"有联系。例如，《中华人民共和国农业法实务全书》（农业 2002）、《种子法规及行政管理》（中国农业大学 2009）以及《中华人民共和国农业技术推广法》（1993 年 7 月 2 日）、《中华人民共和国农业法》（1993 年 7 月 2 日）、《中华人民共和国种子法》（2000 年 7 月 8 日）。

与"工业技术"有联系。例如，《工业企业法教程》（法律 1986）、《能源法律法规政策文件汇编》（中国经济 2006）以及《中华人民共和国全民所有制工业企业法》（1988 年 4 月 13 日）、《中华人民共和国节约能源法》（1997 年 11 月 1 日）、《中华人民共和国可再生能源法》（2005 年 2 月 28 日）等。

与"交通运输"有联系。例如，《中华人民共和国道路交通法安全操作及事故鉴定赔偿案例解析》（吉林科学技术 2003）、《国外铁路法规选编》（中国铁道 2003），以及《中华人民共和国道路交通安全法》（2007 年 12 月 29 日）、《中华人民共和国海上交通安全法》（1983 年 9 月 2 日）、《中华人民共和国铁路法》（1990 年 9 月 7 日）、《中华人民共和国公路法》（1997 年 7 月 3 日）等。

与"航空、航天"有联系。例如，《国际航空法条约汇编》（1989 年）以及《中华人民共和国民用航空法》（1995 年 10 月 30 日）、全国人民代表大会常务委员会《关于惩治劫持航空器犯罪分子的决定》 （1992 年 12 月 28 日） 等。

与 "环境科学、劳动保护科学" 有联系。例如，《环境法学教程》（科学 2003）、《中国劳动保护法规全书》（四川人民 1993） 以及 《中华人民共和国 固体废物污染环境防治法》（1995 年 10 月 30 日）、《中华人民共和国环境影响 评价法》（2002 年 12 月 28 日）、国务院 《女职工劳动保护特别规定》（2012 年 4 月 28 日） 等。

与综合性学科有联系。例如，《实用法律丛书》（商务 1935）、《中国经济 法律百科全书》（法大 1992）、《法律辞典》（法律 2004）、《法学论文集》（北 京大学 1984）、《西方法律研究年刊》（北京大学 2006） 等。

因此，如果说 "法律无处不在" 命题无误的话，那么，法学文献无处不 有。如图 113 所示文献就是与检察学相关的文献。

（三） 边缘性法学文献

所谓边缘性法学文献，即所含内容与学科的关系相对疏远一些的法律文 献。例如，比较而言，法学与社会科学的关系较近，与自然科学的关系 较远。

而从某种意义上说，边缘性法学文献就是有关边缘法学文献的总和。所谓 边缘法学，一般是指横跨法学和其他两个或由两个学科整合而成的学科。例 如，法律边际学、法律社会学、法律经济学、法律心理学、法医学、法律文化 学、法律解释学、法律伦理学、法律语言学、法制新闻学、法制宣传学、法律 人类学、法律统计学、法律计量学、法律会计学、法律逻辑学、法律论辩学、 法律传播学、法律教育学、法律文献学、法律哲学、法制文学、法律化学、法 律美学、法律数学、法律科技学、法律英语等。

总之，核心、相关和边缘性法学的划分，只是相对而言的，也没有高低贵 贱之分。

七、图书、期刊、报纸和资料型法学文献

据出版类型和周期、载体形态等不同，可将法学文献分为图书、期刊、报 纸和资料型法学文献 4 种。

（一） 法学图书

所谓法学图书，亦即图书型法学文献，是指载体为图书的法学文献，包括 以书代刊的法学图书文献。而国际上通常认为，凡篇幅达 48 页以上并构成一 个书目单元的法学文献就可称为法学图书；而不足 48 页且不连续出版的法学

文献，通常称为资料型法学文献中的法学小册子。如图 114 所示。

图 114　左起：《人民检察院刑事诉讼程序与文书制作》（公大 2012，32 开 832 页），《检察官忠告——当前领导干部职务犯罪典型案例透视》（中国人事 2011，16 开 199 页），《中国检察学会成立大会会刊》（中国检察学会 1988 年编 印，16 开 28 页），《陕甘宁边区财政法令汇编》（陕甘宁边区政府财政厂 1949 年 8 月编印，32 开 33 页）

另外，法学图书与法学报刊的最大区别在于，前者不连续，而后者连续出 版；① 前者开本要小于后者；前者页数要多于后者；前者名称主要按内容随意 确定，而后者名称固定且通常称"××杂志"、"××刊"或"××报"。

此外，据划分标准的不同，还可将法学图书分为许多种类。例如，据是否 有价值和出名，分为法学名著与非名著两种；据是否连续出版，分为法学连续 出版物或丛书与法学非连续出版物或非丛书两种；据是否公开出版发行，分为 公开出版发行与不公开（或内部）出版发行法学图书两种；据作者国别的不 同，可分为本国法学图书与外国法学图书两种；等等。

（二）法学期刊

1. 概述。所谓法学期刊，亦即期刊型法学文献，是指载体为期刊（亦称 杂志）的法学文献。

另外，作为期刊或其社会科学期刊的一种常见形态，② 法学期刊除具有期 刊或其社会科学期刊的特点外，还具有出版周期性、时效性、连续性、统一 性、新颖性、灵活性（如出专刊、增刊、活页等）、广泛性、增减变动性，③

---

① 即便是连续出版的法学丛书、文集等连续出版物，通常也要短于法学报刊的出版周期。

② 当然，诸如《法医学杂志》、《中国法医学杂志》、《环境保护》等少数法学期 刊，除具有期刊、法学期刊的特点之外，还具有自然科学期刊的一些特点。

③ 期刊从 16 世纪问世至今只有 500 年左右的历史，但目前全世界期刊却已达 12 万 种左右；另据《新华网》2007 年 5 月 8 日电（记者隋笑飞）1970 年中国有 21 种期刊，1978 年为 930 种，而截至 2007 年 4 月底，中国期刊总数已达到 9468 种。其中，科技期刊 近 5000 种，其余 4500 种为社科期刊。

以及登载文献的分散性、阶级性、权威有效性、学术性等特点。

此外，据划分标准的不同，可将法学期刊分为许多种类。例如，从读者类型和用途上，可分为学术、理论性（如《法学研究》、《法学评论》），教学参考性（如《电大法学》，《自修大学·政法专业》、《学习与辅导》），通俗性（如《法律与生活》、《民主与法制》），少儿性（如《少年与法》），文学性（如《啄木鸟》、《兰盾》），特种性（如《中华人民共和国国务院公报》、《中华人民共和国最高人民法院公报》），检索性（如人大书报资料中心编辑的《政治·法律索引》）7 种；从学科上，可分为宪法学、行政法学、理论法学、法史学、民商法学、经济法学、劳动法学、刑事法学、诉讼法学、国际法学、法医学、监狱学等多门专业法学期刊；从民族语言上，可分为汉语和有少数民族语言文字的法学期刊［如《司法业务选择》（维吾尔文版）、《政法学习》（维吾尔文版）］2 种；从加工深度上，可分为一次文献，是作者在科研、教学、实践中创作撰写的文章，即原始文献，如法学期刊大多是一次和二次文献型（如《法学文摘》，人大书报资料中心编辑的《国际法学》、《刑事法学》等）法学期刊 2 种；从出版机构上，可分为中央到地方的立法、司法和政府部门、研究部门、教育部门、出版部门、军事部门等主办（管）的法学期刊；从流通渠道上，可分为国内外公开发行，国内公开发行，省内发行，政法、公安系统发行，内部发行等法学期刊；从刊载内容与法学关系的疏密上，除可分为核心性（如《法学研究》）、相关性（如《知识产权》）和边缘性（如《劳动保护》）法学期刊外，还可分为参考型（如《最高人民法院公报》）、专题型（如《刑法论丛》）和应用型（如《反贪工作指导》）法学期刊 3 种；从所载内容多少和是否单一上，可分为综合性（如《中国法学》）与定向性（或专门性，如《刑法学》）法学期刊 2 种；从出版发行地域上，可分为国内与国外法学期刊 2 种；从出版周期上，可分为法学周刊、半月刊、月刊、双月刊、季刊、半年刊、年刊；等等。

2. 中国法学期刊掠影。法治是个好东西，法治梦是中国梦的题中应有之意。国人法治梦嚆矢，概可溯至 1901 年光绪发上谕行新政之时；而 109 年后，中国特色社会主义法律体系才算形成。百多年间，形形色色的法学期刊，是国人追求法治梦想的温床、疆场、见证者……

（1）清末法学期刊掠影。"更法令、破锢习、求振作、议更张"的新政主旨甫出，得《东西洋考每月统记传》和《译书汇编》等报刊响应。前者 1833 年 8 月 1 日由德传教士郭士立在广州创办，后者 1900 年 12 月 6 日由留日学生戢翼翚等在东京创刊。虽两者都以刊介国外法制、政事、经济、历史、理政各门为主，但因内容不以法学文章为要，故只能视其为中文法学期（月）刊之雏形。时至 1903 年 4 月《译书汇编》于北京更名《政法学报》之际，《政法学报》终成大陆创刊最早的、名符其实的中文法学期（月）刊；而这，也恰可佐证"西学（法）东渐"的何等强劲?!

此间，海外创办的还有《法政杂志》（1906 年）、《法政学交通社杂志》（1907 年）、《法政新报》（1908 均东京）和《欧美法政介闻》（1908 柏林），大陆创办的还有《北洋法政学报》（天津 1906，我国最早法政学堂学报，下略"我国"）、《宪法白话报》（北京 1906，最早宪法期刊）、《法政丛刊》（广州 1907）、《政法官报》（北京 1907，最早政法官报）、《福建法政杂志》（福州 1908）、《法政杂志》（上海 1911）、《吉林司法官报》（长春 1910，最早司法行政期刊）、《法学会杂志》（北京 1910，最早法学会会刊）、《北京法政学杂志》（北京 1911），共计 20 余种（如图 115 所示）；而此等"走出去，请进来"做法，也彰显我国之所以走大陆法系路线，缘于日德法制的直接影响与当时法学期刊的连篇累牍推崇。

图 115　左上起：《东西洋考每月统记传》，《译书汇编》，郭士立像，《政法学报》，《法政学报》，《北洋法政学报》，《北京法政学杂志》

（2）民国法学期刊掠影。与民国援用清末变法成果呼应，不仅允许清末报刊继续出版，而且新创 300 余种法学期刊。最多当属警察（公安）期刊 150 余种，其次法学理论杂志也逾百种。代表有：《司法公报》（北京 1912，最早司法公报），《江苏司法汇报》（苏州 1912），《宪法新闻》（北京 1913），《法治周报》（杭州 1914，最早法学周刊），《法政丛报》（成都 1915），《法政学报》（北京 1918，最早法学院校学报），《政法月刊》（太原 1921），"南东吴"、"北朝阳"的《法学季刊》（苏州 1922，最早和出版时间最长大学法学期刊）和《法律评论》（北京 1923），《法学新报》（沈阳 1924），《大理院公报》（北京 1926，最高法院最早公报），《监狱杂志》（保定 1929，最早监狱刊物），《法律常识》（沈阳 1930，最早普法刊物），《法政季刊》（上海 1930），《法学专刊》（北平 1933 年），《法医月刊》（上海 1934，最早法医杂志），《法治旬刊》（南京 1934，最早法学旬刊），《法声半月刊》（广州 1935，最早法学半月刊），《中华法学杂志》（南京 1936），《山东法学季刊》（济南 1937，最早法学分会会刊），《震旦法律经济杂志》（上海 1944，最早经济法期刊），《法治杂志》（广州 1946），《法学月刊》（长沙 1947），《法商学报》（广州 1947，最早商法期刊），《新法学》（上海 1948），如图 116 所示。

图 116　左上起：《司法公报》，《宪法新闻》，《法政学报》，《法律评论》，《法学新报》，《大理院公报》，《中华法学杂志》，《震旦法律经济杂志》，《法商学报》

（3）新中国法学期刊掠影。与民国不同，中华人民共和国废除了伪法统，也取缔了旧法学报刊。随后，法学期刊又经历 4 个曲折阶段：

第一，初步发展阶段（1949—1956 年）。在"司法机关应该经常以蔑视和批判六法全书及国民党其他一切反动的法律法令的精神"创建人民法制的同时，也有《人民警察》（上海 1949，新中国最早警察期刊，下略"新中国"）、《中央政法公报》（北京 1950，最早政法公报和不定期法学期刊），《中国新法学研究院院刊》（北京 1950，最早法学会会刊），《西北政法》（西安 1950，最早司法行政期刊），《西北人民检察汇编》（西安 1951，我国最早不定期检察内刊或机关刊物），《公安手册》（1952 年，1956 年更名《人民公安》）、《政法研究》（北京 1954，《中国法学》前身），《华东政法学院学报》（上海 1956，"五大法学院"的最早学报，同年 11 月 29 日更名《法学》）等 20 余种法学期刊诞生（如图 117 所示）。当然，在遵奉"以俄为师"的治国理念下，此时法学期刊所登文章以翻译介绍苏俄社会主义法律（学）者居多。

第二，跌入低谷阶段（1957—1966 年）。法律虚无主义盛行，政法界成"反右"重灾区。在《法学》（1959 年）、《人民检察》（1960 年和 1966 年）、《人民公安》（1966 年）等遭停刊的同时，也有《政法译丛》（北京 1957，最早专门介绍国外法学期刊，当年停刊），《政法教学》（北京 1957，当年停刊），《中南政法学院学报》（武汉 1957 创 1958 停，1992 年更名为现今的《法商研究》），《人民司法工作》（北京 1957，1958 年更名《人民司法》，1961 年和 1966 年两停）等新的法学刊物创（停）刊（如图 117 所示）。

第三，严重破坏（1966—1976 年）。"文革浩劫"，法制建设全面停止，法学期刊随之凋零；而新创的《政法批判》（首都红代会北京政法学院政法公社 1967）、《政法战线》（乌鲁木齐地区政法战线革命大联合筹委会 1967）等（如图 117 所示），却成了林彪、"四人帮"砸烂公检法的吹鼓手。

第四，恢复发展（1977 年至今）阶段。随着"十年动乱"的结束，政法战线冲破禁区，迎来了法制（治）建设春天，法学期刊亦如雨后春笋。1997 年前，每年以 20% —30% 的速度增长。既有诸如《人民公安》、《人民司法》、《人民检察》、《法学》复刊的，也有诸如《国外法学》（北京 1978，1989 年更名《中外法学》）《北京政法学院学报》（北京 1979 创刊，1983 年更名为《中国政法大学学报》，1985 年更为现名《政法论坛》）、《法学研究》（北京 1979）、《法学杂志》（北京 1979）、《法学译丛》（北京 1979，1994 年更名为《外国法译丛》、2001 年更名为《环球法律评论》）、《民主与法制》（上海 1979）、《西南政法学院学报》（重庆 1979）、《刑侦研究》（北京 1981）、《中国司法》（北京 1982）、《政治与法律》（上海 1982）、《法律科学》（原名《西北政法学院学报》，1982 年创刊，1983 年改为现名）、《中国法学》（北京 1983）、《河北法学》（石家庄 1983）、《法学评论》（武汉 1983）、《河北法学》（石家庄 1983）、《中国刑警学院学报》（沈阳 1983）、《法学与实践》（哈尔滨 1984）、《政法学刊》（广州 1984）、《东方法学》（上海 1985）、《公安大学学报》（北京 1985）、《湖南省政法管理干部学院学报》（长沙 1985）、《山东法学》（济南 1986）、《中国监狱学刊》（原名《劳改劳教理论研究》，1986 年，1995 年改为现名）、《法学论坛》（济南 1986）、《湖南法学》、《当代法学》

图117　左上起:《中央政法公报》,《中国新法学研究院院刊》,《西北人民检察汇编》,《人民公安》,《政法研究》,《华东政法学报》,《政法译丛》,《政法教学》,《中南政法学院学报》和《法商研究》,《人民司法工作》(《人民司法》前身),《政法批判》,《政法战线》,《国外法学》和《中外法学》,《北京政法学院学报》、《中国政法大学学报》和《政法论坛》创刊号,《法学研究》创刊号,《法学杂志》,《法学译丛》、《外国法译评》和《环球法律评论》创刊号,《民主与法制》创刊号,《西北政法学院学报》创刊号,《刑侦研究》,《中国司法》,《河北法学》,《法学评论》,《法学与实践》创刊号,《政法学刊》,《东方法学》,《公安大学学报》创刊号,《湖南省政法管理干部学院学报》,《山东法学》创刊号,《中国监狱学刊》,《法学论坛》,《湖南法学》,《当代法学》,《北京政法职业学院学报》,《中国律师》创刊号,《天津政法》,《上海法学研究》,《法治时代》,《行政法学研究》,《天津政法管理干部学院学报》,《天津法学》,《西南政法大学学报》,《清华法学》

(长春1987)、《北京政法职业学院学报》(北京1987)、《中国律师》(北京1988)、《天津政法》、《上海法学研究》、《法治时代》、《行政法学研究》(北京1993)、《天津政法管理干部学院学报》(天津1999,2010年更名为《天津法学》)、《西南政法大学学报》(重庆1999)、《清华法学》(北京2007)创刊的,迄今已近千种,并形成了一个公开与内部、中央与地方、核心与非核心、公检法司律狱等政法系统与院校并存,覆盖法学诸门类的法学期刊网络系统。

总之,回望中国法学期刊百年,无不验证——法学期刊的优劣多寡,既是铭记一国法制(治)发展历程的"百宝囊",也是衡量一国法治梦圆与否的"晴雨表"!

(三)　法学报纸和资料

所谓法学报纸,亦即报纸型法学文献,是指载体为报纸的法学文献;而所谓法学资料,亦即除法学图书、报刊之外的法学文献。如图118所示文献。

所谓报纸,是指"以国内外社会、政治、经济、文化等新闻为主要内容的散页的定期出版物,一般指日报";① 而"本规定所称报纸,是指有固定名称、刊期、开版,以新闻与时事评论为主要内容,每周至少出版一期的散页连

---

① 参见中国社会科学院语言研究所词典编辑室编:《现代汉语词典》(修订本),商务印书馆1999年版,第48页。

图 118　左上起:《中国法制报》,《深圳法制报》,《四川省人民检察院报告》(川检办〔78〕第 34 号),《检察日报创刊 15 周年(光盘)》,《陕西省人大常委会任命书》,1994 年上海市人民检察院所在地(上海市仙霞路 780 弄 2 号)照片,《北京市人民检察署成立批文》

续出版物"。① 因此,报纸包括:日报(如《人民日报》和《法制日报》)、②周一报[如《宾川时讯》和《法制周报》(2005 年 8 月 22 日)]、周二报[如《大连法制报》(1981 年)]、周三报[如《西部法制报》(2000 年 8 月]、周四报[如《四川法制报》(1985 年 1 月 1 日)]、周五报[如《新法制报》(1982 年 10 月 1 日)]等多种形态。

而通常认为,我国最早的报纸是唐朝的"邸报"。③ 它是封建宫廷发布消息的政府机关报,类似于现在的"政报";而我国近代最早的报纸,则是 1872 年 4 月 30 日于上海的《申报》(原名《申江新报》,1949 年 5 月停刊)。

---

① 参见国家新闻出版总署《报纸出版管理规定》(2005 年 9 月 30 日)第 2 条第 2 款。

② 而国际上通常还将报纸按时间分为日报和非日报。凡每周出版 4 次以上的为日报,不足 4 次的为非日报。

③ 而实践中,也有人认为,汉代已有邸报。而唐人孙樵(约公元 867 年前后在世)所写的《读开元杂报》一文,则是关于"邸报"的最早的记载。而《开元杂报》亦是发行于唐玄宗开元年间(公元 713—742 年)的报纸。

八、其他法学文献

(一) 法学理论和司法实践文献

所谓法学理论文献,是指有关法学理论以及法学各分支理论的文献。例如,有关法学基本理论、刑法学、民法学、诉讼法学、经济法学、宪法学、行政法学理论等方面的文献;所谓司法实践文献,是指在法律实践活动中形成的法律文献。例如,针对法律事务、司法机关、案例、法制建设、法律写作等方面的文献。譬如图 119 所示文献。

图 119 左上起:《四川高等审判厅判词辑要》(1915 年),《增订国民政府司法例规补编》(司法院参事处 1934 年编印),《司法工作学习材料》(晋察冀边区高等法院 1945 年编印);《司法资料》(绥远省人民法院 1950 年编印),《司法参考资料》(江西省高级人民法院 1951 年编印),《司法改革讲话》(湖南通俗读物 1951),《司法工作手册》(福建省高级人民法院 1951 年编印),《司法工作手册 (苏联司法介绍)》(最高人民法院东北分院 1954 年编印),《司法工作手册》(最高人民法院西北分院 1954 年编印),《司法工作手册》(上海市高级人民法院 1955 年编印),《司法工作参考文件》(司法部 1957 年编印),《司法工作手册》(河南省高级人民法院 1963 年编印)

(二) 法律判例文献

判例法文献属于一次法学文献范畴,出版形式与制定法文献相同,如图 120 所示。

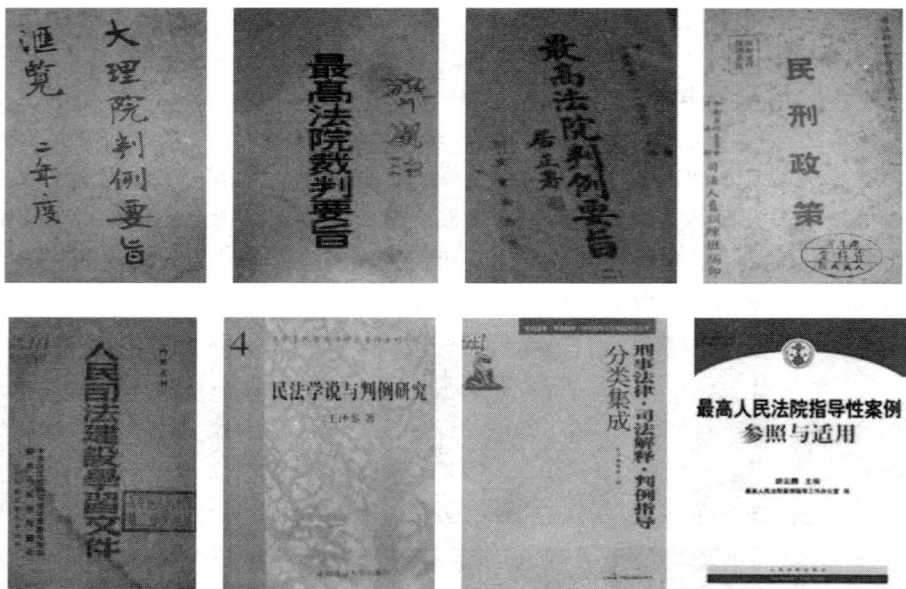

图120　左起：《大理院判例要旨汇览》（1917年），《最高法院裁判要旨》
（会文堂新记书局1936），《最高法院判例要旨》（大东书局1946），《民刑政
策》（中南军政委员会司法部1950年编印），《人民司法建设学习档》（中央政
法机关司法改革办公室1952年编印），《民法学说与判例研究》（法大1998），
《刑事法律·司法解释·判例指导分类集成》（中国民主与法制2012），《最高
人民法院指导性案例参照与适用》（法院2012）

（三）　非正式出版法学文献

所谓非正式出版法学文献，亦称非常规法学文献、非定形法学文献、难得
法学文献、地下法学文献、灰色法学文献等。它一般是指那些无法通过常规出
版物（图书或报纸、杂志）的流通渠道而获得的文献资料。因此，它包括法
学技术报告、未刊稿、学位论文、会议文献、内部刊物、政府文件、企业文件
等，并具有流通渠道特殊、出版形式多样、参考价值特殊等特点。如图121所
示文献。

（四）　网络法学文献

所谓网络法学文献，是指通过计算机网络可以利用的所有法学文献信息的
总和。而根据不同的标准可将其分为不同的种类。

例如，据来源不同，可将其分为联机数据库、图书馆馆藏目录、电子图
书、电子报刊4种；据途径不同，可将其分为WWW法学信息（即指存放以

图 121　左上起：《党务法规辑要》（中央执行委员会秘书处 1946 年编印），《关于司法工作的指示》（湖北省人民政府 1949 年编印），《法令汇编》（陕西省人民政府办公厅 1957 年编印），《关于目前司法工作的几个问题》（中南军政委员会 1951 年编印），《苏联司法工作访问记　关于审判、司法行政工作部分》（中国司法工作者访苏代表团 1955 年编印），《检察学理论体系研讨会论文集》（中国法学会检察学研究会 2007 年编印），《宜昌检察》杂志，《卫东检察之声》报

超文本方式组织起来并以 WWW 访问的法学信息）、Gopher 法学信息（即指存放在 Gopher 方式访问的法学信息）、FTP 法学信息（即文件传输协议法学信息）、Usenet 法学信息、网络联机检索系统法学信息 5 种。①

---

①　参见徐美莲：《网络环境下法学文献信息的检索》，载《南开大学法政学院学术论丛》2002 年第 2 期。

第十一章　法学名著与报刊

一、法学名著

（一）概述

所谓名著，是指"有价值的出名著作"。① 由此推论，法学名著就是指那些有价值的、出名的著作。而通常，法学名著均为法学名家、大家、专家、著名人士、领导人物等创作。

另外，法学名著亦称法学专著。它是法律发展到一定阶段的必然产物。"在普通法发展的最早期，日益增多的大量判例汇编的出版，迫切需要法律学者对散见在判例法中的原理加以组织，对发展中的判例法及立法进行评注，介绍推广并综合概括。于是就产生了'专著'或教科书……法律专著通过对难以计数的判决及法令的重述及综合，试图给混乱而印刷的前判例加以规范。这些书总结历史的发展，分析解释表面的差异与矛盾，预示未来的变化，并为大众及法律专业人员从事法律事务提供实用指南。专著对主题的分析要比百科全书及杂志上的文章广泛深入得多。而且一部高质量的专著，不仅仅只供阅读与研究，其附件全面、周密的编排，还可用来检索原始文件与资料"。而实践中，常见的法学专著有百科全书式的、学术专题式的、初级读本和教科书式的、实用指南式的、普及性式的法律读本。

此外，法学名著亦称法学经典文献。所谓经典文献，简称经典，是指重要、规范且又流传久远的图书，尤其是那些历来被奉为典范的著作。因此，法学经典就是指那些重要、规范且又流传久远的，并被奉为典范的法学著作。

---

① 参见中国社会科学院语言研究所词典编辑室编：《现代汉语词典》（修订本），商务印书馆 1999 年版，第 888 页。

例如，《汉译世界学术名著丛书》中的下列法学著作，① 即可视为法学名著、专著或经典《拿破仑法典（法国民法典)》（李浩培、吴传颐、孙鸣岗译）、《论法的精神》（［法］孟德斯鸠著，张雁深译）、《自然法典》（［法］摩莱里著，黄建华、姜亚洲译）、《公有法典》（［法］泰·德萨米著，黄建华、姜亚洲译）、《古代法》（［英］梅因著，沈景一译）、《革命法制和审判》（［法］罗伯斯庇尔著，赵涵舆译）、《法学总论》（［罗马］查士丁尼著，张企泰译）、《奥本海国际法》（［英］劳特派特著，王铁崖、陈体强译）、《法的形尔上学原理——权利的科学》（［德］康德著，沈叔平译）、《国家篇·法律篇》（［古罗马］西塞罗著，沈叔平、苏力译）、《司法过程的性质》（［美］本杰明·卡多佐著，苏力译）等。

（二）法学名著

无疑，我国的法学名著是众多的。以我国现代法学名著为例，下列法学文献一般都可视为法学名著、专著或经典：

第一，诸如王作富（刑法学）、王家福（民法学）、江平（民法学、罗马法学）、许崇德（宪法学）、孙国华（法理学）、李龙（法理学）、李放（法理学）、李步云（法理学）、杨永华（法律史学）、杨紫烜（经济法学）、何鹏（刑法学）、巫昌祯（婚姻法学）、吴家麟（宪法学）、张晋藩（法制史学）、陈安（国际经济法学）、陈鹏生（法律史学）、陈光中（刑事诉讼法学）、金平（民法学）、周应德（刑事侦查学）、罗豪才（行政法学）、种明钊（经济法学）、郭寿康（知识产权法学）、高铭暄（刑法学）、潘汉典（比较法学）、魏振瀛（民法学）等"全国杰出资深法学家"（证书如图122所示），② 所著法学文献。

第二，诸如等王利明（民法学）、公丕祥（法理学）、赵秉志（刑法学）、

① 《汉译世界学术名著丛书》是商务印书馆出版发行的翻译世界各国学术名著、特别是介绍马克思主义诞生以前的名著及各流派之代表作品为主的丛书。该丛书收录并重印了一部分该印书馆于民国时期出版的曾经影响过中国的译作。由于该丛书所收录著作皆堪称古典，因此在各界，特别是学界颇受好评。丛书自1981年起结辑出版，迄今已有12辑近500种，实为我国文化出版的心血之作。

② 2012年9月26日，中国法学会《关于授予全国杰出资深法学家称号的决定》指出："为表彰为我国社会主义法学理论体系建设和法治建设做出杰出贡献的老法学家，营造法学优秀人才脱颖而出的良好氛围，造就党和人民满意的政治强、业务精、作风正的法学理论队伍，经中国法学会各研究会、省级法学会、全国重点法学院校及中国社会科学院法学研究所推荐，中国法学会会长会议讨论研究，中国法学会决定授予王作富等25位同志（首批）'全国杰出资深法学家'称号。"

曹建明（国际经济法学）、范健（商法学）、胡建淼（行政法学）、黄进（国际私法学）、夏勇（人权法学）、沈木珠（国际经济法学）、顾培东（法理学）、陈兴良（刑法学）、曾令良（国际经济法）、韩大元（宪法学）、陈桂明（民事诉讼法学）、信春鹰（法理学）、孙宪忠（物权法学）、何勤华（法制史学）、卓泽渊（法理学）、江必新（行政法学）、崔建远（民法学）、张明楷（刑法学）、张新宝（法律学）、吕忠梅（环境法学）、孙笑侠（法理学）、蔡定剑（宪法学）、袁曙宏（行政法学）、张守文（金融法学）、景汉朝（经济合同法学）、吴大华（民族法学）、赵旭东（企业法学）、谭世贵（司法制度）、周叶中（宪法）、马怀德（行政法学）、邱兴隆（刑法学）、许章润（刑罚学）、左卫民（刑事诉讼法学）、陈瑞华（刑事诉讼法学）、莫纪宏（宪法学）、薛虹（知识产权法学）、卢建平（刑法学）、刘俊海（公司法学）、孙长永（刑事诉讼法学）、汪习根（国际公法学）、杨松（国际法学）、姚建宗（法理学）、贾宇（刑法学）、曹明德（环境法学）、蒋新苗（国际私法）、薛刚凌（行政法学）、孔祥俊（民商法学）、王轶（物权法学）、于志刚（刑法学）、付子堂（法理学）、肖永平（国际私法）、应飞虎（行政法学）、王振民（宪法学）、王锡锌（行政法学）、周佑勇（行政法学）、熊秋红（刑事诉讼法学）、李秀清（法制史学）"全国十大杰出青年法学家"（证书如图122所示），① 所著法学文献。

第三，诸如中国法学会和地方各级法学会理事，以及诸如中国法学会法理学、宪法学、行政法学、刑法学、民法学、经济法学、刑事诉讼法学、民事诉讼法学、国际经济法学、知识产权法、法学教育、法学期刊、中国国际私法学、婚姻家庭法学、财税法学、军事法学、比较法学、立法学、犯罪学、监狱法学、检察学、审判理论、世界贸易组织法、银行法学、信息法学、证券法学、保险法学、民族法学、航空法学、能源法、体育法学、警察法学、法律文书学、消费者权益保护法、海峡两岸法律问题、董必武法学思想、环境资源法学、青少年法律、廉政法制、农业与农村法制、仲裁法学、中国科学技术法

---

① 为了大力扶持法学人才和法律人才的成长，使更多的优秀法律人才脱颖而出，调动广大法学工作者、法律工作者开展法学理论研究的积极性和创造性，努力建设一支高素质的法学研究队伍，为依法治国创造更多的法学学术精品，促进法学理论的繁荣和发展，推进依法治国的进程，中国法学会于1995年、1999年、2002年、2004年、2006年、2010年连续六次开展评选"杰出青年法学家"活动。每次评选出10名"杰出青年法学家"。评选先由各省、自治区、直辖市法学会和中国法学会所属各研究会按规定条件推荐和初评，再经中国法学会评选委员会终评，产生出10名杰出青年法学家。不论是评选条件，还是评选程序，都是非常严格的，保证了该项评选的高标准、高档次。至今已经评选出6届共60人。

学、中国海商法、中国卫生法学、长江海商法学、中国商业法、商法学、社会法学、中国行为法学、法制文学、中国海洋法学研究会，以及海峡两岸法学交流促进会、中国法学交流基金会理事，所著法学文献。

第四，诸如法学硕士研究生、博士研究生、博士后，以及国务院特殊津贴获得者、① 各院校终身教授、硕士和博士研究生导师、教授等著法学文献。

第五，诸如《中国法学家辞典》（中国人事 1991）、《中国人名大词典》（外文 1989）、《中国人名大辞典》（商务 1930）、《社会科学人物辞典》（上海辞书 1996）、《世界人名大辞典》（商务 1936）、《近代现代外国哲学社会科学人名资料汇编》（商务 1965，如图 122 所示）、《中国近代人名大词典》（中国国际广播 1989）等人物辞典中之法学人物，所著法学文献。

图 122　左上起：《全国杰出资深法学家证书》，《全国十大杰出青年法学家证书》，《政府特殊津贴证书》，《中国法学家辞典》，《中国人名大词典》，《中国人名大辞典》，《社会科学人物辞典》，《世界人名大辞典》，《近代现代外国哲学社会科学人名资料汇编》

而我国清末、中华民国所遗留保存至今的法学著作（如图 123 所示法学

---

① 1990 年，党中央、国务院决定，给作出突出贡献的专家、学者、技术人员发放政府特殊津贴。每两年选拔一次，对经批准的人员，国务院授权人力资源和社会保障部颁发政府特殊津贴证书（如图 122 所示），由国家一次性发给人民币 2 万元，免征个人所得税。对 1995 年以前享受国务院政府特殊津贴的人员，仍按月发放政府特殊津贴。

图书）本身，不仅可视为法学名著，而且还具有文物价值。

图123　左上起：《万国宪法志》（广智书局1903），《大清律例汇纂大成》
（清末线装），《汉译日本新刑法精义》（光绪三十四年一月）；《中华民国京师
地方审判厅组织概要》（1912年），《大理院办事章程》（大理院书记厅1919年
编印），《法院编制法讲义》（民国政府1910年编印），《刑事诉讼法》（商务
1935），《改定国民政府司法例规》（司法院秘书处1936年编印），《中华刑法
论》（北平朝阳法学院1932年编印）

　　另外，清末（1901—1911年）法学名著，主要有：《大清法规大全》（沈家
本等撰，政学社1901—1909年编印）、《公司律》（商部1903年奏）、《大清删除
新刑律》（上海书局1905）、《大清帝国新编法典》（东亚书社1906）、《钦定经商
新律十种》（赵彬编，北京北新译书局1906）、《日本六法全书》（商务1907年
编译）、《满汉通行刑律》（沈家本等纂，浙江官书局1908）、《大清现行刑律案
语》（修订法律馆1909）、《大清现行刑律》（吉同钧编，京师法政学堂）、《现行
法制大全》（译书汇编社编译）、《公法通议》（唐毅丞编，中华编译书馆1902）、
《万国公法要略》（上海广学会1904）、《法学通论》（［日］矶谷幸次郎著，王国
维译，上海金粟斋译书社1902）、《英国治法要略》（［美］林乐知译，范祎编，
上海广学会1903）、《法制泛论》（［日］熊谷直太，范迪吉等译，上海会文学社
1903）、《法学通论》（陈敬第编，天津丙午社1904）、《法意》（［法］孟德斯鸠，
严复译，商务1904）、《法律学》（杨廷栋编，中国图书公司1908）、《各国宪法
大纲》（上海作新社编译1902）、《万国宪法志》（周逵编，上海广智书局1902）、

《美国宪法》（章宗元译，上海文明书局 1902）、《比利时国法条论》（曾仰东译，湖北洋务译书局 1903）、《行政法》，（上海作新社 1903）、《欧美强国宪法彙编》（王振民编订，麦美伦图书公司 1909）、《各国刑律考》（罗东甫，1905 年）、《民法要论》（上海作新社 1905 年编译）等。与此同时，清末法学名著呈两个显著特点：一是译著多，二是法律、法令、法规文本多。

此外，我国近代正式出版的第一套大型法政丛书所包括的下列文献［如本书图 20 所示（除"外国检察制度丛书"之外）］，① 均可视为法学名著：《法学通论》（张知本、邹麟书、刘燮臣编译）、《国法学》（陈武编译）、《行政法》（曹履贞编译）、《民法总则（总论·物权）》（严献章、匡一、王运震编译）、《民法（财产总论·物权）》（樊树勋编译）、《民法财产（债权担保）》（彭树棠编译）、《商法（总则·商业·会社）》（徐志绎编译）、《商法（商行为·会社·海商）》（徐志绎编译）、《刑法总论》（瞿宗铎编译）、《刑法各论》（李碧编译）、《裁判所构成法》（吴柏年编译）、《监狱学》（刘藩编译）、《民事诉讼法》（欧阳葆真、朱家璧编译）、《刑事诉讼法》（邹麟书、王崇铭、周仲曾编译）、《平时国际公法》（叶开琼编译）、《战时国际公法》（张福先编译）、《国际私法》（郭斌编译）、《经济学》（易奉干编译）、《财政学》（叶开琼、何福麟编译）、《殖民政策》（周仲曾编译）、《政治地理》（刘鸿钧编译）、《西洋史》（李鼒仪、梁柏年编译）。

再者，熊辑京师法律学堂笔记——《法律丛书》所包括的下列文献［如

① 湖北法政编辑社顺应时需，于 1905—1906 年间编辑出版了中国近代正式出版的第一套大型法政丛书《法政丛编》共 19 种 24 册（参见瞿海涛：《中国近代第一套大型法政丛书——《法政丛编》编译出版考析》，载《出版发行研究》2012 年第 9 期。

本书图20所示（除"外国检察制度丛书"之外）]，也可视为法学名著：①
《法学通论》（冈田朝太郎讲授）、《法学通论宪法》（冈田朝太郎讲授）、《国
法学》（岩井尊文讲授、熊元襄编）、《法制编制法》（冈田朝太郎讲授、熊元
襄编）、《民法总则》（松冈义正讲授、熊元楷编）、《民法物权》（松冈义正讲
授、熊元楷、熊元襄编）、《民法债券总论各论》（松冈义正讲授、熊元楷编）、
《刑法总则》（冈田朝太郎讲授、熊元襄编）、《刑法分则》（冈田朝太郎讲授、
熊元襄编）、《民事诉讼法》（松冈义正讲授、熊元襄编）、《刑事诉讼法》（冈
田朝太郎讲授、熊元襄编）、《商法总则》（志田钾太郎讲授、熊元襄编）、
《商法：会社　商行为》（熊元襄、熊仕昌编）、《商法：有价证券 船舶》（熊
元楷编）、《破产法》（松冈义正讲授、熊元楷、熊元襄编）、《监狱学》（小河
滋次郎讲授、熊元襄编）、《国际私法》（志田钾太郎讲授、熊元襄编）、《（平
时、战时）国际公法》（岩井尊文讲授、熊元襄编）。

最后，据《民国时期总书目（1911—1949）·法律》（书目文献出版社
1990）统计显示，民国时期的法学名著，既有关于法学概论和法理学的，也

---

　　①　史学界一般认为，这套法律丛书是熊元翰、熊元楷、熊元襄、熊仕昌等人，在冈
田朝太郎、松冈正义、志田钾太郎等日本法学专家主讲、浙江钱塘汪有龄（1879—1947
年，字子健，浙江杭县人。清附生，1897年以浙江蚕学馆官派生身份赴日学习新技术，后
奉浙抚廖中丞改派东京学习法律，毕业于日本法政大学。回国任京师法律学堂教习，清政
府商部商业杂志编辑。1912年任南京临时政府法制局参事，8月任北京政府司法部次长，
法律编查会副会长；1913年被选为参议员；1914年任参政院参政；1818年8月任安福国会
参议员，大理院推事。1921—1931年任北京朝阳大学校长。1931年后到上海以律师为业）
口译的授课基础上，参照其他著作编辑整理而成的。共15种［除上述法学名著外，还有
《经济学》（熊元襄编）、《财政学》（熊元楷编）］共22册，系统地介绍了现代西方法学的
基本原理和法律制度。该丛书于清宣统三年五月（1911年6月）呈报，宣统三年六月初二
日（1911年6月27日）注册初版，民国元年九月初三日（1912年10月12日）再版，民
国二年三月二十四日（1913年3月24日）三版，民国三年十二月十五日（1914年12月
15日）四版。而在中国法学史上，宿松熊元翰（1873—1950年）、熊元楷（1881—?）、熊
元襄（1883—1924年）三兄弟及其侄熊仕昌（清末第一届京师大学堂法政系毕业生，曾任
湖北高等法院刑庭庭长，红色间谍熊向晖的父亲）是妇孺皆知的现代法学的传播者。他们
整理出版的京师大学堂法科笔记，构成了中国现代法学的"元代码"，对中国法律制度的
现代化产生了深远影响；他们组成成立的安徽法学社，为引介西方法学著作、传播现代法
学知识作出了卓著的贡献。而基于口授者的相同与笔述、编辑者的不同，此丛书还有汪庚
年编的"汪辑京师法律学堂笔记"——"法学彙编"之版本。例如，"汪辑京师法律学堂
笔记"——"法学彙编"之第12册《法院编制法》［京师法学编辑社宣统三年二月十五日
（1911年3月15日）编印］。

有关于宪法及其议会法、选举法和行政法及其社团法、人事法、警察法、监察法、户籍法的；既有关于民法、婚姻家庭和继承法的，也有关于商法和公司法、票据法、海商法、交易所法和破产法的；既有关于刑法的，也有关于诉讼法和执行法、调解法的；既有关于刑事侦查、司法检验、司法精神病学的，也有关于立法和法学工具书的；既有关于司法和司法行政、司法制度及其审判制度、检察制度、陪审制度、监狱制度、律师制度和公证制度的，也有关于国际公法、使领馆法、国际司法以及国际私法的法学名著。

二、法学期刊

（一）清末、民国法学期刊①

诚然，"自《译书汇编》创办，近代法政杂志纷纷问世，前后计 150 余种"；② 而"大约在 1920 年代前后高等院校才开始出现真正的专门性法学期刊，主要情况见下表：

———————————

① 参见孙伟：《我国最早的大学法学期刊——东吴大学之〈法学季刊〉》，载《出版发行研究》2008 年第 3 期；程燎原：《中国近代法政杂志的兴盛与宏旨》，载《政法论坛》2006 年第 4 期；王健：《说说近代中国的法律期刊》，载《法律科学》2003 年第 5 期；王灏：《辛亥革命时期法政杂志与西法东渐》，载《北方法学》2011 年第 5 期；张为华：《建国前我国法律期刊史述略》，载《法律信息与研究》2000 年第 1 期等。

② 参见程燎原：《中国近代法政杂志的兴盛与宏旨》，载《政法论坛》2006 年第 4 期。同时，也有人认为，"解放前我国约有 170 种法律期刊"（参见张为华：《建国前我国法律期刊史述略》，载《法律信息与研究》2000 年第 1 期）；而"据笔者近几年来在京沪等地图书馆的多方搜集和统计，清末至民国期间先后出版的法律专门杂志有 77 种之多（除前述在日本所办之外）。其中清光宣之际 3 种；民元至 1923 年间 8 种；1927 年至 1937 年间 41 种；1938 年至 1945 年 9 种；1946 年至 1949 年 16 种"（王健：《说说近代中国的法律期刊》，载《法律科学》2003 年第 5 期）。当然，150 种也好，170 或 77 种也罢，它们仅限于法学学报或法学学术性期刊，而并非法学（律）期刊数量的全部。易言之，若加上警察类、公报类等法学非学术期刊数量，此间法学（律）类期刊总数要远远多于 150 种。而与此同时，却鲜见检察类期刊。究其原因在于，当时实行审检合署机制，检察院隶属于法院。因此，从这个意义上说，当时诸如《司法杂志》、《司法公报》、《河北高等法院季刊》、《最高法院年刊》、《司法季刊》、《现代司法》、《江苏司法汇报》、《福建司法月刊》、《广东司法月刊》、《司法评论》、《云南司法月报》、《司法黔报》等审判类期刊，也是广义的检察类期刊。与此同时，我国立法类（如《立法院公报》）、公安（警察）类（如《中国警察》）、司法行政类（《司法行政公报》）、律师类（如《重庆律师公会会刊》）期刊，早在民国甚至清末就已出现，而真正意义检察类期刊的产生，则在实行审检分立后的新中国成立之初。

刊名	主办者	创刊时间
《法政学报》	国立北京法政专门学校	1918 年
《法学季刊》	东吴大学法学院	1922 年
《法律评论》	朝阳大学	1923 年
《社会科学论丛》	中山大学法科	1928 年
《法政季刊》	上海法政学院	1930 年
《法商周刊》	天津河北省立法商学院	1930 年
《法学专刊》	北平大学法商学院	1933 年
《民钟季刊》	广州国民大学法学院	1935 年

从上表我们可以看出：《法政学报》、《法学季刊》（1941 年停刊）和《法律评论》是中国最早的一批大学法学学术期刊，而后两个刊物均是民国时期最著名的法学刊物之一，可谓是当时的法学权威刊物而影响深远，也被看作是当时最著名的两大法学院校——北朝阳、南东吴的'镇校之宝'。后来国立北京法政专门学校已不存在（其后来更名北京法政大学，又演变为北平大学的法商学院，抗日战争胜利之后，北平大学没有恢复），从《法学季刊》的沿革我们知道其具备的期刊特征是：一、由大学校方主办，二、定期出版，三、学术性强，四、法学类。因此，东吴大学（现苏州大学）之《法学季刊》就是中国现存大学中最早出版的法学期刊"（如图 124 所示）。① 但尽管如此，本书却认为，由国立北京法政专门学校 1918 年创办的《法政学报》（胡英敏），则是我国最早法学学报。

另外，据《全国中文期刊联合目录（1833—1949）》（北京图书馆 1961）、《1833—1949 全国中文期刊联合目录（增订本）》（书目文献 1981）、《1833—1949 年全国中文期刊联合目录（补充本）》（中央民族大学 2000）、《全国高等院校社会科学学报 1906—1949 年总目录》（吉林大学 1984）、《大成老旧刊全文数据库》（http：//www.dachengdata.com/search/）、《邮发报刊简明目录》

---

① 参见孙伟：《我国最早的大学法学期刊——东吴大学之〈法学季刊〉》，载《出版发行研究》2008 年第 3 期。

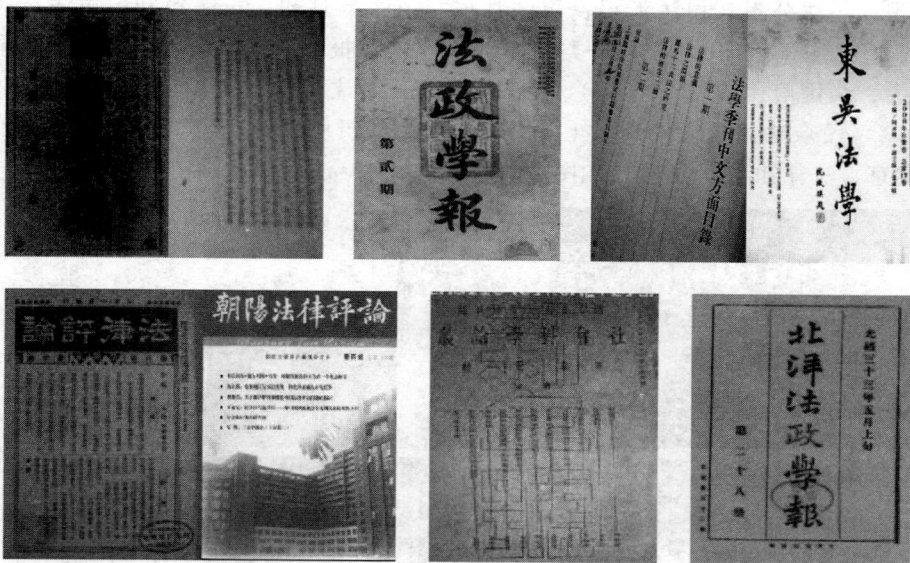

图 124　左上起：我国最早的法学期刊——《译书汇编》和《法政学报》（内文），国立北京法政专门学校学报——《法政学报》，东吴大学法学院（现苏州大学法学院）之学报——《法学季刊》（目录）和《东吴法学》，朝阳大学之学报——《法学评论》和《朝阳法律评论》，中山大学法科学报——《社会科学论丛》，《北洋法政学报》

（中国邮政总局每年编印）等资料（如图 125 所示）粗略统计，① "中国近代法政或法律杂志（期刊）大致可分为 4 种类型：（1）法律法令类，如《立法专刊》、《内政法令月刊》、《法令周刊》（上海法学编译 1930，如图 125 所示）、《法令周报》；（2）司法实务类，即各级法院或司法行政部门发行的法院

---

① 当然，"编者和所有负责同志们应当想到：人们对《全联》的希望，如同希望我们国家有一所期刊总馆一样，它对期刊品种的收录要求，应当永不满足，越全越好。如果期刊品种大量差缺，显然是令人失望的。用不实之词掩饰大量差缺的状况，更不妥当。比方说，建国前的革命期刊，在 1961 年《全联》初版时没有收录，1981 年'出版说明'中却宣称它已经收录了'中国共产党各个时期出版的党刊、抗日民主根据地和建国前各个解放区出版的期刊以及国民党统治区出版的部分进步刊物'。实际上，建国前数以千种计的革命期刊，收入《全联》者不过几百种而已。这一时期的山东革命期刊，已经查明者近 500 种，而收入《全联》者不过七八十种。《建国前山东旧期刊目录》所收的 650 多种，在《全联》中也只有 300 种左右"（参见洛洋：《〈全国中文期刊联合目录〉编排问题》，载《图书馆杂志》1984 年第 1 期）。

公报、司法公报、司法汇报、司法月报、司法半月刊、司法旬刊、司法杂志等；（3）法政知识（常识）类，如《宪政白话报》（汉口，请愿速开国会同志会，张国溶，1910 年 5 月）、《法律常识》（沈阳，东北法学研究会，1930年）、《民众法律常识周刊》（上海中国法律编辑所，1932 年）、《法律知识》（北京，法律知识社 1947，如图 125 所示）；（4）法政学术类"。[1]

图 125　左上起：《全国中文期刊联合目录（1833—1949）》（北京图书馆1961），《1833—1949 全国中文期刊联合目录（增订本）》（书目文献 1981），《1833—1949 全国中文期刊联合目录（补充本）》（中央民族大学 2000），《全国高等院校社会科学学报 1906—1949 年总目录》（吉林大学 1984），《2011 邮发报刊简明目录》，《法令周刊》，《法律知识》，《法学协会杂志》，《中华法学杂志》，《京都法学会杂志》，《法商学报》

此外，据《全国中文期刊联合目录（1833—1949）》等上述材料粗略统计，从清末到 1949 年，陆续创办的法政杂志大约有 150 种。其中：

清末创办 20 余种，包括：《译书彙编》（《法政学报》，1900 年）、《法政杂志》（日本东京法政杂志社，张一鹏主编，1906 年 3 月创刊，同年 8 月停刊，并入在天津新创办的《北洋法政学报》，如图 124 所示）、《预备立宪官话报》（上海预备立宪社，1906 年）、《宪政杂志》（上海宪政研究会，1906 年12 月，白作霖）、《北洋法政学报》（由《法政学报》和张一鹏《法政杂志》合刊而成，1906 年 9 月，天津）、《宪法白话报》（1906 年 10 月，庄景仲，上

---

[1]　参见程燎原：《中国近代法政杂志的兴盛与宏旨》，载《政法论坛》2006 年第 4 期。

海）、《北洋学报》（天津，北洋官报总局，1906 年）、《地方白话报》（保定，王法勤主编，1906 年）、《新译界》（日本东京，范熙壬主编，1906 年）、《中国新报》（日本东京，杨度主编，1907 年）、《法政学交通社杂志》（孟森、孟昭常、杨荫杭、秦瑞玠等，1907 年 1 月在东京创刊）、《法政学报》（日本东京法政学报社，沈其昌等，1907 年 2 月）、《法政丛刊》（1907 年 10 月，张树珊，广州）、《牖报》（李庆芳主编，1907 年）、《大同报》（恒钧，1907 年）、《预备立宪会公报》（上海预备立宪会，孟昭常等，1908 年 2 月）、《学海（甲编）》（北京大学留日学生编译社，1908 年）、《法政新报》（日本东京，1908 年）、《法政介闻》（柏林，留德法政学生马德润、周泽春，1908 年 8 月，上海）、《广东地方自治研究录》（卢乃潼等，1908 年）、《福建法政杂志》（福建法政学堂，1908 年 6 月，何琇先）、《湖北地方自治研究会杂志》（日本东京，"湖北地方自治研究会"，1908 年）、《宪政新志》（吴冠英，1909 年）、《北洋政学旬刊》（由《北洋法政学报》改成，吴兴让等主编，1910 年）、《吉林司法官报》（提法司，1910 年 3 月，吉林）、《北洋政学旬报》（1910 年 12 月，吴兴让，天津）、《宪报》（1911 年 2 月，孟昭常，北京）、《法政杂志》（上海法政杂志社，陶保霖主编，1911 年 3 月）、《法学会杂志》（北京法学会编辑部，1911 年 6 月，杨荫杭）、《北京法政学杂志》（北京潮州会馆，1911 年 9 月，马有略）、《法政浅说报》（北京，1911 年 4 月，白鋆）。其中，名副其实法学期刊 15 种。

民国初至 1949 年创办 120 余种，主要包括：《江苏司法彙报》（郑言，1912 年 5 月，苏州）、《司法公报》（1912 年 10 月，北京，房秩五）、《法学协会杂志》（1913 年 2 月，如图 125 所示）、《法政白话报》（1913 年 2 月，金元根，北京）、《宪政新闻》（1913 年 4 月，李庆芳，北京）、《言治》（北洋法政学会，郁嶷，1913 年 4 月）、《宪法新闻》（北京宪法新闻社，李庆芳，1913 年）、《法政学报》（北京法政同志研究会，1913 年 10 月）、《法治周报》（杭州，阮荀伯，1914 年 1 月）、《法政杂志》（裴铁侠，成都，1914 年 3 月）、《法政丛报》（成都，1915 年 4 月）、《京都法学会杂志》（北京，1916 年，如上图 125 所示）、《宪法公言》（北京，秦广礼，1916 年 10 月）、《政法学会杂志》（北京，政法学会，陈钟秀，1917 年 3 月）、《法政学报》（北京法政专门学校，吴统续，1918 年 3 月）、《社会科学季刊》（北京大学法学院，1922 年）、《法学季刊》（《法学杂志》，东吴大学法学院，1922 年）、《法律评论》（朝阳大学法律评论社，1923 年）、《法学新报》（1924 年 5 月，辽宁沈阳）、《上海法科大学月刊》（1928 年）、《监狱杂志》（1929—1931 年，由河北省监狱协会创刊发行）、《法政季刊》（上海法政学院，1930 年）、《法令周刊》（上海，1930 年）《中央大学法学院季刊》（原名《国立中央大学法律系季刊》，1930 年）、《法学丛刊》（中华民国律师协会，1930 年）、《法学季刊》（南京三五法学社，1930 年）、《法律周刊》（北京，法律周刊社，1930 年）、《法律周报》（浙江杭州，1930 年）、《现代法学》（上海现代法学社，郭卫，1931 年）、《法律月刊》（中国大学出版部 1931 年 3 月）、《法学专刊》（北平大学法商学院，1933 年）、《法律评论周刊》（北京法律评论社，1933 年 7 月）、《法学杂志》（上海，1933 年 11 月）、《法治旬刊》（南京法治旬刊社，1934 年）、《广东司法月刊》（广州，1936 年 3 月）、《中华法学杂志》（谢冠生，中华民国法学会 1936，如图 125 所示）、《震旦法律经济杂志》（震旦大学法学院，1944 年）、《宪政》（重庆国讯书店，1944 年）、《法学月报》（成都，1944 年 11 月）、《法商学报》（广州，1947 年 1 月，如图 125 所示）、《新法学》（月刊，上海新法学社，1948 年），以及北京的《法律评论季刊》、《法权》、《法政杂志》、《国立北京法政大学沪案特刊》、《司法部民事统计年报》、《司法储才馆季刊》、《旅京四川法政同学会刊》，天津的《法函半月刊》、《法令旬刊》、《法律汇刊》、《宪法论丛》，河北保定的《法学月刊》、《河北高等法院公报》、《河北高等法院季刊》，山西太原的《山西大学法学院法律学系学艺季刊》，江苏南京的《法令汇刊》、《法制半月刊》、《法律评论》、《中华民国法学会会报》、《考试院法规汇刊》、《司法公报》、《最高法院公报》、《最高法院年刊》、《司法季刊》、《入监人犯统计》，江苏如皋的《法学汇刊》，江苏吴县的《法令月刊》，浙江杭州的《浙江反省院月刊》，浙江金华的《浙江省保安处军法月刊》，上海的《法令周报》、《法学》、《法学丛刊》、《法学论丛》、《法政半月刊》、《法政公报》、《法政杂志》、《法政周刊》、《法制月刊》、《法言》、《工商法规》、《文化学院上海第二院法科一九三一级季刊》、《法医学季刊》、《人民法令》，福建福州的《福建反省院期刊》、《福建司法月刊》、《革命法学》、《福建反省院期刊》，福建厦门的《当代法学》，江西南昌的《法政周刊》、《法治》、《江西高等法院公报》，河南开封的《法学季刊》、《河南司法公报》，湖北武昌的《法学月刊》、汉口的《夏口律师公会旬刊》、湖南长沙的《法令月辑》、《湖南司法旬报》，湖南辰溪的《法律学报》，广东广州的《法治杂志》、《广东高等法院月报》、《广东省立法商学院院报》、《司法公报》，广西桂林的《广西法院公报》、《广西司法半月刊》，广西南宁的《广西司法旬刊》，四川成都的《司法评论》、《四川高等法院公报》、《四川司法公报》，重庆的《法令周报》、《法治周刊》、《法治论坛》、《司法行政公报》、《正阳法学院二周年纪念专刊》、《重庆律师公会会刊》、《反省月刊》，云南昆明的《法政专刊》、《司法改进会特刊》、《云南法院月录》、《云南司法月报》，贵州贵阳的《贵州高等法院公报》、《司法黔报》，陕西西安的《陕西高等法院公报》、《陕西高等法院公报》，甘肃兰州的《甘肃省政府法令公报》等。其中，名副其实的法学期刊122种。

再者，据《全国中文期刊联合目录（1833—1949）》等上述材料粗略统计显示，旧中国所创办的法学期刊，主要由以下组织、人员创（主）办：

第一，由各法政专门学校和综合性大学法学院创（主）办的。例如，《浙江公立法政专门学校季刊》（1923年）、《广东大学法科学院季刊》（1925年）、《上海法科大学月刊》、《中央大学法学院季刊》、《法专特刊》（重庆法政专门学校，1930年）、《山西大学法学院季刊》（1937年5月1日）、《浙江公立法政专门学校季刊》、《东北大学文法学院院刊》等。

第二，由各种法学会组织创（主）办的。例如，《中华法学杂志》、《法学月刊》（北京，民国大学法学研究会，1925年）、《上海法学院宪法研究会会刊》（1933年）、《山东法学季刊》（中华民国法学会山东省分会，1937年）、《法学月刊》（中华民国法学会湖北省分会，1947年）等。

第三，由各种律师协会（公会）创办的。例如，《法学丛刊》、《法治杂志》（广州律师公会，1946年）、《广州律师公会月刊》（广州）等。

第四，由各法政科学生创（主）办的。例如，《法政学报》、《法政月刊》（上海法政大学生会，1926年）、《法轨》（上海，复旦大学法律系同学会，1933年）、《东吴法声》（东吴大学法学院学生会，1933年）、《法声半月刊》（广东法科学院学生自治会，1935年）等。

第五，由立法机关创（主）办的。例如，《立法院公报》（南京）、《立法院专刊》（南京）、《立法专刊》（上海）等。

第六，由行政机关创（主）办的。例如，《内政法令月刊》（南京）、《司法行政部工作报告》（南京）、《司法部第一次民事统计年报》（北京）等。

第七，由审判机关创（主）办的。例如，《安徽高等法院公报》、《法官惩戒委员会汇刊》（北京）、《司法杂志》（辽宁沈阳）等。

第八，由公安（警察）机关创（主）办的。例如，辽宁沈阳《公安周刊》、《东北交警》、《奉天警甲汇报》、《警声》、《警务周刊》；吉林《吉林警员》（长春）、《吉林警团公报》（吉林）；黑龙江《黑龙江警甲汇报》；北平（京）《北平特别市公安局公报》、《北平特别市公安局政治训练部旬刊》、《建警》、《京警半月刊》、《警员通讯》、《警务旬刊》；天津《公安画报》、《公安旬刊》、《公安月刊》、《警务半月刊》、《警务月刊》、《内政部警官高等学校民国二十年度年刊》、《天津特别市警察局半年刊》；河北保定《河北省警务处警务旬报》、《警风月刊》；内蒙古包头《警政季刊》；山东济南《公安月刊》、

《济南警员》、《警声月刊》、《山东省会警察局半年刊》、《山东省会警察局季刊》，以及青岛《警员丛刊》、《警务月刊》、《警务周刊》；江苏南京《交通与警员》、《首都警员厅月刊》、《现代警员》、《新警员》、《中央警官学校季刊》，苏州《警员月刊》，镇江的《江苏警员》、《江苏警校通讯》、《警笛旬刊》；安徽《长淮警政月刊》（蚌埠）、《公安特刊》（安庆）；浙江杭州《警员杂志》、《警光周刊》、《警卫旬刊》、《警务月刊》、《警政周刊》、《浙江警员》、《浙江反省院月刊》，永嘉《警卫新闻》、临海《临海警员》、宁波《宁波警员》；上海《警员月刊》、《警灯》、《警务月刊》、《上海警员》；福建福州《警讯》、《警政月刊》、《水警旬刊》，厦门《厦门市公安局警务月刊》；江西南昌《江西警声专刊》、《南昌市警》；河南开封《河南警政月刊》、《警锋月刊》；湖北《公安月报》（武汉）、《警声月刊》（武昌）、《公安月刊》和《湖北警务杂志》（汉口）；湖南长沙《公安旬刊》、《公安月刊》、《警员旬报》；广东广州《公安月刊》、《广东警保》、《广东警官学校校刊》、《广东警务官报》、《广东警政月报》、《广东省会警员周刊》、《广东省警员教练所旬刊》、《广东省警员周刊》、《警报》、《警员杂志》、《中央警官学校第二分校校刊》、《中央警官学校广州分校季刊》，韶关《警声月刊》；广西桂林《广西警察》、玉林《玉林警政》；四川成都《警察半月刊》、《警光》、《警务旬报》、《警务旬刊》、《四川公立警监专门学校校刊》、《四川警务宣报》、《四川省会警务月刊》、《四川省会军事巡警厅月报》、《四川省警员训练所毕业学员生服务指道委员会会刊》；重庆《公安月刊》、《警察响道》、《警察旬报》、《警声月刊》、《中国警察》、《中华警察协会杂志》、《中华警察学术研究社第五届年会特刊》；云南昆明《公安月刊》、《警政旬刊》、《云南警政旬刊》；陕西西安《秦省警察汇报》；甘肃兰州《甘肃警务周刊》；台湾地区《警潮周刊》（台南）、《警风旬刊》和《台湾警察》（台北）；等等。

第九，各类公报。即由各类各级立法、行政、司法、监察、考试机关等创（主）办的公报。其中，出版发行时间较早的公报有：《晋阳公报》（1908 年，太原）、《湖北自治公报》（1910 年，武汉）、《司法公报》（1912 年，北京）、《湖北公报》（1912 年，武昌）、《湖北教育公报》（1912 年，武昌）、《浙江公报》（1912 年，杭州）、《浙江军政府公报》（1912 年，杭州）、《广东公报》（1912 年，广州）、《广东教育公报》（1912 年，广州）、《山东公报》（1912 年，济南）、《安徽公报》（1912 年，安庆）、《甘肃公报》（1912 年，兰州）、《云南政治公报》（1912 年，昆明）、《实业公报》（1912 年，成都）等。而迄今为止，全国图书馆文献缩微复制中心编辑的民国时期公报缩微制品就多达459 种。而总的来说，一方面，"旧中国政府公报的编辑和发行，始于清末光绪二十八年（1902 年），终于民国三十八年（1949 年）。清末时期统称为'政府官报'，民国时期则统称'政府公报'。旧中国政府公报从性质上看，它是旧政府的各级各类机关下达公文政令、宣示官方意旨、传递政事要闻和交流行政业务的一种有力工具。所以，它起着为当权阶级和执政当局维护并实现治权的作用。从形式上看，它是近现代期刊（杂志）的一个特殊类别，同政府机关报（报纸）和官书（政府法令政策文书汇编集）合为政府三大出版物。所以，它和期刊一样均具有固定的名称、统一的刊期刊型、连续的卷期号和特定的发行范围。其名称，均以编印者的机关名或主管行政事务命名；其刊期有日刊、双日刊、半日刊、五日刊、周刊、旬刊、半月刊、双月刊、季刊、年刊等多种；其刊型有 16 开刊型或大 32 开书型，页码二十几至百多页不等；其卷期号有总卷期号或年期号；其发行范围，有的限各级各类机关订阅，有的则公开发售，均流传不广"。① 另一方面，"司法公报是民国时期官方出版的一种司法类期刊。司法公报可以有广义和狭义两种理解。广义的司法公报包括民国北京政府时期司法部的《司法公报》（1912 年 10 月 15 日）、南京国民政府时期司法部的《司法公报》（1927 年 12 月 25 日）、司法行政部的《司法行政公报》及司法院的《司法院公报》（1928 年 10 月 31 日）和《司法公报》（1931 年 12 月 30 日）。此外，据已查阅资料显示，汪精卫伪国民政府也发行有《司法行政公报》（1931 年 10 月 23 日），孙中山在广州成立的国民军政府也曾发行过司法公报。而狭义的司法公报指的是《司法公报》，也即民国北京政府时期的《司法公报》和南京国民政府时期司法部的《司法公报》和司法院的《司法公报》……依据刊行主体，司法公报是一种官方的期刊，其创办者为民国政府的司法部，不同于当时的例如北洋法政学会的《言治》、东北法学研究所的《法律常识》、上海中国法律编辑所的《民众法律常识周刊》等民间期刊，相较之下司法公报具有官方性和权威性。依据登载的内容，司法公报为司法类期刊，其登载之内容为与司法有关者，不同于《政府公报》、《财政部公报》等其他官方期刊，《政府公报》虽然也登载一些与司法相关的内容，但其主要还是登录民国政府的一些令文，而司法公报专门登载与司法之有关系者。依据发行的周期，司法公报并不是固定为月刊或周刊，而是有过多次变化，创刊之初为月刊，也有过一月出两刊者，后又改为周刊、五日刊，又改回月刊等。依报刊发行的范围，司法公报是在国内外公开发行的期刊，一般在公报的末页登有海外订购的价目。司法公报自民国元年十月（1912 年 10 月）创刊伊始直到民国三十七年三月（1948 年 3 月）停刊，历经 30 多年，共计出版一千多册，

---

①　参见永石：《旧中国政府公报述略》，载《烟台师范学院学报》1988 年第 3 期。

记录了民国时期的各种立法、司法状况，是我们研究民国法律制度、司法实践不可或缺的珍贵资料"。①

再者，按学术内容予以划分，还可将旧中国法政杂志概分为 3 类：一是法政综合类。例如，《法政杂志》、《政法月刊》（山西省立法学院，1921 年）、《社会科学季刊》、《政治经济与法律》（上海国立暨南大学法学院，1931 年）、《法政季刊》、《震旦法律经济杂志》、《法商论坛》（南京法商论坛社，1948 年）等。二是法律学类。例如，《法学季刊》、《法学评论》等。三是法政专题类。例如，《宪法新闻》、《宪法公言》、《公民杂志》（上海，公民杂志社，1916 年）、《四川筹备省宪周刊》（四川省宪法会议筹备处，1923 年）、《民权》（广州民权社，1923 年）、《人权》（月刊，北京人权杂志社，1925 年）、《法医月刊》（上海司法行政部法医研究所，1934 年）、《民宪半月刊》（重庆民宪半月刊社，1944 年）、《宪政》、《民权月刊》（成都民权月刊社，1948 年）等。

最后，清末和中华民国时期的法学期刊，还具有以下特点：② 一是留学生成为海外创办急先锋；二是发展不稳定。从法学期刊的创始、发展、繁荣和衰退又到复苏，整个过程与当时社会的政治、经济环境紧密相连。明显地表现出迅起暴跌的特点；三是地域分布广泛，但分布不平衡，主要集中在北京、上海、江苏、四川、重庆等省市（具体情况如下表所示）；四是寿命普遍较短，法学期刊的存活期一般都只有短短的几年，很多还不到一年就夭折；五是创行宗旨殊途同归；六是编辑技术达到规范水平。

旧中国主要法学期刊数量分布表（160 种）

安徽	北京	长沙	四川	福建	广州	贵州	浙江	黑龙江	河北	河南	湖北
2	32	5	13	4	5	4	7	1	3	3	2
吉林	山东	江苏	昆明	兰州	江西	南宁	山西	陕西	上海	辽宁	天津
1	2	21	2	1	4	3	2	1	28	4	10

---

① 参见赵晓耕：《中华民国时期〈司法公报〉述略》，载《山西大学学报（哲学社会科学版）》2012 年第 3 期。

② 参见张为华：《建国前我国法律期刊史述略》，载《法律信息与研究》2000 年第 1 期。

（二）新中国法学期刊①

1. 沿革。新中国法学期刊发展，主要经历了以下四个发展阶段：

第一，产生和初步发展阶段（1949—1956 年）。这阶段有中央人民政府政务院、政治法律委员会创办的《中央政法公报》（1950 年）、最高人民检察署主办的《检察工作通讯》（1953 年创刊，1956 年改为《人民检察》），中国政法学会主办的《政法研究》（1954 年创刊）、北京政法学院创办的《法学简报》（1954年）、《华东政法学院学报》（1956 年创刊，1957 年改为《法学》）、《政法译丛》（1956 年，中国政法学会主办）等 20 余种法学期刊。如图 126 所示。

图 126　左上起：《中央政法公报》（1950 年 1 月），《西北司法》（1950 年），《中南司法》（1951 年），《中南司法通讯》（1951 年），《甘肃司法通讯》（1951年），《检察工作通讯》（1953 年 10 月 20 日创刊号），《政法研究》（1954 年 1月），《中华人民共和国国务院公报》（1954 年），《司法工作通讯》（1954 年），《北京政法学院学报》（1955 年），《华东政法学院学报》（1956 年），《政法译丛》（1956 年），《广东司法通讯》（1956），《华东司法》（1956 年），《司法工作简报》（1956 年）杂志（创刊号）

---

① 参见赵雪松：《建国以来法学期刊的回顾与展望》，载《武汉大学学报（哲学社会科学版）》1998 年第 2 期；王人博：《中国法学期刊的现状与走向》，载《中国民商法网》2011 年 8 月 10 日；沈丽飞：《近年来中国法学期刊发展现状评述》，载《法制与社会发展》2003 年第 6 期。

第二，跌入低谷阶段（1957—1966年）。1957年下半年起，"左"倾思想抬头，法律虚无主义盛行，以"人治"代替"法治"，法学界成了"反右斗争"的"重灾区"。司法部及一些法制机构被合并、取消；政法院系经过调整，只剩下4院（北京、华东、中南、西南政法学院）4系（北京大学、人民大学、吉林大学、湖北大学法律系），招生人数骤减；不少法学家、法律工作者被打成右派。一些法学期刊被迫取消、停办。例如，《政法副刊》、《法学》、《人民检察》。当然，此间也有一些新创办的法学刊物。如图127所示。

图127　左起：《政法教学》（1957年8月，北京政法学院主办），《中南政法学院学报》（1957年2月），《全国人大常委会公报》（1957年），《人民司法工作》（1957年，1958年更名为《人民司法》），《人民司法》（1958年），《湖北政法通讯》（1959年）杂志（创刊号）

第三，严重破坏阶段（1966—1976年）。"文革"10年，"四人帮"推行一套反革命极"左"路线，我国社会主义法律遭受严重的破坏。立法工作完全停止；公、检、法及一些法律部门被彻底砸烂；所有的政法院系一律取消，法学研究机构全面瘫痪，许多重要的政法领导人和法学家遭到迫害，大批法学、法律工作者下岗改行，法学界一派凋零景况。法学期刊在劫难逃，所有刊物停办，一批宝贵的法学文献被焚毁，散失殆尽。当然，其间也创办了一些诸如《东方红》、《政法批判》（首都红代会北京政法学院政法公社主办）、新湖大《政法批判专号》、《政法战线》（乌鲁木齐地区政法战线革命大联合筹委会主办，如图128所示）等为"文革"呐喊的法学期刊。

图128　左起：《东方红》，《政法批判》，新湖大《政法批判专号》，《政法战线》

第四，恢复和蓬勃发展阶段（1977年至今）。粉碎"四人帮"后，特别是在党的十一届三中全会制定了"一手抓建设，一手抓法制"的战略决策之后，中国的法制建设开始走上正轨：立法、司法机关从中央到地方陆续恢复和建立，大批政法院系迅速恢复和成立，各类各级法学研究机构相继建立，每年有大量的法律、法规出台。而随着法学研究、法学教育、法制宣传和普法活动广泛展开，法学期刊也如雨后春笋般大量涌现，从1978年到1990年间，每年以20%—30%的速度递增。1977—1996年这阶段法学期刊从0种发展到387种（统计数限在中央、省、自治区、直辖市、省会城市和少数特区的期刊）。

总之，"截止到2003年6月，我国公开出版发行的法律类期刊总数近600种，其中以法制新闻和法制文学等大众化内容为主的期刊，数量达400多种……据笔者对上海图书馆所订阅杂志、《全国报刊资料索引》和中国期刊网的数据统计，到目前为至，我国法学期刊的总量在180种左右。我国现有期刊8000多种，学术期刊总数达4000多种，法学期刊占学术期刊总数2.2%"。①

2. 种类。据划分标准的不同，可将法学期刊分为许多种类。

第一，从级别上，可分为全国性（如《人民检察》）、省级（如《新疆检察》）、地级（如《中山检察》）和县级（如《沁水检察》）4类。

第二，从主办（管）上，可分为全国人大（如《中国人大》）、国务院（如《国务院公报》）、最高人民法院（如《人民司法》）、最高人民检察院（如《中国检察官》）、各省、市人民政府办公厅（如《浙江省政府公报》）、司法厅（局）（如《北京律师》）、检察院（如《安徽检察》）、人民法院（如《上海审判》）、律师协会（如《广东律师》）、法学会（如《上海法学》）、检察学会（如《检察理论研究》）、公安厅（如《山西公安》）、劳改法学研究会，以及各政法院校（如《法律科学》）等。

第三，从内容上，可分为公报、法规、政报类（如《最高人民检察院公报》），法学研究（如《检察研究》）、政法学报类（如《中央检察官管理干部学院学报》）、工作研究类（如《预防与廉政》）、法律普及（如《红嫂》）类5种。

3. 特点。概言之，目前我国法学期刊呈以下特点：

第一，利用率大幅度上升。法学期刊以其信息量大、覆盖面广、传播迅速而受到人们的普遍重视，利用率大幅度上升，占法学文献利用率的70%以上。

---

① 参见沈丽飞：《近年来中国法学期刊发展评述》，载《法制与社会发展》2003年第6期。

第二，分化趋势明显。近年来法学各分支学科大量涌现，专门学科的文章数量骤增，法学期刊也由 20 世纪 80 年代的综合性向专门性法学期刊分化，出现了不少专门法学期刊。例如，人大书报资料中心编辑的《法学》，1995 年分离出《宪法学》、《民商法学》、《刑事法学》、《国际法学》、《诉讼法学》、《理论法学》等多种专门法学期刊。

第三，向邻近学科渗透。例如，《科技与法律》、《经济与法》（1987 年）、《医学与法学》（2009 年）。

第四，核心与非核心期刊并存，分布广泛，内容具有明显的地方和法学学科特色。

第五，书刊结合的现象突出。例如，《湘潭大学学报（法学专刊）》、《厦门大学学报（法学专号）》、《南京大学学报专刊：法律评论》。

第六，通俗化倾向。一些法学期刊集新闻性、可读性、观赏性、消遣性、记实性、趣味性、文学性于一体，图文并茂，雅俗共赏，成为群众喜闻乐见的一种期刊。例如，《政府法制》（1990 年）、《法学家茶座》（2005 年 1 月）等。

第七，出版周期缩短、传播渠道扩大、"寿命"不断增长、刊名呈现规律化。

（三） 当代大陆法学核心与非核心期刊

据是否属于"核心期刊"，可将我国现行法学期刊分为法学核心与非核心期刊两种。

1. 法学核心期刊。自 1992 年我国开始确立核心期刊评选机制以来，一个最重要的标准当属北京大学图书馆与北京高校图书馆期刊工作研究会联合编辑出版的《中文核心期刊要目总览》。当然，核心期刊包括法学核心期刊阵营都是不断流动、变化的。有的非核心期刊可变为核心期刊，有的核心期刊也可变为非核心期刊。例如，以《北大中文核心期刊目录》为例，1996 年版的中文法学期刊包括：《中国法学》（1984 年）、《法学研究》（1954 年）、《政法论坛——中国政法大学学报》（原名《北京政法学院学报》1979 年创刊，1983 年改名《中国政法大学学报》，1985 年改为现名）、《法学家》（1989 年）、《中外法学》（原名《国外法学》1978 年创刊，1989 年改为现名）、《现代法学》（原名《西南政法学院学报》1979 年创刊，1982 年改名《法学季刊》，1988 年改为现名）、《法律科学》（原名《西南政法学院学报》1982 年试刊、1983 年创刊，后改为现名）、《法商研究》（原名《中南政法学院学报》1957 年创刊，1992 年改为现名）、《法学评论》（原名《法学研究资料》1980 年创刊，1983 年改为现名）、《法学》（原名《华东政法学报》1956 年创刊，1957

年改为现名，1979 年复刊）、《比较法研究》（1987 年 1 月）、《政治与法律》（原名《政治与法律丛刊》1983 年，1984 年更名为现名）、《中央政法管理干部学院学报》（1987 年试刊，1988 年创刊，2001 年停刊）、《人民司法》（1957 年）、《人民检察》（1956 年）、《劳改劳教理论研究》（1985 年试刊，1986 年 2 月创刊，1995 年 8 月更为《中国监狱学刊》）16 种（如图 129 所示）。

2004 年版的中文法学期刊包括：《中国法学》、《法学研究》、《法学》、《法学评论》、《中外法学》、《现代法学》、《法商研究》、《法律科学》、《法学家》、《政法论坛》、《人民检察》、《河北法学》（1983 年 8 月）、《法制与社会发展》（1995 年）、《政治与法律》、《环球法律评论》（原名《法学研究资料》1962 年创刊，1979 年改名为《法学译丛》，1983 年改名《外国法译评》，2000 年改为现名）、《比较法研究》、《法学杂志》（1980 年）、《当代法学》（1987 年）、《人民司法》、《法律适用》（原名《学习与辅导》1986 年创刊，1993 年改为现名）、《法学论坛》（原名《山东法学》1986 年 1 月，1994 年改为现名）21 种（如图 129 所示）。

2008 年版的中文法学期刊包括：《法学研究》、《中国法学》、《法学》、《法商研究》、《政法论坛》、《现代法学》、《中外法学》、《法学评论》、《法律科学》、《法制与社会发展》、《法学家》、《比较法研究》、《环球法律评论》、《当代法学》、《法学论坛》、《政治与法律》、《河北法学》、《法学杂志》、《法律适用》、《行政法学研究》（1993 年）、《中国刑事法杂志》（原名《检察理论研究》1991 年 7 月创刊，1998 年改为现名）、《人民司法》、《华东政法学院学报》（1998 年）、《人民检察》、《知识产权》（原名《工业产权》1985 年创刊，1991 年 1 月改为现名）、《中国法医学杂志》（1986 年）和《中国司法鉴定》（2001 年，如图 129 所示）27 种。

而 2012 年版的中文法学期刊包括：《法学研究》、《中国法学》、《法商研究》、《法学》、《政法论坛》、《现代法学》、《法律科学》、《中外法学》、《法学评论》、《法制与社会发展》、《比较法研究》、《法学家》、《环球法律评论》、《法学杂志》、《法学论坛》、《当代法学》、《政治与法律》、《行政法学研究》、《中国刑事法杂志》、《河南省政法管理干部学院学报》（1986 年）、《华东政法大学学报》、《河北法学》、《法律适用》、《甘肃政法学院学报》（原名《政法学刊》1985 年创刊，1994 年改为现名）、《人民检察》、《知识产权》、《国家检察官学院学报》（原名《中央检察官管理学院学报》1993 年 1 月）和《清华法学》（1998 年）28 种及其创刊号，如图 129 所示。

图 129　左上起：《法学研究》创刊号和 2013 年第 1 期，《中国法学》创刊号和 2013 年第 1 期，《中南政法学院学报》创刊号、《法商研究》创刊号和 2013 年第 1 期，《华东政法学报》创刊号、《法学》创刊号、复刊号和 2013 年第 4 期，《北京政法学院学报》创刊号、《中国政法大学学报》创刊号、《政法论坛》创刊号和 2013 年第 1 期，《西南政法学院学报》创刊号、《法学季刊》创刊号、《现代法学》创刊号和 2013 年第 4 期，《法学杂志》创刊号和 2013 年第 1 期，《西北政法学院学报》试刊号、创刊号和《法律科学》创刊号和 2013 年第 2 期，《国外法学》创刊号、《中外法学》创刊号和 2013 年第 1 期，《法学研究资料》创刊号、《法学评论》创刊号和 2013 年第 1 期，《法制与社会发展》创刊号和 2013 年第 1 期，《比较法研究》创刊号和 2013 年第 1 期，《法学家》创刊号和 2013 年第 1 期，《法学译丛》创刊号、《外国法译评》创刊号、《环球法律评论》创刊号和 2013 年第 1 期，《山东法学》创刊号、《法学论坛》2013 年第 1 期，《当代法学》创刊号和 2013 年第 1 期，《政治与法律丛刊》创刊号、《政治与法律》创刊号和 2013 年第 1 期，《行政法学研究》创刊号和 2013 年第 1 期，《检察理论研究》创刊号、《中国刑事法杂志》创刊号和 2013 年第 1 期，《政法学报》创刊号、《河南省政法管理干部学院学报》2011 年第 5—6 期、《河南财经政法大学学报》创刊号、《华东政法大学学报》（1998 年创刊）2013 年第 1 期，《甘肃政法学院学报》、《河北法学》1989 年第 2 期和 2013 年第 1 期，《学习与辅导》创刊号、《法律适用》创刊号和 2013 年第 1 期，《工业产权》创刊号、《知识产权》创刊号和 2013 年第 1 期，《清华法学》创刊号和 2013 年第 1 期，《人民检察》2013 年第 1 期，《国家检察官学院学报》2013 年第 1 期，《中央政法管理干部学院学报》1996 年第 5 期，《人民司法》2013 年第 1 期，《劳改劳教理论研究》试刊号和《中国监狱学刊》2013 年第 3 期，《中国法医学杂志》创刊号，《中国司法鉴定》创刊号

2. 法学非核心期刊，即除法学核心期刊之外的期刊。通常，封面上不得标有"核心期刊"、"CSSCI 扩展版来源期刊"等字样。而实践中常见的法学非核心期刊，主要有以下十四类：

第一，综合性法学非核心期刊。主要有：《新法学研究院院刊》（1950 年 5 月）、《湖北政法通讯》（1959 年）、《政法批判》（1967 年）、《法律史论丛》（1981 年）、《国外法学资料》（1981 年）、《法律专业函授通讯》（1982 年）、《政治与法律丛刊》（1982 年）、《外国法学译丛》（1983 年）、《法制建设》（1983 年）、《法学探讨》（1984 年 4 月）、《浙江法学》（1984 年 11 月 25 日）、《法治研究》（原名《律师与法制》，1984 年创刊，2007 年改为现名）、《沈阳法学通讯》（1984 年）、《学法与执法》（1985 年）、《西部法苑》（1985 年）、《政法论丛》（1985 年）、《法学文摘》（1985 年）、《外国法学研究》（1985 年）、《法学与实践》（1985 年 2 月）、《法学园地》（1985 年 6 月）、《云南法学》（1986）、《山东法学》（1986 年 1 月）、《江苏法学通讯》（1986 年 3 月）、《法学界》（1986 年 4 月）、《广东法学》（1987 年）、《法学天地》（1987 年 2 月）、《政法丛刊》（1987 年 4 月）、《娄底法学》（1987 年）、《当代法学研究》（1988 年 1 月）、《法学探索》（1988 年 8 月）、《法律学习与研究》（1989 年）、《政法学刊》（1989 年）、《新化法学》（1989 年 11 月）、《台湾法研究学刊》（1990 年）、《西部法学评论》（1990 年）、《郑州法学》（1995 年）、《东吴法学》（1996 年）、《武汉法学》（1998 年 2 月）、《求是法苑》（1998 年 4 月）、《青年法学论坛》（1998 年 8 月 1 日）、《通辽政法》（1998 年）、《海南法学》（2000 年）、《安徽大学法学评论》（2001 年）、《江淮法治》（2001 年）、《法治时代》（2002 年）、《中南法律评论》（2002 年）、《辽宁法治研究》（2005 年）、《对外法学交流动态》（2005 年 1 月）、《燕京法学》（2006 年 9 月）、《光华法学》（2006 年 12 月）、《沧州政法》（2006 年）、《京师法律评论》（2007 年）、《法制资讯》（2007 年）、《望江法学》（2007 年 12 月）、《忻州法学》（2008 年 1 月）、《东方法学》（2008 年 1 月）、《包头法学》（2008 年 6 月）、《南方法学》（2008 年）、《西藏法学》（2008 年试刊）、《法学文稿》（2008 年）、《长春法学》（2009 年）、《朔州政法》（2009 年）、《济宁法治》（2009 年 1 月）、《中财法律评论》（2010 年）、《云南政法研究》（2011 年）、《政法天地》（2011 年）、《宁夏政法文苑》（2011 年 3 月）、《武汉法治》（2012 年）等。

第二，由人大书报资料中心主办的非法学核心期刊。① 主要有：《法理学·法史学》、《宪法学·行政法学》、《民商法学》、《经济法学·劳动法学》、《刑事法学》、《诉讼法学·司法制度》、《国际法学》、《海外法学》等。

第三，政法院校法学非核心期刊。② 主要有：《新疆警官高等专科学校学报》（1981年）、《中国刑警学院学报》（1983年）、《法大学报》（1984年12月）、《电大法律》（1985年）、《公大学报（社科版）》（1985年）、《政法论丛——山东司法管理干部学院学报》（1985年1月）、《广西政法管理干部学院学报》（1986年）、《政府学报》（1986年）、《江西警察学院学报》（1986年）、《研究生法学》（1986年）、《福建警察学院学报》（1986年）、《上海公安高等专科学校学报》（1987年）、《武汉公安干部学院学报》（1987年）、《北京政法职业学院学报》（原名《法苑》，1988年1月）、《山东警察学院学报》（1988年）、《四川警察学院学报》（1988年）、《湖北警官学院学报》（1988年）、《公安学刊》（原名《浙江警察学院学报》，1988年）、《云南警官学院学报》（1990年）、《南京大学法律评论》（1994年）、《法学成人教育》（1994年2月）、《辽宁公安司法管理干部学院学报》（1998年）、《法苑》（1998年）、《辽宁警专学报》（1999年）、《时代法学》（原名《湖南省政法管理干部学院学报》、《法学学刊》，1999年创刊，2003年改为现名）、《天津法学》（原名《天津市政法管理干部学院》，1999年创刊，2009年8月改为现名）、《北大法律评论》（2001年）、《安徽警官职业学院学报》（2001年）、《黑龙江省政法管理干部学院学报》（2005年）、《华中法律评论》（2007年）、《交大法学》（2010年）、《郑大法硕论丛》（2010年）、《人大法律人》（2010年）等。

第四，法律、法规、政策汇编类非法学核心期刊。主要有：《全国人民代表大会常务委员会公报》、《国务院公报》、《最高人民法院公报》、《最高人民检察院公报》、《司法文件选》（1985年）、《劳动和社会保障法规政策专刊》

---

① 其中具体刊物名称，自1956年发展至今，也有所变化。例如，《法律学·法史学》原名为《法学》。

② 还可将其分为七类：一是综合政法院校学报。如法大主办的《政法论坛》。二是政法管理干部学院学报。如《中央政法管理干部学院学报》（1988年）、《河南省政法管理干部学院》（1986年）。三是公安（警察）院校学报。如《公安大学学报》（1985年）、《上海公安高等专科学校学报》（1987年）。四是国家检察官学院类学报。如《国家检察官学院学报》。五是国家法官学院类学报。如《法律适用》。六是司法行政院校学报。如中央劳改劳教管理干部学院主办的《劳改劳教理论研究》（1986年2月，现改名为《中国监狱学刊》）。七是其他。其中尤以公安（警察）院校学报数量居多。

（1989 年）、《人事政策法规专刊》（1989 年）、《中华人民共和国税收法规公告》（1996 年）、《司法业务文选》（1999 年）、《中华人民共和国税收法规》（2004 年）等。

第五，公安（警察）类非法学核心期刊。主要有：《青岛警察》（1947 年）、《人民警察》（1950 年）、《人民公安》（原名《公安手册》，1952 年 11 月 15 日创刊，1956 年 1 月改为现名①）、《现代世界警察》（1985 年）、《公安教育》（1986 年）、《警察文摘》（1987 年）、《公安研究》（1988 年）、《中国刑事警察》（1989 年）、《江西公安》（1989 年）、《警探》（1990 年）、《长安》（1993 年）、《警视窗》（1994 年）、《森林公安》（2001 年）、《警察》（2007 年）、《邢台公安》（2010 年）、《莲香公安》（2011 年）等。而概言之，我国公安期刊的编辑出版呈以下特点："在清宣统年间，许多省的警察主管机关编辑发行了了本省的警察期刊……辛亥革命胜利后至 1949 年警察期刊种类比较多，其内容以介绍西方国家警务知识，探讨警察各项技术为主……建国以后至'文化大革命'期间，我国公安期刊出版的数量相对比较少，几乎没有公安学术期刊的出现……现代公安期刊按其载体可以分大视听型期刊、电子型期刊和印刷型期刊三大类……我国印刷型公安期刊按其主办单位及其内容基本上归为四类：由公安部或各省、自治区和直辖区公安厅、局等单位主办的公安法制类综合性刊物……；由警察学会或公安政法高等院校等单位主办的公安学术理论刊物……；由公安部或各省市自治区公安厅、局所属业务部门主办的各类专业工作类刊物……；由公安科技、刑事技术研究所和法医机构主办的公安技术类刊物。"②

第六，检察类非法学核心期刊。主要有：《公诉人》（原名《广西检察》，1987 年创刊，2002 年 6 月改为现名）、《河北检察》（原名《企业与检察》，

---

① 1956 年 1 月，公安部党组作出《关于〈公安手册〉改为〈人民公安〉的决定》，《人民公安》就应运而生了。该杂志版式为 16 开本，每期 3—4 万字。扩大了报道面，内容比较生动、活泼，形式也多种多样。在设计《人民公安》封面时，我们想，毛主席已经给《公安建设》题过刊头了，不好再麻烦他老人家了，于是就自己想办法，用毛主席给《人民日报》写的"人民"两字，再把毛主席给《公安建设》题的"公安"两字组合成"人民公安"四个字，组合后看到"安"字与其他三个字不协调，就找毛主席其他题词中的"安"字用上，拼成《人民公安》的刊头。这样一来，一个惟妙惟肖地好像毛主席题写的"人民公安"刊头就诞生了，一直用到现在（参见史洛明：《我与人民公安——纪念人民公安创刊 50 周年》，载《中国警察网》2007 年 5 月 25 日）。

② 参见王明广、吴宝根：《我国公安期刊文献内容及其利用》，载《法律文献信息与研究》1998 年第 2 期。

1987 年创刊，1989 年 10 月改为现名）、《绵阳检察》、《沙检之声》等。同样，作为法律或行业（系统）期刊之一种，我国检察类期刊也具有我国公安（警察）期刊的上述特点。

第七，司法、审判、诉讼类非法学核心期刊。主要有：《西北司法》（1950 年）、《东北司法》（1951 年 4 月）、《华东司法》（1951 年）、《司法工作通讯》（1954 年）、《广东司法通讯》（1955 年）、《江西司法》（1980 年）、《河南司法》（1981 年 1 月）、《辽宁司法》（1982 年）、《山东审判》（1985 年）、《审判工作通讯》（1985 年）、《司法》（1985 年）、《司法实践》（1986 年 1 月）、《四川审判工作》（1986 年 10 月）、《皇姑审判》（1987 年）、《审判研究》（1989 年）、《广西审判》（1989 年）、《武汉审判》（1989 年）、《河北司法》（1990 年）、《浙江司法》（1990 年）、《审判研究》（1991 年）、《人民法院案例选》（1992 年）、《伊春审判》（1993 年）、《司法研究》（1993 年）、《浦东审判》（1993 年）、《当代司法》（1994 年）、《证据科学》（1994 年）、《太原审判》（1995 年 9 月）、《判例与研究》（1995 年）、《宿州刑事审判》（2009 年 12 月）、《合肥审判》（1997 年）、《司法论丛》（1998 年）、《刑事审判参考》（1999 年）、《判解研究》（2000 年）、《黄冈审判》（2000 年）、《民事审判指导与参考》（2000 年）、《绍兴审判》（2000 年）、《哈铁审判研究》（2000 年）、《呼伦贝尔审判》（2001 年）、《通辽审判》（2001 年）、《立案工作指导与参考》（2002 年 10 月）、《公益诉讼》（2003 年）、《宝鸡审判》（2003 年）、《沂蒙司法前沿》（2003 年 1 月）、《佛山审判执行》（2003 年 9 月）、《西安审判》（2003 年）、《司法连线》（2004 年）、《龙口审判通讯》（2004 年）、《沧州审判》（2005 年）、《铜陵审判》（2005 年）、《拉萨审判》（2005 年）、《太铁审判》（2006 年）、《证据科学》（2007 年）、《中国少年司法》（2009 年）、《吕梁审判》（2009 年）、《衡水审判》（2011 年 5 月 1 日）、《枣庄审判专刊》（2012 年 2 月）等。

第八，司法行政类非法学核心期刊。主要有：《中国司法》（1982 年 1 月 1 日）、《福建律师》（1982 年）、《北京律师》（1983 年）、《司法文书与公文写作》（1984 年）、《人民调解》（1985 年）、《企业法律顾问》（1985 年）、《公证与律师通讯》（1986 年 1 月 1 日）、《律师与法》（1986 年）、《中国监狱学刊》（原名《劳改劳教理论研究》1986 年 2 月创刊，1995 年 8 月改为现名）、《犯罪与改造研究》（1986 年）、《中国律师》（1988 年）、《抚顺律师》（1989 年 1 月）、《司法行政》（1990 年）、《宁夏劳改法学论坛》（1991 年）、《法律文书与行政文书》（1993 年 1 月 1 日）、《武汉律师》（1993 年）、《中国公证》（2001 年）、《绍兴律师》（2002 年）、《中国法律援助》（2003 年）、

《法律通讯》（2005 年）、《杭州公证》（2005 年）、《律师大视野》（2006 年）、《中圣律师》（2006 年）、《西藏司法行政》（2006 年 5 月）、《四川律师》（2008 年）、《甘肃司法》（2010）、《温州法律援助》（2011 年 7 月）等。

第九，行政法类非法学核心期刊。主要有：《职工法律天地》（1950 年）、《行政与法》（1984 年）、《法律与医学》（1984 年）、《国外法医学》（1985 年）、《行政与法制》（1986 年）、《行政法制》（1989 年）、《政府法制》（1992 年）、《中国卫生法制》（1992 年）等。

第十，民商法类非法学核心期刊。主要有：《经济法规研究资料》（1982 年）、《经济与法律》（1987 年 4 月）《金融法苑》（1988 年）、《电子知识产权》（1991 年）、《著作权》（1991 年）、《经济政策法规参考》（1991 年）、《法制与经济》（1992 年）、《中国商业法制》（1993 年）、《民商法论丛》（1994 年）、《中华商标》（1995 年）、《中国商法》（1999 年）、《财经政法资讯》（2001 年）、《企业与法》（2001 年）、《中国版权》（2002 年）、《法人》（2004 年）、《民商法学家》（2005 年）等。

第十一，犯罪学类非法学核心期刊。主要有：《刑事技术》（1976 年）、《犯罪研究》（1982 年）、《青少年犯罪问题》（1982 年）、《青少年犯罪研究》（1982 年）、《侦查》（1985 年）、《法医学杂志》（1985 年）、《中国法医学杂志》（1986 年）、《法制心理研究》（1990 年）、《法制与心理》（1991 年）、《重庆司法鉴定》（2003 年）等。

第十二，刑事法学类非法学核心期刊。主要有：《刑事文辑》（1980 年）、《刑法论丛》（1995 年）、《刑法评论》（1997 年）等。

第十三，法制文学类非法学核心期刊。主要有：《民主与法制》（1979 年）、《法律与生活》（1984 年）、《法制画报》（1984 年 12 月）、《法律咨询》（1985 年 1 月）、《法制文摘》（1985 年）、《法制博览》（1985 年）、《法制与文明》（1986 年）、《法制世界》（原名《司法》，1988 年 10 月改为现名）、《法制导刊》（1988 年）、《海口法制》（1990 年）、《法制与社会》（1992 年）、《东方法苑》（1993 年）、《法制与新闻》（1993 年）、《法制月刊》（1994 年）、《法庭内外》（1994 年）、《法学家茶座》（2002 年）、《中国法律人》（2004 年）、《公民与法治》（2004 年）、《燕赵法制之窗》（2007 年 8 月）等。

第十四，法学年鉴（刊）类非法学核心期刊。主要有：《中国国际法年刊》（1982 年）、《中国法律年鉴》（1988 年），《浙江公安年鉴》（2006 年）、《上海公安年鉴》（1988 年）、《济南公安年鉴》（2010 年），《中国检察年鉴》（1987 年）、《上海检察年鉴》（2001 年）、《昌都检察年鉴》（2003 年），《中国商事审判年鉴》（2009 年），《中国司法行政年鉴》（2000 年）、《河南司法行政年鉴》（2009 年）、《北京司法行政年鉴》（2003 年），《四川监狱年鉴》（2003 年）、《黑龙江检察年鉴》（2006），《中国律师年鉴》（2000 年）、《深圳律师年鉴》（2010 年）等。

（四）当代大陆以书代刊法学出版物①

所谓以书代刊法学出版物，亦称法学学术集刊、丛刊，是指具有相对稳定统一的题目，以分册形式按照年、半年、季度、双月、一月、半月、周为周期而定期出版，并有年、卷、期标识序号，计划无限期出版并具有正式书号，反映当前我国人文社会科学领域最新成果的连续出版物。因此，它的最大特点在于，它是具有期刊性质，但没有刊号而具有书号（包括用一个书号或用多个书号）的连续出版物。

另外，法学集刊与法学期刊还有如下不同：一是在专业研究领域中更趋向专门化；二是主编或编辑者大多为国内学界所知晓的著名学者；三是多为国内某一部门学科领域中的知名学者或专业学会来牵头组稿，它代表的是本专业学科领域或某法律院校教师的群体学术名誉；四是不受篇幅字数的限制，填补了学术期刊因篇幅所限而存在的缺陷；五是出版形式灵活，可不受时空限制，便于集中刊发某时段或某部门的一批专精论文；特别是对国内高校系统每年撰写的大量硕、博士论文的及时出版；六是多数得到了专业出版公司或出版社的支持与筹划；等等。

此外，自 20 世纪 80 年代后期以来，特别是 90 年代以来，由于国家对刊号的严格管制，导致一些以书代刊法学刊物出现。目前，常见的主要有 24 类250 余种，见下表：

序号	刊　名	卷次	编者	出版者
		（一）学报类		
1	北大法学论坛		北大法学院	法律
2	珞枷法学论坛		武大法学院	武大
3	华东法律评论	半年	华东政法	法律
4	法大评论		中国政法	中国政法
5	清华法治论衡	年卷	清华	清华

---

① 参见田建设：《我国法学类连续出版物〈集刊〉现状》，载《全国高校社科信息资料研究会第六次会员代表大会暨第 13 次学术研讨会论文集》，全国高校社科信息资料研究会 2010 年 8 月 10 日编印。

序号	刊　　名	卷次	编者	出版者
6	中南法律评论		中南经法	法律
7	厦大法律评论		厦门大学法学院	厦门大学
8	中山大学法律评论	季刊	中山大学法学院	法律
9	人大法律评论	年刊	人民大学	人民大学
10	北大法律评论	半年	北大法学院	法律
11	政法评论	年卷	法大	中国政法
12	复旦民商法学评论	年卷	复旦法学院	法律
13	清华法学		清华法学院	清华
14	清华法律评论		清华法学院	清华
15	南开大学政法学院学术论丛	年卷	南开大学法学院	天津人民
16	新世纪法学前沿	年刊	上海交大法学系	上海交大
17	昆仑法学论丛	年刊	北大	北大
18	法苑纵横		宁波大学法学院	人民法院
19	山东大学法律评论		山东大学法学院	山东人民
20	华东政法评论	年刊	华东政法	法律
21	岳麓法学评论	年刊	湖南大学法学院	湖南大学
22	安徽大学法律评论	季刊	安徽大学法学院	安徽大学
23	大连海事大学法律论坛		大连海事法律系	法律
24	海大法律评论		上海海事法学院	上海社科
25	法学理论前沿论坛		吉大法学院	吉林大学
26	北大法律网苑		北大光华法律网	民主法制
27	法学纪元	年刊	华中科技法学院	北大
28	中德法学论坛	年刊	南京大学中德所	南京大学
29	四川大学法律评论	年刊	四川大学法学院	四川大学
30	西部法苑论坛		甘肃政法学院	中国法制
31	浙江大学法律评论	年刊	浙大法学院	中国社科
32	西南法学论坛		西南政法大学	法律

续表

序号	刊　名	卷次	编者	出版者
33	上海大学法学评论		上海大学法学院	上海大学
34	湘江法律评论		湘潭大学法学院	湖南人民
35	东吴法学	半年	苏州大学法学院	法律
36	汕大法学评论		汕头大学法学院	知识产权
37	华侨大学法学论丛		华侨大学法学院	厦门大学
38	郑大法苑	双月	郑州大学法学院	郑州大学
39	华中法律评论		华中科技法学院	华中科技大
40	京师法律评论		北师大法学院	北师大
41	三晋法学		山西大学法学院	中国法制
42	澳门法学		澳门大学法学院	法律
（二）综合类				
43	法学前沿		武大法学院	武汉大学
44	法学论丛	年刊	公安大学	公安大学
45	法学理论前沿论坛		吉大法学院	科学
46	首都法学论坛		北大	北大
47	东方法学		上海法学会	法律
48	当代法学论坛	双月	贵州法学会	法律
49	法律与社会科学			法律
50	燕京法学			民主与法制
51	北大法学文存		北大	北大
52	政法论丛	年刊		法律
53	活的法律	年刊	非凡律师所	商务
54	中国法治在线			法律
55	法治论坛		广州法学会	花城
56	法制现代化研究	年刊		南京师范大学
（三）法理类				
57	法哲学与法社会学论丛		中国政法	中国政法

续表

序号	刊　名	卷次	编者	出版者
58	法理学论丛		吉大法学院	法律
59	法律方法		山东大学法学院	山东人民
60	法律方法与法律思维		中国政法	中国政法
（四）公法类				
61	公法			法律
62	公法评论	年刊		北大
63	公法研究		浙大公法研究所	中国政法
（五）宪法类				
64	宪法论丛			法律
65	宪法研究	年刊	宪法学研究会	法律
66	中国宪法年刊	年刊		法律
67	宪法与行政法论坛			中国检察
68	人权研究		山东大学法学院	山东人民
69	人权法评论		北大	北大
（六）行政法类				
70	行政法论丛	年刊	北大	法律
71	公安学论丛			公安大学
72	治安学论丛			公安大学
73	中国教育法制评论	半年		教育科学
（七）刑法类				
74	刑法论丛			法律
75	刑事法评论			中国政法
76	刑法时评			公安大学
77	刑法评论			法律
78	刑事法前沿			公安大学
79	刑法学新动向			公安大学
80	刑法问题与争鸣			方正

序号	刊　名	卷次	编者	出版者
81	比较刑法			中国检察
82	经济刑法			上海人民
83	国际刑法评论			公安大学
84	中国刑事法学			公安大学
85	中国刑法学年会文集	年刊		公安大学
86	华东刑事司法评论			法律
	（八）经济法类			
87	经济法论丛			法律
88	经济法论丛			方正
89	经济法论坛			群众
90	经济法研究		北大法学院	北大
91	经济法学评论	年刊		中国法制
92	经济法学家		北大法学院	北大
93	财税法论丛		财经大学法律系	法律
94	财经法律评论	半年	浙江法学会	中央编译
95	财经政法论坛		中南财经大学	中国财经
96	月旦财经法	半年		北大
97	环境资源法论丛			法律
98	环境法系列专题研究			科学
99	劳动法评论			人民大学
100	旅游法论丛			中国旅游
	（九）私法类			
101	私法	半年		北大
102	私法研究	半年		中国政法
103	中德私法研究			北大
	（十）民商法类			
104	民商法论丛	半年		金桥

序号	刊　名	卷次	编者	出版者
105	民商法评论			吉林人民
106	民商法前沿			吉林人民
107	月旦民商法研究			清华
108	民商法理论研究			人民大学
109	民商法律评论			方正
110	法大民商经济法评论			中国政法
111	民商法学家			中山大学
112	民商法前沿论坛			人民法院
113	中国民法年刊			法律
114	罗马法与现代民法			人民大学
115	物权法报告			中信
116	侵权法评论			人民法院
117	侵权司法对策			吉林人民
118	侵权法报告			中信
119	商法研究			人民法院
120	中国商法评论	年刊		北大
121	中国商法年刊	年刊	中国私法研究会	西南财经法大
122	商事法论集			法律
123	商事法律报告	年刊		中信
124	商事仲裁法律报告			中信
125	公司法律评论	年刊		上海人民
126	公司法律报告			中信
127	公司法评论			人民法院
128	国有企业改革法律报告	年刊		中信
129	公司证券法律纵横	半年		四川人民
130	政券法律评论	半年	人大金融法中心	法律
131	金融法苑		北大法学院	法律

序号	刊　名	卷次	编者	出版者
132	华东金融法制评论			方正
133	银行业法制年度报告	年刊		法律
134	中国投资法律指南			法律
135	竞争法评论			中国政法
136	破产法论丛			法律
137	中国并购法报告	年刊		法律
138	中国房地产法研究			法律
139	合同法评论	年刊		人民法院
（十一）知识产权法类				
140	中国知识产权研究			商务
141	北大知识产权法评论			法律
142	知识产权研究			方正
143	知识产权文丛			方正
144	知识产权法研究			北大
145	上海知识产权论坛			知识产权
146	中国商标报告			中信
147	专利法研究		国家专利法律部	知识产权
（十二）司法类				
148	中国司法评论	季刊	高法院	人民法院
149	司法前沿			人民法院
150	运河司法			法律
151	司法评论			中国检察
152	司法改革论坛		清华	中国法制
153	司法改革论评			中国法制
154	司法鉴定研究文集		司法部	法律
155	法官职业化建设指导与研究		高法院办公厅	人民法院
156	中国法庭	季刊	高法院	人民法院
157	湖北法官论坛			法律

序号	刊　名	卷次	编者	出版者
（十三）审判类——余种				
158	中国海事审判年刊	年刊	海商法协会	人民交通
159	知识产权审判指导与参考	季刊	高法院民庭	法律
160	民事审判指导与参考	季刊	高法院民庭	法律
161	中国民商审判	季刊	高法院民庭	法律
162	中国民事审判前沿	季刊	高法院民庭	法律
163	民商审判论坛			人民法院
164	经济审判指导与参考	季刊	高法院经济庭	法律
165	强制执行指导与参考		高法院执行庭	法律
166	刑事审判要览	季刊		法律
167	刑事审判参考	双月	高法院刑庭	法律
168	刑事法判解研究	季刊		人民法院
169	刑事法判解			法律
170	行政执法与行政审判参考	半年	高法院行庭	法律
171	行政执法与行政审判	季刊	高法院行庭	法律
172	审判前沿：新类型案件实务		北京高级法院	法律
173	审判监督指导与研究		高法院	人民法院
174	立案工作指导与参考		高法院	人民法院
175	司法审判动态与研究	半年		法律
176	审判研究		国家法官学院	法律
177	中国司法审判论坛		国家法官学院	法律
178	商事审判研究	年刊	广东法官协会	人民法院
179	判解研究	季刊	国家法官学院	人民法院
180	中国案例指导		高法院	法律
181	民法判解研究与适用			人民法院
182	疑难案例实务研究		北京市高法	法律
183	疑案精解	季刊		中国检察

序号	刊　名	卷次	编者	出版者
184	知识产权办案参考	双月	北京市高法	方正
185	知识产权审判实务		北京市一中院	法律
186	知识产权裁判文书集			科学
187	九江裁判		九江中级法院	法律
	（十四）仲裁类			
188	仲裁与法律	季刊	中国仲裁委	法律
189	中国仲裁与司法	半年	仲裁研究会	法律
190	北京仲裁		北京市仲裁委	法律
191	仲裁研究		广州仲裁委	法律
192	商事仲裁法律报告			中信
	（十五）检察类			
193	检察论丛		国家检察官学院	法律
194	中国检察		检察理论研究说	中国检察
195	检察业务指导	季刊	最高人民检察院研究室	中国法制
196	法律应用研究	双月	最高人民检察院研究室	中国法制
197	法律应用与检察业务研究		最高人民检察院研究室	中国法制
198	民事行政检察指导与研究		最高人民检察院民行厅	法律
199	民事行政抗诉案例选		最高人民检察院民行厅	法律
200	刑事司法指南		最高人民检察院公诉厅	法律
	（十六）律师类			
201	律师文摘	季刊		法律
202	中国律师论坛			法律
203	昊莫律师评论			人民法院
	（十七）诉讼类			
204	诉讼法学研究			中国检察
205	诉讼法论丛			法律
206	中国诉讼法判解		法大	中国检察

序号	刊　名	卷次	编者	出版者
207	法官论诉讼			法律
208	证据学研究论坛			中国检察
209	法官证据			法律
210	刑事诉讼前沿研究		西南政法大学	中国检察
211	比较民事诉讼法			人民大学
212	民事诉讼论坛			知识产权
213	公益诉讼	半年	东方公益所	中国检察
（十八）犯罪、侦查学类				
214	犯罪学论丛			中国检察
215	侦察学论丛			公安大学
216	侦查论坛			公安大学
（十九）法制史类				
217	法律史学研究		中国政法	中国法制
218	法律史论集	年刊	中国法律史学会	法律
219	中西法律传统		中南财经大学	中国政法
220	法律文化史研究			商务
221	法律文化研究			人民大学
（二十）法律文献类				
222	法律书评		北大	法律
223	中国法学文档		中国政法	中国政法
224	中国古代法律文献研究		中国政法古籍所	中国政法
225	中外法律文献研究			北大
（二十一）各国法律类				
226	欧洲法通讯	半年		法律
227	俄罗斯法论丛		黑大法学院	社会科学
228	英美法评论	年刊		法律
229	美国法通讯	年刊	中美律师协会	法律

续表

序号	刊　名	卷次	编者	出版者
230	亚洲法论坛			公安大学
（二十二）国际公法类				
231	国际法与比较法论丛			方正
232	当前国际法论坛		北大	北大
233	国际法研究	年刊	公安大学	公安大学
234	国际法学论丛		北京法学会	方正
235	武大国际法评论		武大国际法所	武大
236	北大国际法与比较法评论		北大	北大
237	跨国法评论		沪交大国际法所	北大
238	中国海洋法学评论	半年	厦大法学院	华文图书公司
（二十三）国际私法类				
239	国际经济法论丛			法律
240	国际经济法学刊		北大	北大
241	国际商法论丛	年刊	外经贸法学院	法律
242	中国海商法年刊	年刊	海商法协会	大连海事大学
243	海商法研究	年刊	北大法学院	法律
244	国际环境法与比较环境法		武大法学院	法律
（二十四）其他				
245	监狱评论			法律
246	立法研究		北大法学院	法律
247	比较法在中国	年刊	比较法学会	法律
248	法制教育研究		北大	北大
249	网络法律评论		北大知识产学院	法律
250	法学家茶座	半年		山东人民

（五）当代中国台湾地区法学期刊

目前，我国台湾地区的法学期刊除包括：《东海大学法学研究》、《中原财经法学》、《国立中正大学法学集刊》、《台湾海洋法学报》、《辅仁法学》、《中

兴法学》、《中央警察大学法学论集》、《玄奘法律学报》、《台湾科技法律与政
策论丛》、《政策研究学报》、《法律与生命科学》、《犯罪与刑事司法研究》、
《高大法学论丛》、《军法专刊》、《律师杂志》、《司法改革杂志》、《全国律
师》、《台湾国际法季刊》、《法令月刊》、《台湾法学杂志》、《台湾法学讲座》，
以及图 129（1）所示的法学期刊 50 余种。

图 129（1）　　左上起：《月旦法学》，《法学新论》，《月旦法学教室》，
《月旦民商法杂志》，《月旦裁判时报》，《国立台湾大学法学论丛》，《政大法
学评论》，《台北大学法学论丛》、《东吴法律学报》，《东海大学法学研究》，
《成大法学》，《科技法学评论》，《犯罪与刑事司法研究》，《兴大法学》，《犯
罪学期刊》，《法学论丛》，《财产法与经济法》，《万国法律》，《中正财经法
学》，《法制史研究》，《日新司法年刊》，《台湾国际法季刊》，《台湾科技法
律与政策论丛》，《月旦法学知识库》，《世新法学》，《医事法学》

三、法学报纸

旧中国的法学报纸主要有：辽宁大连的《人民警察》，北京的《京师警察公报》、《警察日刊》、《公安日报》、《法政浅说报》，天津的《津市警察三日刊》、《京报新法学副刊》，江苏的《法声》（南京）、《法声日报》（苏州），上海的《警钟日报》，广东的《司法日刊》（广州）、《东莞司法三日刊》（东莞）等。

而我国目前常见的法学报纸，除本书前述的《法制日报》、《检察日报》、《人民公安报》、《人民法院报》和 1999 年已停刊的《中国律师报》之外，[①]还有《法制今报》（原名《福建法制报》，1979 年 11 月创刊，2005 年改为现名）、《新疆法制报》（1980 年 8 月）、《青海法制报》（1981 年 6 月）、《法治新报》（原名《宁夏法制报》1982 年 1 月创刊，2003 年更为现名）、《云南法制报》（1982 年 7 月）、《新法制报》（原名《江西法制报》，1982 年 10 月）、《重庆法制报》（1982 年 12 月）、《广西法治日报》（原名《广西法制报》，1982 年 12 月创刊，2000 年 7 月 1 日更名为《广西政法报》，2004 年 2 月 8 日更名为《法治快报》，2011 年 3 月 18 日更为现名）、《山东法制报》（1983 年 1 月）、《安徽法制报》（1983 年 1 月）、《天津政法报》（原名《民警报》，1983 年 6 月）、《上海法治报》（原名《上海法制报》，1983 年 9 月）、《山西法制报》（1984 年 3 月）、《黑龙江法制报》（1984 年 4 月）、《浙江法制报》（1984 年 5 月）、《辽宁法制报》（1984 年 10 月）、《江苏法制报》（1985 年 1 月）、《河南法制报》（1985 年 1 月）、《四川法制报》（1985 年 1 月）、《法制生活报》（1985 年 1 月）、《法制晚报》（原名《北京法制报》，1985 年 4 月 6 日创刊，2004 年 5 月 18 日改为现名）、《内蒙古法制报》（1985 年 7 月）、《民主与法制时报》（1985 年）、《甘肃法制报》（1985 年）、《北方法制报》（原名《北方公安报》，1992 年 1 月，1999 年更为现名）、《法制文萃报》（1992 年）、《法制时报》（原名《海南特区法制报》，1998 年 1 月 18 日，2003 年 9 月 17 日更为现名）、《西部法制报》（2000 年 8 月）、《法治周末》（2010 年 1 月 7 日）等，并呈以下两方面特点：[②]

一方面，行政化的办报级别。据此可将现行法学报纸分为 3 种：一是以

---

① 另据《2013 邮发报刊简明目录》统计显示，截止到 2012 年 12 月 31 日，我国现有法学报纸 34 种。

② 参见赵中颉、曹斐：《法制报业的现状、困境和突围之路》，载《新闻导刊》2006 年第 3 期。

《法制日报》、《检察日报》、《人民法院报》、《中国纪检监察报》等为代表的中央级法学报纸；二是以《重庆法制报》、《云南法制报》、《山西法制报》等为代表的省级法学报纸；三是以《深圳法制报》、《伊犁法制生活报》等为代表的地级法学报纸。

另一方面，是宣传化的办报理念、政治化的办报效果、求异化的报纸名称、边缘化的出版周期、企业化的管理经营、脆弱化的资金来源。

第三篇 检察文献

第十二章　检察文献的词源与词义

一、检察文献的词源

目前，我国有无"检察文献"提法？它源于何时何处？回答是肯定的。

第一，通过互联网"百度引擎"搜索"检察文献"一词显示，截止到2012年12月31日，其中含有"检察文献"一词较早的文献，为"国家检察官学院官方网站"2011年5月12日所刊载的"各地检察机关向学院捐赠检察文献"（国家检察官学院办公室）一文。文章指出，"为充分发挥学院在全国检察教育培训工作中的龙头、示范和辐射作用，增强为全国检察教育培训和检察理论研究的服务功能，将学院图书馆建成全国检察系统文献信息中心，学院通过最高人民检察院办公厅向全国检察机关印发了《关于征集检察文献的通知》，得到了各地各级检察机关的大力支持和协助"。[①] 其中，"两函一通知"的具体内容、格式如图130所示。

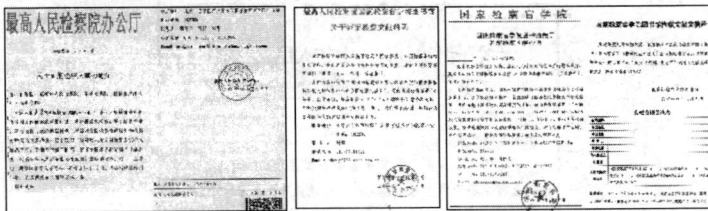

图130　左起：《最高人民检察院办公厅关于征集检察文献的通知》，《最高人民检察院国家检察官学院图书馆关于征集检察文献的函》，《国家检察官学院图书馆关于征集检察文献的函》

---

① 其中，该通知的全称为《最高人民检察院办公厅关于征集检察文献的通知》（2011年1月13日印发，高检办〔2011〕5号）。而在该通知发布之前，国家检察官学院图书馆向各省和地级市人民检察院下发的《最高人民检察院国家检察官学院图书馆关于征集检察文献的函》（2010年12月10）、国家检察官学院向各省和地级市人民检察院下发的《国家检察官学院图书馆关于征集检察文献的函》（2011年6月9日）中，也都有"检察文献"提法。

第二，通过互联网"Google搜索（谷歌搜索）"搜索"检察文献"一词显示，截止到2012年12月31日，其中含有"检察文献"一词较早的文献，为黑龙江省人民检察院官方网站——《龙剑网》2012年6月12日所刊载的"抢救检察文献文物　传承检察文化精髓"（黑龙江省建三江农垦区人民检察院吴秀伟）一文。

第三，通过《中国知网》高级检索"全文关键词——检察文献"搜索显示，截止到2012年12月31日，内文含有"检察文献"的论文仅13篇。其中，较早的是"关于组织征订《中华人民共和国检察制度研究》的通知——最高人民检察院办公厅（通知）〔1991〕高检办发第85号"一文（如图131所示）。文章指出，"该书以马列主义、毛泽东思想为指导，以新中国四十年来检察实践为背景，在广泛涉猎古今中外检察文献的基础上，探讨和论述了新中国检察制度的历史渊源、法律渊源、性质任务、理论基础，以及检察职能、检察程序、检察组织和检察管理等"；其他还有"九四年度《人民检察》等12种检察期刊文献研究述评"（甘伟淑，载《法律文献信息与研究》1995年第2期）、"我国法律文献检索教材之检讨"（田建设，载《法律文献信息与研究》2006年第3期）等。

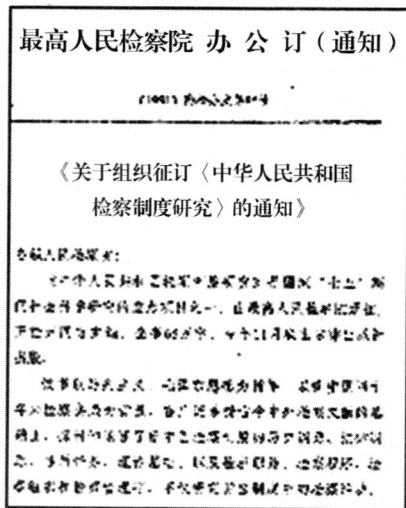

图131　《关于组织征订〈中华人民共和国检察制度研究〉的通知》

第四，通过最高人民检察院主管的《正义网》全文检索"检察文献"显示，截止到2012年12月31日，较早含有"检察文献"的文章包括："国家检察官学院'十二五'时期发展规划（摘要）"（载《检察日报》2012年1月

6 日）、"学院将建成高层次人才培养基地、科研咨询基地和文献资料中心"
（2012 年 1 月 6 日）、"《'十二五'时期国家检察官学院发展规划》印发"（张
灿灿，载《检察日报》2012 年 1 月 6 日）、"国家检察官学院负责人：改革创
新提高培训针对性实效性"（关仕金，载《检察日报》2012 年 1 月 6 日）以
及 "通过改革创新提高教育培训针对性实效性"（关仕金，载《检察日报》
2012 年 1 月 6 日）4 文。其中，第一篇不仅含有 "检察文献" 一词，同时指
出，《国家检察官学院 "十二五" 时期发展规划》的指导思想是："高举中国
特色社会主义伟大旗帜，以邓小平理论和 '三个代表' 重要思想为指导，全
面落实科学发展观，坚持正确的办学方向，以提升法律监督能力为核心，以提
高培训质量为生命线，突出检察特色，强化实务教学，增强培训实效，充分发
挥国家检察官学院在全国检察教育培训中的龙头、示范、辐射作用，努力把学
院建设成为高层次检察人才培养基地、检察系统的科研咨询基地和检察文献资
料中心，为全面实现 '十二五' 检察工作目标发挥好职能作用"；而第二篇则
含有 "《规划》指出，'十二五' 时期，国家检察官学院将坚持正确的办学方
向，以提升法律监督能力为核心，以提高培训质量为生命线，突出检察特色、
强化实务教学、增强培训实效，充分发挥在全国检察教育培训中的龙头、示
范、辐射作用，建设成为高层次检察人才培养基地、检察系统的科研咨询基地
和检察文献资料中心" 内容。

　　因此，我国 "检察文献" 提法，出现于 20 世纪 80 年代末 90 年代初。而
较早现于最高人民检察院办公厅《关于组织征订〈中华人民共和国检察制度
研究〉的通知》（1991 年 7 月 31 日，〔1991〕高检办发第 85 号）；所以该通
知也是较早含有 "检察文献" 一词的规范性文件；而较多论及 "检察文献"
则是 2010 年之后的事情，特别是上述 "两函一通知" 下发之后。

二、检察文献的词义

　　顾名思义，"检察文献" 词义，即关于（或有关、针对）或承载检察知识
信息的文献。其中，检察知识由有形的文字符号、书本等载体承载并展现，检
察信息则是检察知识——文字符号所彰显的内容含义。而作为合成词或偏正词
组，"检察文献" 由 "检察" ＋ "文献" 两词词义组成。其中，文献的词义
为 "记录知识和信息的一切物质载体"；而 "检察" 的词义如何？认识不一。
本书认为，应从以下 "八从" 把握：

　　1. 从词源、词义上看，检察："（1）稽查。《后汉书·百官志·五》：'里

魁掌一里百家。什主十家，伍主五家，以相检察'（实为'檢察'——引者注）。①《晋书·曹攄传》：'时天大雨雪，关门夜失行马，群官检察，莫知所在'。（2）官署名。金于东京、西、南三路设检察司，掌检察支散军粮、军户实给及军户差役、私屠、私监等事，有检查史和副使"。② 可见，"检察"初义有二：稽查、官署名。

2. 从现代词义、词性上看，检察："检举稽查；考察。特指审查被检举的犯罪事实"。③ 可见，"检察"具有动名词性，并由原来的两义演变为现今的专用法学（律）术语，且含有"审查被检举的犯罪事实"的国家行为之意。

3. 从"检察"由一般词汇变成法学（律）术语上看，"《后汉书》称：'里魁掌一里百家，什主十家，伍主五家，以相检察'。这里虽然没有说明检察的内容，但不能排除其中包括对法律的检察。参阅《淮南子》中下述说法，更可以肯定这一点：'人主立法，先自为检式仪表，故令行于天下'。王家的法要推行于天下，当然也要普及到闾里，成为里魁等实行检察的内容之一。据《魏志·武帝纪》记载：'其收田租，亩四升，户出绢二匹，绵二斤而已矣，其他不得擅发。郡国守相明检察之，无令强民有所隐蔽，而弱民兼赋也'。这是检察赋税法的执行，已经具有法律监督的含义。据《资治通鉴·唐纪八》所载，唐太宗李世民谓黄门侍郎王珪曰：'国家本置中书、门下以相检察，中书诏敕或有差失，则门下当行驳正'。这简直是中国古代的'一般监督'，以保障皇帝下达文书的正确性。再如元朝马端临在《文献通考》中所说：'自东晋至陈，西有石头津，东有方山津，各置津主一人……以检察禁物及亡叛者'。这种检察当然也是根据法律或命令进行的。我们当然不能说在古代文献中凡使用'检察'一词都具有法律监督的含义，但根据以上的考察，可以说'检察'的主要含义是法律检察或法律监督，至少是包括法律监督，这是无可疑义的。由此可见，在清朝末年进行司法改制时采用'检察'这一概念，形成检察制度不是偶然的，是与我国的传统法律文化相联系的。当时不采取其他概念（比如'监察'），而使用'检察'一词，乃是取'检'字的'法度'、'检制'的本义。而'检'与'察'连用，就具有法律监督的意义了"。④ 可

---

① 1964 年 3 月 7 日，中国文字改革委员会、文化部、教育部在颁行的《简化字总表（第三表）》中，将"檢"简化为"检"，至此，"检察"替代"檢察"而产生。

② 参见商务编辑部等编：《辞源（缩印版）》，商务印书馆 1991 年版，第 888 页。

③ 参见商务辞书研究中心修订：《新华词典》，商务印书馆 2001 年版，第 475 页。

④ 参见王桂五主编：《中华人民共和国检察制度研究》，法律出版社 1991 年版，第 243 ~ 244 页。

见，"检察"还有法律监督之意。

4. 从我国现行含有"检察"的常见法学（律）名词上看，既有检察署、检察院、军事检察院、军事检察所、铁路运输检察院、水上运输检察院、林业检察院、农垦检察院、新疆生产建设兵团检察院、检察机关和检察局，也有检察厅、检察处、检察科和检察委员会；既有检察人员、检察员、检察官、检察技官、检察事务官、检察书记员、司法警察，也有检察长、副检察长、检察委员会委员；既有检察制度，也有检察权、检察工作、检察职务（检察法律职务）、检察业务和检察建议；既有刑事、法纪、经济、监所（狱）、控告申诉检察，也有民事行政、劳教检察；既有检察技术、检察信息、检察信箱、检察通讯、检察标志，也有检察文书（检察法律文书）、检察统计；既有检察学，①也有检察理论、检察教育；既有检察学会、检察审查会，也有检察年鉴、检察简报、检察报等词目。② 可见，"检察"既是检方（如检察院、检察机关、检

---

　　① 当然，实践中，也有人不赞成"检察学"提法。例如，"我国的检察学应当属于法学。这是因为，在我国，检察机关的产生及其所有的活动，都来源于法律的规定。反言之，在我国，所有与'检察'有关的事情，没有不是法律规定的。所以，我国的检察活动完全属于法律性质，检察学的学科性质理所当然地属于法学。这是毫无疑问的，目前我们也没有看到这方面的不同意见。学科之事均涉及科学，学科名称也不是无所谓的事情。既然《检察学》这个学科属于法学，那就应当称为《检察法学》。法学研究法律，也叫规范学，社会科学研究事实（'事实'经常被称为现象），叫事实学。如果从名称上看，《检察学》当属于研究检察事实（或称现象，或称活动）的事实学，就不属于规范法学了，这就像经济法学和经济学的关系，前者研究经济法，属于规范学，后者研究经济现象，属于事实学。作为学科研究对象，事实与规范还是相差很远的，属于不同领域，绝不应混淆。《检察学》的名称不如《检察法学》这个名称准确。当《检察学》加了一个'法'字变成《检察法学》以后，学科的性质便一目了然了，从而，关于学科的研究对象和方法也随之有所明确了：这就是，《检察法学》要研究有关'检察'事业或活动的法律，所研究的对象，在性质上属于规范，而不属于事实。尽管有关检察机关从事法律监督活动的法律规范所规定的内容必然会形成为'法定'的检察事实，但是，必须明确的是：《检察法学》所研究对象的性质属于有关法律监督活动的法律规范，而不是检察事实。这是规范学和事实学所必须加以区别和明确的东西，否则就会发生错误。规范学的对象是法律规范，事实学的对象是社会事实。前者的主要研究方法是注释，追求对法律规范含义的深入理解。后者的主要研究方法是实证，追求对社会现象的规律性认识。按照名称的准确含义，《检察学》和《检察法学》的研究对象和方法都应有所不同"（参见王牧：《学科任务是学科建设的根据》，载《检察日报》2008 年 12 月 1 日）。

　　② 参见张思卿主编：《检察大辞典》（词目表），上海辞书出版社 1996 年版，第 1～37 页；最高人民检察院政治部编：《人民检察院机构名录》（2005），中国检察出版社 2005 年版。

察人员、检察官）权力（如检察权、检察职权）和义务（如检察职能、检察职责）的一种体现，也是检方行为（如检察工作、检察业务、检察建议、刑事检察、法纪检察、经济检察、监所检察）的一种彰显。

5. 从我国较早含有"检察"的法律条文上看，是清末《大理院审判编制法》［光绪三十二年十月二十七日（1906 年 12 月 12 日），如图 132 所示］："使巡警单独或协同本院以下直辖检察官调查一切案件"（第 7 条）；"高等审判厅内附设检察局，置检察长一员"（第 31 条）。可见，"检察"不仅随着检察官、检察长和检察局一起入法，也隐含检方是检察权的主宰。

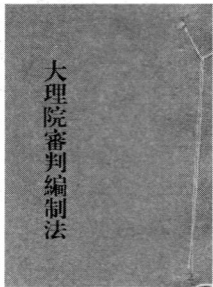

图 132　清末《大理院审判编制法》［光绪三十二年十月二十七日（1906 年 12 月 12 日，星期三）］

6. 从我国检察机关性质上看，最早规定检察机关性质并为"中华人民共和国人民检察院是国家的法律监督机关"的法律，是 1979 年《检察院组织法》（1979 年 7 月 1 日）第 1 条。随后，1982 年《宪法》（1982 年 12 月 24 日）将其原封不动地作为第 129 条内容上升为宪法规范；之后，现行 1983 年《检察院组织法》（1983 年 9 月 2 日）又将其只字未改地仍作为第 1 条内容加以明示。因此，自法律规定检察机关性质以来，我国检察机关就始终定位为国家的法律监督机关。但是，诚如著名法学家、人民检察理论的主要奠基人王桂五先生所云："检察机关的职能与法律监督的性质不相适应"，是 1979 年《检察院组织法》遗留的主要问题之一——"组织法规定检察机关是国家的法律监督机关，从逻辑上讲法律监督的外延应当与法律的外延相一致，也就是说，应当对各种法律的实施实行监督。但组织法规定的检察职权却只是对刑事法律的实施实行监督（监所监督中有非刑事的内容），这样就使组织法自身陷于矛盾"。① 同时，也隐含着检察机关是国家的检察机关还是国家的监督机关之抉

---

① 参见王桂五：《王桂五论检察》，中国检察出版社 2008 年版，第 186 页。

择？"这两种意见，曾经同时提交第七次全国检察工作会议讨论，仍未取得一致意见。实质问题仍然是 20 世纪 50 年代批判法律监督的消极影响所产生的后遗症，企图回避法律监督这一概念。当组织法（亦即《检察院组织法》）草案送交全国人大法制委员会审查时，彭真同志同意第二种意见，他在向五届人大二次会议作《检察院组织法》的说明时指出："确定检察院的性质是国家的法律监督机关"，并且说明这是运用了列宁的指导思想，"列宁在十月革命后，曾坚持检察机关的职权是维护国家法制的统一"。《检察院组织法》的这一规定是完全正确的，坚持法律监督就是坚持检察机关的根本性质和职能，是设置检察机关的根本意义所在，不能再有所动摇。"① 其中，"企图回避法律监督这一概念"的具体表现，主要有二：一是弱化、否认或混淆检察机关的法律监督性质；二是极力主张将"监督"改为"检察"。可见，在确定我国检察机关的性质时，"检察"还有代替"监督"功能。

7. 从被监督者对"监督"与"检察"的认同程度上看，"监督"——高高在上、"逆耳"，不易被接受；"检察"——事后监督，相对温和，"顺耳"，易被接受。而在我国检察法特别是检察院组织法典发展史上，存在两个"有趣现象"：一个是未规定"中华人民共和国人民检察院是国家的法律监督机关"的 1954 年《检察院组织法》，却蕴含着 9 个"监督"，而作为行为动词使用的"检察"未出现；另一个是规定"中华人民共和国人民检察院是国家的法律监督机关"的 1979 年和 1983 年《检察院组织法》，"监督"仅出现 5 次，而作为行为动词使用的"检察"同样未出现。正如 1979 年和 1983 年《检察院组织法》的制定亲历者，王桂五先生回忆所云："1979 年组织法将检察业务划分为：刑事检察、法纪检察、经济检察、监所检察等。这种划分方法存在着两个问题：一是回避了"监督"，改用"检察"；二是分工不科学，概念不清，并且互相重复。回避监督的原因，在上文已经谈过了。② 关于分工不科学的问题，情况比较复杂，需要多花费一些笔墨才能说清楚。刑事检察的原意是刑事侦查监督和刑事审判监督的合称，为了回避监督遂改为刑事侦查检察和刑事审

---

① 参见王桂五：《王桂五论检察》，中国检察出版社 2008 年版，第 183 页。

② 即"对于这个问题（即关于检察机关的性质问题——引者注），当时有两种意见：一种意见认为，检察院是国家的检察机关；另一种意见认为，检察院是国家的法律监督机关。主张第一种意见的主要理由是，认为监督是事先的监视，而检察是事后的监督，实行法律监督容易引起他人的反感，而使自己陷于孤立，等等。主张第二种意见的主要理由是，认为法律监督是列宁提出的原则，结合我国的实际情况，如果没有一个坚强的专门法律监督机关，法律的实施就没有可靠的保证，把检察院确定为检察机关是同义反复，没有实际意义"。

判检察，简称刑事检察。当时组织法草稿中还保留了一般监督和民事诉讼监督，可以作为刑事检察的对称（非刑事检察）。后来，在进一步的修改中，删去了一般监督和民事诉讼监督，使刑事检察这一概念失去了它的对称方面而变得难以理解了"。① 其实，自1954年《检察院组织法》颁行特别是"反右"后，建议将"监督"改为"检察"的呼声就一直未断。究其原因，除"认为监督是事先的监视，而检察是事后的监督，实行法律监督容易引起他人的反感"外，还有诸如"监督二字，大多数人都不习惯"、"助长检察干部以监督者自居的特权思想和忽视党委领导的倾向"等因。② 然而，在"文革"后召开的"七检"会议上，与会代表在讨论1979年《检察院组织法（草案）》关于检察机关的性质时，一种主张，第1条应明确写为"国家法律监督机关"。其理由是：法律监督是检察机关的性质，董必武同志曾经明确指出：人民检察院是法律监督机关；监督机关不特殊，上下左右都可以互相监督，法律监督又是区别和补充党的监督、群众的监督、自上而下的行政监督的一种专门监督；监督的含义较宽，包括了检察的意思在内；监督含义较缓和，检察听来较刺耳；监督是监督法律的正确实施，而检察则是实行法律监督的方法；说检察院是法律检察机关，是同一语词的反复，在逻辑和文法上不够确切和适当。根据同样的理由，这些同志也主张第5条中的"实行检察"均改为"实行监督"。另一种主张，第1条写为"国家法律检察机关"。其理由是：宪法上用的是检察；检察的含义较宽，包括了监督的意思在内；检察既包括发现违法，也包括纠正违法；检察成了法律的专用名词，如"依法检察"、"检察法律执行情况"等；检察一词比较不刺耳。同时，大家还有一个共同的意见，不论哪一种写法，都应增写"检察机关是无产阶级专政工具之一"内容。③ 可见，"检察"与"监督"之间，还有相互变通、包容、替代的作用。

8. 从我国现行法律上看，"检察"存于全国和地方性法律之中。而通过全国人大常委会办公厅主管的《中国人大网》之《中国法律法规信息系统》统计数据检索显示，截止到2012年7月19日，正文含有"检察"的全国和地方性法律4190件；而在129件全国性"法律及有关问题的决定"中，"检察"

① 参见王桂五：《王桂五论检察》，中国检察出版社2008年版，第182～187页。
② 参见《第四次全国检察工作会议材料》之二《关于检察机关性质的认识》、之十五《关于修改人民检察院组织法问题》，最高人民检察院第四次全国检察工作会议秘书处1958年8月编印。
③ 参见《预备会分组讨论修改人民检察院组织法》，最高人民检察院第七次全国检察工作会议秘书处1978年11月编印。

主要随下列 25 个法律术语出现：检察院、人民检察院、最高人民检察院、人民检察院分院、军事检察院、检察机关、检察委员会、检察厅、检察长、副检察长、检察委员会委员、检察官、检察员、助理检察员、检察人员、检察权、检察职权、检察职责、检察职能、检察、检察活动、检察工作、检察业务、检察建议、检察意见。可见，"检察"既可视为检察院（如第 1—5 词）、检察机关（如第 6 词）、检察机关内设组织或部门（如第 7—8 词）的简称，也可视为检察人员（如第 9—15 词）的简称；① 既可视为检察权［如第 16—19 词］的简称，也可视为检察行为［如第 20—25 词］的简称。而此等视为，亦可证明检察既是检方权力的一种体现，也是检方行为的一种彰显。

　　总之，"检察"一词就是近代国家所特有的、关于"审查被检举的犯罪事实"之权力或行为的、多义的动名词；② 因此，"检察文献"的词义，也就是"记录检察知识和信息的一切物质载体"。

---

① 而如此两种"视为"，也与"检察"最初就有"官署名"含义相契合。
② 其中，"检察"的多义性，既可表现为手段、措施、行为、活动等动词词义，也可表现为工作、权利、权力、职权（能、责）、法律或制度、人员、机关、组织等名词词义。

第十三章　检察文献的概念、特点及其与相关概念的关系

一、检察文献的概念

尽管"检察文献"一词在我国业已存在，但关于其概念的具体表述，并不多见。而本书认为，从词义上说，检察文献就是记录检察知识和信息的一切物质载体；从概念上讲，作为一个合成词或偏正词组，检察文献的概念同样由"检察"＋"文献"之概念两部分构成。其中，文献即人借助语言文字符号和文具创造的、记录并承载知识及其内容含义——信息的一切物质载体；而检察是近代国家所特有的、关于审查被检举的犯罪事实之权力或行为的、多义的动名词，而多义又包含：手段、措施、行为、活动、工作、权利、权力、职权（能、责）、人员、机关、组织、法律或制度诸义。

因此，作为文献或其社会科学文献或其法律（学）文献，抑或司法文献的下位（或种）概念或子集的检察文献，是指人借助语言文字符号和文具创造的、记录并承载检察知识及其内容含义——信息的一切物质载体。简言之，检察文献就是记录并承载检察知识和信息的一切物质载体。而作为一个集合或属（上位）概念，检察文献除包括有关检察（法）学、检察法律和检察实践的文献之外，还包括针对检察主体、检察权责、检察活动、检察工作、检察业务、检察机制、检察制度的文献，等等。一言以蔽之，凡是记录并承载检察知识和信息的一切物质载体，都可称之为检察文献，包括建筑、门牌、广告、标语、服装、器物等含有文字的物质载体（如图133所示文献），都可视为检察文献。

总之，基于上述分析和界定，本书认为，从性质、类别上讲，检察文献外延主要包括：关于检察理论的文献——检察学文献、关于检察法律的文献——检察法律文本、关于检察实践的文献——检察实践文献、关于检察知识和信息的其他文献4类。与此同时，一方面，倘若赋予法系、时间、地（国）域、国籍（别）等限定，检察文献还可分为大陆、英美和社会主义法系国家检察文献3种，或者近代、现代和当代检察文献3种，或者本国与国外、国内与国际检察文献2种，或者亚洲、欧洲、非洲、北美洲、南美洲和大洋洲检察文

图133　左起：第十次全国检察工作会议会标，1978—1988年最高人民检察院办公地址：北京北河沿大街147号，全国人大常委会任命通知书，最高人民检察院检察长张鼎丞当选人大代表证书，《山西省太原市人民检察院聘书》（1956年），最高人民检察院《检察院情况反映》（1989年12月11日），84式检察服帽徽，福建省人民检察院印章，民国检察官帽制图，1988式春秋季检察服，《废检察制度之运动》（陈则民等著，缩微胶片）

献，或者中国、法国、南非、美国、巴西、澳大利亚……等国检察文献。① 另一方面，检察法律文献（亦即检察法律文本，如图134所示）无疑是检察文献之核心。因为，如果没有检察法律文献的客观存在，检察学文献就会失去研究对象和存在意义，检察实践文献就会失去产生基础和行动引领。

（一）关于检察理论的文献——检察学文献

何谓检察学？众说纷纭。诚然，"检察学是一门新兴的法学学科，对检察学的定义存在各种不同的观点。主要有：第一种观点是刑事诉讼法学分支说……第二种观点是新兴法学分支说……第三种观点是新兴综合法学说……第四种观点是特殊社会科学说……第五种观点是独立法学分支学科说。在上述诸观点中，有些看法值得研究。……我们认为，检察学是研究检察制度、检察活动及其规律的综合性法学应用学科"。而"关于检察学的理论体系，主要有以下观点：第一种观点是'两部分'说。该说认为，检察学可分为总论和分论两大部分……第二种观点是'三部分'说。该说认为，检察学的理论体系应包括检察学总论、检察职能论、检察官理论三个部分……第三种观点是'四部分'说。该说认为，检察学应从检察权基本原理到检察制度，再到检察具体工作，以及域外检察、检察制度史等不同层面，进行分层次、系统化的研

---

① 至于中外检察文献的具体类型，还可参见本篇第四节的相关内容。

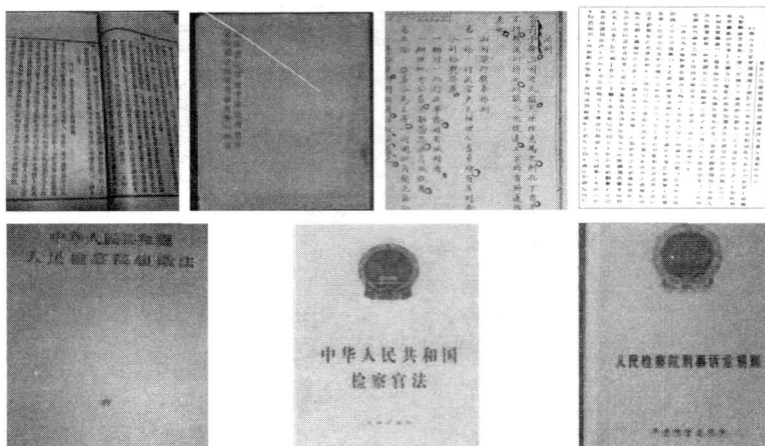

图134　左上起：清末《钦定法院编制法》（内文）［宣统元年十二月二十
八日（1910年2月7日）］，中华民国《法院书记官任用审查暂行办法　法院书
记官审查委员会规则》（1938年2月1日），《山西单行奖章条例》（民国时期），
《最高人民检察署关于继续与深入镇反运动的指示》（1951年9月28日），1954
年《中华人民共和国人民检察院组织法》（人民1954），《中华人民共和国检察官
法》（法律2001），《人民检察院刑事诉讼规则》（检察1999）

究……第四种观点是'五部分'说。该说认为，检察学由总论、职能论（法
律监督论）、程序论、组织论和管理论五部分构成……第五种观点……对检察
学学科体系划分提出如下设想：

检察学	应用检察学	专门检察学	职务犯罪侦查学
			公诉学
			刑事诉讼监督学、民事行政检察学等（亦可细分）
			军事检察学、职务犯罪预防学、检察技术学等
		检察管理学	检察政策学、检察官管理学、检察业务管理学、检察行政管理学等
	理论检察学	一般检察学	或者称为"检察学基础理论"、"检察学总论"
		比较检察学	法系间的检察制度比较、国别间的检察制度比较、个别国家或地区检察制度研究等
		检察史学	中国检察制度史、外国检察制度史、检察制度断代史
		检察社会学	研究检察工作、检察改革和检察政策的社会效果，党和国家的政策要求以及检察机关的应对策略等

……本教程将检察学的编写体系分为绪论、总论、分论三部分"。① 而本书认为，基于立足点、视角和语境的不同，关于检察学概念诸说，既有合理的一面，也有值得商榷的一面；同时，上述诸说都有"一叶知秋"、"盲人摸象"式的主观武断。而目前，关于检察学外延（或内容）的代表性观点，主要有以下二十四种观点：②

第一，［日］冈田朝太郎、松冈义正、小河滋次郎、志田钾太郎口授，蒋士宜编纂，郑言笔述的《检察制度》［中国图书公司宣统三年四月二十六日（1911 年 5 月 24 日）初版，32 开 242 页 15 万字，系我国历史上第一部检察专著，法大 2003 年影印再版，如图 135 所示］认为，检察制度依次包括：刑事法与检察制度（冈田朝太郎口授）、民事法与检察制度（松冈义正口授）、行刑法与检察制度（小河滋次郎口授）、检察制度与对外关系（志田钾太郎口授）4 编。

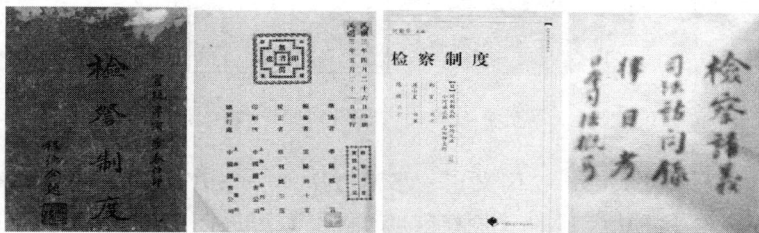

图 135　左起：冈田朝太郎、松冈义正、小河滋次郎、志田钾太郎口授，蒋士宜编纂，郑言笔述的《检察制度》初版封面、版权页与再版封面；张一鹏笔述的《检察讲义》

第二，冈田朝太郎口授，张一鹏笔述的《检察讲义》（安徽法学社 1911年版，我国历史上第三部检察专著，如图 135 所示）认为，检察制度包括绪论与本论两部分。绪论又包括：刑事法与检察制度、法国检察制度沿革；本论又包括：检察厅之组织、检察官之职权、事务章程及监督。因此，基于口授者的部分相同与笔述者的不同，本书系上述蒋士宜编纂、郑言笔述《检察制度》另外的第一个版本。

---

① 参见张兆松主编：《检察学教程》，浙江大学出版社 2009 年版，第 11 ~ 12 页、第26 ~ 28 页。

② 而毋庸置疑的是，承载这二十四种观点的检察书籍，无疑都是当时的检察名著；而蕴含这二十四种观点所涉及内容的文献，即为典型的检察文献。

第三，检察制度研究会编辑的《检察制度祥考》〔京外各大书坊中华民国元年八月（1912 年 8 月）第一版，我国历史上第二部检察专著，如图 136 所示〕认为，检察制度依次包括：关于刑事法之部（冈田朝太郎口授、徐谦鉴定、张智达笔述）、关于民事法之部（松冈义正、徐谦鉴定、王枢笔述）、关于行刑法之部（小河滋次郎口授、徐谦鉴定、王枢笔述）、关于国际法之部（志田钾太郎口授、徐谦鉴定、王炽昌笔述）4 编。因此，基于口授者的相同与笔述者的不同，本书系上述蒋士宜编纂、郑言笔述《检察制度》另外的第二个版本。

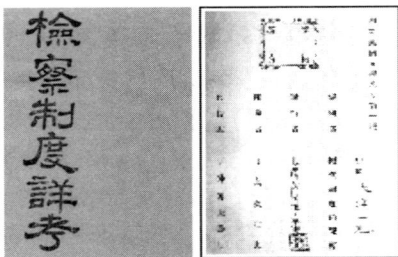

图 136　检察制度研究会编的《检察制度详考》封面与版权页

第四，冈田朝太郎、松冈义正、小河滋次郎、志田钾太郎口授，熊元翰编辑，熊仕昌和沙亮功笔述的《检察制度》（安徽法学社 1918 年 12 月初版，32 开上下两册 302 页 12.6 万字，我国历史上第三部检察专著，如图 137 所示）认为，检察制度依次包括：刑事法与检察制度（冈田朝太郎口授）、检察制度与对外关系（志田钾太郎口授）、行刑法与检察制度（小河滋次郎口授）、民事法与检察制度（松冈义正口授）4 编。因此，基于口授者的相同与笔述者的不同，本书系上述蒋士宜编纂、郑言笔述《检察制度》另外的第三个版本。

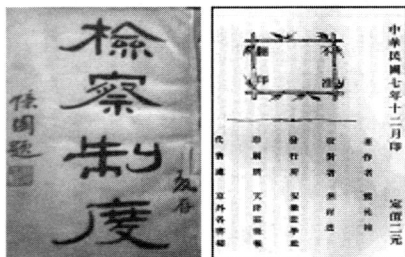

图 137　熊元翰编辑的《检察制度》封面与封底

第五，毛家骐编著的《检察官办案实用》（文通书局 1942，共 586 页，如

图 138 所示）认为，检察官办案实用依次包括刑法部分与刑事诉讼法部分两卷。其中，刑法部分卷包括总则与分则两部；刑事诉讼法部分卷包括通用程序与特别程序两部。

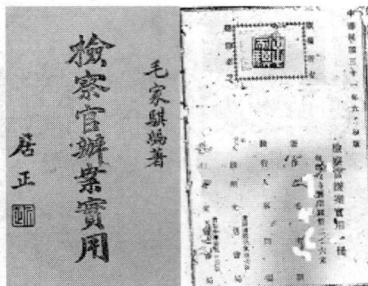

图 138　毛家骐编著的《检察官办案实用》的封面与版权页

第六，李六如著的《检察制度纲要》（法大教务处 1950 年 1 月编印，亦称《各国检察制度大纲》、《各国检察制度刚要》，系新中国第一部检察专著，① 如图 139 所示）认为，检察制度包括：检察之起源及作用、资本主义各国的检察、社会主义苏联的检察、各新民主主义与新中国的检察、对各种检察制度之分析批判与说明 5 部分、18 页。

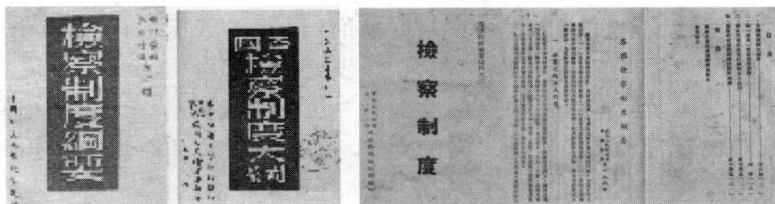

图 139　左起：李六如著的《检察制度刚要》（法大教务处 1950 年 1 月编印）和《各国检察制度大纲》（中央人民政府最高人民检察署 1950 年 1 月翻印）封面，《检察制度》和目录

第七，陈启育著的《新中国检察制度概论》（新华书店 1950 年 11 月初版，共 45 页，系新中国第二部检察专著）及其（修订本，人民 1951，共 48

----

① 当然，如果根据联合国教科文组织"小册子的篇幅为 5～48 页"之规定，那么，李六如著的《检察制度纲要》只是新中国较早的检察小册子，而非检察专著。同时值得说明的是，由中央人民政府司法部司法干部培训班 1950 年 6 月编印的《检察制度》（共 35 页）也属于小册子，是《各国检察制度刚要》等 4 篇文章的汇辑。

页；西南人民出版社 1951 年 6 月第三版；系新中国第一部或第三部检察专著，① 如图 140 所示）认为，检察制度包括：导言、资本主义国家及旧中国时代的检察制度、社会主义苏联及新民主国家的检察制度、新民主主义中国检察制度的建立和任务 4 部分。

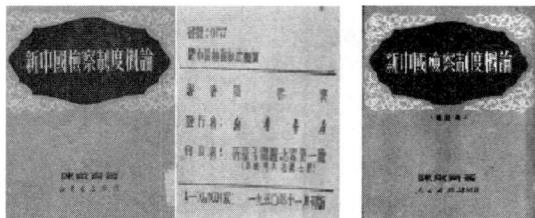

图 140　左起：陈启育著的《新中国检察制度概论》初版封面与版权页、修订本封面

第八，王舜华著的《我国刑事诉讼中的检察机关》（群众出版社 1982 年 4 月初版，32 开横排 109 页 7.4 万字，系我国"文革"后首部检察专著，② 如图 141 所示）认为，刑事诉讼中的检察机关包括：人民检察院的性质和任务，人民检察机关的历史，人民检察院的工作原则，人民检察院直接受理案件的侦查、审查批捕，提起公诉，检察人员出庭支持公诉，检察人员出席第二审人民法院审判，监所检察 8 章。

第九，王桂五著的《人民检察制度概论》（法律出版社 1982 年 6 月初版，195 页，系我国"文革"后第二部检察专著，③ 如图 142 所示）认为，检察制度包括：前沿以及我国人民检察制度的简要历史、人民检察院的性质和任务、人民检察院的设置和组织原则、人民检察院的职权、人民检察院行使职权的程序、人民检察院的工作路线和工作原则 6 章。

第十，王洪俊著的《检察学》（重庆出版社 1987 年 10 月初版，系新中

① 如果根据联合国教科文组织"小册子的篇幅为 5～48 页"之规定，那么，《新中国检察概论》（修订本）则是新中国第一部检察专著；否则，它属于新中国第三部检察专著或者较早的检察小册子；而《新中国检察制度概论》则是新中国第二部检察专著。

② 当然，若不拘泥于"小册子的篇幅为 5～48 页"之规定，那么，金默生著的《人民检察工作浅谈》（群众出版社 1982 年 2 月初版，由作者发表于《人民日报》的 14 篇文章汇辑而成，32 开横排 37 页 1.9 万字，如图 141 所示）就是"文革"后出版的首部检察专著。

③ 而实践中也有人认为，它是"论述新中国人民检察制度的第一本专著"（参见张思卿主编：《检察学大辞典》，上海辞书出版社 1996 年版，第 12 页）。

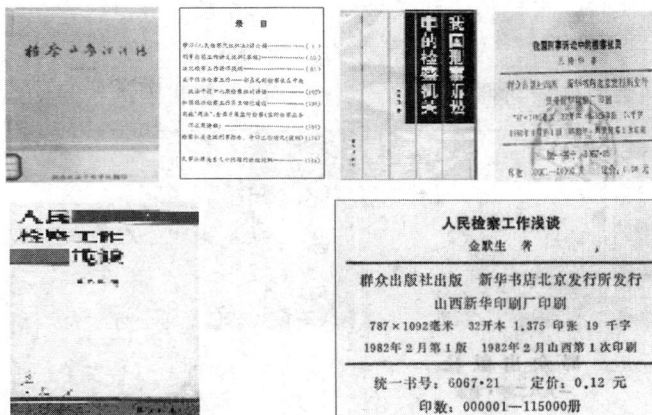

图 141　左上起：湖南省政法干部学校编的《检察业务课讲稿》封面及其目录，王舜华著的《我国刑事诉讼中的检察机关》封面与版权页，金默生著的《人民检察工作浅谈》封面与版权页

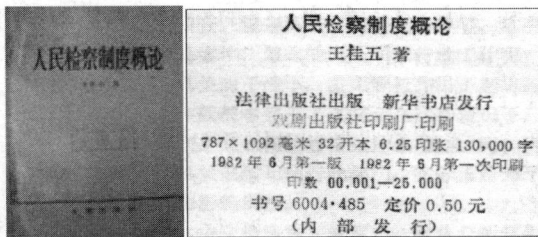

图 142　王桂五著的《人民检察制度概论》封面与版权页

国第一部以"检察学"为书名的专著，如图 143 所示）认为，① 检察学包括绪论、总论和分论 3 部分。其中，绪论依次包括：检察学的研究对象、检察学研究的具体范围和体系、检察学和其他法律科学的关系、检察学的理论基础和研究方法；总论依次包括：检察制度的历史沿革、当代我国检察制度的产生及历史发展、人民检察机关的性质、人民检察机关的任务和职权、人民检察机关

---

① 而早在西南政法学院诉讼法教研室 1984 年 4 月编印的《我国的检察制度》说明中，就有如下表述："本书由我室王洪俊同志编著，可作为我院各专业学生学习刑事诉讼法的参考书。成稿于 1982 年，此次付印仅就个别内容作了简要修改，不当之处，请予指正，以便修改时参考。在写作这本书的过程中，曾得到最高人民检察院各厅、室及原研究室主任王桂五同志的大力支持，谨表谢意！　西南政法学院诉讼法教研室　一九八四年四月六日"。因此，《我国的检察制度》可视为新中国第三部检察专著。

的设置和组织职权、人民检察机关的活动原则6章；分论依次包括：人民检察机关的法纪、经济监督，人民检察机关的侦查监督，人民检察机关的审判监督，人民检察机关的监所监督，进一步健全和完善我国的检察制度5章。

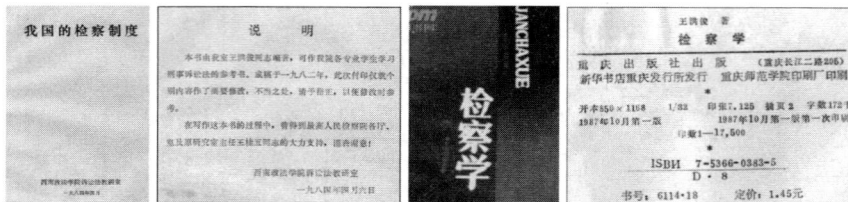

图143　王洪俊著《我国的检察制度》和说明，王洪俊著的《检察学》封面与版权页

第十一，赵登举、徐欣常、刘生铨主编的《检察学》（湖南人民1988年1月初版，如图144所示）认为，检察学依次包括绪论（检察学的概念特点，创建中国检察学的客观必然性，检察学的研究对象、范围和体系，检察学的起源和发展，检察学的理论基础和研究方法），以及检察制度的产生与发展、我国检察制度的创建和发展、人民检察机关的性质、人民检察机关的任务、人民检察机关的职权、人民检察机关的设置和组织原则、人民检察机关的活动原则、宪法实施的监督、刑事法律实施的监督、经济法律实施的监督、行政法律实施的监督、民事法律实施的监督、对职务犯罪的监督、控告申诉监督、违法犯罪预防与法律监督15章。

第十二，王晓军、孙谦、刘立宪、陈平、张穹、苏德永编著的《实用检察学》（辽宁人民出版社1988年5月出版，如图144所示）认为，检察学包括绪论以及检察制度理论、检察工作实践两篇。其中，检察制度理论篇依次包括：检察制度的历史沿革、我国检察制度的理论基础、检察机关法律监督与其他社会现象的关系、人民检察院的性质和任务、检察机关的职权、检察机关的机构设置和组织原则、检察机关的活动原则7章；检察工作实践篇依次包括：刑事检察工作、经济检察工作、法纪检察工作、监所检察工作、控告申诉检察工作、检察机关的司法文书写作、检察机关的统计工作、检察档案工作8章。

第十三，王叔贤主编的《中国检察学》（兰州大学出版社1988年8月初版，系第一部以"中国检察学"为书名的检察专著，如图144所示）认为，检察学包括绪论、总论和分论3部分。其中，绪论依次包括：检察学的研究对象、检察学的体系、检察学在法学体系中的地位、检察学的研究方法；总论依次包括：检察制度概述，中国检察制度的历史沿革，人民检察院的性质、地位和任务，人民检察院的设置和组织原则，人民检察院的职权和活动原则，检察机关的建设 6 章；分论依次包括：侦查、侦查监督、刑事审判监督、民事监督、行政监督、执行监督、控告申诉监督、检察工作与综合治理、检察制度的改革设想共 9 章。

第十四，李广祥、赖伯瑾、李梦茹著的《通俗检察学》（群众出版社 1988 年 12 月初版，如图 144 所示）认为，检察学包括总论与分论两编。其中，总论依次包括：绪论，以及中国检察制度的形成与发展、检察机关的性质和基本任务、检察机关的活动原则 3 章；分论依次包括：审查批捕和审查起诉、出庭支持公诉、检察机关的职权范围综合治理、外国检察制度简介 5 章。

第十五，王然冀主编的《当代中国检察学》（法律出版社 1989 年 12 月初版，如图 144 所示）认为，检察学总论与分论两部分。总论又依次包括：检察学概论、检察制度的产生与历史沿革、中外检察制度比较、检察机关的地位和任务、检察机关的法律监督、检察干部队伍建设、检察立法研究、检察机关领导体制的完善与改革 8 章，分论又依次包括：检察机关内部业务结构与组织机构概述，公职人员犯罪检察，侦查监督，刑事审判监督，未成年人犯罪检察，民事、行政诉讼检察，监所检察，控告申诉检察，专门检察院、特别检察厅和少数民族地区检察工作，检察工作与社会治安综合治理 10 章。

第十六，王桂五主编的《中华人民共和国检察制度研究》（法律出版社 1991 初版，检察出版社 2008 再版，如图 144 所示）认为，我国检察制度包括总论、职能论、程序论、组织论、管理论 5 编。其中，总论编依次包括：中华人民共和国检察制度的历史渊源，中华人民共和国检察制度的产生与发展，中华人民共和国检察制度的法律渊源，我国检察机关的性质、任务和检察制度中的宪法原则，检察制度与人民代表大会制度，人民检察制度的理论基础 6 章；职能论编依次包括：法律监督论、对刑事法律实施的监督、职务犯罪监督、对民事法律实施的监督、对行政法律实施的监督、对监管改造法规实施的监督 6 章；程序论编依次包括：刑事诉讼中的检察程序，民事诉讼中的检察程序，行政诉讼中的检察程序，纠正违法行为的程序，检察建议程序 5 章；组织论编依次包括：人民检察院在国家机构中的地位，人民检察院的组织系统与机构设置，检察长，检察官，检察委员会，人民检察院的领导体制 6 章；管理论编依次包括：检察管理概述，检察管理的主体、客体与对象，检察组织系统，检察管理的方式，检察管理的特性与原则 5 章。

第十七，周其华著的《中国检察学》（法制出版社 1998 年 7 月初版，如图 144 所示）认为，检察学包括：检察学概述、检察理论基础、检察制度、检察司法活动、检察监督活动和检察管理 6 编。其中，检察学概述编依次包括：检察学的概念、特征和研究方法，检察学的研究对象、范围和体系，检察学的产生与发展，检察学与相邻学科的联系和区别；检察理论基础编依次包括：权力制约理论是检察理论产生的政权根基、法律监督思想是社会主义检察理论的理论依据、人民民主专政理论是检察理论的政治基础3章；检察制度编依次包括：检察制度的产生与发展、中国社会主义检察制度的形成和特点、我国的检察机关3章；检察司法活动编依次包括：刑事立案，刑事侦查，批准、决定逮捕，提起公诉、支持公诉，对人民法院的判决、裁定的抗诉5章；检察监督活动编依次包括：宪法实施监督、刑事法律实施监督、民事法律实施监督、经济法律实施监督、行政法律实施监督5章；检察管理编依次包括：检察人员管理、检察技术管理、检察教育管理、检察行政管理4章。

第十八，梁国庆主编的《中国检察业务教程》（检察出版社1999年4月初版，如图144所示）认为，中国检察业务依次包括：绪论，直接受理刑事案件的立案、侦查，审查批准逮捕和决定逮捕，审查起诉和出庭公诉，刑事立案监督，刑事侦查活动监督，刑事审判程序监督，刑事抗诉，刑事执行监督，刑事申诉和刑事赔偿，民事、行政检察，刑事司法协助11章。

第十九，龙宗智著的《检察制度教程》（法律出版社2002年3月初版，检察出版社2006年再版，如图144所示）认为，检察制度依次包括：检察制度概述，检察制度的演进与类型，中国检察制度的产生和发展，检察权及其性质，检察机关的法律监督，检察体制与组织结构，中国检察机关的法律地位以及外部关系，检察活动的基本原则，检察机关侦查、逮捕、起诉制度，检察机关司法监督制度，检察机关其他方面的职能制度，检察官制度，检察机关办案责任机制，港、澳、台检察制度简介14章内容。

第二十，孙谦主编的《中国特色社会主义检察制度》（检察出版社2009年初版，如图78所示）认为，中国检察制度依次包括：导论以及中国特色社会主义检察制度的历史渊源和发展、检察机关的宪法地位、检察机关的组织结构、检察机关的职权、行使检察权的基本原则、检察业务管理机制、检察官制度7章。

第二十一，张兆松主编的《检察学教程》（浙江大学2009，如图144所示）认为，检察学包括绪论、总论和分论3编。其中，绪论依次包括：检察学概述，检察学的研究对象、范畴与学科体系，检察学的沿革、研究重点与研究方法，检察制度的起源与发展4章；总论依次包括：检察机关的宪法地位、检察权、检察机关的体制与组织结构、检察机关的活动原则4章；分论依次包括：检察机关的侦查制度，检察机关的逮捕、起诉制度，检察机关的司法监督制度，检察机关的其他方面职能，检察机关的司法解释制度，检察改革6章。

第二十二，［俄］Ю.Е.维诺库罗夫主编、刘向文译的《检察监督（第七版)》（检察出版社 2009 年出版，如图 144 所示）认为，检察监督依次包括：检察监督的实质、任务、原则和基本方向，检察监督的法律调整，检察机关公务的履行和干部保障，检察机关体系各级机关工作和管理的组织，各种护法机关反犯罪斗争活动的协调，检察监督的策略和方法，对执行法律情况的检察监督，对恪守人和公民权利与自由情况的检察监督，对侦查搜查活动中执行法律情况的检察监督，对审判前程序中执行法律情况的检察监督，对执行刑罚和法院所指定强制措施的机关和机构的行政部门、被拘留、监禁者羁押场所的行政部门执行法律情况的检察监督，检察长参加法院案件的审理，对司法警察执行法律情况的检察监督，检察机关活动的其他方向，检察监督效率的提高 15 章。

第二十三，朱孝清、张智辉主编的《检察学》（检察出版社 2010 年 7 月初版，如图 144 所示）认为，检察学包括绪论、检察制度的历史沿革、检察制度的基本原理、检察机关的组织结构、检察权、检察活动、检察管理 7 编。

第二十四，卢建平主编的《检察学的基本范畴》（检察 2010 年 10 月初版，如图 144 所示）认为，检察学的基本范畴包括：绪论、本体论——国家权力结构中的检察权、主体论——行使检察权的机关或个人、运行论——检察权的行使与制约、发展论——检察权的优化配置 5 章。

　　图 144　左上起：赵登举等主编的《检察学》，王晓军等编著的《实用检察学》，王叔贤主编的《中国检察学》，李广祥等著的《通俗检察学》，王然冀主编的《当代中国检察学》，王桂五主编的《中华人民共和国检察制度研究》，周其华著的《中国检察学》，梁国庆主编的《中国检察业务教程》，龙宗智著的《检察制度教程》，张兆松主编的《检察学教程》，刘向文译的《检察监督（第七版)》，朱孝清、张智辉主编的《检察学》，卢建平主编的《检察学的基本范畴》

　　然而本书认为，上述检察学、检察制度也好，检察业务、检察监督也罢，都是检察理论文献研究的对象。因此，记录并承载这些关于检察理论的知识与信息的一切物质载体，都是检察学文献。当然，并不限于检察图书，还包括期刊所承载的检察理论论文。例如，皮勇、王刚：《我国检察机关量刑建议的几个问题》，载《西南政法大学学报》2011 年第 3 期；薛伟宏：《试论检察制度的创建动机》，载《检察日报》2008 年 4 月 10 日；等等。

（二）关于检察法律的文献——检察法律文本（含中国检察法律文本之最）

目前，中外有无"检察法（律、令）"称谓？概言之，尽管其出现频率不高，但绝非没有或标新立异。譬如，"我国还没有综合统一的检察法，我国检察机关的职权分别由宪法、人民检察院组织法、检察官法、刑法、刑事诉讼法、民法、民事诉讼法、行政法、行政诉讼法等国家法律加以规定的"；"我国的第一部《中华人民共和国人民检察院组织法》……是一部比较完善的检察法律"；"从已经收集到的检察法令看"。[1] 同时，值得注意的是，最高人民检察院《关于在全国检察机关开展执法大检查的通知》（1998 年 4 月 14 日，共 4 条）第 3 条（检查中要注意的几个问题）规定："各检察业务部门还要认真学习：（1）修改后的刑法、刑诉法及有关配套司法解释；（2）有关民事行政检察法律规定；（3）国家赔偿法及最高人民检察院关于刑事赔偿工作的有关规定。"因此，就我国目前而言，"检察法"不仅客观存在，也是一个名副其实的法学名词和广义的法律术语。[2]

而何谓检察法？莫衷一是，主要观点有四：一是"检察法是贯彻宪法有关检察机关规定的具体化，是法律监督机关工作的总纲。有了检察法才能派生出检察院组织法、检察院法律监督程序详则、检察院工作条例等共体的法律规定"。[3] 二是"检察法是国家制定的调整人民检察院和检察官实施法律监督的法律规范的总称。检察法有广义和狭义两种理解，狭义的检察法是指检察法

---

① 参见周其华：《对检察机关职权配置的研究》，载《法学杂志》2003 年第 1 期；王桂五主编：《中华人民共和国检察制度研究》，中国检察出版社 2006 年再版（法律出版社 1991 年初版），第 75 页；闵钐、谢如程、薛伟宏编：《中国检察制度法令规范解读》，中国检察出版社 2011 年版，第 3 页。

② 而通过全国人大常委会办公厅主管的《中国人大网》之《法律法规数据库》之《中国法律法规信息系统》统计数据检索显示，截止到 2012 年 12 月 31 日，正文含有"检察"的全国性和地方性法律 4267 件。其中，全国性检察法律 1376 件，包括"法律及有关问题的决定"138 件，"中共中央、国务院法规及文件"44 件，"司法解释及文件"1064 件，"部委规章及文件"130 件；地方性检察法律 2891 件。

③ 参见王然冀、张之又：《改革和完善检察机关领导体制当议》，载《现代法学》1988 年第 3 期。

典，世界各国包括我国目前都没有单独的检察法典，大多数国家的检察法都是散见于其他法律之中，或者以多个单独的法律规范来表现。广义的检察法是指所有调整检察机关和检察官进行法律监督的各种法律规范。除包括检察法典外，还包括宪法、基本法律、司法解释、行政法规、我国签署的国际公约、双边或多边协议、条约中有关检察机关和检察官实施法律监督的法律规范。检察法的内容包括检察机关组织法、检察主体法、检察行为法、检察责任法这些基本内容"。① 三是"所谓检察法，即检察法律的简称，它有广狭两义：广义的是指由国家依法制定或认可的、规范检察机关及其检察人员行为之法律及其法律规范的总称；狭义的仅指由国家依法制定或认可的、规范检察机关及其检察人员行为之专门法律或法典"。② 四是"所谓检察法，即检察法律的简称。作为法律及其司法法的一种，它是指由国家依法制定或认可的、规范检察机关及其检察人员（以下统称'检方'）行为之法律及其法律规范的总称，抑或检察法是指由国家制定或认可的，支撑、规范、调整和引领检察制度诸要素，例如，检察机关及其检察人员（含正副检察长，检察官或检察员、助理检察员，书记员、司法警察等）及其检察权责之广义法律及其法律规范的总和。因此，检察法又包括检察法律与检察法律规范两种"。③ 而本书认为，作为出现于近现代国家的社会存在以及"检察法律（令）"之简称的检察法，从内涵、本质上说，它就是旨在规范检方权力或行为之行为规范的总和；从外延或形式上讲，它包括国内与国际检察法两类；④ 而两者各自又包括专门与附属性、实体与程序性、全局与局部性、一般与特殊性、成文与不成文检察法等多种形态。

另外，以我国为例，完全可将诸如《检察院组织法》、《检察官法》等检察法典与诸如最高人民检察院《检察人员纪律处分条例（试行）》（2007年5月14日修正）、吉林省人大常委会《关于加强检察机关法律监督工作切实维

---

① 参加《〈检察法〉答疑库》，载《百度文库》（http://wenku.baidu.com/view/a7b58660caaedd3383c4d330.html）2012年5月27日。
② 参加杨迎泽、薛伟宏：《人民检察院组织法回顾》，载孙谦主编：《检察论丛》（第16卷），法律出版社2011年版，第142页。
③ 参见曹南江：《新中国检察法之特点》，载《第七届国家高级检察官论坛会议文章》，国家检察官学院、大连市人民检察院2011年10月编印。
④ 其中，国内检察法，如我国的《检察院组织法》、《检察官法》和《检察人员执法过错责任追究条例》等专门检察法以及诸如"人民检察院依法对刑事诉讼实行法律监督"（《刑事诉讼法》第8条）等附属检察法；国际检察法，如联合国《关于检察官作用的准则》和"缔约国中不属于审判机关但具有类似于审判机关独立性的检察机关，可以实行和适用与依照本条第一款所采取的具有相同效力的措施"（《联合国反腐败公约》第11条第2款）。

护司法公正的决议》（1999 年 9 月 22 日）等全国和地方性其他专门检察法，以及下列第 1—19 种或第 1—10 种检察法律规范，统一、抽象地概括为"检察法"，抑或它们是检察法的种（下位）概念或子集，而检察法则是它们的属（上位）概念：①

1. 诸如《宪法》第 3 条第 2 款"国家行政机关、审判机关、检察机关都由人民代表大会产生，对它负责，受它监督"等检察宪法规范。

2. 诸如《行政诉讼法》第 64 条"人民检察院对人民法院已经发生法律效力的判决、裁定，发现违反法律、法规规定的，有权按照审判监督程序提出抗诉"等检察基本法律规范。

3. 诸如《监狱法》第 6 条"人民检察院对监狱执行刑罚的活动是否合法，依法实行监督"等检察法律规范。

4. 诸如国务院《中华人民共和国看守所条例》第 8 条"看守所的监管活动受人民检察院的法律监督"等检察行政法规规范。

5. 诸如全国人大常委会法制工作委员会《如何理解〈中华人民共和国检察官法〉规定的"从事法律工作"和"具有法律专业知识"的答复》（2006年 8 月 14 日）"其中'从事检察工作'，应以从事检察机关的检察业务工作为宜"等检察立法解释规范。

6. 诸如最高人民法院、最高人民检察院《关于人民检察院检察长列席人民法院审判委员会会议的实施意见》（2010 年 1 月 12 日）第 2 条"人民检察院检察长列席人民法院审判委员会会议的任务是，对于审判委员会讨论的案件和其他有关议题发表意见，依法履行法律监督职责"等检察司法解释规范。

7. 诸如最高人民检察院《人民检察院办理民事行政抗诉案件公开审查程序试行规则》（1999 年 5 月 10 日）第 3 条"民事、行政案件当事人向人民检察院申诉，由控告申诉检察部门受理"等检察解释规范。

8. 诸如最高人民法院《关于审理人民检察院按照审判监督程序提出的刑事抗诉案件若干问题的规定》（2011 年 4 月 18 日）第 6 条"在开庭审理前，人民检察院撤回抗诉的，人民法院应当裁定准许"等检察审判解释规范。

---

① 而之所以也可仅将第 1—10 种检察法律规范视为附属检察法，因为，根据我国《立法法》第 8 条、第 9 条的规定，从严格意义上说，我国规范检方权力或行为的检察法仅限于宪法、基本法律、法律、法定解释、行政法规和检察政策；而除此之外，低位阶的行政规章、地方性法规、自治条例、单行条例和规章，执政党政策、"准司法解释"等规范性文件则不能规范检察事务。同时，亦可将第 5—9 种检察法律规范，统称为"检察法定解释规范"。

9. 诸如国务院《中华人民共和国道路交通安全法实施条例》（2004 年 4 月 30 日）第 10 条第 2 款 "人民法院、人民检察院以及行政执法部门依法查封、扣押的机动车，公安机关交通管理部门不予办理机动车登记" 等检察行政解释规范。

10. 诸如最高人民检察院《关于汶川地震灾区检察机关办理审查起诉案件有关问题的通知》（2008 年 6 月 26 日）第 1 条第 1 款 "人民检察院在审查起诉过程中，由于遭遇地震等重大自然灾害，致使办理的案件在较长时间内无法继续审查起诉的，可以决定中止审查" 等检察政策规范。

11. 诸如交通运输部《邮政行业安全监督管理办法》（2011 年 1 月 4 日）第 14 条 "未经法律明确授权或者用户书面同意，邮政企业、快递企业不得将用户使用邮政服务、快递业务的信息提供给任何组织或者个人，但公安机关、国家安全机关、检察机关依法行使职权的除外" 等检察行政规章规范。

12. 诸如山东省人大常委会《山东省司法鉴定条例》（2011 年 11 月 25 日）第 7 条 "司法行政部门应当将司法鉴定机构和司法鉴定人名册及其管理情况定期向同级审判、检察、侦查机关通报；审判机关应当将司法鉴定意见的采信、司法鉴定人出庭作证等情况定期向同级司法行政部门通报；检察、侦查机关应当将所属司法鉴定机构的有关情况定期向同级司法行政部门通报" 等检察地方性法规规范。

13. 诸如浙江省景宁畲族自治县人大《浙江省景宁畲族自治县自治条例》（2007 年 5 月 25 日）第 13 条 "自治县的人民法院和人民检察院的组织、职能和工作，依照法律有关规定执行。自治县的人民法院和人民检察院的领导成员中应当有畲族公民" 等检察地方性自治条例规范。①

14. 诸如山西省人大《山西省人民代表大会议事规则》（2004 年 2 月 19 日）第 50 条第 2 款 "省人民检察院检察长的选举、罢免和辞职，经代表大会通过后，应当报经最高人民检察院检察长提请全国人民代表大会常务委员会批准" 等检察地方性单行条例规范。

15. 诸如安徽省人民政府《安徽省生产安全事故报告和调查处理办法》

---

① 而值得说明的是，在新中国成立初期，诸如此类的自治条例之名称为 "自治区、自治州、自治县组织条例"，并由全国人大常委会批准。当然，其中也含有相应的检察法律规范。例如，诸如《广西壮族自治区人民代表大会和人民委员会组织条例》（1958 年 7 月 9 日）第 27 条、《湘西土家族苗族自治州人民代表大会和人民委员会组织条例》（1959 年 11 月 27 日）第 18 条、《黑龙江省杜尔伯特蒙古族自治县人民代表大会和人民委员会组织条例》（1957 年 6 月 17 日）第 17 条等。

（2011 年 6 月 1 日）第 8 条第 1 款"安全生产监督管理部门和负有安全生产监督管理职责的有关部门接到事故报告后，应当依照下列规定逐级上报事故情况，并通知公安机关、监察机关、人力资源社会保障行政主管部门、工会和人民检察院，每级上报的时间不得超过两小时"等检察地方性规章规范。

16. 诸如中共中央办公厅、国务院办公厅《关于领导干部报告个人重大事项的规定》（1997 年 1 月 31 日）第 5 条第 1 款"各级党委及其纪委，各级人大、政府、政协、法院、检察院党组，以及上述领导机关所属的部门和单位（包括事业单位，下同）的党组（党委），负责受理本级领导干部的报告。各部门和单位内设机构的领导干部的报告，由本部门、本单位的组织人事部门负责受理"等检察执政党政策规范。

17. 诸如湖北省人民检察院《刑事立案与侦查活动监督调查办法（试行）》（2006 年 9 月 25 日）第 5 条第 1 款"人民检察院控告申诉检察部门负责接待公民、法人或其他组织对刑事立案与侦查活动中违法行为的投诉，接待的检察人员应当制作笔录，必要时可以录音、照相和录像"等检察准司法解释规范。

18. 诸如北京市高级人民法院、人民检察院、公安局、物价局《关于加强北京市涉案财产价格鉴定管理的通知》（2000 年 11 月 2 日）第 3 条第 1 款"涉案财产价格鉴定机构依法出具的《北京市涉案财产价格鉴定结论书》是人民法院、人民检察院、公安机关及其他行政执法机关查处、审理及执行各类案件中确定涉案财产价格的依据"；四川省剑阁县人民检察院《关于加强对诉讼活动法律监督工作的实施意见》（2010 年 5 月 21 日）第 2 条第 1 项"依法监督纠正侦查机关用刑事手段插手经济纠纷以及出于地方保护、部门保护而违法立案的行为，发现侦查机关违反法律规定不应当立案而立案或者违反管辖规定立案的，应当通知其纠正"等检察其他规范性文件规范。

19. 诸如《联合国反腐败公约》（全国人大常委会 2003 年 10 月 31 日批准）第 39 条第 1 款"各缔约国均应当采取必要的措施，根据本国法律鼓励本国侦查和检察机关与私营部门实体特别是与金融机构之间就根据本公约确立的犯罪的实施所涉的事项进行合作"等国际检察法规范。

另外，无论何种检察法，都须由相应的法律文本（如图 145 所示）记录并承载。否则，该检察法只是虚无缥缈的精神产品。而记录（通过语言文字实现）并承载（通过本子、胶卷、录音录像带、光盘、硬盘等载体实现）检察法内容的各种法律文本（如纸质与非纸质法律文本），则是名副其实的检察文献之一种——"任何一个成文法律，除了规定一系列法律规范外，还要具备各类非规范内容才能形成一部完整的法律文件"。①

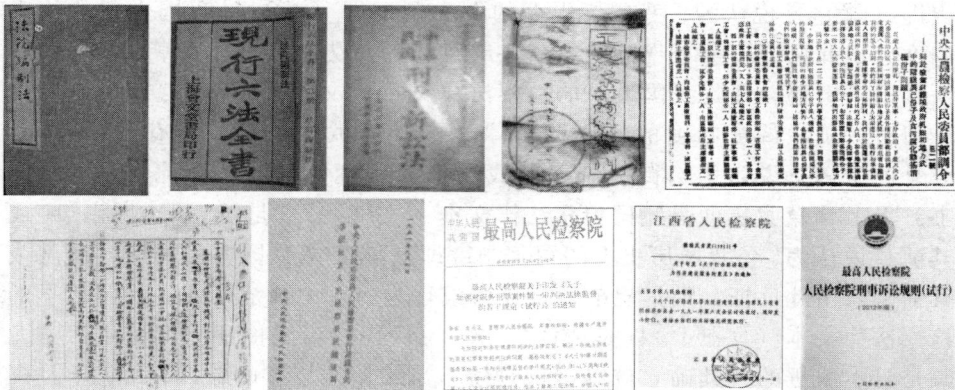

图 145　左上起：清末《法院编制法》；《现行六法全书第二册——法院编
制法》（上海会文堂书局 1932），《中华民国刑事诉讼法》（上海大大图书 1936），
《中华苏维埃共和国工农检察部的组织条例》（1931 年 11 月 20 日），《中央工农
检察人民委员部训令》（1932 年 12 月 29 日）；中共中央《关于建立检察机构问
题的指示》（1950 年 9 月 4 日），《最高人民检察署试行组织条例》和《地方各
级人民检察署通则》（1951 年 9 月 3 日），最高人民检察院《关于印发〈关于加
强对职务犯罪案件第一审判决法律监督的若干规定（试行）〉的通知》（2010 年
11 月 18 日），江西省人民检察院《关于印发〈关于打击经济犯罪为经济建设服
务的意见〉的通知》（1991 年 4 月 11 日），最高人民检察院《人民检察院刑事
诉讼规则（试行)》（检察 2012）

　　此外，一般认为，世界上最早的检察文献诞生于 10—12 世纪的英国，
并以《克拉灵顿诏令》及其诸草案稿（1166 年）为代表——没有检察法律
草案稿，② 哪来的纸质检察法律文本。而标志并反证我国检察法律文本（文

_____

　　①　参见陈健民主编：《检察院组织法比较研究》，中国检察出版社 1999 年版，第 98
页。至于检察院组织法非规范性内容的具体特点，还可参见该书第 98~102 页的相关内容，
此不赘述。
　　②　诚然，"作为现代检察制度产生的一个基本前提就是实行控审分离，而控告和审判
从制度上真正绝缘首先是从英国的大陪审团制度开始的。12 世纪时，英国早期的控诉陪审
团开始出现。1164 年，英王亨利二世颁布《克拉灵顿诏令》，规定王室法院的巡回法官在
审理各地土地纠纷时，须从当地骑士和自由民中选出 12 名知情人做证人，经过宣誓后向法
庭提供证言，用来作为法官判断的根据。1166 年，亨利二世第二次颁布《克拉灵顿诏令》，
将陪审制正式确定下来"（参见朱孝清、张智辉主编：《检察学》，中国检察出版社 2010 年
版，第 62~63 页）。

献）客观存在的我国检察制度又诞生于何时何地?① 主要观点有五：一是御史即（就）是说认为，我国历史上的御史制度即（就）是我国古代的检察制度。由此反证，最早规范御史权力或行为的行为规范——秦朝的《语书》及其诸草案稿，便是我国最早的检察法律文本（文献）。当然，御史制度始于何时？确立御史制度的最早的法律文本（文献）是谁？也有不同看法。二是前身御史说认为，御史制度是我国检察制度的前身。由此反证，《语书》及其诸草案稿便是我国检察法律文本（文献）。三是司直即（就）是或其前身说认为,② 我国历史上的司直制度即（就）是我国古代的检察制度或其前身。由此反证，最早规范司直权力或行为的行为规范，便是我国最早的检察法律文本（文献）。四是由西方引进说认为，我国检察制度是由西方尤其是日本引进的，其确立应以《大理院审判编制法》［光绪三十二年十月二十七日（1906 年 12 月 12 日），如图 132 所示］的颁行为标志。由此反证，《大理院审判编制法》及其诸草案稿，便是我国最早的检察法律文本（文献）。五是殖民侵入说认为，我国检察制度最早起源于 19 世纪末外国列强在华殖民地。由此反证，19 世纪末外国列强在华殖民地颁行的检察法律文本（文献），都可视为我国近代检察法律文本（文献）的萌生，并以由英国殖民者制定并适用于我国香港地区的《英皇制诰》（1843 年 5 月 4 日）及其诸草案稿较早。综上比较而言，本书赞同殖民侵入说，亦即我国最早的检察法律文本（文献），是《英皇制诰》及其诸草案稿；《大理院审判编制法》及其诸草案稿，则是我国自主制定的、最早的检察法律文本（文献）。与此同

---

① 而之所以这么说，因为法律是制度的母胎，制度是法律适用的结果，没有法律就没有制度。因此，人们往往以某法律的颁行日期来确定与之相应制度的创设时间。

② 那么，司直与御史的关系如何？《简明法制史词典》（王召棠等主编，河南人民出版社 1988 年版）云：司直"古代官名。汉武帝元狩五年（前 118 年）置。《汉书·百官公卿表》：'秩比二千石，掌佐丞相举不法'。东汉司直'居丞相府，助督录诸州'。光武帝建武十八年（42 年）置。献帝建安十八年（213 年）复置。后魏孝庄帝永安三年（530 年）隶廷尉，'掌复理御史检劾事'。北齐改称大理司直。隋唐因之。《唐六典》卷十八：'司直六人。从六品上'。宋代分断刑司直和治狱司直，各司其职。金代司直'掌参议疑狱，披祥法状'。明废。另据《唐六典》卷二十六：高宗龙朔三年（663 年）置'太子司直二人，正七品上'，'掌弹劾官寮纠举职事'，属詹事府。宋以后废"（第 139 页）；御史"古代官名。春秋战国时本为史官，掌文书及记事。秦以后御史专主监察。秦汉有监御史、侍御史、治书侍御史、符玺御史等。魏晋南北朝有检校御史、禁防御史、殿中御史等。唐代有侍御史、殿中御史及监察御史。明清仅存监察御史，代天子巡狩则曰巡按御史；又依所巡情况，有巡漕御史、巡关御史、巡盐御史等"（第 136~137 页）。因此，同作为预防和惩治腐败的专职官吏，司直更像今天的检察人员，御史更像今天的监察人员。

时，我国最早的检察院组织法，是《中华苏维埃共和国工农检察部的组织条例》（1931 年 11 月 20 日，中华苏维埃共和国第一次全国工农兵代表大会通过，共 5 章 16 条，如图 145 所示）；最早专门规定检察委员会的法律，是《山东省各级检查委员会组织条例》（1941 年 4 月 23 日，共 12 条）；最早的检察官法，是 1995 年 2 月 28 日版型的《中华人民共和国检察官法》；最早规定"中华人民共和国人民检察院是国家的法律监督机关"的法律和宪法，是 1979 年《中华人民共和国人民检察院组织法》（1979 年 7 月 1 日，第 1 条）、1982 年《宪法》（1982 年 12 月 4 日，第 129 条）……凡此种种，几乎所有的检察法律及其诸草案稿都可占据我国检察法律文本（文献）之最的一席之地。

（三）关于检察实践的文献——检察实践文献

所谓检察实践文献，是指记录并承载检察实践（包括检察诉讼与非诉讼工作两方面）知识和信息的一切物质载体。其主要代表，是形形色色的检察文书。如图 146 所示文献。

图 146　左起：北洋政府时期京师地检察厅《传票》，1955 年陕西省白河县
人民检察院《逮捕证》、《搜查证》、《批准逮捕书》、《不起诉决定书》、《起诉书》

何谓检察文书？观点不一。例如，"检察文书是人民检察院为实现法律监督职能，依据法律规定制作的具有法律效力的司法公文"。[1] 而本书认为，检察文书是指人民检察院依法履行职责过程中，依法制作或者形成的具有法律效力的司法公文。因此，它具有法定的格式样本（如图 147 所示）。而根据划分标准的不同，还可将其分为如下种类：

---

① 参见赵汝琨主编：《检察文书教程》，中国检察出版社 1999 年版，第 6 页。

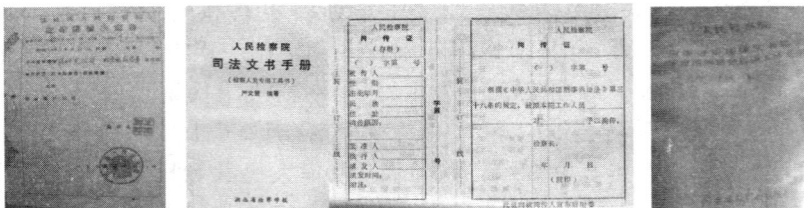

图 147　左起：《鄂城县人民检察院批准决定逮捕书》（1956 年），《人民检察院司法文书手册》（严文贤，湖北省检察学校 1988 年编印）及其所附《拘传证》样式，最高人民检察院法律政策研究室编《人民检察院法律文书格式（样本）》（法制 1997）

第一，据检察机关是否参与诉讼活动为标准，可将其分为诉讼检察文书和非诉讼检察文书两类。例如，《起诉意见书》、《民事抗诉书》（如图 148 所示）等就是典型的诉讼检察文书；而《刑事赔偿决定书》、《检察建议书》等则是典型的非诉讼检察文书。当然，从广义上说，检察机关在执纪过程中所形成的文书也属于非诉讼检察文书范畴。与此同时，由于检察机关参与诉讼活动类型的不同，还可将诉讼检察文书分为刑事诉讼检察文书、民事诉讼检察文书和行政诉讼检察文书 3 类。

图 148　左起：《黄克功案公诉书》（1937 年 10 月），《河北高等法院检察官起诉书》（1947 年），《最高人民法院对日本战犯的起诉决定书》，《伊犁哈萨克自治州人民检察院（民事）抗诉书》（1991 年）

第二，据检察文书制作业务部门的不同，可将其分为以下十一种：一是由侦查部门制作的检察文书。例如，《搜查证》。二是由侦查监督部门制作的检察文书。例如，《逮捕决定书》。三是由公诉部门制作的检察文书。例如，《起诉意见书》。四是控告检察部门制作的检察文书。例如，《立案决定书》、《答复举报人通知书》。五是由刑事申诉检察部门制作的检察文书。例如，《刑事申诉复查决定书》、《刑事赔偿决定书》。六是由监所检察部门制作的检察文书。例如，《检察建议书》。七是由人民监督员办公室制作的检察文书。例如，《人民监督员提请复核意见书》。八是由民事行政检察部门制作的检察文书。

例如，《民事行政检察不立案决定书》。九是由职务犯罪预防部门制作的检察文书。例如，《检察建议书》等。十是其他。例如，由财务、案管中心等部门制作的检察文书。

　　第三，据检察文书性质、内容的不同，可将其分为以下两种：一是检察诉讼文书。例如，各种检察笔录。二是检察工作文书。例如，各种呈批件等。如图 149 所示。

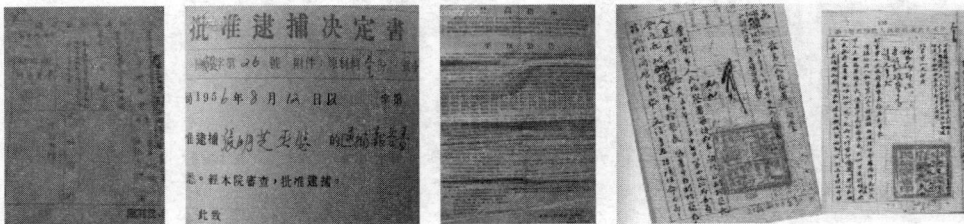

　　图 149　左起：《江苏高等检察厅 1925 年上诉状稿、批示稿、训令稿》，《湖北省鄂城县人民检察院批准逮捕决定书》（1956 年），《武汉市江汉区公安局、检察院、法院平反公告》（1967 年 12 月），1951 年北京市人民检察署成立批文

　　第四，据检察文书制作方法的不同，可将其分为以下两种：一是填充式检察文书。例如，最高人民检察院《人民检察院法律文书格式（样本）》（2002年 1 月 1 日）所规定的《不立案通知书》等检察文书。二是叙述式检察文书。例如，《侦查终结报告》、《起诉意见书》、《不起诉意见书》等。如图 150 所示检察文献或其中所包括的检察文书。

　　图 150　左起：《白河县人民检察院逮捕证》，《检察—侦查主要档示例》（［苏］列别金斯基编，陈莱棣、魏家驹译，法律 1956）及其所附《提起刑事案件决定书》样式，《人民检察院法律文书格式（样本）》（检察 2002），《中华人民共和国最高人民检察院特别检察厅起诉书》（特检字第一号，1980 年 11 月 2 日）

　　第五，据记录方式和载体的不同，可将其分为纸质与非纸质检察文书两种

（如图 151 所示文献）。例如，电子检察笔录就是最常见的非纸质检察文书。①
而随着检察系统无纸化办公情形的推进，非纸质的检察文献将会越来越多。

图 151　左起：《大清新法律：核定现行刑律》（1909 年），《新刑律浅释：民
刑诉状程式大全》（共和书局 1925），《中华人民共和国审判法参考资料汇编：人民
法院组织法与人民检察院组织法》（北京政法学院 1956），《中国检察权配置问题研
究》（检察 2012），《检察官管理论谈（光盘）》（法律 2002），3.5 寸软盘《检察制
度教程（电子版）》（龙宗智，2002 年）

　　总之，作为一种常见司法或诉讼文献，检察文书既是一种常见的检察文
献，也是一种常见的检察实践文献。

（四）关于检察知识和信息的其他文献

　　所谓关于检察知识和信息的其他文献，即除上述检察学文献、检察法律文
本、检察实践文献之外的有关检察知识和信息的一切文献。换言之，检察文献
并不局限于纸质检察文献，还有非纸质检察文献；检察文献并不局限于图书、
报刊，还有横幅、标语、布告、图表、小册子、门牌地址、录音录像带、缩微
制品、光盘，等等（如图 152 所示）。一言以蔽之，凡是人借助语言文字符号
和文具创造的、记录并承载检察知识及其内容含义——信息的一切物质载体，
都可视为检察文献。

---

　　①　另据《正义网》2010 年 6 月 11 日报道，近年来，昆山市院不断结合检察工作实
际需求自主开发"昆检品牌"检察应用软件，先后开发了"检察机关电子笔录系统"、"检
察事务调配管理系统"、"检察机关法律文书管理系统"、"公诉论辩计时器"等一系列实用
软件。2007 年该院完全自主开发的"检察机关电子笔录系统"，经过多次升级完善后，除
在该院正式投入使用外，另有全国 100 余家检察机关予以推广使用。目前，该电子笔录软
件经过中华人民共和国国家版权局审核后予以登记，并发放了《中华人民共和国国家版权
局计算机软件著作权登记证书》，确认该软件权利为该院原始取得并为全部权利。

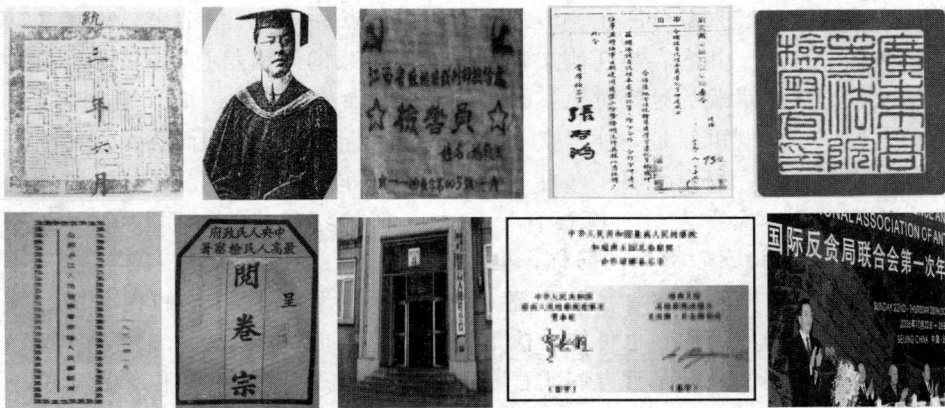

图 152 左上起：清末《京师高等检察厅印》；北洋政府时期检察服，"江西省苏维埃裁判检察处检察员"臂章，民国二十九年（1940 年）广东高等法院首席检察官司的委令，民国二十九年（1940 年）广东高等法院检察官印；《全国各级人民检察署机构人员编制表》（1951 年 1 月 15 日），最高人民检察署阅卷宗，1958—1959 年最高人民检察院办公地点：北京阜外大街 22 号，《中华人民共和国最高人民检察院和瑞典王国总检察院合作谅解备忘录》，《国际反贪局联合会第一次年会》主席台照片

二、检察文献的特点

（一）世界检察文献的特点

毋庸讳言，特点（征）是一种外部形态，是其内部性质的作用呈现出来的特色。因此，中外检察文献也不例外，它的特点是建立在一定事实基础上的产物，也是由检察所固有的性质所决定的，并由如下两方面彰显：

1. 检察文献之共性。作为文献的一种，检察文献也具有文献的物质性、知识信息性和社会性诸特点；作为社会科学文献的一种，检察文献也具有社会科学文献的价值潜在性、政治倾向性、内容综合性、非淘汰性（即知识信息老化速度相对缓慢）诸特点；作为法律文献的一种，检察文献也具有法律文献的内容规范化、来源分散化、形式多样化诸特点。① 但归根结底，检察文献的最大特点在于，其内容与其他文献所记录并承载的知识信息不同。细言之，检察文献记录并承载的是针对检察的知识信息；而如上所述，检察是一个多义的动名词——它既可能是一种国家手段、措施、行为、活动的简称，也可能是一种工作、权利、权力、职权（能、责）的代名词；既可能是检方（如检察院、检察机关、检察人员、检察官）权力（如检察权、检察职权）和义务（如检察职能、检察职责）的简称，也可能是检方行为（如检察工作、检察业务、检察建议、刑事检察、法纪检察、经济检察、监所检察）的代名词；既可能是检察法律的简称，也可能是检察制度的代名词……

因此，检察文献既是官方和非官方、署名和匿名、个人和单位作者、单一和多个作者、名家和非名家、本国和外国作者、近现代和当代作者，以及著者、译者、编者和主编检察文献的统称，也是纸质和非纸质，零次、一次、二次和三次，白色、灰色和黑色，公开、内部和不出版发行检察文献，以及检察图书、报刊和资料乃至不同版本、文稿检察文献的总称，既是诉讼检察监督与非诉讼检察监督文献的统称，也是理论与应用检察学总称，还是检察学、检察法和检察实践文献总和。

2. 检察法律文献（亦即检察法律文本）之个性。如上所述，倘若没有检察法律文本的客观存在，检察学文献就会失去研究对象和存在意义，检察实践文献也会失去产生基础和行动引领。因此，作为检察文献"主要矛盾"的检察法律文本之特点，同样彰显着检察文献之共性。那么，检察法又有哪些个性呢？

---

① 当然，实践中，也有人认为，法律文献的特点有六：（1）它是法文化的表象之一，是社会法律制度和法制活动的真实再现；（2）它是被一定载体固定下来的有价值的法律存在物；（3）它是关于法律现象的反映和历史记录，表现为文字的、图像的、声音的图像物，包括形式和内容两方面——文献是形式（或载体），法律是内容；（4）它是在前人对法律资料不断整理、不断加工的基础上发展起来的，是法律资料分类、梳理后的结晶；（5）它是一个集合体，一篇文书、一份文件、一本著作、一宗档案都不能称为法律文献，但它们都是法律文献的一分子，是法律文献的生成细胞；（6）它是法律活动中形成的资料，是法律文件、法律文书、法律资料、法律图书、法律报刊、法律档案的积聚（参见李振宇：《法律文献学》，中国检察出版社 2005 年版，第 1～5 页）。因此，作为法律文献的一种，检察文献既是检察制度和检察法制活动的真实再现，也是被一定载体固定下来的有价值的检察法存在物；既是关于检察法律现象的反映和历史记录，也是在前人对检察法律资料不断整理、不断加工的基础上发展起来的，还是法律资料分类、梳理后的结晶；既是一个集合体，也是法律活动中形成的资料，还是法律文件、法律文书、法律资料、法律图书、法律报刊、法律档案的积聚。

第一，检察法是规范检方行为的圭臬；若没有检察法，就没有检察制度；没有检察制度，检察学和检察实践文献就难以产生、发展。因此，作为记录并承载检察法的检察法律文本，是最核心、最主要的检察文献。

第二，检察法诞生何时何地的众说纷纭，导致最早的检察文献及其检察法律文本初现于何时何地何处，亦扑朔迷离。

第三，检察法制定主体的多样化和检察法彼此间的法律位阶性，导致检察文献及其检察法律文本主体的众多。例如，"三大法系"附属检察法的法律位阶，不仅存在"高、同、低"法律位阶情形，也存在从高到低依次是：检察宪法规范→检察基本法律规范→检察法律规范（含检察法定解释规范）→检察行政法规规范→检察地方性法规规范（含检察地方性自治条例规范、检察地方性单行条例规范）→检察规章规范（含检察行政规章规范、检察地方性地方政府规章规范）。

第四，检察法性质的附属性与多元化，导致检察文献及其检察法律文本性质的多样化。其中，检察法的附属性表现为，除在国内与国际法、全局与局部性法律中可找到检察法特别是其中附属检察法踪迹外，根本法（如宪法）中有，普通法（如刑事诉讼法）中也有；一般法（如民法）中有，特别法（如反贪污贿赂法）中也有；实体法（如刑法）中有，程序法（如刑事诉讼法）中也有；成文法（如诉讼法典）中有，不成文法（如国际惯例）中也有；公法（如宪法）中有，私法（如商法）中也有；正当法律位阶的法律（如宪法、基本法律、法律）中有，低法律位阶的法律（如地方性法规、准司法解释）中也有。而检察法具有明显附属性的同时，也折射出其性质的多元化，并突出地表现在附属检察法的附属性和多元化上。

第五，检察法内容的广泛性与各检察法的法律结构差异，导致检察文献及其检察法律文本内容的多元化。

第六，检察法的类型众多，导致检察文献及其检察法律文本的类型多样。而此等"众多"与"多样"主要表现在"12个并存"上：国内和国际检察法，附属和专门性检察法，制定和认可性检察法，全局（中央）和局部（地方）性检察法，实体和程序性检察法，规范检察诉讼监督权和非诉讼监督权的检察法，成文和不成文检察法，显性和隐性检察法，宪法、基本法律、法律、法定解释和行政法规等型检察法，法、令、法令、章程、条例、规则、准则、公约式检察法，大陆、英美和社会主义法系检察法，资本主义和社会主义检察法并存。

总之，检察文献之所以与其他文献不同，关键在于其构成要素有别于其他文献。一是其主体与其他文献主体不尽相同，特别是其中的制作（如作者、编者、改编者、翻译、注释者、整理者、编辑者）、利用者（如读者）则多为检察人员和检察理论研究人员。二是检察文献客体与其他文献客体也不尽相同。突出表现为，检察文献客体亦即载体所记录并承载的知识信息，多为通过语言文字所展现检察知识信息。三是内容的不同，是检察文献有别于其他文献的重要标志。进言之，检察文献客体所记录并承载的知识信息在读者心目中所展现内容含义，与其他文献客体所记录并承载的知识信息在读者心目中所展现内容含义，截然不同。例如，莫言所写的小说《檀香刑》与李士英主编的检察专著《当代中国检察制度》（中国社会科学 1988）之内容，就截然不同。当然，两者之间并没有高低贵贱、好坏之分。

（二）我国检察文献的特点

作为世界检察文献一分子或子集，除具有其上述共性和个性之外，我国检察文献特别是其中的中国检察法律文本，还具有以下特点：

第一，不论检察学（或检察理论）还是检察文本和检察实践文献，产生的时间都较晚——鸦片战争后的 1843 年之前。

第二，不论是检察学还是检察文本和检察实践文献，其生成都具有明显的阶段、时期性，包括清末阶段及其咸丰、同治、光绪、宣统时期，中华民国阶段及其北洋政府、国民政府时期，新中国阶段及其"文革"前、"文革"后时期。

第三，不论是旧还是新中国检察文献，特别是其中的检察法律文本，都呈现出创制的自主与非自主性并存特点。细言之，清末——大陆内地自主制定的检察法与港澳台、关东州旅大、青岛等殖民地殖民者制定的检察法并存；中华民国——大陆内地自主制定的检察法与港澳台、关东州旅大、青岛、伪满洲国、敌占区、汪伪国民政府等殖民地殖民者、伪满和汪伪统治者、日本侵略者制定的检察法并存；新中国——大陆内地自主制定的检察法与港澳台地区制定的检察法并存，即便是业已回归的香港特别行政区和澳门特别行政区也享有包括检察法在内的立法权。

第四，不论是旧还是新中国检察文献，特别是其中的检察法律文本，都具有生成的总结与借鉴、仿效与承袭、摒弃性。正是："自现代检察制度引入中国后，中国检察制度的缘起、存续、发展以及更迭，几乎在每一个阶段都受到了域外检察制度设计或理念的影响。"[①] 易言之，作为中国检察制度生成"种子"、"母胎"的我国检察法，也始终秉持对内总结、对外借鉴的创制理念与实践。

---

① 参见甄贞等：《检察制度比较研究》，法律出版社 2010 年版，第 2 页。

　　第五，不论是旧还是新中国检察文献，特别是其中的检察法律文本，都有明显的适用的法域性：在旧中国，非殖民地（如大陆内地）检察法只能适用于本区域，殖民地（如港澳台地区、伪满洲国）检察法也只能适用于本殖民地；在新中国，大陆内地的检察法只能适用于大陆内地，港澳台地区的检察法，同样也只能适用于港澳台本地区。

　　第六，不论是旧还是新中国检察文献，特别是其中的检察法律文本，在具有法律结构同异交融、名称文种繁多的同时，种类繁多：不同法域检察法并存，殖民地和非殖民地检察法并存，大陆、英美和社会主义法系检察法并存，半封建和半殖民地、资本主义和社会主义检察法并存，各法律位阶检察法并存，多文种检察法并存，有效和无效检察法并存。

　　总之，不论是旧中国还是新中国，我国检察法始终是世界上唯一的集中华、大陆、英美和社会主义法系特点于一身的检察法；我国检察文献也始终是世界上唯一的集中华、大陆、英美和社会主义法系检察文献特点于一身的检察文献。

三、检察文献与相关概念的关系

（一）与检察法制、立法、解释、法律规范、政策的关系

　　所谓检察法制，即检察法律制度的简称，是指有关检察的法律及其制度的总和。

　　所谓检察立法，即享有立法权的立法机关及其立法人员依法制定、认可、补充、修改和废止检察法的国家活动，包括国内与国际检察立法两方面。

　　所谓检察解释，即一国检察首脑机关，依法对检方在检察工作中如何适用法律，所作的具有普遍约束力的有权解释，属于正式解释或其司法解释的一种。因此，检察解释是检察法的附属、延伸，既是一种广义的检察立法活动，也是一种广义的检察立法活动结果——检察法。

　　所谓检察法律规范，即旨在规范检方权力或行为的行为规范，是检察法制、检察立法或检察解释的现实结果。

　　所谓检察政策，即检方在履行法律监督职能过程中，提出的宏观层面的指导思想、工作方针，以及为推进检察改革、指导司法类案而提出的意见、措施与规定。因此，它既是一种广义的检察解释，也是一种广义的检察法。

　　所谓检察制度的法律渊源，即检察制度确立的法律起源、法律基础，包括国内与国际法两方面。

　　因此，检察法制、检察立法、检察解释也好，检察法律规范、检察政策也罢，都需要检察文献的记录承载；没有检察文献的记录承载，它们就无法实现

由精神变为物质并发挥作用的历史跨越。

（二）与法律（学）文献（书）、立法文献、司法文献（书）、诉讼文献（书）、政法文献的关系

何谓法律文献？莫衷一是。例如，"法律文献从广义上理解，是指一切记录有法律知识的文献载体，它包括法律法规、司法解释、判例案例、条约、法学论著及法学类工具书等"；①"法律文献就其形式来说有两种类型：一种是指国家按照统治阶级的利益和意志制定或认可，并由国家强制力保证实施的行为规范。包括法律、法令、条例、命令、决定等。在我国，包括宪法、法律、行政法规、地方性法规等各种法律形式。另一种是指对法的研究和解释，也就是通常所说的法学。法学，又称法律学、法律科学，是研究法这一特定社会现象及其发展规律的科学，属于社会科学的一个分科，其中包括理论法学和应用法学两大类。理论法学综合研究整个法的基本概念、原理、规律及其历史；应用法学包括国内法学、国际法学和法学边缘学科"。② 而本书认为，所谓法律文献，亦称法学文献，即记录并承载法律（学）知识信息的一切物质载体，包括法学文献、法律文献（亦即法律文本）和法律实践（亦即司法）文献 3 种。其中，法律有广狭两义，"（1）广义的法律一般用'法'表示，既可包括古今中外一切法律现象，又可专指一国的法律制度的整体……（2）狭义的法律一般专指拥有立法权的国家机关依照立法程序制定和颁布的规范性文件，是法的一种主要渊源"；法学，"又称'法律科学'。研究法这一特定社会现象及其发展规律的科学，属于社会科学的一个学科"。③ 因此，检察文献是法律（学）文献的种（下位）概念或子集，法律（学）文献则是检察文献的属（上位）概念。

所谓法律文书，"指国家立法机关为确立某种法律规范而颁布的法律、法规和执法机关为贯彻实施法律而制定的具有法律效力的文书的总称"；④ 所谓"立法文献，即文本书献。法律文本书献分狭义和广义两种。狭义文本书献仅指通过一定程序公布的法律范本。先秦以前称'刑'，秦至清称'律'，现代

---

① 参见欧阳晨红：《浅谈我国法律文献的检索》，载《法律文献信息与研究》2000 年第 4 期。

② 参见王小兰：《对法律文献分类改进之探讨》，载《湛江师范学院学报》2006 年第 2 期。

③ 参见邹瑜、顾明总主编：《法学大词典》，中国政法大学出版社 1991 年版，第 1022 页。

④ 参见王启富、陶髦主编：《法律辞海》，吉林人民出版社 1998 年版，第 1062 页。

称'法'。这是法律的精髓。广义文本书献除指法律范本外，具有法律效力的注释、解释、决定、规章以及行政机关的法规都可以算是。因为它们具有法律文本所要求的行文规范"；① 司法文献，即记录并承载司法知识信息的一切物质载体。② 其中司法即"拥有司法权的国家机关，依照法定职权和程序把法律运用于对民事、刑事、行政案件的处理，以及对这种处理过程进行法律监督的法律活动"；③ 司法文书是"指国家司法机关（法院、检察院、公安、国家安全机关的侦查预审部门，司法行政机关所辖的监狱、劳改部门）和法律授权的专门组织（律师、公证、仲裁组织），应用法律处理诉讼案件和与诉讼紧密联系的非讼事件而制作的各种文书，以及诉讼当事人依法递交司法机关的具有法律效力或法律意义的文书的总称"；④ 诉讼文献，即记录并承载诉讼知识信息的一切物质载体。其中，诉讼是指"国家司法机关在当事人和其他诉讼参与人的参加下，按照法定程序解决具体案件的活动"；⑤ 诉讼文书，"又称'司法文书'、'法律文书'。司法机关和诉讼参与人为进行诉讼所制作的各种书面材料"；⑥ 政法文献，即记录并承载政法知识信息的一切物质载体。其中，政法是指"政治和法律的合称"。⑦

因此，检察文献与法律文书、立法文献、司法文献（书）、诉讼文献（书）、政法文献之间既有交叉或交集，也有不同。

---

① 参见李振宇：《法律文献的特征、类型及考证与检索》，载《人文杂志》2002年第2期。

② 当然，实践中，"司法文献"的提法，也是客观存在的。例如，《联合国关于少年司法文献》（吕小丽，载《法律文献信息与研究》2004年第3期）、《西方人眼中的中国法律（之十）——威妥玛搜集京城司法文献东西方接触碰撞走向融合》（田涛，载《法制日报》2007年6月17日）。

③ 参见邹瑜、顾明总主编：《法学大词典》，中国政法大学出版社1991年版，第1022页。

④ 参见王启富、陶髦主编：《法律辞海》，吉林人民出版社1998年版，第1062页。

⑤ 参见王启富、陶髦主编：《法律辞海》，吉林人民出版社1998年版，第1062页。

⑥ 参见邹瑜、顾明总主编：《法学大词典》，中国政法大学出版社1991年版，第811页。

⑦ 参见中国社会科学院语言研究所词典编辑室编：《现代汉语词典》（修订本），商务印书馆1999年版，第1608页。

第十四章　检察文献的产生

一、概述

检察文献是从哪里来的？是从天上掉下来的吗？不是。是人的头脑里固有的吗？也不是。而是欲设、筹建、创立和发展检察制度的实践结果。

现在看来，原始社会就有文献存在。但随着国家的出现，一方面，有国家，必有法律；有法律，必有制度。正是："国家的法律是调整或规范国家制度的形式或手段，国家的制度是国家的法律对有关社会关系加以调整或规范的结果；如果无国家法律这种形式或手段，国家的有关制度就建立不起来。这就告诉人们，国家的有关制度，无论是其有根本性的国家制度（或社会制度）、政治制度、经济制度、文化制度、军事制度等，还是国家的各种各样的具体制度等，都是离不开国家的有关法律的，无法律调整或规范的国家有关制度是不存在的。"① 同样，作为近代新兴的一种国家法律和制度，作为法律和制度子集的检察法与检察制度之间的关系，又何尝不是——检察法是检察制度得以产生、建立、发展甚至兴衰的"种子"、"母胎"和圭臬，检察制度则是检察法得以适用的现实结果；没有检察法，就没有检察制度；有检察制度，必有检察法。② 正基于此，实践中，便有了将检察法存在与否作为衡量一国检察制度是否建立（唯一）标志的主张。因此，从制度及其检察制度与法律及其检察法律的关系上看，作为文献的一种，检察法律文本要先于检察制度产生；而通常认为，世界上第一部检察法，是随着 1670 年法国国王路易十四颁布刑事法律敕令而诞生的；世界上真正意义的检察制度，是随着 1808 年 11 月 27 日《拿

---

① 参见王先勇：《我国法制建设应以实现"法治国家"为最基本的出发点》，载《社会科学研究》1995 年第 6 期。譬如，倘若 1986 年 4 月中共中央办公厅、国务院办公厅不联合颁行《关于在全国范围内实行夏时制的通知》，那么，随后我国就不会实行夏时制（1986 年 4 月 18 日至 1992 年 3 月 15 日）。

② 但值得注意的是，有检察法，并不一定有检察制度。因为，倘若将检察法束之高阁不用或来不及适用，具有生命活力的检察制度就不可能建立、发展。

破仑治罪法典》（亦称《法国刑事诉讼法典》、《重罪审理法典》）的颁行而初现于19世纪的法国。当然，关于谁是世界上第一部检察法？谁是世界上最早建立检察制度的国家？还有不同解说。但不可否认的是："某一制度之创立，决不是凭空忽然地创立，它必有渊源，早在此项制度创立之先，已有此项制度之前身，渐渐地创立。某一制度之消失，也决不是无端忽然地消失了，它必有流变，早在此项制度消失之前，已有此项制度之后影，渐渐地变质。如此将制度，才能把握得各种制度之真相，否则仍只是一条条的具文，决不是能在历史上有真实影响的制度。"①

另一方面，由于作为法律术语的"检察"要晚于作为法学名词的"检察"，作为法学名词的"检察"也要晚于作为文献用语的"检察"。因此，从产生时间上看，检察法律文本要晚于检察法学文献，检察法学文献又要晚于文献，反之亦然。进言之，在检察制度建立之前，必有论证设立检察制度可行性（或利弊）的检察法学文献；在得出设立检察制度十分必要而筹建设立检察制度之时，必依法出台相应的检察法律文本——为检察制度创设提供法律依据；在检察制度建立并运作过程中，还会产生大量的检察学文献、检察法律文本和检察实践文献以资检察制度发展。

因此，从产生时间的逻辑上说，作为语言文字的"检察"出现之后→才有作为检察文献的"检察"出现→才有作为检察法律文本的"检察"出现→才有作为检察学、检察法律和检察实践文献的"检察"大量出现。易言之，有记录检察知识信息的语言文字和笔墨纸砚等文具之后，才有检察文献；有记录检察知识信息的检察文献之后，才有检察法律文本；有检察法律文本之后，才有检察实践文献。

二、世界检察（法律）文献的产生

诚然，"当今世界的法律体系大致分为大陆法系、英美法系和社会主义法系。与此相适应，当今世界的检察制度亦分为大陆法系检察制度、英美法系检察制度和社会主义国家检察制度三种类型。有的学者认为，大陆法系检察制度与英美法系检察制度的提法是一个假命题，现代检察制度发生、发展的真正脉络起源于法国，美国的检察制度起源于法国而不是英国，英国直到20世纪80年代中期才建立了现代意义上的检察制度。但是，绝大多数学者都认为大陆法系检察制度与英美法系检察制度具有不同的特点，需要分别加以论述。何家弘主编的《检察制度比较研究》和何勤华主编的《检察制度史》都认可了大陆

---

① 参见钱穆：《中国历代政治得失》（前言），三联书店2005年版，第2页。

法系检察制度和英美法系检察制度的提法。甚至认为'英国是世界上最早建立检察制度的国家之一，也是英美法系检察制度的发源地'，'英国检察制度的影响极其深远'；'早期的美国检察制度是深深地受到了英国检察制度的影响，继承了许多英国法律的传统和精神'"。① 但本书认为，世界上真正名副其实意义上的检察制度起源于 18 世纪的法国。

具体来说，"大陆法系检察制度首先出现在法国（亦即检察法律文本首先出现于法国——引者注），并且是由其早期的国王代理人制度演变而来。……自中世纪中期封建法时代起，法国封建等级差别就日渐加剧，民族内部的阶级对立也日益严重。……鉴于封建割据状态下人与人之间权利义务关系的日益复杂化，通过诉讼形式解决庄园与庄园之间、庄园与国王之间的经济、财产利益方面的纷争显得十分必要，于是就在几个庄园之上设立一个'主管'来负责裁决纠纷案件（亦即检察实践文书也首先出现于法国——引者注）。……封建领主权力的扩张是国王所不能容忍的，加强国王权力，限制地方封建领主司法权的扩张，成为当时法国国王巩固自己地位的统治策略之一，国王的代理人制度在这样的政治背景下便获得了历史性的发展机遇。1303 年 3 月 25 日国王腓力四世颁布敕令规定，国王代理人应当和司法官一样进行宣誓，以国王的名义参加有关王室利益的诉讼。……1380 年，法国国王的总代理人在法院代表国王出庭。1498 年，法国国王路易十二时期纠问式诉讼制度已基本确立，对国王代理人规定了相当广泛的权力，其中包括：检举、追诉犯罪；对民众受理告诉、告发；行使侦查权；向法院请求处罚犯罪；执行部分刑罚；参与民事诉讼；监督行政事务等。1539 年法国国王颁布法令，规定国王代理人是诉讼中的一方当事人，负责起诉或控告。至此，国王代理人的身份已经由一般私人代理性质发展为国家代理和国家追诉的形式，国王代理人已经不再是从前的国王私人代表，而是具有公权性质的国家官员。……1670 年，法国国王路易十四颁布刑事法律敕令，明确规定：在最高审判机关中设置检察官，称总检察官，下设检察官于各级法院内部，这就是大陆法系国家检察机构的设置实行'审检合署'的历史开端。并且明确规定了检察官在诉讼中的权力和义务，规定检察官的职责不仅仅限于通过诉讼保护王室利益，而具有对一切刑事案件行使侦查和起诉的权力。至此，法国检察制度基本形成"。② 因此，大陆法系国家最早的、真正名副其实意义上的检察文献是出现于 1303—1670 年间法国检察文献。

---

① 参见朱孝清、张智辉主编：《检察学》，中国检察出版社 2010 年版，第 51 页。
② 参见朱孝清、张智辉主编：《检察学》，中国检察出版社 2010 年版，第 52~54 页。

　　当然，尽管本书强调法国是最先建立检察制度的国家，但并不表明法国也是最先有检察文献的国家。相反，一方面，"10世纪以前的英国，所有的刑事犯罪的起诉方式都是通过私诉的方式进行的。……从公元10世纪开始，盎格鲁—撒克逊王国开始改变刑事诉讼的本质。公元10世纪初的埃塞雷德的法典要求由12个乡绅来负责其各区域的刑事案件的起诉和逮捕。根据一些历史学家的观点，这个程序看上去是两个世纪之后，亨利二世采取陪审制度的一个先兆。亨利二世执政期间，设立了大陪审团，承担起了对犯罪案件进行起诉的职能"。① 另一方面，"作为现代检察制度产生的一个基本前提就是实行控审分离，而控告和审判从制度上真正绝缘首先是从英国的大陪审团制度开始的。12世纪时，英国早期的控诉陪审团开始出现。1164年，英王亨利二世颁布《克拉灵顿诏令》，规定王室法院的巡回法官在审理各地土地纠纷时，须从当地骑士和自由民中选出12名知情人做证人，经过宣誓后向法庭提供证言，用来作为法官判断的根据。1166年，亨利二世第二次颁布《克拉灵顿诏令》，将陪审制正式确定下来"。② 因此，英美法系国家最早的、真正名副其实意义上的检察文献是出现于10—12世纪之间的英国检察文献。

　　因此，英美法系国家——英国检察文献出现最早——10—12世纪，大陆法系国家——法国检察文献出现于1303—1670年间，而社会主义国家——苏联检察文献出现于1918年十月革命之前。其间，英国是最早有（纸质型）检察文献的国家；而法国则是最早有检察法律文本的国家。但对世界上第一部检察法究竟诞生于何国？也有不同观点。例如，"一般认为，现代检察制度起源于中世纪的英国和法国……在英国，检察总长的头衔第一次出现于1461年，源于中世纪的国王代理人和王室高级律师职务。1515年又设立了副总检察长，形成了英国的检察制度……（但随着《1985年检察法》的颁行——引者注）英国直到1986年才建立起统一的检察机构……13世纪开始，法国的领主就使用'检察官'控诉犯罪人，以维护他们的税收利益。1355年12月28日国王颁发敕令，将公诉的职责赋予检察官，以独立于任何私人控诉。这种专门的控诉人机关在14世纪初就被称为检察院。1808年的《重罪审理法典》赋予检察院主动提起公诉的权力，由此确立了国家追诉制度。1811年1月1日开始生效的《重罪审理法典》继承了1808年法典的规定，形成刑事诉讼中预审（侦查）、追诉、审判三大职能的格局，（标志法国检察制度的形成——引者

---

① 参见何勤华主编：《检察制度史》，中国检察出版社2010年版，第217～218页。

② 参见朱孝清、张智辉主编：《检察学》，中国检察出版社2010年版，第62～63页。

注)"。①

再如，"法国学者一般认为，现代检察制度起源于法国。但他们对于检察制度起源于何时、何种制度尚未达成一致意见。……最早提到检察院存在的文件是 1303 年 3 月 23 日美丽菲利普发出的敕令。……在 17 世纪，两个敕令对检察院的司法官的职责作出规定，一个是 1667 年的敕令，规定没有检察院的结论意见而作出的判决可受到民事诉求；另一个是 1670 年的敕令，授予总检察长追诉刑事案件的自主权。……1790 年 8 月 16 日至 24 日的法律，1791 年 9 月 3 日的宪法和 1791 年 9 月 16 日至 29 日的法律，1791 年 9 月 29 日至 10 月 21 日的法律建立了新的司法运行机制，同时也建立了大革命时期的检察院基础。……1808 年的《民事诉讼法典》、1808 年的《刑事诉讼法典》、1810 年的《司法院组织法律》确立了检察院的组织形式和职责，明确规定了检察院的调查权、公诉权、监督权，从而奠定了现代检察制度的基础"。②

三、我国检察（法律）文献的产生

（一）我国检察文献的产生

尽管我国检察制度的产生（1843 年）要比法国检察制度的诞生（1808 年）晚 35 年，但检察文献的生成轨迹，却与其无异——亦即先有检察文献，后有检察法律文本。而之所以这么说，完全基于诸如下列类似研究成果：

第一，光绪末年，"清政府统治局势岌岌可危，为了挽救危机，收回领事裁判权，清廷仿效他国进行变法图强。……法制变革的目的是为使自己的法律制度变得更加完善，从而实现维护统治秩序的功能，因此必须参照强国的法制作为引进对象。清末统治者对这一点有清楚的认识。为此，清廷派员对世界强国进行考察，然后选择认为最适宜的制度进行移植。由于当时明治时期的日本正是国力发展时期，而日本在建立政权司法制度时曾受到中国政治司法体制之影响，并且经全面考察日本裁判所后得到多员大臣推崇，朝廷最终决定采用日本裁判制度，从而引进了日本检察制度。（1）清廷派员全面考察日本检事局。清廷于 1905 年派出多名官员对日本裁判所附设之检事局进行了较为全面的考察：……（2）清廷对日本检察制度的认同……（3）清廷对当时日本国力强盛及法制、社会基础等相似的认同……（4）清末时期赴日本学习法政者人数众多促成对日本司法制度的认同……（5）日本学者参与清末立法……日本学

---

① 参见张智辉：《检察制度的起源与发展》，载《检察日报》2005 年 5 月 22 日。

② 参见甄贞等：《检察制度比较研究》，法律出版社 2010 年版，第 3～12 页。

者在中国讲授检察制度对清末检察制度的持续影响……引入日本检察制度之后对该制度认识的进一步深化……"。① 而这些活动，既须相应的检察文献记录并承载，也无不表明检察文献要先于《大理院审判编制法》（1906 年 12 月 12 日）产生。

第二，"清廷 1905 年在打出仿行宪政的幌子的同时，曾派出载泽、端方等要员赴日本、欧美各国考察政治。翌年，出使各国考察政治大臣、礼部尚书戴鸿慈归国后向清廷陈奏：'实行变法必先改定官制，以做立宪之预备……' 这份上奏密折具体，明确地指陈了中国相沿袭数千年之官制的弊端，变革旧官制的根据、具体措施，变革方案，'应请先行设立编制局，选择员司，将古今中外官制之利弊，详加调查、分别部居、审定秩序' 据以厘定官制官规。遂为清廷采纳，饬令先行厘定官制，按照 '酌古准今，上稽本朝法度之精，旁参列邦规制之善' 的指导方针，派载泽等编纂官制，庆亲王奕劻等总司核定，于 1906 年 11 月领发了 '厘定官制谕'，依据这道上谕，清朝政府实行中央官制的改变，使用了民政部、度支部、陆军部、法部、农工商部、邮传部等新名称，又增设了所谓博采群言的资政院和核查经费的审计院，企图以此为立宪始基，实行预备。……1906 年，作为仿行宪政的预备措施，清廷着手司法体制的改革，出使各国考察政治大臣戴鸿慈、端方归国后向清廷的上奏密折中认为，裁判与收税事务，不宜与地方官合为一职，'司法与行政两权峙独立，不容相混，此世界近百余年来之公理，而各国奉为准则者也。盖行政官与地方交接较多，迁就瞻徇，势所难免，且政教愈修明，法律愈繁密，条文隐晦，非专门学者不能得知其意。行政官既已瘁心民事，岂能专精律文，故两职之不能相兼，非唯理所宽然，抑亦势所当尔。中国州县向以听讼为重要之图，往往案牍劳形，不暇究心利病，而庶政之不举，固其宜矣。臣等谓宜采各国公例，将全国司法事务离而独立，不与行政官相隶'。主张把全国审判体制分为四级，即区、县、省裁判所及全国之都裁判厅，级级相统，而并隶于法部。各裁判所皆附设检事局，以掌刑事之公诉。依照这一变革议案，清政府采取了资本主义国家虚伪的司法与行政分立的原则，清廷在 1906 年 11 月颁发的 '厘定官制谕' 中明令 '刑部著改为法部，责任司法。大理寺著改为大理院，专掌审判'"。② 凡此种种，也无不表明检察文献要先于《大理院审判编制法》出现。

第三，"1905 年，清政府宣布 '预备立宪'，派出五大臣出使欧、美、日，

---

① 参见谢如程：《清末检察制度及其实践》，上海世纪出版集团 2008 年版，第 24 ～ 33 页。

② 参见曾宪义主编：《检察制度史略》，中国检察出版社 2008 年版，第 153 ～ 155 页。

考察西方政制。自 1906 年开始，清政府采取了一系列措施，改革官制，变法修律。新官制仿效西方君主立宪之下的'三权分立'原则，建立皇权控制下的行政、立法、司法相划分的体制。新法制抄袭资本主义国家，特别是日本的司法原则和制度，把刑部改为法部，专掌司法行政；把大理寺改为大理院，下设各级审判厅专掌审判；各级审判厅内附设各级检察局，作为向审判机关提起公诉的专职机关。我国法制史上，正式以法制形式确定司法系统的相对独立性，实现审检分离，提出检察概念，并建立近代形式的中国检察制度，便是从这个时候开始的"。① 同样，凡此种种，也无不表明检察文献要先于诸如《大理院审判编制法》等检察法律文本产生。

当然，尽管本书强调中外检察文献要先于检察法律文本产生，但我国检察文献究竟产生于何时何处难于考证。但可概括地将其定时于清末。

（二） 我国检察法律文本的产生

毋庸讳言，检察法及其主宰检方的客观存在，是检察制度得以生成的不可或缺因素；而检察制度的建立与否，也标志着检察法是否客观存在。因而从这个意义上说，正是基于中国检察制度诞生何时何地的众说纷纭，才导致中国检察法诞生何时何地的莫衷一是，反之亦然。

那么，标志并反证中国检察法亦即我国检察法律文本客观存在的中国检察制度又诞生于何时何地？目前，主要观点有"五说"，并以"由西方引进说"为多、为要：

1. 御史即（就）是说认为，中国历史上的御史制度，即（就）是我国古代的检察制度；中国古代的御史，即（就）是近现代的检察官。

由此反证，我国古代规范御史权力或行为的行为规范，便是我国最早的检察法或检察法律文本。例如，秦朝的《语书》（前 227 年）、汉朝的《监御史九条》（前 192 年）和《刺史六条》、三国曹魏的《察吏六条》、两晋的"地方监察法规"、北朝的《六条诏书》（544 年）和《诏制九条》（578 年）、唐朝的《巡察六条》和《风俗廉察四十八法》、五代十国的"御史台规"、宋朝"地方监察法"、元朝的监察台纲《宪台格例》、明朝的《宪纲条例》（1439 年）、清朝的《钦定台规》（1743 年）和《都察院则例》等；② 而秦朝的《语书》，当属我国古代最早的检察法或检察法律文本。当然，御史制度始于何

---

① 参见王桂五主编：《中华人民共和国检察制度研究》，法律出版社 1991 年版，第 42 页。

② 参见邱永明：《中国古代监察制度史》，上海人民出版社 2006 年版，第 73 页、第 121～122 页、第 150 页、第 163 页、第 197 页、第 265 页、第 288 页、406 页、第 440 页。

时？有关御史制度的最早的法律文本（文献）是谁？也有不同看法。

然而，诚如刘钟岳先生在其所著《法院组织法》中所云："我国在清德宗（即光绪——引者注）设检察厅以前，无所谓检察制度。史乘所载，虽谓侍御史职司纠举百僚，推鞫狱讼，监察御史掌分察百僚，巡按郡县纠司刑狱。但一方检罪犯，一方又审理罪犯，是检察与裁判之职责集于一身。与今日之检察官，不得兼审判官者，绝不相侔，故可谓我国往古无检察制度。"诚如耿文田在其所著《中国之司法》中所云："我国以前之御史，有人以为即现在之检察官，又有人以为即现在之监察委员，孰是孰非，虽未可遽白，要御史检举犯罪之官则一。按现在检察官与监察委员，职掌不同，性质亦异。"①

2. 前身御史说认为，御史制度是我国检察制度的前身，御史亦是检察官的前身。

由此反证，规范御史权力或行为的行为规范，便是我国检察法的渊源；而秦朝的《语书》，则是我国检察法最早的法律渊源，抑或最早的检察法律文本。

3. 司直即（就）是或其前身说认为，我国历史上的司直制度，即（就）是我国古代的检察制度或其前身，司直即（就）是我国古代的检察官或其前身。

由此反证，规范司直权力或行为的行为规范，即（就）是我国古代的检察法或检察法律文本。

4. 由西方引进说认为，中国检察制度是由西方尤其是日本引进的，② 其起源应以清光绪三十二年（1906 年）为始，并以《大理院审判编制法》［光绪三十二年十月二十七日（1906 年 12 月 12 日，星期三）奉旨依议］的颁行为标志。

由此反证，《大理院审判编制法》是我国最早的检察法或检察法律文本。当然，也有人认为，《黑龙江裁判处章程》［光绪三十二年正月初八日（1906 年 2 月 1 日）］是我国最早自主制定的检察法或检察法律文本。因为，"根据《黑龙江裁判处章程》，清末最早在地方试设审判检察机关，见于光绪三十二

---

① 参见闵钐编：《中国检察史资料选编》，中国检察出版社 2008 年版，第 920 页。

② 而光绪三十二年九月二十日（1906 年 11 月 6 日）《军机处、法部、大理院会奏核议大理院官制折》的下列记载，也是"由西方引进说"的重要佐证："远师法德，近仿东瀛，其官称则参以中国之旧制，亦既斟酌中外得所折中。查推官之名肇自有唐，相传甚古，然历代皆属外僚，不系京职。考宋时大理有左右推事之称。拟改推官为推事。司直官称，亦缘古制，惟名义近于台谏，拟改总司直为总检察厅丞；改司直为检察官。"

年（1906年）。黑龙江检察机构，始称'稽查委员'，'如检事之类，责成搜查犯罪，访查案中曲直'。由于缉查之员既有搜查罪犯，访查案中曲直之专责，'所以务须选派公正练达之人充之'。其局中如有徇情舞弊及审断不公等事，该员得举起事揭禀于总办'。由此可见，'稽查委员'既有检控犯罪之权，又有监督审判之权，责任重大。故'该员如或挟嫌捏砌情节，查明重惩'。另外，黑龙江裁判处章程还规定了相当于检事的'稽查委员'的级别与薪水"。①

而本书认为，尽管该章程第2条规定："裁判处设总办一员，如裁判长之类，一切审断之事，悉由该员总其成；预审委员两员，遇有疑难重大案件，责成讯办或复审驳回案件；案件帮审委员四员，如制事补之类，一切大小案件归其职审；稽查委员两员，如检事之类，责成搜查犯罪，访案中曲直；主稿、帮稿各一员，如书记之类，一切稿件归其核办；司事四名，隶供招，掌案卷；书识十名，以四名值堂六名缮写；护男十二名、夫役十二名，以充提犯押犯传证查案站堂之役。"但是，由于稽查委员并没有实现与审判的相互独立，也不享有公诉这一检察官的与生俱来、立命之本的职权。因此，结合其中第6条规定认为，稽查委员类似御史、司直，而不是近现代意义上的检察官。所以，该章程也并非我国自主制定的、最早的国内（附属）检察法或检察法律文本。

5. 殖民侵入说认为，中国检察制度最早起源于19世纪末外国列强在华殖民地。由此反证，19世纪末外国列强在华殖民地所颁行的下列附属检察法或检察法律文本，都可视为我国近代检察法或检察法律文本的萌生：

（1）由英国殖民者制定并适用于我国香港地区的《英皇制诰》（1843年5月4日）、《皇室训令》（1843年）和《香港高等法院条例》（1844年10月）等。

其中，《英皇制诰》第6条第1款规定："在本殖民地设立立法局，其成员包括有：Ⅰ. 总督；Ⅱ. 三名当然官守议员，他们是现任布政司，律政司和财政司……"《皇室训令》第2条也规定："本殖民地行政局成员包括现任驻港英军司令、布政司、律政司、财政司、合为当然官守议员……"② 由此可见，我国香港特别行政区最早的检察法是1845年5月4日由英殖民者颁行的《英皇制诰》，比《大理院审判编制法》早颁行62年。

（2）由葡萄牙殖民者制定并适用于我国澳门特别行政区的"1847年8月

---

① 参见张培田：《中国检察制度考论》，中国检察出版社1997年版，第62～63页。
② 参见《中华人民共和国香港特别行政区立法会网》2012年4月14日。其中，"律政司"是负责检控事宜的专门机构。

法令"、《检察官署刑事诉讼章程》（1852 年 11 月）和《华务检察官署民事诉讼章程》（1862 年）等。①

其中，"1847 年 8 月法令"决定将检察长主理的检察官署从议会脱离，并将之附于总督的政府秘书处。因此，我国澳门特别行政区最早的检察法是"1847 年 8 月法令"；即便是《检察官署刑事诉讼章程》，也比《大理院审判编制法》早颁行 55 年。

（3）由日本殖民者制定并适用于我国台湾地区的《台湾住民治罪令》（1895 年 11 月 17 日）和《台湾总督府法院条例》（1896 年 5 月 1 日）等。②

其中，《台湾住民治罪令》规定："陆军宪兵军官、军士、守备队长、兵站司令官、地方各行政机关长官、警部长、警部应为检察官，侦查犯罪，收集证据，起诉于法院或支部"（第 3 条）；"知有犯罪嫌疑人时，向检察官为告发"（第 4 条）。因此，我国台湾地区最早的检察法是 1895 年 11 月 17 日颁行的《台湾住民治罪令》；即便是 1896 年 5 月 1 日颁行的《台湾总督府法院条例》，也比《大理院审判编制法》早颁行 11 年。

（4）由俄国、日本殖民者制定并适用于我国辽东半岛——"关东州"特别是旅大（今大连）地区的《临时关东州厅官制》和《关东州刑事诉讼的特别程式》等。③

我国关东州先后经历了俄治（1897—1905 年）、日治（1905—1945 年）和中苏共管（1945 年 8 月 24 日至 1954 年）3 个时期，并有相应的检察法及其所支撑的检察制度存在。

在俄治时期——1895 年，甲午战争清政府战败后，于 1895 年 4 月 17 日与战胜方日本签订了丧权辱国的《马关条约》，并割让台湾和辽东半岛给日本。但仅隔 6 天，在俄、德、法 3 国"友善劝告"下，迫使日本撤离。随后，俄罗斯海军于 1897 年 12 月进入旅顺口港。1898 年 3 月 27 日，俄殖民者与清政府签订《旅大租地条约》强迫租借辽东半岛 25 年。而后，在旅大地区照其本国之州县制度统一行政。1898 年 8 月，沙俄政府在旅大颁行《临时关东州厅官制》规定，关东州厅下设地方法院，并附设检察官。直至俄国在日俄战争战败，而结束俄治。因此，我国关东州及其旅大早在 1898 年 8 月，就有诸如

---

①　参见王伟华：《澳门检察制度》，民主法制出版社 2009 年版，第 9～11 页。

②　参见王泰升：《台湾检察史》（第一篇），台湾"法务部"2008 年编印，第 9 页、第 15～16 页。

③　1899 年 8 月 16 日，沙俄与清政府签订《旅大租地条约》，租借旅大 3200 平方公里为租借地。由于当时山海关以东的地区称作"关东"，因而将旅大租借地称为"关东州"。

《临时关东州厅官制》等检察法，比《大理院审判编制法》早颁行 9 年。

在日治时期——日俄战争日本战胜后，根据《朴茨茅斯和约》规定，战胜国日本于 1904 年 8 月占领俄在华殖民地辽东半岛。最初沿袭沙俄政府设置的检察机构，随后颁行检察法并设立检察机关。其实，早在日俄战争之前或之后，日本殖民者都制定有针对"关东州"的隐性或显性检察法。例如，《关东州对土匪刑罚的规定》[明治 31 年 11 月（1898 年 11 月），律令第 24 号]第 7 条："应科以本令的罪行，可适用于本法令施行以前的有关罪犯"；《关东州刑事诉讼的特别程式》[明治 38 年 7 月（1905 年 7 月）律令第 10 号]第 1 条第 1 款："检察官对非现行犯的事件，经搜查的结果考虑有需急速处理的必要时，在提起公诉前，可发下拘捕证（传票）"；《关东都督府法院审判官及检察官任用令》[明治 39 年 9 月 1 日（1906 年 9 月 1 日）施行，敕令第 201 号]："关东都督府法院审判官及检察官，根据法院的构成法，从具有推事（审判员）及检察员资格的人员中选任之"；《关东州律师条例》[明治 41 年 10 月 1 日（1908 年 10 月 1 日）施行，敕令第 214 号]第 1 条第 2 款："裁判所检察局及检察官的职责，由同级法院检察官执行"；《关于律师的登记》[明治 41 年 10 月 1 日施行（1908 年 10 月 1 日），敕令第 214 号条]第 1 条："请求登记律师者，需将请求书经地方检察官向关东都督提出。"因此，《关东州刑事诉讼的特别程式》也比《大理院审判编制法》早颁行 1 年。

随后，日本殖民者又在关东颁行了诸如《关东州审判章程》[明治 41 年 9 月 22 日（1908 年 9 月 22 日）敕令第 212 号]、《关东州罚款及笞刑处分令施行细则》[明治 41 年 10 月 1 日（1908 年 10 月 1 日）施行，府令第 57 号]、《关东州对裁判手续费用的规定》[明治 41 年 10 月 1 日（1908 年 10 月 1 日）施行，府令第 53 号]、《关东州对罚款及笞刑处分的规定》[明治 41 年 10 月 1 日（1908 年 10 月 1 日）施行，敕令第 236 号]、《关东州对裁判手续费用的规定》[明治 41 年 10 月 1 日（1908 年 10 月 1 日）施行，府令第 53 号]、《关东州根据大赦令对应赦免者的手续规定》[大正元年 9 月 20 日（1912 年 9 月 20 日），关东都督府告示第 29 号]、《关东州根据大赦令对应赦免者的手续规定》[大正元年 9 月 20 日（1912 年 9 月 20 日），关东都督府告示第 29 号]、《关东州关于实施恩赦的几项具体规定》[明治 41 年（1908 年）敕令第 215 号]、《关东州根据恩赦令请求恢复权利的规定》[大正元年 9 月 29 日（1912 年 9 月 29 日），关东都督府告示第 30 号]、《关东州之犯罪即时判决条例》[大正 8 年 6 月 10 日（1919 年 6 月 10 日）敕令第 274 号]、《关东州刑事赔偿法业务规程》[昭和 8 年 10 月 30 日（1933 年 10 月 30 日）检察局训令第 41 号]、《关东州犯罪即时判决条例施行细则》[大正 8 年 9 月 10 日（1919 年 9 月 10

日）检察局训令第 26 号]、《关东厅法院审判官、检察官及书记的服装规定》
［大正 8 年 12 月 1 日（1919 年 12 月 1 日）敕令第 463 号]、《关东厅法院及检
察局事务章程》[大正 12 年 7 月 20 日（1923 年 7 月 20 日）检察局训令第 57
号]、《关东州司法警员的训练章程》［昭和 12 年 10 月 4 日（1937 年 10 月 4
日）检察局训令第 36 号]等隐性与显性检察法。①

　　1945 年 8 月 24 日，苏军攻占旅大（今大连），并开始长达 10 年由中共和
苏军共管旅大时期。

　　（5）由德国殖民者制定并适用于我国青岛地区的《关于华人司法问题的
条令》（1899 年 4 月 15 日）、《关于德国保护区法律问题的帝国法令》（1900
年 11 月 9 日）和《关于在青岛保护区执行裁判权的工作指示》（1901 年 6 月
1 日）等。② 因此，我国青岛早在 1899 年 4 月 15 日就有诸如《关于华人司法
问题的条令》等检察法；而即便是《关于在青岛保护区执行裁判权的工作指
示》，也比《大理院审判编制法》早颁行 7 年。

　　总之，比较而言，本书赞同殖民侵入说，亦即我国最早的检察法律文本，
是由英国殖民者制定并适用于我国香港特别行政区的《英皇制诰》（1843 年 5
月 4 日）；而《大理院审判编制法》只是我国自主制定的、最早的检察法律文
本。因此，本书认为，在我国，不论检察学（或检察理论）还是检察文本和
检察实践文献，产生的时间都较晚——鸦片战争后的 1843 年前后，并非通常
认为的《大理院审判编制法》颁行的光绪三十二年十月二十七日（1906 年 12
月 12 日）前后。

---

①　参见大连市地方志编著委员会办公室编：《大连市志·检察志》，大连出版社 2009
年版等。

②　参见李明：《德意志法院：殖民地的夕阳》，载《青岛晚报》2008 年 10 月 5 日。

第十五章　检察文献的种类

一、检察文献的种类概述

毋庸讳言，作为文献或其社会科学文献或其法律（学）文献或其司法文献的一种，检察文献也是一个集合或属概念。因此，据划分标准的不同，也可将其分为许多种类。

总的来说，本书认为，检察文献除包括检察理论、检察法律、检察实践和检察其他文献，① 或者大陆、英美和社会主义法系国家（含地区）检察文献，② 或者近代、现代和当代检察文献，③ 或者国内、国外和国际检察文献，④ 或者亚洲、欧洲、非洲、北美洲、南美洲和大洋洲检察文献，或者中国、法国、南非、美国、巴西、澳大利亚诸国检察文献之外，还可概分为与文献共有、与法学文献共有和本身特有种类 3 大类。其中，与文献共有种类，即检察文献与除法学文献之外的其他文献所共有的类型。例如，纸质与非纸质（检察）文献；与法学文献共有种类，即检察文献与法学文献所共有的类型。例如，（检察）立法与非（检察）立法文献；本身特有种类，即其他（如法律）文献没有而检察文献专有的类型。例如，检察理论［如罗昌平著的《检察改革理论

---

① 例如，王洪俊著的《检察学》（重庆 1987）等检察理论文献，诸如《人民检察院组织法》文本及其诸稿等检察法律文献，起诉书、免予起诉书、公诉书等检察实践文献，以及诸如检察机关印章、公文等检察其他文献。

② 例如，魏武著的《法德检察制度》（检察 2008），［美］雅各比·琼著、周叶谦译的《美国检察官研究》（检察 1990），［苏］列别金斯基、奥尔洛夫编、党凤德等译的《苏维埃检察制度（重要文件）》（法律 1957）。

③ 例如，［日］冈田朝太郎等口授、徐谦校订的《检察制度详考》（检察制度研究会 1919）、庄作铭著的《检察制度之研究》（武汉大学 1944 年硕士论文），姜伟主编的《中国检察制度》（北京大学 2009）。

④ 例如，甄贞等著的《21 世纪的中国检察制度研究》（法律 2008），［荷］皮特·J. P. 泰克编著、吕清等译的《欧盟成员国检察机关的任务和权力》（检察 2007），联合国《关于检察官作用的准则》。

与实务》（上海社会科学院 2002）、最高人民检察院编写组编的《刑事检察》（吉林人民 1987）]、检察文本［如《中华人民共和国检察官法》（法律2001）、最高人民检察院法律政策研究室编的《人民检察院直接受理立案侦查案件立案标准（试行）》（检察 1999）]、检察实践文献［如颜玉康著的《刑事第二审检察》（法律 2006）、蒙永山、农中校主编的《民事行政检察实例研究》（检察 2009）、起诉书］和检察其他文献（如检察院任命书、荣誉证书和各类照片等）。

二、检察文献的种类：与文献共有种类

（一）按主体分

1. 官方和非官方检察文献。据创制主体不同，可将检察文献分为官方和非官方检察文献两种；而此两者又包括纸质和非纸质、公开与内部出版发行检察文献两种，或者图书、期刊和报纸型检察文献 3 种。例如，最高人民检察院创制的《最高人民检察院公报》（1989 年 4 月）和《中国检察（DVD 光盘）》（检察出版社音像中心 2008）；江西省人民检察院创制的《江西检察》和《江西检察三十年（1978—2008）》（2008 年编印）；江西省景德镇市人民检察院创制的《瓷都检察》和《江西省景德镇市人民检察院年鉴》（2007 年编印），以及河北省秦皇岛人民检察院主办的《秦皇岛检察》（2009 年 1 月）、山东省济宁市任城区人民检察院主办的《任城检察报》（2010 年 7 月）。而图 153 所示文献，也属于典型的官方检察文献。

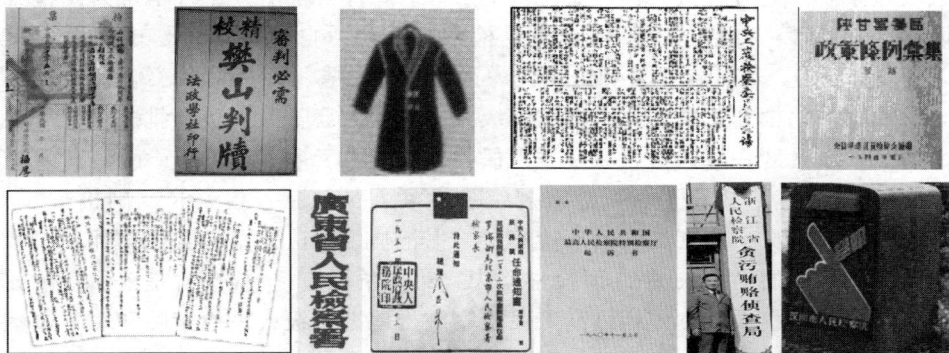

图 153　左上起：北洋政府时期京师地方检察厅《拘票》，《审判必需：精校樊山判牍》（法政学社 1918 年印行），民国检察官礼服样式，《中央工农检察委员会公布》，《陕甘宁边区政策条例汇编》（1944 年 5 月），山东省临时参议会颁布的《各级检察委员会组织条例》（1941 年 4 月）；1950—1954 年广东省人民检察署印章，周总理签发的任命罗瑞卿为北京市人民检察院检察长的《任命通知书》，《中华人民共和国最高人民检察院特别检察厅起诉书（副本）》（1980 年 11 月 2 日），"浙江省人民检察院贪污贿赂侦查局"牌子，深圳市人民检察院举报箱

而据国务院《出版管理条例》以及新闻出版总署《期刊出版管理规定》、《报纸出版管理规定》、《内部资料性出版物管理办法》、《音像制品出版管理规定》和《电子出版物出版管理规定》规定，纸质或非纸质的检察期刊、报纸、内部资料性出版物，一般只能由官方——检察机关（含内设机构）主办。因此，比较而言，官方检察文献以检察报刊居多，非官方检察文献则以检察书籍居多；换言之，单位作者检察文献数量要少于个人作者数量；而内部规章制度汇辑，又是单位作者检察文献主流。例如，最高人民检察院人事厅编的《检察机关人事工作文件选编：1978—1987》（陕西人民1990）、最高人民检察院政治部编的《检察机关干部人事管理工作法规政策汇编：1988—1993》（检察1994）、最高人民检察院办公厅编的《最高人民检察院工作报告集》（检察1999）、最高人民检察院计划财务装备局编的《全国检察机关财务统计资料》（法律2004）、中央纪委驻最高人民检察院纪检组和最高人民检察院监察局编的《检察纪律条规汇编》（检察2002），以及湖北省人民检察院1979年编印的《检察工作学习文件》、新疆维吾尔自治区人民检察院研究室1986年编印的《新疆检察文选》、上海人民检察院1987年编印的《检察工作手册》、大连市人民检察院1988年编印的《大连市检察机关正规化建设规章制度汇编》。

（1）官方检察文献。即由最高、地方各级或专门检察署（院）及其检察人员创制的检察文献。而据我国现行《人民检察院组织法》第2条规定："中华人民共和国设立最高人民检察院、地方各级人民检察院和军事检察院等专门人民检察院。地方各级人民检察院分为：（一）省、自治区、直辖市人民检察院；（二）省、自治区、直辖市人民检察院分院，自治州和省辖市人民检察院；（三）县、市、自治县和市辖区人民检察院。省一级人民检察院和县一级人民检察院，根据工作需要，提请本级人民代表大会常务委员会批准，可以在工矿区、农垦区、林区等区域设置人民检察院，作为派出机构"；由最高人民检察院编辑的《中国检察年鉴》规定，检察人员包括：检察长、副检察长、检察委员会委员、检察员、助理检察员、书记员、司法警察和其他干部，但不包括检察机关的工勤人员；[1]《检察官法》第2条规定："检察官是依法行使国家检察权的检察人员，包括最高人民检察院、地方各级人民检察院和军事检察院等专门人民检察院的检察长、副检察长、检察委员会委员、检察员和助理检察员。"因此，（新中国）官方检察文献主要包括如下五种：

①由最高人民检察署（院）（含最高人民检察署东北、华北、华东、中南、西

---

[1] 参见最高人民检察院《中国检察年鉴》编辑部编：《中国检察年鉴》2003年，中国检察出版社2004年版，第603页。

南、西北分署）及其内设机构和检察人员创制的检察文献。主要包括以下七种：

第一，检察法律、检察解释、检察政策等规范性文件诸稿。① 例如，《中央人民政府最高人民检察署试行组织条例》、《人民检察院组织法》、《检察官法》和《反贪污贿赂法》（共完成 17 稿，并未出台）等检察法律诸稿；《各级人民检察院侦查工作试行程序》（1956 年 8 月 5 日）、《关于实行人民监督员制度的规定（试行）》（2003 年 9 月 2 日）、《人民检察院刑事诉讼规则（试行）》（2012 年 11 月 22 日）等检察解释诸稿；《人民检察任务及工作报告大纲》（1950 年 8 月 8 日）、《关于开展民事、经济、行政诉讼法律监督试点工作的通知》（1990 年 9 月 3 日）、《关于积极参加抗洪抢险工作的紧急通知》（1998 年 08 月 11 日）等检察政策诸稿；《关于修改规章制度的决议》（1958 年 8 月）、《最高人民检察院工作规则》（2004 年 1 月 30 日）、《公文处理办法》（2005 年 10 月 28 日）等内部规定诸稿。如图 154 所示文献。

图 154　左上起：《司法委员会职员录——附最高法院中央公务员惩戒委员会最高法院检察署职员录》（司法部 1939 年编印），《陕甘宁边区暂行检察条例》（1946 年 10 月 9 日）；最高人民检察署编印的《人民检察任务及工作报告大纲》，《中华人民共和国人民检察院组织法（修改初稿）》（1978 年 12 月），《中华人民共和国人民检察院组织法（修改稿）》（1978 年 12 月），《中华人民共和国人民检察院组织法（修正草案）》（1979 年 1 月），《最高人民法院、最高人民检察院、公安部、国家烟草专卖局〈关于办理假冒伪劣烟草制品等刑事案件适用法律问题〉》（2004 年 9 月），《检察工作的十年（1949—1959）》（最高人民检察院 1960 年编印）

---

① 另据全国人大常委会《关于加强法律解释工作的决议》（1981 年 6 月 10 日）第 2 条规定："凡属于法院审判工作中具体应用法律、法令的问题，由最高人民法院进行解释。凡属于检察院检察工作中具体应用法律、法令的问题，由最高人民检察院进行解释。最高人民法院和最高人民检察院的解释如果有原则性的分歧，报请全国人民代表大会常务委员会解释或决定"；而《最高人民检察院司法解释工作规定》（2006 年 5 月 10 日）第 1 条明确规定："为规范和加强司法解释工作，提高司法解释工作的水平和效率，根据《全国人民代表大会常务委员会关于加强法律解释工作的决议》及有关规定，结合司法解释工作实际，制定本规定。"

第二，检察诉讼文书。它包括诸如管辖文书等管辖与立案文书，调取证据文书等侦查文书，逮捕文书等强制措施文书，延长侦查羁押期限文书等侦查羁押期限文书，起诉书等公诉文书，刑事抗诉书等抗诉文书，立案监督文书等刑事诉讼监督文书等检察诉讼文书。如图 155 所示文献。

图 155　左起：《中华人民共和国最高人民检察院特别检察厅起诉书》（特检字第一号，1980 年 11 月 2 日），《中华人民共和国最高人民检察厅——对审判林彪反革命集团主犯黄永胜的公诉发言》（公诉人：张中如，1980 年 12 月 18 日），《最高人民检察院抗诉书》（1981 年）

第三，检察工作文书。它包括诸如侦查措施审批文书等侦查工作文书，逮捕案件审查文书等审查批捕工作文书，受理审查起诉文书等审查起诉工作文书，申诉审查文书等控申工作文书，民事行政申诉审查文书等民行抗诉工作文书，以及检察笔录等检察工作文书。如图 156 所示文献。

图 156　左起：最高人民检察院《检察机关执法工作规范（2010 年版）》（检察 2010），最高人民检察院编写组《法纪检察》（吉林人民 1987），最高人民检察院人民检察院组织法修改小组 2005 年 7 月 11 日编印的《中华人民共和国人民检察院组织法（修订草案·征求意见稿）》，最高人民检察院《反贪污贿赂法》研究起草小组编的《建国以来反贪污贿赂法法规资料选编》（检察 1991），最高人民检察院刑法修改研究小组编写的《刑法修订要论》（法律 1997），最高人民检察院政治部人事工作部 1995 年编印的《中华人民共和国人民检察院设置手册》

第四，报纸型检察文献。例如，《检察日报》（最高人民检察院机关报，检察日报社主办，原名为《中国检察报》，1991 年 7 月 4 日创刊，1996 年 1 月 1 日改为现名，如图 157 所示）；《中央检察官管理学院院报》（1991 年，1993 年停刊）。

图 157　左起：《中国检察报》试刊号（1991 年 5 月 1 日）、《中国检察报》创刊号（1991 年 7 月 4 日）和《检察日报》改刊号（1996 年 1 月 1 日）

第五，期刊型检察文献。例如，《人民检察》（最高人民检察院机关刊物，人民检察杂志社主办，1956 年 6 月创刊，如图 158 所示）、① 《最高人民检察院公报》、《检察业务资料》（原名《检察业务学习资料》）和《检察工作应用法规选编》（法律政策研究室主办），以及法律政策研究室与法制出版社联合主办的《法律应用与检察业务研究》（2004 年）、最高人民检察院职务犯罪预防厅与检察出版社联合主办的《职务犯罪预防工作手册》等。

第六，图书型检察文献。一类是诸如最高人民检察院二厅编的《法纪案例三百例》（光明日报 1986）、一厅编的《刑事答辩案例评析》（法大 1987）、中国检察学会编的《惩治贪污贿赂犯罪论文集》（检察 1990）、研究室编的《典型疑难案例评析》（检察 1999）、控告申诉厅编的《举报·申诉·赔偿实用手册》（法律 1999）、邱学强主编的《全国检察人员基本素质考试专用读

---

①　作为最高人民检察院的机关刊物，《人民检察》的前身为 1953 年 10 月创刊的《检察工作通讯》。1956 年 6 月正式创刊。1960 年，因中央公检法三机关合署办公，《人民检察》停刊。随着检察工作的恢复，1962 年 12 月 30 日，最高人民检察院作出《关于〈人民检察〉复刊的通知》，决定《人民检察》于 1963 年复刊。1966 年，"文化大革命"开始，《人民检察》再度被迫停刊。1979 年，最高人民检察院《关于〈人民检察〉复刊的通知》，决定《人民检察》于 1979 年 6 月复刊。

②　1954 年 7 月 24 日，最高人民检察署办公厅在创办《检察工作通讯》（1953 年创刊）增刊——《检察工作参考资料》第 1 期《通知》称："《检察工作通讯》增刊这种活页的不定期的《检察工作参考资料》是为了及时介绍各级人民检察署总结案例，试建业务制度的经验，借以推进工作。"因此，如果说《人民检察》是新中国乃至中国第一本名副其实的检察刊物的话，那么，《检察工作通讯》及其增刊——《检察工作参考资料》就是其前身，甚至可以说，《检察工作通讯》是新中国第一本检察期刊，其增刊——《检察工作参考资料》则是新中国第二本检察期刊，而 1956 年改名的《人民检察》则是新中国的第三本检察期刊。

图 158 左起：陕甘宁边区高等法院主办的《司法通讯》刊物，《检察工作通讯》创刊号及其增刊——《检察工作参考资料》（最高人民检察署办公厅），② 《人民检察》1956 年 6 月创刊号、1963 年复刊号、1979 年复刊号

本》（检察 2001）、举报中心编的《举报职务犯罪工作手册》（法律 2002）、侦查监督厅编的《侦查监督实务手册》（群众 2003）、刘复之著的《刘复之回忆录》（中国文献 2010）等公开出版发行的检察图书；另一类是诸如最高人民检察院办公厅 1954 年编印、研究室 1980 年再印的《检察制度参考资料》（第一编至第三编），一厅 1986 年编印的《出庭经验汇编》，研究室 1987 年编印的《中国检察制度史料汇编》，办公厅 2005 年编印的《机关办公秩序规章制度汇编》，渎职侵权检察厅 2005 年编印的《反渎职侵权工作相关文件选编》（丛书）和国家检察官学院 2007 年编印的《规章制度选编》（如图 159 所示）等内部出版发行的检察图书。

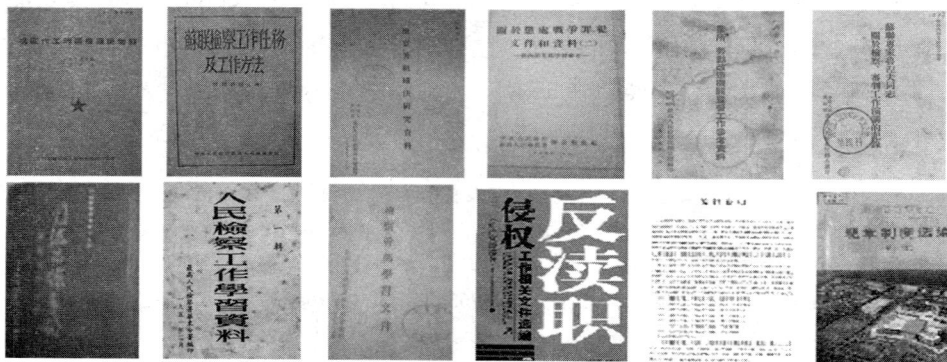

图 159 左上起：最高人民检察署编译的《苏联检察机关的工作概况》（1951 年）和《苏联检察工作任务及工作方法》（1954 年），最高人民检察署办公厅编印的《检察署组织法研究资料》（1954 年），《关于惩处战争罪犯文件和资料（二）》（1954 年），《监所、劳动改造机关监督工作参考资料》和《苏联专家鲁涅夫同志关于检察、审判工作演讲的记录》，最高人民检察署东北分署 1954 年编印的《司法工作手册（苏联司法介绍）》，最高人民检察署华东分署 1951 年编印的《人民检察工作学习资料》（第一辑），最高人民检察署西北分署 1951 年编印的《检察干部学习文件》，最高人民检察院渎职侵权检察厅 2005 年编印的《反渎职侵权工作相关文件选编》（丛书）和编辑说明，国家检察官学院 2007 年编印的《规章制度选编》（第一辑）

第七，其他检察文献。即除上述 6 种之外的检察文献。

②由省、自治区、直辖市人民检察署（院，含内设部门）及其检察人员创制的检察文献。它与上述七种检察文献类似。例如，广东省人民检察院创制的《关于刑事案件不抗诉说理工作的规定（试行）》（2009 年 4 月 28 日）和《关于试行把思想政治工作落实到办案第一线、延伸到八小时以外的三个决定的通知》（2000 年 2 月 25 日）诸稿以及《广东省人民检察院刑事抗诉书》（粤检公一刑抗〔2009〕2 号）、《当代检察官》（1981 年 1 月）、《广东省志·检察志》（广东人民 2006），以及安徽省人民检察院与新安晚报社联合举办的《新民晚报》——《检察之光》（2000 年 1 月 8 日）专栏。

内蒙古自治区人民检察院创制的《关于对集通铁路发生的刑事案件管辖问题补充请示的批复》（2004 年 11 月 17 日）诸稿、《内蒙古自治区人民检察院 1998 年以来重要文件汇编》（2007 年）、《内蒙古检察》（1992 年 1 月）、《内蒙古自治区志（检察志）》（内蒙古人民 2008）。

北京市人民检察院创制的《关于〈人民检察院诉讼文书立卷归档办法〉的补充规定》（2001 年 11 月 6 日）诸稿、《北京市人民检察院第一分院起诉书》（京一分检刑诉〔2007〕第 85 号）、《北京市人民检察院渎职侵权检察业务管理规范》（2005 年编印）、《北京检察》（1982 年）、《北京志·政法卷（检察志）》（北京 2007），以及北京市人民检察院政治部教育培训处编写的《检察书记员实务》（检察 2006），以及如图 160 所示文献。

比较而言，由省级检察院创制的检察期刊、检察志和内部规章居多。例如，目前，31 个省、市、自治区检察院甚至有些分院（如北京一、二分院）以及新疆生产建设兵团甚至有些师（如农五师）检察院、中国人民解放军事检察院，都主办有"检察"机关刊物；除浙江省、西藏自治区和中国人民解放军事检察院未编辑外，其余省级院与新疆生产建设兵团都编辑有本省的检察志。与此同时，各省级院都编辑有大量的内部规范性文件和出版物。例如，吉林省人民检察院研究室 1985 年编印的《检察工作论文选》、江苏省人民检察二处 1984 年编印的《自侦工作手册》、安徽省人民检察院 1987 年编印的《检察工作手册》，以及如图 161 所示文献。

③由省、自治区、直辖市人民检察院分院、自治州和省辖市人民检察署（院，含内设部门）及其检察人员创制的检察文献。例如，《河北省唐山市人民检察院关于实行主办检察官责任制的暂行规定》（1998 年 8 月 18 日）诸稿、深圳市人民检察院编的《深圳市人民检察院绩效考核制度汇编》（海天2010）、云南省大理白族自治州人民检察院编的《大理白族自治州检察志》（云南民族1997）、湖北省武汉市人民检察院主办的《武汉检察》（1990 年 8 月）、河北

图 160　左上起：《浙江检察工作规范》（浙江省人民检察院 2007 年编印），《河南检察工作的十年》（河南省人民检察院 1959 年编印），《法纪检察和经济检察工作（修改稿）》（山西省人民检察院 1983 年编印），《河北省人民检察署（刘青山、张子善贪污案）起诉书》（1953 年 2 月 10 日），《内蒙古检察大事记》（内蒙古自治区人民检察院史志办公室 1990 年编印），《重庆市人民检察院第二分院志》（重庆市人民检察院第二分院志编纂委员会编，中国三峡 2006），《葡萄牙共和国检察院》（澳门特别行政区检察院 2003 年编印），《台湾检察史》（王泰升著，台湾"法务部"2008 年编印）

图 161　左起：浙江省人民检察署 1953 年编印的《人民检察署通讯员手册》，《天津市人民检察署建立检察通讯员试行办法》（1951 年 10 月），湖北人民检察署 1951 年编印的《检察汇集》，福建人民检察署 1952 年编印的《人民检察工作手册》，青海人民检察署 1954 年编印的《人民检察工作材料汇编》（第一辑），广西省人民检察院办公厅 1955 年编印的《人民检察工作资料汇编》（第二辑），河南省人民检察院 1955 年编印的《检察工作手册》

沧州市人民检察院主办的《沧州检察工作报》（2012 年 10 月 1 日），以及如图

162 所示文献。

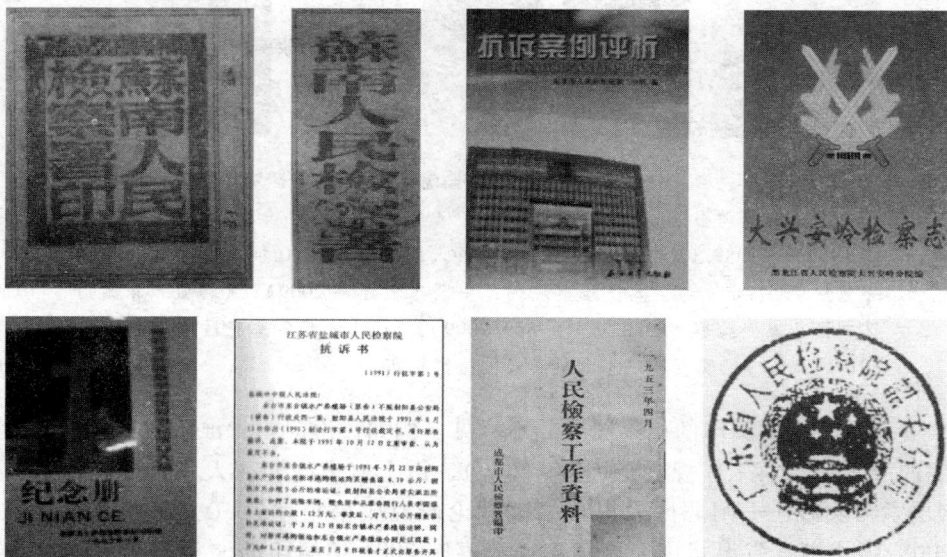

图162　左上起：1950—1952 年苏南人民检察署印，《抗诉案例评析》（北京市人民检察院第二分院编，石油工业 2006），《大兴安岭检察志》（黑龙江省检察院大兴安岭分院 2000 年编印），《阜阳地区检察举报奖励协会成立大会纪念册》（安徽省人民检察院阜阳分院 1996 年编印），《江苏省盐城市人民检察院（行政）抗诉书》（〔1991〕行抗字第 1 号），《人民检察工作资料》（成都市人民检察院 1953 年编印），现行广东省人民检察院韶关分院印

　　而由地级院编印的检察图书亦不鲜见。例如，江西省宜都市人民检察院 2005 编印的《宜都检察五十年：1955—2005》、辽宁省大连市人民检察院史志办公室 1988 编印的《重建十年大事记》、黑龙江省齐齐哈尔市人民检察院 2010 年编印的《中国共产党齐齐哈尔市人民检察院组织资料汇编》。

　　④由县、市、自治县和市辖区人民检察院（含内设部门）及其检察人员创制的检察文献。例如，四川省剑阁县人民检察院《关于加强对诉讼活动法律监督工作的实施意见》（2010 年 5 月 21 日）诸稿、《广州市东山区人民检察院起诉书》（穗东检刑诉〔2004〕82 号）、浙江省嘉兴市平湖市人民检察院编写的《平湖市检察志》（中国文史 2011）、安徽省金寨县人民检察院主办的《金寨检察》（2002 年 5 月）、江西新余市渝水区人民检察院主办的《渝水检察》、湖北襄阳城郊区人民检察院主办的《襄阳城郊检察之声报》（2011 年 3 月），以及如图 163 所示文献。

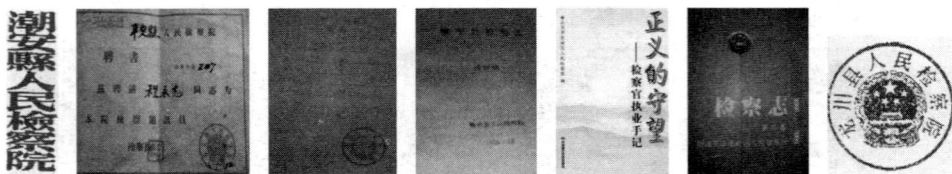

图163　左起：1954—1967年广东省潮安县人民检察院印，《山西平定县人民检察院聘书》，竹山县人民检察院《提票》（1957年），《榆中县检察志1952.7—1989.12（送审稿）》（榆中县人民检察院1990年编印），《正义的守望》（北京市东城区人民检察院编，中国时代经济2009），《聊城市东昌府区人民检察院检察志第二卷（1986—2009）》（聊城市东昌府区人民检察院2010年编印），现行广东省龙川县人民检察院印

　　而由县级院编印的检察图书亦不鲜见。例如，由河南省淮阳县人民检察院编的《淮阳检察工作规范》（检察2007）、由上海市闸北区人民检察院编写的《思索与实践——闸北区人民检察院理论研究成果集萃》（上海社会科学院2008）、由浙江省温州市鹿城区人民检察院2004年编印的《温州市鹿城区人民检察院院史画册》。

　　⑤由专门检察院创制的检察文献。例如，中国人民解放军军事检察院主办的《军事检察工作》（杂志2010年1月改版）、济南军区军事检察院主办的《法治与检察》（1986年7月1日）、李昂主编的《军事检察学》（军事科学2003），山西省人民检察院太原铁路运输检察分院创制的《铁路检察理论与实务》（2010年编印）和《太铁检察》（2006年）、辽宁省人民检察院沈阳铁路运输分院主办的《哈大铁路客运专线预防之窗》（2008年7月）、张双喜主编的《铁路检察长评析典型案件》（中国铁道2010），新疆生产建设兵团人民检察院兵团检察院主办的《兵团检察》、新疆生产建设兵团农四师检察分院主办的《检察拾珍》（2007年）、新疆生产建设兵团农五师检察分院主办的《农五师检察》（2008年7月）、新疆生产建设兵团农六师检察分院主办的《检察工作研究》；黑龙江省人民检察院志编的1982年编印的《黑龙江省农垦检察志》，以及如图164所示文献。

　　而由专门检察院编印的检察图书亦不鲜见。例如，昆明铁路运输检察院编的《昆明铁路检察志》（中国铁道1992），最高人民检察院铁路运输检察厅编的《敬礼：中国检察官（铁路卷）》（检察2003），林业部公安局、检察院、法院工作办公室编的《执法手册》（中国林业1989）。

　　（2）非官方检察文献。即除上述官方检察文献之外的检察文献。

　　例如，〔苏〕格罗津斯基著、王更生译的《苏维埃刑事诉讼中的上诉审和

图 164　左上起：《中国人民解放军军事检察机构历史沿革》（解放军1998），中国人民解放军军事检察院 1981 年编印的《审理林彪反革命集团主犯检察工作专辑》；《南铁检察》（杂志），《哈尔滨铁路检察志》（哈尔滨铁路运输检察分院 2003 年编印），《兰铁检察年鉴 2004》（兰铁检察分院 2005年编印）；《兵团检察》（杂志），《检察拾珍》（新疆生产建设兵团农四师主办），《检察工作研究》（新疆生产建设兵团农四师主办），《新疆生产建设兵团检察志》（兵团检察院史志编纂委员会编，新疆人民 1995）；《建三江农垦检察志》（黑龙江省建三江农垦区人民检察院 2002 年编印）

监督审程式》（人大 1956），郁愠编著的《检察工作跃进之声》（法律 1960），俞波涛著的《受贿罪的认定与处罚》（南京 2000），施业家著的《中国特色社会主义检察制度概论》（湖北人民 2010），贾志鸿主编的《检察院　检察权　检察官研究》（检察 2009）等。

2. 其他检察文献：

第一，名家和非名家检察文献。前者如蒋士宜编纂的《检察制度》（1911年），毛家骐编著的《检察官办案实用》（文通书局 1942），陈启育著的《新中国检察制度概论》（新华书店 1950），李士英主编的《当代中国的检察制度》（中国社会科学 1988），朱孝清、张智辉主编的《检察学》（检察 2010）；后者如《开江县检察志》编纂领导小组 1985 年编印的《开江县检察志》，《前进中的重庆检察》（重庆人民检察院编，重庆 2002），《十大贪官现形记》（毕胜德、岳智宏编，黑龙江人民 1998）。

第二，作（著）者、（翻）译者、编者（辑）（总）编检察文献。例如，杨文良等译的《苏联最高法院组织条例 苏联检察监督条例》（法律 1957），

〔美〕斯图尔特著，刘雁、龙宗智译的《美国要案检控纪实》（检察1991），谢伟明著的《中国检察官教育管理研究》（北京燕山1995），傅耿编的《抗诉案例选编》（广西人民1991），雷冼、周期华主编的《检察机关侦查教程》（检察1995），龚培华主编的《上海检察调研》（2007年11月），王松苗总编的《检察日报》等。

第三，署名和匿名检察文献。前者如李英、吕艳著的《检察官的天职》（黑龙江教育1990）、最高人民检察院政治部警务部编的《人民检察院司法警察概论》（检察1995）、最高人民检察院二厅1988年编印的《人民检察院直接受理侦查刑事案件预审概论》；后者如《中华人民共和国人民法院组织法、人民检察院组织法》（司法部济南法律学校1957年编印）、《人民检察院组织法》（人民1954）、《中华人民共和国检察官法》（法律2001）以及如图165所示文献。

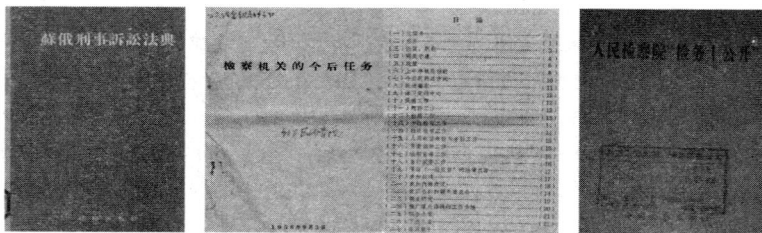

图165　左起：《苏俄刑事诉讼法典》（法律1955），《检察机关的今后任务》（1958年9月3日，油印、16开、31页），《人民检察院"检务十公开"》（检察1998）

第四，个人和单位作者检察文献。前者如〔苏〕列别金斯基著、陈华星等译的《苏维埃检察院及其在一般监督方面的活动》（法律1957），蒋伟亮著的《国家权力结构中的检察监督》（检察2007），刘佑生主编的《中国宪政与检察制度》（方正2007）；后者如中央人民政府政务院政治法律委员会办公厅1954年编印的《苏联专门法院与专门检察署概况》，最高人民检察院编写组编的《检察工作概论》（吉林人民1988），北京市女检察官协会编的《执着的追求——首都女检察官的心声》（检察2002），中国检察报社编的《中国十大杰出检察官风采》（检察1994），最高人民检察院司法体制改革领带小组办公室2010年编印《2009—2010年出台的检察改革文件及相关司法改革文件选编》。

第五，单一和多个作者检察文献两种。前者如李征著的《中国检察权研究》（检察2007），最高人民检察院一厅1986年编印的《出庭经验汇报》（上下）；后者如闵钐、谢如程、薛伟宏编著的《中国检察制度法令规范解读》（

检察 2011），中国检察理论研究所和中国检察官协会编的《腐败和欺诈犯罪的惩治与防范：国际检察官联合会第四届年会暨会员大会（中方会员）论文集》（检察 2000），最高人民检察院监所检察厅与检察出版社联合举办的《监所检察工作指导》杂志，河北省人民检察院与河北日报报业集团、河北法制报社联合举办的《河北日报》——《检察周刊》专栏（原名《法镜周刊》，2001年 3 月）。

第六，男性和女性作者检察文献。前者如林贻影著的《两岸检察制度比较研究》（检察 1998），陈健民主编的《检察院组织法比较研究》（检察 1999）；后者如蔡巍著的《检察官自由裁量权研究》（检察 2009），张凤阁主编的《出庭公诉新方略》（公大 1999），苏晓宏著的《检察职能的现代化转型》（同济大学 2002）。

第七，中国和外国作者检察文献。前者如黄永魁译的《蒙古人民共和国刑事诉讼法典》（法律 1957），郭谷新、陈立明著的《法庭论辩艺术》（检察 1992），侯远长主编的《中国权力监督论》（中原农民 1993），王远明等编的《民事行政检察案例选编》（法律 1993）；后者［苏］古谢夫著、王增润等译《苏联和苏俄刑事诉讼及法院和检察院组织立法史料汇编》（法律 1958），［苏］别列佐夫斯卡娅等著、梁启明译的《苏联东欧国家的检察长监督》（检察 1990），［日］伊藤荣树等著、徐益初等译的《日本检察厅法逐条解释》（检察 1990），［美］琼·雅各比著、周叶谦等译的《美国检察官研究》（检察 1990）。

第八，近代、现代和当代或清末、民国和新中国作者检察文献。例如，［日］冈田朝太郎创稿、曹汝霖译、沈家本和刘若曾同订的清末《法院编制法最初之稿》［宣统元年十二月二十八日（1909 年 1 月 19 日）前］；检察制度研究会编辑的《检察制度详考》［京外各大书坊中华民国元年八月（1912 年 8月）］；王田海、唐若愚著的《检察实务若干问题研究》（陕西师范大学 1997）、杨克佃主编的《刑事审判监督程序的理论与实践》（法院 1993）。

（二）按客体分

1. 纸质和非纸质型检察文献。据是否以纸本（张）为载体，可将检察文献分为纸质和非纸质型检察文献两种。

（1）常见的纸质型检察文献，主要包括以下四种：

第一，诸如熊元翰编辑的《检察制度》（安徽法学社 1918），巴扎诺夫著、杨文良译的《苏维埃刑事诉讼中控诉的变更》（法律 1956），陈国庆主编的《人民检察院刑事诉讼规则释义与适用》（警官教育 1999），孔璋著的《中美公诉制度比较研究》（检察 2003），最高人民检察院《法律手册》编委会编的《检察委员会委员常用工作手册》（检察 2010），以及诸如吉林省法学会 1987 年编印的《检察理论论文集》，吉林省人民检察院 1988 年编印的《实用检察统计教程》（王俊良著）等纸质检察书籍。

第二，诸如最高人民检察院检察理论研究所主办的《刑事法杂志·检察论坛》（原名《中国检察论坛》），吉林省人民检察院主办的《检察之声》（原名《检察研究》1988 年创刊，1996 年改为现名），辽宁省鞍山市人民检察院主办的《鞍山检察》（原名《检察与预防》，2009 年 5 月），江苏省沭阳县人民检察院主办的《沭阳检察》（2011 年 9 月 5 日）等纸质检察期刊。

第三，诸如检察日报社主办的《检察日报》，安徽省人民检察院与合肥晚报社联合主办的《人民检察》（报）（2000 年），广东省番禺市人民检察院主办的《番禺检察》（2004 年 3 月）、吉林省双辽市人民检察院主办的《双辽预防》（2011 年 11 月）等纸质检察报。如图 166 所示。

图 166　左起：《检察日报》，《人民检察》（报），《番禺检察》（报）

第四，其他。即除纸质检察图书、报刊之外的其他纸质检察文献，包括小册子、简报、情况反映、文件等。如图 167 所示文献。

（2）常见的非纸质型检察文献，主要有以下六种：

第一，检察照片。如图 168 所示。

第二，缩微检察文献（所需设备和样品如本书图 42 所示）。例如，全国图书馆文献缩微复制中心的缩微制品——《法律评论》（1923 年创刊，北京朝阳大学学报）就载有李保光的"对于特区检察所应办事项之意见"（第 31 期，1924 年 1 月 27 日），《法学会杂志》（1913 年 2 月，北平）就载有胡以鲁的"论检察制度之不可废"（第 2 卷第 3—4 期，1914 年 8 月 15 日），《政法月刊》（山西）就载有温子明的"检察官与律师"（第 3 卷第 7 期，1924 年 3 月），《法学季刊》（东吴大学法学院学报，1922 年）就载有朱鸿达的"检察制度论"（第 2 卷第 3 期，1925 年 1 月），《法科月刊》就载有黎藩的"检察制度存废论"（第 5 期，1929 年 4 月），《法声》就载有耐厂的"检察制度应否废止之我见"（第 5 期，1934 年 1 月），《法制月刊》（上海）就载有刘肇福的"论检察制度"（创刊号，1941 年 4 月），《东方杂志》就载有秦孝思的"论检

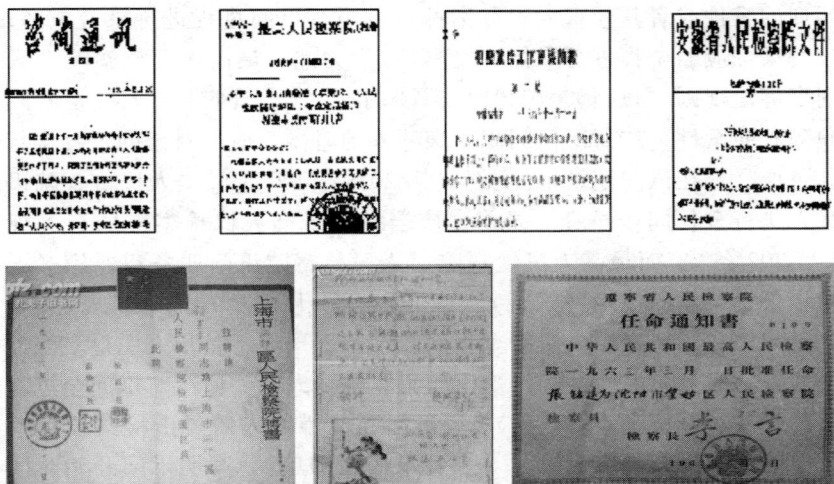

图167　左上起：最高人民检察院《咨询通讯》（咨询办公室主办），《检察业务工作会议简报》（1954年11月11日），《最高人民检察院报告》，《安徽省人民检察院文件》，上海市西郊区人民检察院《聘书》（1956年），原最高人民检察院办公厅主任赵鹏飞给山西省忻州地委组织史办公室回信，辽宁省人民检察院《任命通知书》

图168　左起：1950年9月，北京市人民检察院起诉"美国特务李安东反革命案"所附犯罪工具——迫击炮照片；1956年4月2日，毛泽东等党和国家领导人与第三次全国检察工作会议代表合影；84式男士检察服照片；1994年，上海市人民检察院、上海市人民检察院分院、上海市检察学会办公所在地（仙霞路780弄2号）照片；2006年，《（浙江）全省检察机关讯问全程同步录音录像工作会议》会场照片；《废检察制度之运动》（陈则民等著，缩微胶片）

察制度"（第40卷24期，1944年12月31日）等检察论文；而《立法院公报》、《大理院公报》、《最高法院公报》、《司法公报》、《司法行政公报》、《法部公报》等，就载有民国时期的检察法。

第三，声像（或视听）检察文献。例如，有关检察业务知识的录音录像带（如图169所示）。而《刑事诉讼法》第121条规定："侦查人员在讯问犯罪嫌疑人的时候，可以对讯问过程进行录音或者录像；对于可能判处无期徒刑、死刑的案件或者其他重大犯罪案件，应当对讯问过程进行录音或者录像。录音或者录像应当全程进行，保持完整性。"为此，最高人民检察院《人民检察院刑事诉讼规则（试行）》（2012年11月22日）规定："人民检察院立案侦查职务犯罪案件，在每次讯问犯罪嫌疑人的时候，应当对讯问过程实行全程录音、录像，并在讯问笔录中注明"（第201条第1款），"人民检察院讯问犯罪嫌疑人实行全程同步录音、录像，应当按照最高人民检察院的有关规定办理"（第202条）；而最高人民检察院《人民检察院讯问职务犯罪嫌疑人实行全程同步录音录像的规定（试行）》（2005年11月1日）进一步规定："人民检察院讯问职务犯罪嫌疑人实行全程同步录音、录像，是指人民检察院办理直接受理侦查的职务犯罪案件，每次讯问犯罪嫌疑人时，应当对讯问全过程实施不间断的录音、录像"（第2条）；"讯问犯罪嫌疑人需要由检察技术人员录音、录像的，检察人员应当填写《录音录像通知单》，写明讯问开始时间、地点等情况送检察技术部门。检察技术部门接到《录音录像通知单》后，应当指派技术人员实施"（第4条），"案件移送审查起诉时，应当将全程同步录音、录像资料复制件随案移送"（第14条）。

图169　《国家公诉》等反贪题材电视剧录像带

第四，电子检察文献。例如，《珍惜岗位　远离犯罪》（光盘，检察出版社音像中心2010年）、《国家赔偿——新国家赔偿法解读》（光盘，检察出版社音像中心2010年），以及如图170所示文献。

图170　左起：高级检察官培训教材及其所附光盘（法律2002），纪念全国检察机关恢复重建30周年——《中国检察（DVD光盘）》（检察出版社音像中心2008年），《黑龙江检察年鉴光盘》（黑龙江省人民检察院研究室2009年），《诱发公职人员职务犯罪的20个认识误区（VCD光盘）》（检察出版社音像中心2011年），《女检察官手记（光盘）》（检察出版社音像中心2009年），3.5寸软盘《检察官管理制度教程（电子稿）》（于萍，2002年）

第五，多媒体检察文献。例如，最高人民检察院、地方各级和专门人民检察院官方网站，以及《正义网》等检察网站。

第六，其他。即除缩微、声像（或视听）、电子、多媒体检察文献之外的其他非纸质型检察文献。如图171所示文献。

图171　左起：1950年9月，北京市人民检察院起诉"美国特务李安东反革命案"所附犯罪工具——手雷、子弹照片；1950—1954年，广州市人民检察院印；《中国检察年鉴1997—2001光盘》；木制《浙江省人民检察院贪污贿赂侦查局》牌子；3.5寸软盘《高级检察官培训教程——刑事诉讼原理导读（电子稿）》（宋英辉，2002年）

2. 版本不同检察文献。据版本的不同，可将检察文献分为正本、足本、残本、孤本、抄本、样本、试用本、绝版本、再印本、修订本、翻印本、影印本、缩印本、繁体字本、简体字本、袖珍本、课本、小册子、直排本、横排本型等检察文献。如图172所示。

图 172　左上起：《苏联检察制度史（重要文件）》（人民 1954，正本），《苏维埃检察制度（重要文件）》（法律 1957，足本），《民国 38 年新疆省喀什地方法院检察处羁押执行书》（残本，1949 年），《审理大汉奸周佛海的高等法院检察官陈绳祖 1930 年获得的辽宁省政府颁发的大功证书及任职法院关防》（孤本，1930 年），《检察机关侦查业务教程》（样书，检察 1999），《2012 年法院检察院机关考试用书套餐（教材＋预测试卷）全套 8 本》（京华 2011），《检察实践》（1999 年创刊号，目录），《反贪实战侦查要领》（检察 2012 再印本），《公诉实战技巧》（检察 2012 修订本），《人民检察通讯员手册》（第一集，最高人民检察署西北分署 1953 年翻印，64 开袖珍本），《工农检查部的重要文件》（闽北区工农检察署据 1957 年红军油印本影印翻印），《检察日报》（2000 年 7 月缩印本），《京师高等检察厅书记课事务草则》（民国线装，直排繁体字本），《海峡两岸检察制度比较》（中山大学 1992，简体字本），《检察机关书记员实务培训简明教程》（检察 2010），《湖北省 1955 年检察工作总结和 1956 年检察工作任务（草案）》（1956 年，小册子，16 开 24 页），《刑事检察实务述要》（孙璐著，民国直排手抄本），《山东省检察统计年鉴（2004）》（山东省人民检察院 2004 年编印，横排本）

3. 文稿不同的检察文献。据文稿的不同，可将检察文献分为手稿、油印稿、征求意见稿、讨论稿、修订（正）稿、第×次稿、送审稿、评审稿型等检察文献。如图 173 所示。

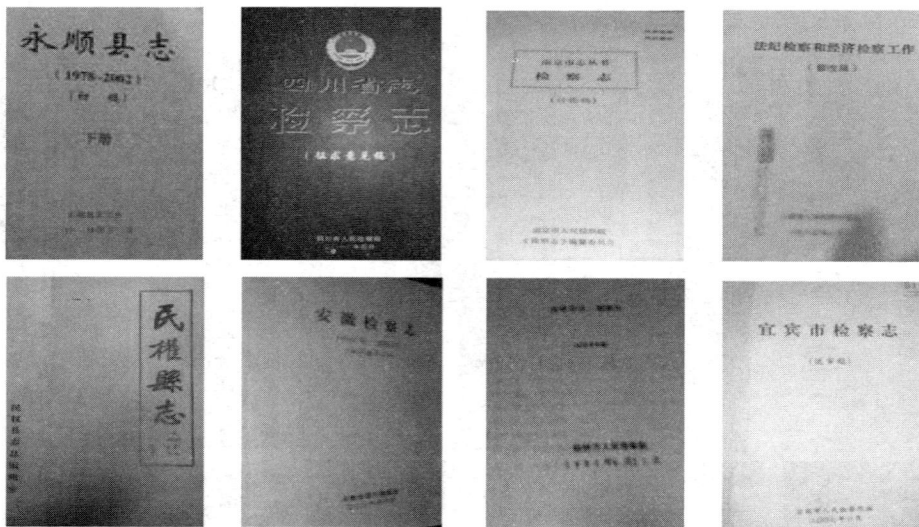

图 173　左上起：《永顺县志 1978—2002》（初稿·手稿，包括《永顺县人民检察院志》、《永顺县法院院志》，永顺县志编纂委员会 2005 年编印），《四川

省志·检察志（征求意见稿）》（四川省人民检察院 2010 年编印），《南京市志丛书·检察志（讨论稿）》（南京地方志编纂委员会 1992 年编印），《法纪检察和经济检察工作（修改稿）》（山西省人民检察院 1983 年编印），《民权县志·公安、检察、审判、司法（初稿）》（油印本），《安徽检察志（1986—2005年）征求意见二稿》（安徽省检察志编辑室 2009 年编印），《桂林市志·检察志（综合评审稿油印本）》（桂林市人民检察院 1995 年编印），《宜宾市检察志（送审稿）》（宜宾市人民检察院 2007 年编印）

4. 其他检察文献：

第一，据印制方式的不同，可将其分为石印、油印、铅印、胶印、复印、缩印、影印检察文献 7 种。如图 174 所示文献。

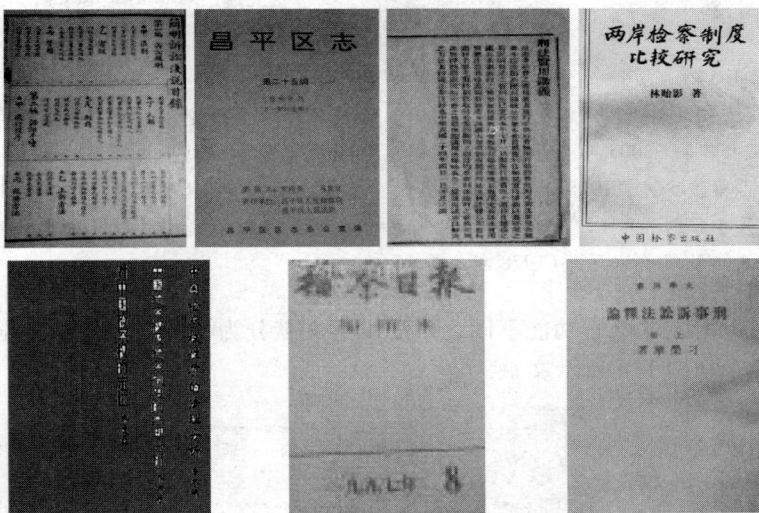

图 174　左上起：《简明诉讼浅说》（民国线装石印本），《昌平县志·第二十五编（检察审判）》（一审讨论稿，油印本，昌平县县志办公室 1990年编印），司法院法官训练所铅活字线装排印本——《刑法实用总则讲义》（1935 年），《两岸检察制度比较研究》（林贻影著，检察 2012），法硕论文《中国检察权性质的法理分析（辛冬卿）·中国检察权及检察制度的法理分析（乔亦丹）·对中国检察权的定位（齐康磊）》（复印本，2011 年），《检察日报》（合订缩印本，1997 年 8 月），《刑事诉讼法释论》（刁荣民，影印本，1976 年）

第二，据出版类型和周期、载体形态等不同，可将其分为图书、期刊、报纸和资料型检察文献 4 种。如图 175 所示。

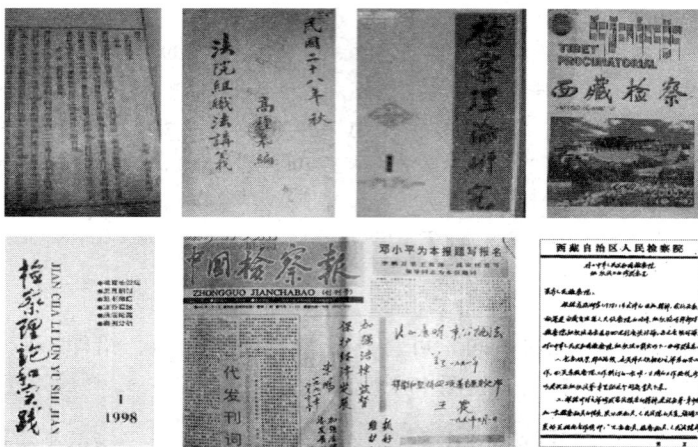

图175　左上起：《法院编制法》（湖北私立法政学校讲义，1912年编印），
《法院组织法讲义》（高种皋编，1939年）；《检察理论研究》（1991年创刊号），
《西藏检察》（2005年3月，内部资料），《检察理论和实践》（广西壮族自治区
人民检察院主办，1998年1月，以书代刊连续出版物）；《中国检察报》（1991
年7月4日创刊号），《西藏自治区人民检察院对〈中华人民共和国人民检察院
组织法〉的修改意见》（1978年9月15日）

　　第三，据人的感官功能不同，可将检察文献分为视觉、听觉和触觉型检察
文献3种。如图176所示文献。

图176　左起：《吉林市志·检察志（1986—2003）》（吉林文史2007），《绍
兴县检察》（2008年创刊号），1958年上海市人民检察院办公地址（福州路209
号）照片，《山东省各级人民检察院检察长会议简报》（1979年9月1日），《人民
检察创刊50周年纪念光盘》

　　第四，据是否能为机器识别，可将检察文献分为机读和非机读型检察文献
两种。例如图176中，《人民检察创刊50周年纪念光盘》属于机读检察文献，
其他则属于非机读检察文献。
　　第五，据是否能发声，可将检察文献分为有声和无声型检察文献两种。例

如图 170 中纪念全国检察机关恢复重建 30 周年——《中国检察（DVD 光盘）》（检察出版社音像中心 2008）就属于有声检察文献，而如图 175 所示文献，则属于无声检察文献。

第六，据出版是否定时，可将检察文献分为定期（或连续）和不定期（或不连续）出版型检察文献两种。例如图 175 中的《检察理论研究》、《西藏检察》、《检察理论和实践》和《中国检察报》就属于定期出版检察文献，其他则属于不定期出版检察文献。

第七，据卷册的不同，可将检察文献分为单卷册和多卷册型检察文献两种。如图 177 所示。

图 177　左起：《人民检察院组织法（试用教程）》（浙江省人民检察院电大检察班部 1986 年编印），《检察工作论丛》（第 1—3 卷，检察 2003），《纪念人民检察制度创立八十周年系列丛书（共 7 册）》（检察 2010），《检察之声》（1996 年合订本），《沧州日报——检察战线》（2009 年合订本）

第八，据载体的多少，可将检察文献分为单载体和多载体型检察文献两种。如图 178 所示。

图 178　左起：单载体检察文献：《富阳市人民检察院检察年鉴（1998年）》（富阳市人民检察院 1998 年编印），《中美公诉制度比较研究》（检察 2003），多载体检察文献：《昌都检察年鉴 2010（附光盘）》（昌都市人民检察院 2010 年编印），《天河区检察志 1985—2005（带光盘）》（广州天河区人民检察院 2005 年编印），单页检察文献：《山西省太原市人民检察院聘书》，多页检察文献：《刑事不起诉的理论与司法实务》（刘生荣著，检察 1998）

第九，据页数的多少，可将检察文献分为单页和多页型检察文献两种。例如图 178 所示。

第十，据装帧版本不同，可将检察文献分为精装和简装检察文献两种；据封面是否相同，可分为封面相同与不同的检察文献两种；据版次的不同，可分为初版、再版等检察文献。如图 179 所示。

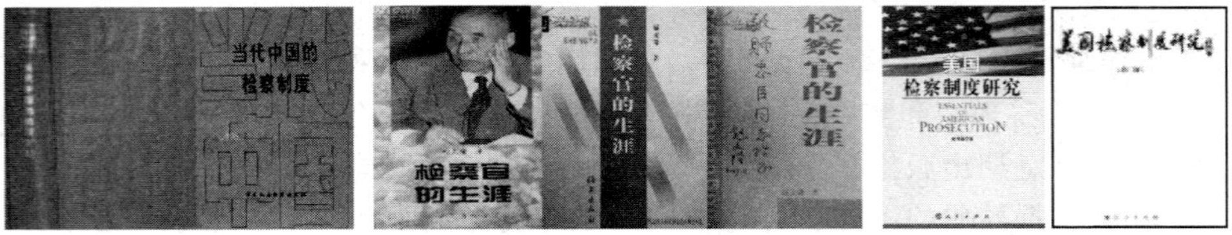

图 179　左起：《当代中国的检察制度》（精装与简装检察文献，中国社会科学 1988），《检察官的生涯》（封面不同的检察文献，赵文隆，海燕 1997），《美国检察制度研究》（初版与再版，人民 2011）

（三）按内容分

1. 零次、一次、二次和三次检察文献。据内容、性质和加工程度或价值、级别的不同，可将检察文献分为零次、一次、二次和三次检察文献 4 种。如图 180 所示。

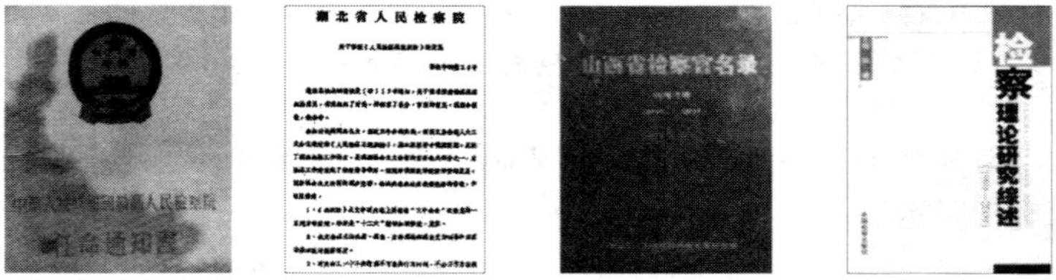

图 180　左起：《最高人民检察院任命通知书》（1956 年），湖北省人民检察院《关于修改〈人民检察院组织法〉的意见》（鄂检字〔78〕第 25 号），《山西检察官名录（1952—2003）·朔州分册》（山西省人民检察院法律政策研究室 2003 年编印），《检察理论研究综述（1999—2009）》（孙谦主编，检察 2009）

2. 直读、检索和复合型检察文献。据功能差异，可将检察文献分为直读、检索和复合型检察文献 3 种。如图 181 所示。

图 181　左起:《庭审和免予起诉制度的改革与完善》(解伟民、薛伟宏等,法制 1994),《中华人民共和国人民检察院机构名录(2005 年)》(检察 2005),《黑龙江省检察年鉴(1998—2008)及其光盘》(黑龙江省人民检察院法律政策研究室 2008 年编印)

3. 白色、灰色和黑色检察文献。据出版发行范围的不同,可将检察文献分为白色、灰色和黑色检察文献 3 种。如图 182 所示。

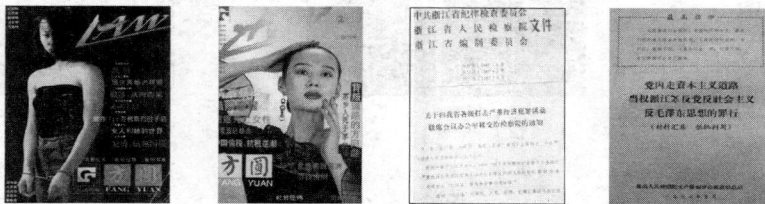

图 182　左起:《方圆》(1993 年试刊号,国内外公开发行)和创刊号,中共浙江省纪律检查委员会、省人民检察院、省编制委员会《关于将我省各级打击严重经济犯罪活动联席会议办公室移交给检察院的通知》(1987 年),《党内走资本主义道路当权派江文反党反社会主义反毛泽东思想的罪行》(最高人民检察院无产阶级革命派联络总站 1967 年编印)

4. 公开,内部和不出版发行检察文献。据是否公开出版发行,可将检察文献分为公开、内部和不出版发行检察文献 3 种。如图 183 所示。

图 183　左起:《职务犯罪侦查实务丛书》(检察 2009),《关于惩处战争罪犯文件和资料(二)——供内部业务学习参考》(最高人民检察署办公厅 1954 年汇编),广东省人民检察院《关于修改〈中华人民共和国人民检察院组织法〉的意见》(秘密,粤检〔1978〕009 号)

5. 核心,相关和边缘性检察文献。据内容与检察专业相关程度的不同,可将检察文献分为核心、相关和边缘性检察文献 3 大类。如图 184 所示。

6. 工具书和非工具书检察文献。据功能,作用的不同,可将检察文献分为工具书(如图 185 所示)与非工具书检察文献两大类。

图184　左上起：核心性检察文献：《中华人民共和国检察制度研究》（王桂五主编，法律1991），法律类核心期刊《人民检察》；相关性检察文献：《中国御史制度沿革》（高一涵著，商务1930），《中国监察制度》（林代昭，中华书局1988），《中国古代司法制度》（陈光中等著，群众1984），《中国诉讼法史》（李交发著，检察2002），《中国古代刑事诉讼法史》（李文玲著，法律2011），《中国侦查史》（马洪根著，群众2007），《警察学刚要》（［日］松井茂著，吴石译，法大2005），《审判学》（王少南主编，法院2003），《中华刑罚发达史》（罗翔著，中国法制2006），《法医学》（法律1982）；边缘性检察文献：《统计学》（中国统计1999），《心理学》（华东师范大学1982）

图 185　左上起：《检察大辞典》（上海辞书 1996），《中华人民共和国检察业务全书》（吉林人民 1991），《检察机关办案艺术实用全书》（公大 1998），《检察手册（1986—1987）》（检察 1990），《中国检察年鉴 1992》（检察出版社 1993），《达州检察志》（达州市人民检察院 2010 年编印），《检察业务学习资料》（1983 年第 1—24 期索引），《检察实践》（1999 年度总目录），《检察理论研究综述（1979—1989 附录：检察理论研究主要著作论文索引）》（检察 2000），《检察学文摘》（1993 年 9 月），《人民检察院办案用房和专业技术用房建设标准》（建标 137 - 2010，中国计划 2010），《北京市检察机关社会主义法治理念教育资料汇编》（北京市人民检察院 2007 年编印），《辽宁省地方志资料丛刊第三辑·辽宁检察志资料选编第一册》（辽宁省地方志办公室 1988 年编印），《当代湖南检察长名录（1949—1994）》（检察 1995），《中华人民共和国人民检察院概览》（检察 1995）

7. "文革"与非"文革"检察文献。据是否为"文革"（1966 年 5 月至 1976 年 10 月）出版，可将检察文献分为"文革"与非"文革"两种。如图 186 所示。

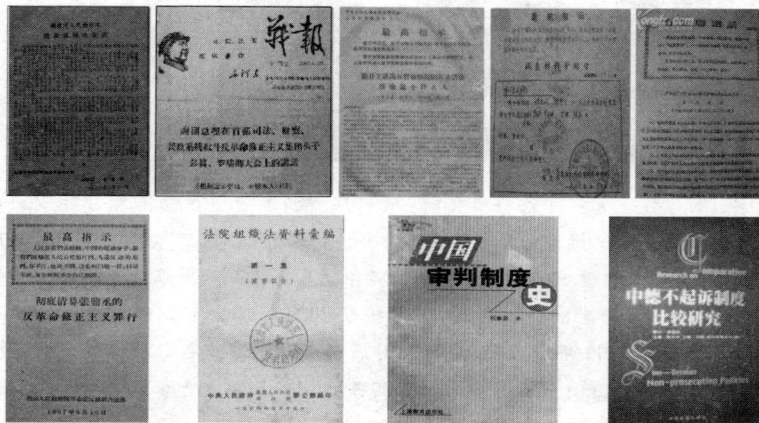

图 186　左上起：文革检察文献：福建省公安厅红色造反者司令部《福建省人民检察院批准逮捕决定书》（1967 年 3 月 11 日），《战报——谢副总理在首都司法、检察、民政系统批斗反革命修正主义集团头子彭真、罗瑞卿大会上的讲话》（1967 年 8 月 27 日），《揭开王效禹在省检察院的罪恶活动　看他是个什么人》（中央办的毛泽东思想学习班 1969 年编印），《调查中国最高人民检察院副检察长张苏介绍信》（1968 年），《广东省广州市人民检察院革命造反执行委员会紧急通告（1967 年 1 月 22 日 22 时）》，《彻底清算张鼎丞反革命修正主义罪行》（最高人民检察院革命造反派联合总部 1967 年 5 月 10 日编印），《法院组织法资料汇编》（第一集，最高人民法院办公厅 1954 年编印）《中国审判制度史》（程维荣，上海教育 2001），《中德不起诉制度比较研究》（陈光中主编，检察 2002）

8. 其他检察文献。据内容和形式是否合法，可将检察文献分为合法与非法检察文献；据编制时间，（文物）价值等不同，可将检察文献分为古籍与非古籍性质检察文献两种；据是否具有地域性，可将文献分为全国性和地方性文献两种；使用语言文字的多少，可将检察文献分为单语文和多语文检察文献两种；据卷册数量的不同，可将检察文献分为单部和多部检察文献两种；据内容所涉及问题的多少，可将检察文献分为单主题和多主题检察文献两种；据内容是否经过翻译，可将检察文献分为译著和非译著两种；据文字的不同，可将检察文献分为中文与非中文两种。如图 187 所示。

图 187　左上起：非法检察文献：《彻底肃清彭真、罗瑞卿在政法（检察）方面反革命修正主义路线的流毒》（最高人民检察院《516》联合战斗队 1967 年编印）；古籍孤本检察文献：《刑事检察实务述要》（民国时期，手写本）；地域不同检察文献：《中国检察年鉴 2007》（检察 2007），《北京检察年鉴 2009》（北京市人民检察院 2009 年编印）；中英文对照《英国刑事审判与检察制度》（方正 1999），多部检察文献：《检察机关侦查实务》（1—7 卷，检察 2007），多主题检察文献：《湘潭市志 8》（中国文史 1996），翻译检察文献：《独立检察官斯塔尔：克林顿性报告》（［美］贝·斯塔尔著，张铮华译，青海人民 1998），《维文译本：中华人民共和国人民检察院组织法》（民族 1954）

三、与法学文献共有种类

（一）检察立法、司法和法理文献

所谓检察立法文献，亦即本文所称的检察法律文献或检察法律文本。例如，中央人民政府《最高人民检察署暂行组织条例》和《各级地方人民检察署组织通则》（1951 年 9 月 3 日）以及《关于〈最高人民检察署暂行组织条例〉和〈各级地方人民检察署组织通则〉的说明》（1951 年 9 月 3 日），最高人民检察院《人民检察院刑事诉讼规则》之《初稿》，《正本》（1998 年 12 月 16 日），《修正稿》（1999 年 9 月 21 日），以及如图 188 所示文献。

所谓检察司法文献，亦即本文所称的检察实践文献。例如，《一九五九年检察工作的总结和一九六〇年检察工作的意见（草稿）》（载《人民检察》1960 年第 4 期），《中华人民共和国最高人民检察院特别检察厅起诉书》（特检字第一号）（1979 年 11 月 2 日，亦即《对林彪、江青反革命阴谋集团案起诉意见书》）及其各稿，以及如图 188 所示文献。

所谓检察法理文献，亦即本文所称的检察学文献或者检察理论文献。例如，黎藩著的《检察制度存废论》（《法科月刊》1929 年第 4 期），孙占茂，赵登举著的《人民检察机关的自行侦查》（吉林大学 1985），以及如图 188 所示文献。

图 188　左起：检察立法文献：《江苏省临时军法会审审判程式暂行规则》（1920 年），《中华人民共和国检察官法（第六稿）》（1989 年 9 月 10 日），《中华人民共和国检察官法》（法律 1995）；检察司法文献：人民日报 1951 年 8 月 18 日刊登的《北京市人民检察署对美国特务间谍阴谋武装暴动危害中华人民共和国案起诉书》，《1955 年检察工作的总结和 1956 年的工作任务》（1956 年 8 月 19 日张鼎丞检察长在第三次全国检察工作会议上的报告）；韩大元著的《中国检察制度宪法基础研究》之初稿（《中国特色社会主义检察制度研究》2006 年 6 月）与出版稿（检察 2007）

（二）检察思想、典志、资料、工具书、档案、评论以及法律文本、文书

据应用性质的不同，可将检察文献分为检察思想、典志、资料、工具书、档案、评论以及法律文本、文书 8 种。如图 189 所示。

（三）其他检察文献

据资源的权威性大小，可将其分为原始和二次检察文献 2 种；据产生区域的不同，可将其分为国内、国外与国际检察文献 3 种；拒是否有密级，可将其分为有密级和无密级的检察文献 2 种；据出版类型和周期，载体形态等不同，

图 189　左上起：《列宁论检察制度和监察工作》（新华书店 1949），《中国检察百科辞典》（黑龙江人民 1993，系我国最早出版的专门检察辞典），《本溪检察志 (1886—1985)》（本溪市人民检察院 1988 年编印），《武汉检察志资料汇编》（武汉市人民检察院史志办公室 1980 年编印），《检察工作手册》（河南省人民检察院 1982 年编印），《杭州市江干区人民检察院案卷》（2004 年），《检察理论研究综述 (1989—1999)》（检察 2000），《江苏各级检察厅职务刚要、办事规则》（1911 年），《中华人民共和国最高人民检察院特别检察厅——对审判林彪反革命集团主犯吴法宪的公诉发言》（公诉人：孙树峰，1980 年 12 月 18 日）

可将其分为图书、期刊、报纸和资料型检察文献 4 种。如图 190 所示。

图 190　左上起：《杭州市人民检察署聘请检察通讯员聘书》（原始检察文献，1953 年），《检察工作手册》（二次检察文献，辽宁省人民检察院办公室 1954 年编印），《法纪检察业务资料汇编（一）》（国内检察文献，内蒙古自治区

人民检察院法纪检察处编印），《苏联和苏俄刑事诉讼及法院和检察院组织立法史料汇编（1917—1954）》（国外检察文献，法律 1958），《共创和谐世界——国际反贪局联合会第一届年会暨会员代表大会》（国际检察文献，检察 2008），《检察官职权行使之实务与理论》（检察图书，五南图书出版公司 2008），《（澳门）检察通讯》（检察期刊），《检察文化报》（云南曲靖市人民检察院主办 2012 年 3 月 9 日创刊）

四、本身特有种类①

（一）检察解释文献

所谓检察解释文献，是指最高人民检察院依法制定司法解释（含检察和审判解释）过程中所产生的检察文献。

另外，据全国人大常委会《关于加强法律解释工作的决议》（1981 年 6 月 10 日）第 2 条规定：“凡属于法院审判工作中具体应用法律，法令的问题，由最高人民法院进行解释”。

此外，据最高人民检察院《司法解释工作规定》（2006 年 5 月 10 日）规定：“对检察工作中具体应用法律的问题，由最高人民检察院进行解释”（第 2 条）；“最高人民检察院制定并发布的司法解释具有法律效力。人民检察院在起诉书，抗诉书等法律文书中，可以引用司法解释的规定”（第 5 条）；“省级人民检察院报请最高人民检察院制定司法解释的请示，报告或者建议，应当由本院法律政策研究部门归口办理。在报请最高人民检察院制定司法解释的请示，报告或者建议中，应当载明报请解释的问题，本院检察委员会意见，并附送有关案例和材料。省级以下人民检察院认为需要制定司法解释的，应当层报省级人民检察院，由省级人民检察院审查决定是否向最高人民检察院提出请示，报告或者建议”（第 8 条）；“司法解释工作按以下程序进行：（一）确立司法解释项目；（二）调查研究并提出司法解释意见稿；（三）论证并征求有关部门意见，提出司法解释草案；（四）提交分管检察长审查，报请检察长决定提交检察委员会审议；（五）检察委员会审议；（六）核稿；（七）签署发布”（第 10 条）。

因此，检察解释文献类似于检察立法文献。例如，最高人民检察院《人

---

① 而通过全国人大常委会办公厅主管的《中国人大网》之《法律法规数据库》之《中国法律法规信息系统》统计数据检索显示，截止到 2012 年 12 月 31 日，正文含有“检察”的“司法解释及文件”共 1064 件。

民检察院刑事诉讼规则（试行）》，最高人民法院、最高人民检察院《关于人民检察院检察长列席人民法院审判委员会会议的实施意见》（2009 年 8 月 11日），最高人民法院、最高人民检察院、公安部、国家安全部、司法部、全国人大常委会法制工作委员会《关于实施〈中华人民共和国刑事诉讼法〉若干问题的规定》（2012 年 12 月 26 日）诸稿和正式文本，以及如图 191 所示文献。

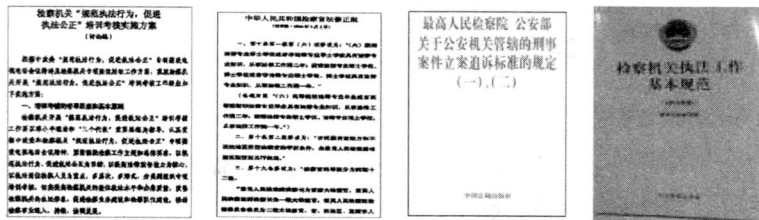

图 191　左起：最高人民检察院《检察机关"规范执法行为，促进执法公正"培训考核实施方案（讨论稿）》，最高人民检察院《中华人民共和国检察官法修正案（送审稿）》（2000 年 5 月 3 日），最高人民检察院、公安部《关于公安机关管辖的刑事案件立案追诉标准的规定（一）（二）》（法制 2010），最高人民检察院《检察机关执法工作基本规范（2010 年版）》（检察 2010）

（二）准检察解释文献

所谓"准检察解释"文献，是指地方各级人民检察院和专门检察院在制定准检察解释过程中所产生的检察文献。

例如，云南省人民检察院《关于为加快发展非公有制经济服务的若干措施》（2003 年 5 月 20 日），湖北省高级人民法院、人民检察院《关于在审判工作和检察工作中加强监督制约、协调配合的规定（试行）》（2008 年 12 月 15日），北京市人民检察院、公安局《关于进一步加强和完善公安监管执法与检察监督工作联系制度的意见》（2010 年 7 月 2 日），北京市密云县人民检察院《关于进一步加强对诉讼活动法律监督工作的意见》（2009 年 9 月 27 日），宁夏回族自治区人民政府与自治区人民检察院《宁夏回族自治区行政执法工作与检察监督工作相衔接的若干规定》（2011 年 2 月 17 日），江苏省常州市新北区人民检察院、人民法院《关于落实检察长列席审判委员会的实施方案》（2011 年 4 月 26 日），山西省高级人民法院、省检察院、省公安厅、省安全厅、省司法厅《关于在审判工作和检察工作中加强协调配合与监督制约的规定》（2011 年 5 月 10 日，共 5 章 42 条）诸稿及其正式法律文本，以及如图192 所示文献。

图 192　左起：《中国共产党齐齐哈尔市人民检察院组织资料汇编》（齐齐哈尔市人民检察院 2010 年编印），《人民检察院检察委员会规范性文件汇编》（开封市人民检察院 2011 年编印），《诉讼监督制度规范汇编》（东莞市人民检察院政策研究室 2011 年编印），《规范化管理制度汇编》（个旧市人民检察院2006 年编印）

（三）检察业务文献

所谓检察业务文献，就是有关检察业务工作诸文献的总和，抑或检方在开展各项检察业务工作中所产生的各类文献的总和。

另外，基于时代的不同，检察业务工作之范围也会有所兴亡、增减。例如，随着最高人民检察院《关于实行人民监督员制度的规定（试行）》（2003年 9 月 2 日）的颁行，人民监督员工作正式兴起；随着 1996 年《刑事诉讼法》的颁行，免予起诉工作即告消亡。而随着检察业务工作范围的增减，与之相应的检察文献也会相应地兴亡。

此外，以最高人民检察院为例，现行的检察业务文献主要包括以下十九种：

1. 针对办公室日常工作的检察文献，抑或在办公室日常工作中产生的检察文献。而办公室日常主要工作包括：

第一，协助院领导处理检察政务，组织协调院重要工作部署，重大决策的贯彻实施，组织安排机关重要会议和重大活动。而由此产生的检察文献，如最高人民检察院《关于在全国检察机关开展执法大检查的通知》（1998 年 4 月14 日）诸稿。

第二，负责文件起草。而由此产生的检察文献，如最高人民检察院《关于中央文件阅读和管理工作实施细则》（2005 年 12 月 28 日）诸稿，《机关办公秩序规章制度汇编》（最高人民检察院办公厅 2005 年编印，如图 193 所示）。

第三，管理秘书事务。而由此产生的检察文献，如《最高人民检察院办公厅秘书工作暂行规定》（2005 年 10 月 28 日）诸稿。

第四，处理检察信息，编发内部刊物。而由此产生的检察文献，如最高人民检察院、公安部《关于加快看守所监管信息系统与驻所检察管理信息系统联网建设推行监所网络化管理和动态监督工作的通知》（2002 年 10 月 24 日）诸稿，《綦江检察》。

第五，处理机要文电。而由此产生的检察文献，如《最高人民检察院公文处理办法》（2005 年 10 月 28 日）诸稿，《公文写作与办公自动化技能培训教程》（检察 2004）。

第六，负责人民监督员制度试点工作。而由此产生的检察文献，如最高人民检察院《关于人民监督员监督"五种情形"的实施规则（试行）》（2005 年 12 月 27 日）诸稿，《人民监督员制度的立法研究》（武汉大学 2010）。

第七，负责人大代表联络工作和特约检察员的联系工作。而由此产生的检察文献，如《最高人民检察院与全国人民代表大会代表联系工作管理办法（试行）》（1998 年 8 月 21 日）诸稿。

第八，负责领导同志批办事项的督查工作。而由此产生的检察文献，如《最高人民检察院专项督查工作规定》（2005 年 12 月 28 日）诸稿。

第九，负责机关办公秩序管理和机关日常值班。而由此产生的检察文献，如最高人民检察院《人民检察院文明接待室评比条件和评比方法（试行）》（1992 年 1 月 3 日）诸稿。

第十，负责档案管理，统计，保密工作。而由此产生的检察文献，如最高人民检察院、国家档案局《人民检察院诉讼档案管理办法》（2000 年 11 月 2 日）诸稿，《检察档案管理实用手册》（湖南省人民检察院 2005 年编印，如图 193 所示）、《最高人民检察院检察统计工作暂行规定》（1989 年 10 月 26 日）诸稿，《全国检察机关财务统计资料（2002 年）》（法律 2004）、最高人民检察院《检察工作中国家秘密范围的规定》（2005 年 10 月 28 日）诸稿，《泄露国家秘密罪》（检察 1996）。

第十一，对下级检察院的相关业务进行指导。而由此产生的检察文献，如，《最高人民检察院办理下级人民检察院请示件暂行规定》（2005 年 10 月 28 日）诸稿。

2. 针对政治工作的检察文献，抑或在政治部门日常工作中产生的检察文献。而政治部门日常主要工作包括：

第一，开展具有检察特点的思想政治工作。而由此产生的检察文献，如最高人民检察院《关于加强检察机关领导班子思想政治建设的实施意见》（2009 年 4 月 24 日）诸稿，《检察政治工作政策法规汇编（1994—2004）》（上下，检察 2004）。

第二，负责检察院领导班子的考核，配备及后备干部的考察工作，办理有关任免手续。而由此产生的检察文献，如最高人民检察院《检察官培训暂行

图193　左上起：《机关办公秩序规章制度汇编》,《人民监督员制度的立法研究》,《检察档案管理实用手册》,《北京市检察机关专项整改培训考核专辑》,《中国优秀检察官荣誉档案》,《司法警察概论》,《侦查监督与审判监督》,《未成年人刑事检察实务教程》

规定》、《检察官考核暂行规定》、《检察官辞职、辞退暂行规定》、《检察官纪律处分暂行规定》（1995 年 9 月 21 日）诸稿，以及《北京市检察机关专项整改培训考核专辑》（北京市人民检察院政治部 2006 年编印，如图 193 所示）、《检察绩效管理评估与考核：哈铁检察绩效管理模式》（检察 2006）、《检察机关绩效考评制度研究》（天津社会科学 2012）。

第三，承担检察系统机构编制工作以及检察机关的专业技术职称，工资津贴和奖励工作，制定检察机关有关干部管理规定，并组织实施。而由此产生的检察文献，如最高人民检察院政治部、人事部办公厅、全国会计专业技术资格考试领导小组办公室《关于人民检察院司法会计人员参加会计专业技术资格全国统一考试的通知》（1993 年 6 月 3 日），最高人民检察院、人事部《检察机关奖励暂行规定》（2001 年 4 月 11 日），最高人民检察院《检察人员纪律处分条例（试行）》（2004 年 6 月 21 日）诸稿，以及《全国公安检察司法先进工作者大会记念刊》（1959 年）、《全国检察人员基本素质考试大纲》（检察 2001）、《检察人员廉洁守纪指南》（检察 2012）、《检察官纪律读本》（检察 2000）、《检察官管理制度教程》（法律 2003）、《中国优秀检察官荣誉档案》（中国人事 2004，如图 193 所示）。

第四，负责对检察机关司法警察的管理、培训、考核工作的指导。而由此产生的检察文献，如最高人民检察院政治部《检察机关司法警察工作规范化建设标准》（2002 年 11 月 20 日）诸稿，以及《司法警察概论》（法大 2005，如图 193 所示)、《司法警察实务》（暨南大学 2011）。

第五，负责检察院的宣传工作。而由此产生的检察文献，如《关于 2001 年全国检察机关开展"举报宣传周"活动的通知》（2001 年 3 月 29 日）诸稿，以及《新时期纪检察宣传教育工作方法创新与反腐倡廉政策体系构建学习读本》（法律 2008）。

第六，负责检察机关干部教育培训工作。而由此产生的检察文献，如最高人民检察院《检察官培训条例》诸稿，以及《检察官法纪风纪及素质教育全书》（民主法制 1998）。

第七，负责检察机关的干部人事管理工作。而由此产生的检察文献，如中共中央组织部、人事部、最高人民检察院《检察官等级暂行规定》（1997 年 12 月 15 日）诸稿，以及《检察官职业化建设探索与研究》（检察 2008）。

3. 针对侦查监督工作的检察文献，抑或在侦查监督部门日常工作中产生的检察文献。而由此产生的检察文献，如最高人民检察院《关于深入开展立案监督工作的通知》（1998 年 3 月 9 日）、《人民检察院办理未成年人刑事案件的规定》（2007 年 1 月 9 日）诸稿，以及《侦查监督论》（公大 1991）、《侦查监督教程》（检察 1992）、《检察机关立案侦查业务辅导教材》（检察 1999）、《逮捕论》（法律 2001）、《侦查监督与审判监督》（武汉大学 1990，如图 193 所示)、《刑事立案监督案例评析》（湖南人民 2006）、《侦查监督实务与技巧》（检察 2008）、《审查起诉重点与方法》（检察 2008）、《审查逮捕实务培训教程》（检察 2009）、《疑难罪案的审查逮捕》（检察 2006）、《未成年人刑事检察实务教程》（上海交通大学 2012，如图 193 所示)。

4. 针对公诉工作的检察文献，抑或在公诉部门日常工作中产生的检察文献。而由此产生的检察文献，如最高人民检察院《关于进一步加强公诉工作强化法律监督的意见》（2005 年 6 月 10 日）诸稿，以及《苏维埃法庭上的国家公诉人》（〔苏〕包尔迪列夫著、魏家驹等译，法律 1956，如图 194 所示)、《怎样当好公诉人》（法律 1986）、《出庭经验汇编》（最高人民检察院一厅 1986 年编印）、《检察院出庭实用教程》（法律 1987）、《公诉人、辩护人、被害人、被告人刑事法庭演讲词》（法大 1991，如图 194 所示)、《中国检察官出庭全书》（山西经济 1994，如图 194 所示)、《当代中国大要案公诉词评析》（红旗 1995，如图 194 所示)、《检察官出庭公诉实务》（民主法制 1998）、《出庭公诉研究》（检察 2000）、《检察监督与公诉关系论》（公大 2005）、《检察机关不起诉工作实务》（检察 2005）、《暂缓起诉制度研究》（检察 2009）、《起诉书写作技巧及范例精讲》（检察 2010）、《附条件不起诉制度研究》（检察 2011）、《免予起诉制度》（法大 1993）、《刑事抗诉重点与方法》（检察

2010）、《抗诉论》（检察 2008）。

图 194　左上起：《苏维埃法庭上的国家公诉人》，《公诉人、辩护人、被害人、被告人刑事法庭演讲词》，《当代中国大要案公诉词评析》，《中国检察官出庭全书》，《经济犯罪侦查学概论》，《回扣》，《法纪案件办案经验选编》，《监所检察制度适用》

5. 针对反贪污贿赂工作的检察文献，抑或在反贪污贿赂部门日常工作中产生的检察文献。而由此产生的检察文献，如最高人民检察院《关于检察机关反贪污贿赂工作若干问题的决定》（1999 年 9 月 17 日）诸稿，以及《国外贪污贿赂要案纪实》（中华工商联合 1994）、《建国以来反贪污贿赂法规资料选编》（检察 1999）、《中国反贪污贿赂检察业务全书》（检察 1996）、《贪污贿赂犯罪及其侦查实务》（人民 2006）、《贪污贿赂疑案精析》（吉林省人民检察院研究室 1990 年编印）、《经济犯罪侦查学概论》（警官教育 1998，如图 194 所示）、《经济检察　法纪检察　常用法规汇编》（吉林人民 1996）、《回扣》（北京市检察学会 1993 年编印，如图 194 所示）。

6. 针对渎职侵权检察工作的检察文献，抑或在渎职侵权检察部门日常工作中产生的检察文献。而由此产生的检察文献，如最高人民检察院《关于加强渎职侵权检察工作的决定》（2000 年 5 月 29 日）诸稿，以及《渎职侵权罪案侦查经验点评》（当代世界 2002）、《渎职侵权犯罪侦查实务》（法律 2008）、《法纪检察案件三百例》（光明日报 1986）、《法纪案件办案经验选编》（四川省人民检察院法纪处 1984 年编印，如图 194 所示）。

7. 针对监所检察工作的检察文献，抑或在监所检察部门日常工作中产生的检察文献。而由此产生的检察文献，如最高人民检察院《关于加强和改进监所检察工作的决定》（2007 年 3 月 6 日）、《人民检察院监狱检察办法》、《人民检察院看守所检察办法》、《人民检察院劳教检察办法》和《人民检察院监外执行检察办法》（2008 年 3 月 23 日）诸稿，以及《劳改检察概论》（法大 1988）、《监所检察教程》（检察 1991）、《超期羁押与人权保障》（检察 2004）、《监所检察概论》（河南大学 2006）、《监所检察制度适用》（公大 2012，如图 194 所示）。

8. 针对民事行政检察工作的检察文献，抑或在民事行政部门日常工作中产生的检察文献。而由此产生的检察文献，如最高人民检察院《人民检察院民事行政抗诉案件办案规则》（2001 年 9 月 30 日）诸稿，以及《人民检察院民事行政抗诉案例选》（最高人民检察院民事行政检察厅主办）、《民事检察监督制度研究》（法制 2006）、《民事行政检察手册》（检察 1997，如图 195 所示）、《民事行政检察论集》（法大 1998）、《民事行政诉讼检察参考资料》（最高人民检察院民事行政检察厅 1989 年编印，如图 187 所示）、《检察机关民事行政公诉论》（检察 2010）、《行政公诉论》（检察 2009）。

图 195　左上起：《民事行政检察手册》，《民事行政诉讼检察参考资料》，《中国控告申诉检察管理模式研究》，《辉煌二十年—铁路检察文集》，《哈铁检察年鉴（2003—2006）》《中国职务犯罪预防调查报告》，《检察机关案件管理工作资料选编（一）》，《死刑案件法律监督理论与实务》

9. 针对控申检察工作的检察文献，抑或在控甚检察部门日常工作中产生的检察文献。而由此产生的检察文献，如最高人民检察院《关于加强和改进控告申诉检察工作的决定》（2002 年 11 月 5 日）、《人民检察院举报工作规定》（2009 年 4 月 23 日）、《人民检察院国家赔偿工作规定》（2010 年 11 月 11 日）诸稿，以及《举报、申诉、赔偿实用手册》（法律 1999）、《举报职务犯罪工作手册》（法律 2002）、《〈人民检察院刑事赔偿工作规定〉释义》（群众 2001）、《控告申诉检察概论》（检察 2008）、《中国控告申诉检察管理模式研究》（河南大学 2010，如图 195 所示）。

10. 针对铁路运输检察工作的检察文献，抑或在铁路运输检察部门日常工作中产生的检察文献。而由此产生的检察文献，如最高人民检察院铁路运输检察厅、铁道部公安局《关于铁路公安机关、检察机关在办理站车交接案件中加强协调配合的通知》（2006 年 4 月 10 日）诸稿，以及《辉煌二十年—铁路检察文集》（检察 1999，如图 195 所示）、《昆明铁路检察志》（中国铁道 1992）、《铁路检察理论研究与实务》（天津铁路运输检察院 2004 年编印）、《哈铁检察年鉴（2003—2006）》（哈铁检察分院年鉴编纂委员会 2007 年编印，如图 195 所示）。

11. 针对职务犯罪预防工作的检察文献，抑或在职务犯罪预防部门日常工作中产生的检察文献。而由此产生的检察文献，如最高人民检察院《关于进一步加强预防职务犯罪工作的决定》（2000 年 12 月 13 日）、最高人民检察院《关于受理行贿犯罪档案查询的暂行规定》（2006 年 3 月 4 日）诸稿，以及《中国职务犯罪预防调查报告》（民主法制 2004，如图 195 所示）、《职务犯罪预防研究》（检察 2009）、《职务犯罪预防机制研究》（甘肃民族 2010）。

12. 针对案件管理工作的检察文献，抑或在案件管理部门日常工作中产生的检察文献。① 而由此产生的检察文献，如最高人民检察院《关于加强案件管理的规定》（2003 年 6 月 5 日）诸稿，以及《检察机关案件管理工作资料选编（一）》（最高人民检察院案件管理办公室 2011 年编印，如图 195 所示）。

13. 针对死刑复核检察工作的检察文献，抑或在死刑复核检察部门日常工作中产生的检察文献。而由此产生的检察文献，如最高人民法院、最高人民检察院、公安部、司法部《关于进一步严格依法办案确保办理死刑案件质量的意见》（2007 年 3 月 9 日）诸稿，以及《死刑案件法律监督理论与实务》（检察 2008，如图 195 所示）、《死刑检察监督制度研究》（检察 2012）。

14. 针对法律政策研究工作的检察文献，抑或在法律政策研究部门日常工作中产生的检察文献。而由此产生的检察文献，如最高人民检察院《司法解释工

---

① 另据《正义网》2013 年 1 月 10 日报道，记者从 10 日召开的全国检察长会议上获悉，自 2011 年 10 月 28 日最高人民检察院案件管理办公室成立以来，已有 2500 个检察院成立了案件管理机构。

作规定》（2006 年 5 月 10 日）、《人民检察院检察委员会组织条例》（2008 年 2 月 29 日）诸稿，以及《最高人民检察院司法解释评析（1979—1989）》（民主法制 1991，如图 196 所示）、《检察委员会委员常用工作手册》（检察 2010）、《检察委员会理论与实务研究》（检察 2012，如图 196 所示）、《人民检察院检察委员会讨论案例精选》（检察）。

图 196　左起：《最高人民检察院司法解释评析（1979—1989）》，《检察委员会理论与实务研究》；《中华人民共和国最高人民检察院国际合作协议集》，《2009—2010 年出台的检察改革文件及相关司法改革文件选编》，《中国检察体制改革论纲》，《检察技术案例集》，《中国检察官：纪念检察官协会成立 10 周年》

15. 针对纪检监察工作的检察文献，抑或在纪检监察部门日常工作中产生的检察文献。而由此产生的检察文献，如最高人民检察院《人民检察院监察工作条例》（2000 年 5 月 25 日）、《检察人员执法过错责任追究条例》（2007 年 9 月 26 日）诸稿，以及《检察官纪律读本》（检察 2000）。

16. 针对国际合作工作的检察文献，抑或在国际合作部门日常工作中产生的检察文献。而由此产生的检察文献，如最高人民检察院《人民检察院侦查协作的暂行规定》（2000 年 10 月 12 日）诸稿，以及《检察机关侦查实务——侦查概况·侦查机制·司法协助卷》（检察 2005）、《中华人民共和国最高人民检察院国际合作协议集》（最高人民检察院国际合作局 2008 年编印，如图 196 所示）。

17. 针对计划财务装备工作的检察文献，抑或在计划财务装备部门日常工作中产生的检察文献。而由此产生的检察文献，如最高人民检察院《关于加强检察经费保障工作的意见》（2002 年 11 月 6 日）、《人民检察院枪支管理规定》（1998 年 7 月 9 日）、《人民检察院办案用房和专业技术用房建设标准》（2002 年 4 月 26 日），最高人民法院、最高人民检察院、公安部、国家安全部、司法部《关于进一步加强警车管理和使用工作的通知》（2007 年 9 月 5 日）诸稿，以及《人民检察院办案用房和专业技术用房建设标准》（中国计划 2010）。

18. 针对司法改革工作的检察文献，抑或在司法改革领导部门日常工作中产生的检察文献。而由此产生的检察文献，如最高人民检察院《关于进一步深化检察改革的三年实施意见》（2005 年 9 月 12 日）诸稿，以及《2009—2010 年出台的检察改革文件及相关司法改革文件选编》（最高人民检察院司法体制改革领导小组办公室 2010 年编印）、《检察改革的新探索》（法律 2007）、《和谐司法视野中的检察改革》、《检察：理念·制度与改革》（法律 2004）、《中国检察制度改革论纲》（法律 2007）、《中国检察体制改革论纲》（检察2008，如图 196 所示）。

19. 针对机关服务中心、国家检察官学院及其分院、检察出版社、检察技术信息、各类检察协（学）会工作的检察文献，抑或在机关服务中心、国家检察官学院及其分院、检察出版社、检察技术信息、各类检察协（学）会日常工作中产生的检察文献。而由此产生的检察文献，如最高人民检察院《关于进一步加强检察机关国有资产管理工作的意见》（2004 年 11 月 18 日）、《关于试行省、自治区、直辖市人民检察院检察官培训中心办学章程》（1991 年 2月 9 日）、最高人民法院、最高人民检察院、公安部、司法部《关于法医技术人员靠用〈卫生技术人员职务试行条例〉的实施细则》诸稿，以及《检察技术教程》（检察 1993）、《检察技术文件汇编》（天津市人民检察院 2000 年编）、《检察技术案例集》（浙江人民 1991，如图 196 所示）、《湖北省检察官协会湖北省女检察官协会成立暨湖北省检察学会第二次全员代表大会会刊》（如图 188 所示）、《中国检察官：纪念检察官协会成立 10 周年》（检察2007）。

（四）馆藏分类检察文献

所谓馆藏分类检察文献，即根据《中国图书馆图书分类法》、《中国图书资料分类法》、《中国科学院图书馆图书分类法》或《人大图书馆图书分类法》对检察文献所进行的分类。具体情况，可参见第十七章的相关内容，此不赘述。

第十六章　检察图书、报刊与数据库

一、检察图书

（一）概述

所谓检察图书，通常是指具有一定篇幅（32 开 48 页以上）并制成卷册，非连续刊行的以检察知识和信息为主要承载内容的书籍。而据划分标准的不同，可将其分为许多种类。

第一，据客体的不同，可将其分为纸质与非纸质检察图书两类。例如，万毅著《一个尚未完成的机关：底限正义视野下的检察制度》（检察 2008），闵钐、薛伟宏编著《共和国检察历史片断》（检察 2009），王立主编《检察实务案例精选》（清华大学 2007），最高人民检察院政治部编写组编《中国特色社会主义检察制度学习材料》（检察 2006），以及山东省人民检察院研究室 1986 年编印《检察机关研究人员业务培训教材》，大连市人民检察院 1987 年编印《民事诉讼检察监督专论》等，就属于纸质检察图书；而诸如本书图 151 所示《检察官管理论谈（光盘）》（法律 2002）、3.5 寸软盘《检察制度教程（电子稿）》（龙宗智，2002），以及诸如法律门所创制《新世纪检察理论研究与思考》（法律 2007）、《检察实务与理论问题研究》（法律 2010）、《多维视角下的检察权》（法律 2007）等纸质检察图书的电子化，都属于非纸质检察图书（或检察电子书）。

第二，据出版时间的不同，可将其分为清末、民国和新中国检察图书 3 种。例如，清末《大理院审判编制法》（1906 年 12 月 12 日，如图 132 所示）、《检察制度论》（朱鸿达，载《法学季刊》1925 年第 3 期）、《贪婪 蜕变 堕落——四川省反贪污，受贿案例汇编》（四川人民 1989）。

第三，据是否公开出版发行，可将其分为公开和不公开出版发行检察图书 2 种。例如，《检察官教育：道德读本》（最高人民检察院政治部组织编写，检察 2000）、《武汉检察志资料汇编》（武汉市人民检察院史志办公室编 1981 年编印）。

第四，据是有否价值和出名，可将其分为检察名著与非名著两种；据是否连续出版，分为检察连续出版物或丛书与检察非连续出版物或非丛书两种；据页数的多少，分为检察图书与小册子两种；据内容的不同，可分为职务犯罪侦查、刑事检察、侦查监督、公诉、民事行政、职务犯罪预防等业务图书；等等。

（二）　我国首部检察专著

1. 产生背景。中日甲午战争的失败，昭示清政府主导的经济体制改革——"洋务运动"的彻底破产。为挽国运之颓势，1895 年，康有为、梁启超发动1300 多名举人"公车上书"光绪皇帝——"变法成天下之治"，试图通过政治体制改革苟延残喘。结果，仅历时 103 天的"维新变法"亦告失败。大厦将倾，又赶上八国联军攻陷北京，被签"城陷之盟"——《辛丑和约》。走投无路之际，得慈禧太后默许，1901 年 1 月 29 日光绪帝发上谕决定，实行法律改革等新政。

而随着法律改革的全面深入，法学人才日益短缺。1905 年 4 月 24 日，修订法律大臣伍廷芳、沈家本上奏光绪曰："新律即定，各省未预储备用律之才，则徒法不能自行，终属无补。（因此）亟应广储裁判人材，以备应用"，[①]获准。1906 年 10 月，经过一年多筹备，清政府便在京师进士馆（1903 年由京师大学堂预备政科更名而来，隶属于修订法律馆）的基础上，创建了中国第一所官办法律学堂——京师法律学堂（直属法部）。到 1907 年，它只办甲乙两班便停办，学生并入京师法政学堂。之后，京师法政学堂又与 1909 年创建的京师财政学堂合并建成北京法政专门学堂。

1868 年，京师同文馆（清最早培养译员的洋务学堂和从事翻译出版的机构，1862 年成立）聘请美国人丁韪良讲授《万国公法》，开启了中国近代聘请外国法学教习（始于明代的教师称谓）的先河。但 20 世纪前，活跃在中国法政教育界的外国教习大多是欧美人士，而鲜见日本教习。然而，甲午战争后，一方面，中国将学习西方的目光转向日本，聘请日本法学教习亦成了解决国内法学教育师资短缺的捷径。另一方面，日本法学教习薪水较低。据不完全统计，仅 1909 年，在我国从事法政教育的日本法学教习约 111 人。其中，就包括光绪三十四年十月（1908 年 11 月），沈家本奏请光绪帝"允之"，帮助清政府起草《刑法》和《法院编制法》的冈田朝太郎（1868—1936 年，日本著名刑事法学家。1906—1915 年来华曾任各种法律改革顾问，京师法律学堂总教习），起草《民法》和《诉讼法》的松冈义正（1870—1951 年，日本著名

---

① 参见《奏请专设法律学堂折》，载《伍廷芳集》，中华书局 1985 年版，第 313 页。

民法学家，曾任京师法律学堂教习），起草《商法》的志田钾太郎（1868—1951年，日本著名民商法学家，曾任京师法律学堂教习），起草《监狱法》的小河滋次郎（1861—1925年，日本著名监狱法学家，曾任京师法律学堂教习）。

2. 产生经过。那么，京师法律学堂及其日本教习又与我国首部检察专著——《检察制度》（如图197所示）有何关系？一方面，"本编（亦即《检察制度》一书——引者注，下同）系丁未（1907年）冬间，京师高等检察长徐季龙（即徐谦：字季龙，安徽歙县徐村人；民国政要，现代著名法学家，政治活动家；时任京师高等审判厅检察长）先生所发起，邀同京师地方以下各级推检官，开检察研究会于法律学堂，延请日本法学博士冈田、松冈、小河、志田四先生，以一月至短之光阴，讲授刑事、民事、行刑、对外四种检察制度。诸博士就其专门擅长者，分编讲演，询为研究检察制度者唯一无二之本。本编为江苏高等审判厅厅丞郑俟忱（1874—？，名言，四川华阳人，光绪三十年进士，清末民初法学家，时任京师地方审判厅民厅推事）先生于听讲时笔述原本编纂者"，① 并由蒋士宜（四川人，清末民初司法人员）编纂，中国图书公司宣统三年四月二十六日（1911年5月24日）出版发行，32开竖排

图197　左上起：郑言笔述《检察制度》封面，徐谦像，张一鹏笔述《检察讲义》封面，《北洋法政学报》封面，张智远等笔述《检察制度详考》封面，熊仕昌等笔述《检察制度》封面，中国政法大学出版社重印的郑言笔述《检察制度》封面

① 参见郑言笔述、蒋士宜编纂：《检察制度》编纂例义，中国图书公司宣统三年四月二十六日（1911年5月24日）出版，第1页。

242 页 15 万字；全书依次包括：检察制度（书名、程德全题）、检察制度勘误表、题词、序、编纂例义、检察制度总目，第一编刑事法与检察制度（日本冈田朝太郎口授、华阳郑言笔述、云阳蒋士宜编纂），第二编民事法与检察制度（日本松冈义正口授、华阳郑言笔述、云阳蒋士宜编纂），第三编行刑法与检察制度（小河滋次郎口授、华阳郑言笔述、云阳蒋士宜编纂），第四编检察制度与对外关系（志田钾太郎口授、华阳郑言笔述、云阳蒋士宜编纂），以及附件：冈田毕业演说、小河演说、识别法、指纹识别法。因此，本书还是我国最早的检察教材或讲义、译著、文集、口授记录整理和多著译者图书。

另一方面，基于口授者的（部分）相同与编纂、笔述、出版、发行者的不同，郑言笔述《检察制度》还另有 3 个版本：

一是由冈田朝太郎口授、张一鹏（1873—1944 年，字云博，江苏苏州府吴县人，中华民国政治人物，法学家，曾任京师地方检察厅厅长，吴江地方检察厅厅长，云南高等检察厅检察长）笔述的《检察讲义》。它最初自 1909 年开始连载于《北洋法政学报》（1906 年 9 月于天津创刊，见图 197）。而后，与《司法访问录》（唐宾锷著）、《律目考》（沈家本著）、《日本司法窥要》合订一起，并以《检察讲义》（该书书脊如是写）为书名，于 1911 年出版，32 开竖排 152 页 6.3 万字；内容包括绪论与本论两部分。① 绪论又包括：第一章刑事法与检察制度，第二章法国检察制度沿革；本论又包括：第一章检察厅之组织：第一节检察厅之配置、第二节检察官之定员官等及俸给、第三节检察官之任免、第四节检察官之代理官及辅助官，第二章检察官之职权：第一节概论、第二节公诉之准备、第三节公诉之提起、第四节公诉之实行、第五节裁判之执行，第三章事务章程及监督：第一节检察事务章程、第二节检察官之监督。

二是由上述四日本法学博士口授，徐谦鉴定，张智远（1871—？，字守愚，四川宜宾人，清末民初法学家，曾任京师地方审判厅刑二庭推事）、王枢（清末民初司法人员）、王炽昌（山西临汾人，清末民初司法人员）笔述的《检察制度详考》（见图 197）。它由检察制度研究会中华民国元年八月（1912 年 8 月）印制，32 开竖排 298 页 13.2 万字，亦可视为我国第二本检察专著；

---

① 而该书开篇有如下记载："岁戊申（1908 年）京师审判庭开检察研究会，请日本法学博士冈田师演讲检察学理。一鹏承之检察长随班听讲，笔记成册。因思各省审判庭将以次设立，爰付北洋法政学报刊印，俾资研究。"当然，如果从编辑、出版时间，以及专著不拘泥于图书也包括报刊角度上说，那么，张一鹏笔述的《检察讲义》就是我国最早的检察专著。

内容主要包括：第一编关于刑事法之部（日本法学博士冈田朝太郎口授、歙县徐谦鉴定、宜宾张智远笔述），第二编关于民事法之部（日本法学博士松冈义正口授、歙县徐谦鉴定、三台王枢笔述），第三编关于行刑法之部（日本法学博士小河滋次郎口授、歙县徐谦鉴定、三台王枢笔述），第四编关于国际法之部（日本法学博士小河滋次郎口授、歙县徐谦鉴定、湘潭王炽昌笔述）。

三是由上述冈田朝太郎等四名日本法学博士口授，熊元翰（1873—1950年，字砚恒，曾任京师地方审判厅推事，民二庭庭长）编辑，熊仕昌（熊元翰之侄，曾任湖北高等法院刑庭庭长，红色间谍熊向晖的父亲）和沙亮功（清末进士，清末民初司法人员）笔述的《检察制度》（见图197）。它由安徽法学社中华民国七年十二月（1918年12月）印制，32开竖排上下两册302页12.6万字；内容主要包括：刑事法与检察制度（宿松熊元翰编辑）、检察制度与对外关系、行刑法与检察制度（宿松熊元翰编辑）、民事法与检察制度。

（三）检察名著和非名著

1. 检察名著。它亦称检察杰作，是指由检察名家、大家、专家撰写的检察文献，抑或开创、填补检察理论、实践疆域、空白的开山之作。而就我国目前而言，除本书本篇第五章所提及的，具有中国检察检察图书（小册子）之最身份的检察书籍以及本书其他篇章所列举的检察图书的绝大多数之外，下列检察图书亦可视为检察名著：

（1）1906—1949年间编辑出版发行的还有：① 张一鹏著《刑事诉讼法》（丙午社1907），陈承泽著《法院编制法讲义》（商务1910，无检察内容），熊元翰著《刑事诉讼法》（安徽法学社1911），沈宝昌著《法院编制法讲义》（1912年），《司法院法官训练所讲义——刑法总论》（1912年），《最新司法

---

① 而值得说明的是，由于旧中国始终实行审检合署机制、检方隶属于司法行政机关，因而此间编辑出版的检察图书，多为刑事诉讼法、刑法、司法制度、审判制度、法院（官）制度、司法行政制度所涵盖，而单独以"检察"命名的检察文献并不多。另据《高校古文献资源库》提名检索"检察"显示，目前高校所存有的检察古籍包括：《法部奏定审判检察所办事章程》（清·法部），《酌定直省城商埠审判检察厅厅数员额奏折》（清·法部），《酌拟京师审判检察各厅员缺任用升补暂行章程》（清·法部1907年），《检察厅调度司法警察章程》（清·法部1910年），《直隶高等检察厅司法纪实》（直隶高等检察厅书记室1914年辑），《检察拟稿》（王毓昆编，司法行政部法官训练所1912年编印），《京师地方检察厅暂行处务规则》（京师地方检察厅1915年辑），《检察及司法警察实务讲义》（谢文波编，国立北平大学商学院1932年编印），《河北高等法院暨检察处职员录》（1938年编印），《大理院复各省审判厅、总检察厅函》，《广东各级审判检察厅办事规则》，《直省审判检察厅数员额表》等。

判词》（商务 1913），陈承泽著《中华现行诉讼律要义》（中华书局 1913），韩玉辰著《法院编制法私议》（文益印书局 1914，无检察内容），《朝阳大学法科讲义——刑事诉讼法要论》（1921 年），朱鸿达著《检察制度论》（浙江印刷股份有限公司 1921），陈则民等著《废检察制度之运动》（由"废除检察制度"——陈则民，"湖北高等检察长王树荣条列司法兴革事宜呈文"，"废止检察制案"——全国司法会议，"董康氏在上海律师公会演说废止检察制文"，"检察制度"——吴炳枞，5 篇论文组成，1922 年编印，32 开 24 页 1.1 万字，如图 133 所示），《朝阳大学法科讲义——法院编织法，国际私法》（1923年），《朝阳大学法科讲义——刑法分则》（1923年），法权讨论委员会秘书处编《考察司法记》（1924 年），唐慎坊著《司法法令辞典》（世界书局 1924），黄敦汉编《各级法院司法行政事务类编》（商务1924），施泽臣编《司法官要览》（大东书局 1925），朱鸿达著《法院编制法详解》（世界书局 1925），陶汇曾著《中国司法制度》（商务 1926），夏勤著《刑事诉讼法》（朝阳大学1927），郭卫主编《最高法院判例汇集》（上海法学编译社 1928），朱采真著《刑事诉讼法新论》（世界书局 1929），郑爰诹著《法院编制法概要》（世界书局 1929），朱甘霖著《刑事诉讼法概要》（世界书局 1929），唐焕栋等著《刑事诉讼法论》（上海法学编译社 1930），朱鸿达著《中华民国刑法集解（修订本）》（世界书局 1930），北平明治学社 1930 年编印《法院编制法》，上海法政大学 1930 年编印《刑事诉讼法》，石松著《刑法通义》（商务 1930），万德懿著《中国司法制度一瞥》（浙江法学研究会 1931），耿文田著《中国之司法》（民智书局 1933），王锡周著《现代刑事诉讼法论》（世界书局 1933），陈瑾昆著《刑法总则讲义》（北平好望书店 1934），朱鸿达著《刑事审判实务》（世界书局 1934），《东吴大学法学院——刑事审判实务讲义》（1934 年），国民政府政务官惩戒委员会秘书处 1934 年编印《惩戒法规汇编》，丁元普著《法院组织法要义》（上海法学书局 1935），司法行政部 1935 年编印《办理刑事诉讼案件应行注意事项》，鲁师曾著《司法讲义》（江西省县政人员训练所1935），张振华编《考试铨叙全书》（上海法学书局 1935），杨元彪著《刑法判解汇编》（世界书局 1936），张隽青著《刑事诉讼法》（商务 1936），江镇三著《刑法总论》（上海政法学院 1936），吴鹏飞著《法院组织法》（商务1936），郑保华著《法院组织法释义》（上海法学编译社 1936），许鹏飞著《比较刑法纲要》（商务 1936），张跃鸢编《检察实务讲义》（冀察县司法审判官训练所 1936 年编印），徐焕编《检察实务讲义》（中山大学 1936 年编印），郑宝华著《法院组织法释义》（上海法学编译社 1936），郁懿新著《刑事诉讼法通论》（中华书局 1938），法部编辑室编《司法行政法令辑要》（京师第一监狱 1939 年印制），李生发著《战时司法》（商务 1939），江海风著《新刑事诉讼法精义》（中华书局 1941），吴学义著《司法建设与司法人才》（国民图书 1941），（伪满）司法协会 1941 年编印《检察警员法规总览》，宪兵学校审编《刑事诉讼法教程》（1942 年），铨叙部编《铨叙法规彙编》（1942 年），陈刚著《刑事审检实务》（中正书局 1943），秦烛桑著《法院组织法》（中国大学 1943），夏炳亚著《检察官与警员之关系》（湖北新华南园仇冠衡 1943 印），居正等编《司法工作之理论与实践》（大东书局 1945），司法部编《司法会计人员手册》（1945 年），戴修瓒著《刑事诉讼法释义》（会文堂新记书局 1946），夏勤著《宪法中的司法制度》（南京 1946），李光夏著《法院组织法论》（1946 年），郑民著《新刑事诉讼法要论》（新业书局印行 1947），刘钟岳著《法院组织法》（正中书局 1947），《刑法分则实用》（大东书局 1947），郭卫著《刑法分则新论》（上海昌明书局 1948），华萱编《刑事诉讼法》（三民图书公司 1948），司法行政部编《战时司法记要》（南京 1948），朱德森编《检察实务讲义》（司法行政部训练所讲义之一），朱焕彪著《检察制度之我见》，龙焕然著《检察制度存废问题之检讨》，国立中央大学编《法院组织法》，上海法政学院朱甘霖编《法院组织法讲义》，陈祖诰编《法院编制法》，林灵俊编《法院编制法》，经家龄编《刑事诉讼法》，何基鸿编《法院编制法讲义》，曹凤萧编《法院编制法讲义》，许泽新编《刑事诉讼实务》（上下），司法储才馆编印《检察及司法警员实务讲义》，张一鹏笔述《检察讲义》，朱瑞男编《检察实务》，司法院法官训练所编印《检察实务，检察书类》，《检察事务及行政》等，以及如图 198 所示检察文献。

（2）1950—1980 年间编辑出版发行的还有：中央人民政府最高人民检察署 1950 年 8 月 6 日编印《人民检察任务及工作报告大纲》（李六如，32 开 9 页，如图 199 所示），最高人民检察署西北分署 1951 年编印《人民检察工作任务及有关问题》，《检察业务参考资料》之《检察机关侦讯工作部分的几种公文格式》（最高人民检察署办公厅 1954 年编印），中央人民政府政务院政治法律委员会办公厅 1954 年编印《苏联专门法院和专门检察院概况》，最高人民检察署办公厅 1954 年编《关于检察机关的审判监督稿》，《关于检察机关的侦查和侦查监督稿》，西南政法学院 1954 年编印《中国法院与检察机关参考资料》，《苏联专门法院与专门检察署概况》（中央人民政府政务院政治法律委员会办公厅 1954 年编印），《全国检察业务工作会议参考资料》（最高人民检察院办公厅 1954 年 12 月编印，32 开 44 页，如图 199 所示），《检察工作参考资料》之《苏联检察署一般监督细则》（最高人民检察院办公厅 1955 年编印），中央政法干部学校刑法教研室 1955 年编印《中华人民共和国人民法院

图 198　左上起：《刑事诉讼法》（上下，民国政府 1910 年编印），《刑法分则》（民国政府 1910 年编印），《法院编制法释义》（王士森编著，1910 年），《中华民国京师地方审判厅组织概要》（1912 年），《云南高等检察厅司法纪实（上下）》（保廷梁，云南高等检察厅 1914 年 6 月印制），《诉讼必读——诉讼程式大全》（上海法政编译社 1929），《刑事诉讼法概要》（朱甘霖编著，世界书局 1929），《刑事诉讼法论》（康焕栋著，上海法学编译社 1930），《刑法原理》（郗朝俊著，商务 1930），《刑事诉讼法通义》（陈瑾昆，朝阳大学 1930），《司法院解释法律档汇编》（郭卫主编，上海法学编订社 1931 年），《现行六法全书——法院编制法》（上海汇文堂书局 1932），《中华民国刑法析义》（孙绍康，大公报 1932），《法院组织法论》（林廷琛著，上海会文堂薪记书局 1933 年），《各级法院司法行政实务类编》（黄敦汉编著，商务 1934），《樊山判牍》（鲍庚生，新文化书社 1934），《新刑法浅释》（金鸣盛著，上海法学编辑社 1935），《刑事诉讼法》（孙绍康，商务 1935），《刑事诉讼法》（南京政法学社 1935），《检察实务》（上下，张跃弇述，冀察县司法审判官训练所 1936 年编印），《最高法院裁判要旨》（张焘，会文堂新记书局 1936），《中国新刑法总论》（陈文彬著，商务 1936），《中华民国新刑事诉讼法判解汇编》（郑静渠等主编，上海大东书局 1936），《法院组织法》（梁仁杰著，商务 1936），《中华民国刑事诉讼法详解》（朱贞白著，上海法政学社 1936），《满洲帝国刑事诉讼法》（刘钧编，新京益智书店 1938），《法院组织法讲义》（高种皋，1939 年）《司法委员会职员录》（1939 年），《刑事诉讼法释疑》（夏勤著，中国印书馆 1944），《刑事诉讼法要义》（朱观著，大东书局 1946），《刑事诉讼法要义》（叶在均、叶于绍著，上海昌明书屋 1947），《刑法分则实用》（赵琛编著，大东书局 1947），《苏联的法院》（［苏］高里亚柯夫著、张君梯译，东北书店 1948），《苏俄刑事诉讼法》（张君梯译，东北书店 1949），《苏联法院和检察机关》（［苏］维辛斯基著、张子美译，商务 1949），《列宁论检察制度与监察工作》（中共中央法律委员会编，新华书店 1949），《苏联的检察制度》（［苏］高尔谢宁著、陈汉章译，新华书店 1949），《苏联现行司法制度》（王伯宪，上海法学编译社 1949）

组织法、人民检察院组织法讲授提纲》，四川省人民检察院 1955 年翻印《关于检察机关的几个业务制度的稿》（最高人民检察署办公厅编），上海市人民检察院办公室 1955 年编印《检察业务》，《检察业务参考资料》之《侦查工作案例之一》（最高人民检察院办公厅 1956 年编印），最高人民检察院办公厅 1956 年编印《苏联检察监督条例》，黄光清编《怎样做一个人民检察通讯员》（江西人民 1956），王冠五编《中华人民共和国人民法院与检察院组织》（东北人民大学 1957），［苏］拉胡诺夫著、王更生译《苏维埃刑事诉讼中的提起刑事案件》（法律 1957），方蔼如译《朝鲜民主主义人民共和国刑事诉讼法典》（法律 1957），张文蕴译《保加利亚人民共和国刑事诉讼法典》（法律 1957），文英麟等译《阿尔巴尼亚人民共和国刑事诉讼法典》（法律 1957），《苏联最高法院组织条例、苏联检察监督条例》（法律 1957），《检察工作跃进集》（法律 1958），《人民司法工作在跃进——法院和公安、检察机关必须加强协作》（法律 1958），最高人民检察院办公厅 1959 年编印《检察战线上的先进经验》，北京政法学院政策法律教研室 1962 年编印《人民公安机关、人民检察院、人民法院组织活动讲义》，四川行政学院 1963 年编印《人民检察教学提纲》，西南政法学院诉讼法教研室 1964 年编印《中华人民共和国人民法院、人检察院组织法》，中央政法干部学校 1980 年编印《坚强经济检察工作　保卫四化建设》和《刑事检察工作讲义提纲（草稿）》，辽宁省人民检察院编《检察工作基础知识》（辽宁人民 1983）等，以及如图 190 所示检察文献。

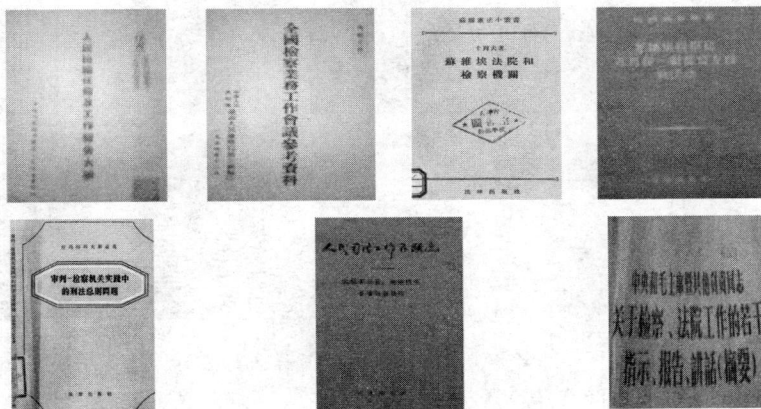

图 199　左上起：《人民检察任务及工作报告大纲》，《全国检察业务工作会议参考资料》，（中央人民政府最高人民检察署 1954 年编印），《苏联法院和检察机关》（［苏］卡列夫著、徐立根译，法律 1955），《苏维埃检察院及其在一般监督方面的活动》（［苏］列别吉斯基著，法律 1957），《审批—检察机关实践中的刑法总则问题》（［苏］A. A. 皮昂特科夫斯基教授著，法律 1957），最高人民法院办公厅、司法部办公厅编《人民司法工作在跃进——法院和公安、检察机关必须加强协作》（法律 1958），中央政法干部学校司法、检察教研室 1960 年编印《中央和毛主席暨其负责同志关于检察、法院工作的若干指示报告，讲话（摘要）》

（3）1981—1990 年间编辑出版发行的还有：湖北政法干部学校 1981 年翻印《检察业务讲授稿》（中央政法干部学校编），北京政法学院诉讼法教研室 1981 年编印《中华人民共和国人民法院、人检察院组织法》，吉林社会科学院法学研究所刑法研究室 1982 年编印《几个国家的检察制度和检察机关、司法行政机构的组织和职权的概况》，李广祥编《公诉工作与公诉心理学》（法大 1985），西藏自治区人民检察院研究室 1985 年编印《检察业务教材》（上下），张永恩、孙谦等著《检察理论与实践》（法大1988），刘振起编《自侦案件预审概论》（最高人民检察院经济检察厅1988），刘家兴主编《民事诉讼检察监督》（公大1988），辽宁省检察学会1988年编印《检察学论文选》，王桂五著《首届中国高级检察官培训中心讲义之四——检察学专论》（最高人民检察院1989年编印），最高人民检察院法纪检察厅编《法纪案件侦查教程》（检察1990），程荣斌主编《检察制度的理论与实践》（人大1990）等，以及如图200所示检察文献。

图200　左上起：谢宝贵、崔南山编著《怎样当好公诉人》（法律1986），沈阳市检察学会1986年编印《检察学研究论集》，最高人民检察院一厅编《检察员出庭实用教程》（法律1987），王俊卿等著《侦查监督与审判监督》（武汉大学1987），陈卫东、张弢著《检察监督职能论》（群众1988），陈光中主编《外国刑事诉讼程序比较研究》（法律1988），最高人民检察院经济检察厅1989年编印《经济犯罪案件侦查教程》，施文著《中国法庭上的公诉人》（法院1989），张穹、谭世贵著《检察制度比较研究》（检察1990，系我国最早的，专门的比较检察制度专著），汪建成主编《刑事审判监督程序专论》（群众1990）

　　（4）1991—1995年间编辑出版发行的还有：程味秋主编《刑事审判监督教程》（检察1991），张穹主编《职务犯罪概论》（检察1991），谢宝贵主编《检察实用侦查学教程》和《检察实用预审学教程》（检察1991），金明焕主编《比较检察制度概论》（检察1991），刘英权等著《贿赂罪检察》（河南人民1992），赵文隆主编《检察管理教程》（检察1992），程荣斌主编《检察制度基础理论》（检察1992），苏满满著《刑事检察心理学》（江苏人民1992），王建华著《法律监督概论》（人民1992），张弥恩主编《检察实用法律文书概论》（检察1993），张凤阁主编《人民检察院出庭工作实务》（检察1993），高振家、鲍荣寿主编《公诉制度的理论与实践》（检察 1993），柯汉民主编《民事行政检察概论》（检察 1993），周振想著《权力的异化与遏制：渎职犯罪研究》（中国物质 1994），孙谦主编《职务犯罪监督论》（检察 1994），樊凤林等主编《职务犯罪的法律对策及治理》（公大 1995），最高人民检察院《反贪污贿赂法》起草小组编《惩腐反贪各国政府关注的焦点》（经济科学 1995）等，以及如图 201 所示检察文献。

图 201　左上起：张继英著《检察心理学》（法大 1992），刘志远著《民事审判监督程序论》（北京师范大学 1993），谢伟民、薛伟宏、孟涛编《庭审与免予起诉制度的改革与完善》　（法制 1994），孙谦著《职务犯罪监督论》（检察1994），李忠芳、王开洞主编《民事检察学》（检察 1996），陈兴良著《刑事诉讼中的公诉人》（公大 1998），孙谦著《国家工作人员职务犯罪研究》（法律 1998），董皓著《司法解释论》（法大 1999）

（5）1996—2000 年间编辑出版发行的还有：最高人民检察院技术局等编《全国检察系统首届文痕检学术交流会论文集》（检察 1996），赵宗英著《常见失职渎职行为分析》（杭州大学 1996），刘光显等著《贪污贿赂罪的认定与处理》（法院 1996），最高人民检察院法纪检察厅编《侵权渎职案件侦查经验》（检察 1996），许坚主编《检察理论与实践文集》（检察 1996），陈大鸿等著《中国检察管理论》（检察 1996），江礼华主编《日本检察制度》（公大 1996），张穹主编《人民检察院刑事诉讼理论与实务》（法律 1997），赵汝琨主编《检察机关刑事诉讼法律文书适用》（法律 1997），张凤阁主编《出庭公诉新方略》（公大 1998），刘生荣著《刑事不起诉的理论与司法实务》（检察 1998），龚读纶著《检察工作实践与思考》（四川教育 1998），张明德主编

《检察书记员实务概论》（检察 1998），林贻影著《两岸检察制度比较研究》（检察 1998），任会龙主编《举报与查办职务犯罪：纪念人民检察院成立举报中心十周年》（四川人民 1998），王文元主编《98 初任检察官考试复习纲要》（法律 1998），《检察风云》杂志社编辑《检察风云录》（检察 1998），吴吉远著《清代地方政府的司法职能研究》（中国社会科学 1998），张双喜主编《铁路检察官谈依法治企》（中国铁道 1999），滕炜著《国家公务员职务犯罪最新法律界定手册》（国家行政学院 1999），周洲著《贪污贿赂案件侦查》（四川人民 1999），赵秉志主编《贪污贿赂的惩治与防范》（海南 1999），李文生主编《侵权渎职犯罪侦查实务》（民主法制 1999），刘生荣著《贪污贿赂罪》（公大 1999），柳晞春著《检察举报理论与实践》（方正 1999），邓国良著《警察职务犯罪研究》（江西高校 1999），陈兴实主编《检察业务新论》（检察 1999），何秉松著《职务犯罪的预防与惩治》（方正 1999），张穹主编《检务公开概论》（检察 1999），金建华著《检察会计鉴定学》（检察 1999），张玉镶等著《当代侦查学（修订本）》（检察 1999），赵汝琨主编《检察文书教程》（检察 1999），张穹主编《公诉问题研究》（公大 2000），陈健民主编《检察立法与检察制度》（检察 2000），甘伟淑著《检察信息学概论》（检察 2000），黄河等著《刑事抗诉的理论与实务》（检察 2000），李向京主编《检察诉讼档案讲义》（检察 2000），陈正云、钱舫著《经济性职务犯罪的定罪与量刑》（法院 2000），韩耀元著《渎职罪的定罪与量刑》（法院 2000）等，以及如图 201 所示检察文献。

（6）2001—2006 年间编辑出版发行的还有：孙谦著《逮捕论》（法律 2001），张学军主编《检察管理学》（检察 2001），吴光裕主编《出庭检察官实务教程》（上海社会科学院 2001），张学军主编《检察管理学》（检察 2001），杨迎泽著《检察机关刑事证据适用》（检察 2001），于志刚著《惩治职务犯罪疑难问题司法对策》（吉林人民 2001），尹伊君主编《刑事赔偿的理论与实务》（群众 2001），张军等著《刑事诉讼：控·辩·审三人谈》（法律 2001），李永君主编《检察机关办公室工作实务》（检察 2002），王宗廷主编《检察权研究新论》（湖北人民 2002），何家弘、杨迎泽著《检察证据实用教程》（法律 2002 年初版，检察 2006 年再版），杨立新主编《民事行政检察教程》（法律 2002 年初版，检察 2006 年再版），姜伟主编《公诉业务教程》（法律 2003 年初版，检察 2006 年再版），于萍主编《检察官管理制度教程》（法律 2003 年初版，检察 2006 年再版），车承军著《职务犯罪控制论》（法律 2003），孔璋著《中美公诉制度比较研究》（检察 2003），何勤华主编《民国法学论文精萃基础法律篇》（第一卷，法律 2003），刘生荣等著《贪污贿赂罪》（公大 2003），杨振江主编《侦查监督业务教程》（检察 2003），敬大力著《渎职罪》（公大 2003），薛伟宏著《检察机关办案笔录制作技巧》（检察 2004），何成斌著《贪污犯罪比较研究》（法律 2004），何勤华主编《民国法学论文精萃诉讼法律篇》（第五卷，法律 2004），张培田等著《近现代中国审判检察制度的演变》（法大 2004），蒋小燕著《渎职罪比较研究》（公大 2004），朱孝清著《职务犯罪侦查学》（检察 2004），贺恒扬著《公诉论》（检察 2005），彭东、张寒玉著《检察机关不起诉工作实务》（检察 2005），詹复亮著《职务犯罪侦查热点问题研究》（检察 2005），文盛堂著《反职务犯罪论略》（北京大学 2005），丁强著《侵犯公民人身权利，民主权利犯罪司法适用》（法律 2005）等，以及如图 202 所示文献。

图 202　左上起：洪浩著《检察权论》（武汉大学 2001），林海主编《中央苏区检察史》（检察 2001），张智辉、杨诚主编《检察官作用与准则比较研究》（检察 2002），朱孝清著《检察机关侦查业务教程》（检察 2003），郝银钟著《刑事公诉权原理》（法院 2004），孙谦主编《中国检察制度论纲》（人民 2004），林朝荣著《检察制度民主化之研究》（台湾文笙书局股份有限公司 2007），刘邦绣著《检察官职权行使之实务与理论》（台湾五南图书出版公司 2008），庄作铭著《检察制度之研究》（武汉大学 1944 年硕士论文），孙谦著《逮捕论》（吉林大学 2000 年博士论文）

（7）2006—2012 年间出版的还有：王新环著《公诉权原理》（公大 2006），卞建林主编《〈中华人民共和国人民检察院组织法〉修改专家意见稿》（检察 2006），朱孝清著《职务犯罪侦查教程》（检察 2006），万洪斌著《民事行政抗诉实务研究》（吉林大学 2006），甄贞等著《法律监督原论》（法律 2007），韩大元主编《中国检察制度宪法基础研究》（检察 2007），高一飞著《检察改革措施研究》（检察 2007），邓思清著《检察权研究》（北京大学 2007），张智辉著

《检察权研究》（检察 2007），刘方著《检察制度史纲要》（法律 2007），樊崇义、吴宏耀、种松志主编《域外检察制度研究》（公大 2008），甄贞等著《21世纪的中国检察制度研究》（法律 2008），贺恒扬主编《抗诉论》（检察 2008），周永年著《人民监督员制度概论》（检察 2008），林钰雄著《检察官论》（法律 2008），谢如程著《清末检察制度及其实践》（上海人民 2008），于天敏等著《死刑案件法律监督理论与实务》（检察 2008），朱孝清著《我国职务犯罪侦查体制改革研究》（公大 2008），童建明、万春主编《中国检察体制改革论纲》（检察 2008），王晓霞著《职务犯罪侦查制度比较研究》（检察 2008），王晋主编《刑事申诉检察业务教程》（检察 2008），孙谦主编《检察理论研究综述 1999—2009》（检察 2009），蔡巍著《检察官自由裁量权比较研究》（检察 2009），谢小剑著《公诉权制约制度研究》（法律 2009），薛伟宏著《职务犯罪侦查文书填制要领》（检察 2009），徐汉民主编《中国现代司法（检察）保障体制改革研究》（检察 2009），姜伟主编《中国检察制度》（北京大学 2009），张学军著《反贪局长的谋略》（检察 2009），吴克利著《审讯语言学》（检察 2009），白泉民主编《刑罚变更执行法律监督制度研究》（检察 2009），孙谦主编《人民检察制度的历史变迁》（检察 2009），柴学友著《职务犯罪侦查逻辑》（检察 2009），田凯著《行政公诉论》（检察 2009），黄文艾著《中国刑事公诉制度的现状与反思》（检察 2009），黎敏著的《西方检察制度史研究：历史缘起与类型化差异》（清华大学 2010），孙谦著《平和：司法理念与境界：关于法治、检察相关问题的探讨》（检察 2010），李勇著《传承与创新：新中国检察监督制度史》（检察 2010），黎敏著《西方检察制度史研究》（清华 2010），刘建国主编《鄂豫皖革命根据地的人民检察制度》（检察 2011），张平著《正当法律程序视野下检察权监督制约机制研究》（法制 2011），万毅著《台湾地区检察制度》（检察 2011），张文山、李莉著《东盟国家检察制度研究》（人民 2011），龙宗智著《知识与路径：检察学理论体系及其探索》（检察 2011），孙宝民著《死刑检察监督制度研究》（公大 2012）等，以及如图 202 所示检察文献。

此外，2011 年 12 月，检察出版社据最高人民检察院《关于加强人民检察院图书馆（室）建设的通知》规定，而制定的《人民检察院图书馆（室）建设图书指导目录》所包括的下列 275 种图书，① 亦可视为检察名著：

第一，纪念人民检察制度创立 80 周年丛书：《人民检察八十年》、《人民检察制度在中央苏区的初创和发展》、《人民检察制度在鄂豫皖革命根据

---

① 载《检察日报》2011 年 12 月 28 日，作者略。

地的发展》、《中国检察制度法令规范解读》、《检察生涯》、《检察史的新闻阅读》。

第二，共和国检察 60 周年丛书：《人民检察制度的历史变迁》、《检察制度史》、《共和国检察历史片断》、《共和国检察人物》、《检察老照片》、《检察官的回忆》。

第三，纪念检察机关恢复重建三十周年系列丛书：《人民检察史》、《中华人民共和国检察制度研究》、《王桂五论检察》、《检察制度史略》、《检察制度比较研究》、《前苏联检察制度》、《苏维埃检察制度（重要文件)》、《法德检察制度》、《中国检察史资料选编》。

第四，检察制度、检察改革、检察管理：《检察学》、《中国检察监督的政治性与司法性研究》、《台湾地区检察制度》、《平和：司法理念与境界》、《检察视野中的司法改革》、《当代名家法治纵横谈》、《国家最高检察机关比较研究》、《检察权优化配置初探》、《话说检察权》、《法律监督权研究新视野》、《中国检察若干问题研究》、《检察理论研究综述（1979—1989)、（1989—1999)、（1999—2009)》、《检察权研究》、《中国检察制度宪法基础研究》、《检察权要论》、《一个尚未完成的机关：底限正义视野下的检察制度》、《检察工作科学发展机理研究》、《检察院、检察权、检察官研究》、《检察机关贯彻宽严相济刑事政策案例文件选编》、《检察视野下的诉讼制度研究》、《人民检察院规范化管理体系的理论与实务》、《检察官职业化建设探索与研究》、《检徽在抗震救灾中闪光》、《刑事诉讼法再修改与检察监督制度的立法完善》、《人民检察院"检务公开"手册》、《当代中国检察监督体制研究》、《人民监督员制度概论》、《检察改革与创新实践》、《国家权力结构中的检察监督：多维视野下的法学分析》、《刑事和解制度研究》、《检察改革措施研究》、《欧盟成员国检察机关的任务和权力》、《检察实务中诉讼参与人合法权益保障研究》、《检察官人权指南》、《〈中华人民共和国人民检察院组织法〉修改专家意见稿》、《中国检察（第 1—4 卷）、（第 17—19 卷）》、《中国反贪调查》。

第五，检察业务技能丛书：《侦查监督实务与技巧》、《审查起诉重点与方法》、《刑事证明方法与技巧》、《贪污贿赂犯罪侦查谋略与技巧》、《渎职侵权犯罪侦查谋略与技巧》、《办理民事行政抗诉案件重点与方法》、《检察业务文书制作方法与范例》、《刑事抗诉重点与方法》、《公诉实战技巧》。

第六，职务犯罪侦查实务丛书：《反贪侦查流程与规范》、《反贪侦查办案一本通》、《反渎职侵权办案一本通》、《职务犯罪定罪证据认定实务》、《职务犯罪侦查文书填制要领》、《反贪查账实务与技巧》、《检察笔录制作技巧》、

《职务犯罪侦查实务》。

第七，职务犯罪侦查实战指导丛书：《贪污贿赂犯罪认定精解》、《职务犯罪信息化侦查实战操作》、《反贪侦查谋略与技巧》、《反贪侦查破案证据标准的把握与运用》、《反贪侦查突破口的选择与运用》、《反贪侦查细节的把握与运用》、《反贪侦查中案件认定的疑难问题》、《反贪侦查僵局的破解》、《反贪瑕疵案件实战分析与破解》。

第八，检察机关办案全程指南系列：《反贪实战全程指南》、《反渎职侵权实战全程指南》、《公诉实战全程指南》、《侦查监督实战全程指南》。

第九，诉讼中的博弈系列：《公诉中的博弈》、《侦查中的博弈》。

第十，司法疑难案件法律适用丛书：《刑事证据运用》、《不起诉实务》、《刑法总则适用》、《破坏社会主义市场经济秩序罪》、《贪污贿赂罪·渎职罪》。

第十一，检察实务专家指导丛书：《金融证券犯罪疑难问题解析》、《检察实务中的刑事程序问题解析》、《职务犯罪疑难问题解析》。

第十二，综合检察业务：《贪污贿赂案件取证参考与依据》、《经济犯罪案件查账方法与技巧》、《死刑案件法律监督理论与实务》、《贪污贿赂犯罪检察实务疑难问题解析》、《公务员职务犯罪研究》、《法律监督典型案例评析》、《检察机关适用宽严相济刑事司法政策实务》、《检察前沿报告（第1—3辑）》。

第十三，侦查监督与公诉业务：《捕后无罪处理案件解析》、《审查逮捕证据审查与判断要点》、《职务犯罪案件逮捕权"上提一级"的理解与适用》、《公诉意见书写作与优秀范例研究》、《优秀公诉人是怎样炼成的》、《公诉运行机制实证研究》、《起诉书写作技巧及范例精讲》、《公诉疑案研究》、《公诉人法庭辩论实务与技巧》、《抗诉论》、《暂缓起诉制度研究》、《中国刑事公诉制度的现状与反思》、《被告人认罪案件简化审理程序》、《公诉改革的理论与实践》、《公诉案件证据审查判断与出庭实务》、《故意杀人犯罪证据审查》、《检察机关不起诉工作实务》。

第十四，侦查业务：《新兴受贿罪的司法适用》、《贪污贿赂犯罪认定实务与案例解析》、《社会转型期国家公职人员犯罪侦查》、《侦查权原理》、《职务犯罪证据新论》、《反贪侦查实战要领》、《检察机关反贪办案全程规范指南》、《职务犯罪侦查制度比较研究》、《审讯心理学》、《审讯语言学》、《侦查概况·侦查机制·司法协助》、《举报初查·立案技巧·强制措施》、《讯问对策·询问技巧·翻供翻证》、《侦查对策·侦查措施·假账查证》、《侦查证据·文书鉴定》、《侦查技术·技术侦查》、《新领域职务犯罪·人民监督员》、《检察机关职务犯罪侦查理论与实践》、《渎职侵权犯罪认定疑难问题解析》、

《渎职犯罪的理论与实践》、《非法取证与刑事错案问题研究》、《渎职侵权犯罪案件立案标准》、《治理商业贿赂实用手册》、《国际反腐败法律文献大典》、《渎职罪疑难问题研究》、《贪污贿赂案件侦查机理探索与适用》、《刑讯逼供研究》、《同步录音录像工作百问百答》。

第十五，监所检察业务：《监所检察工作指导》、《监狱突发事件应急处置实务研究》、《监所检察"四个办法"》、《高墙内反腐败纪实》、《刑罚变更执行法律监督制度研究》、《监所检察实务与理论研究》、《国际人权公约与中国监狱罪犯人权保障》，《中国监狱服刑人员基本权利研究检察机关》。

第十六，民行、预防等业务：《民事行政公诉论》、《民事海事行政疑难案例精释精解》、《民事行政检察指导与研究》、《民事行政检察指导与研究（总第7集）》、《人民检察院民事行政抗诉案例选（第12—14集）》、《行政公诉论》、《民事审判监督案件精选精释》、《典型渎职侵权犯罪案件警示与剖析》、《惩治和预防渎职侵权犯罪宣传教育读本》、《我国十大行业职务犯罪防控理论与实践》、《当前党员领导干部困惑的职务犯罪疑点、热点问题解析》、《金融罪案深度调查：来自惩治和预防职务犯罪第一线的报告》、《预防职务犯罪的基础理论与实务导引》、《惩治与预防——国际腐败犯罪理论与实务》。

第十七，高级检察官培训教程：《职务犯罪侦查教程》、《检察制度教程》、《检察证据实用教程》、《公诉制度教程》、《刑法理念导读》、《刑事诉讼原理导读》、《检察官管理制度教程》。

第十八，检察机关标准化培训教材：《晋升高级检察官培训教程（修订版）》、《领导基本素能培训教程》、《专项业务培训教程》、《拟任检察官培训教程》。

第十九，检察机关专项业务培训教材：《中国特色社会主义检察制度》、《审查逮捕实务培训教程》、《审查逮捕实务培训电视教程》、《中国检察体制改革论纲》、《刑事申诉检察业务教程》、《检察人员岗前培训教程》、《检察书记员实务》、《检察知识100问》。

第二十，刑法分则实务丛书——刑事案例诉辩审评系列：《重大责任事故罪》、《走私罪》、《危害税收征管罪》、《生产、销售伪劣商品罪》、《制作、传播淫秽物品罪》、《交通肇事罪》、《挪用公款罪》、《盗窃罪　诈骗罪》、《受贿罪》、《金融诈骗罪》、《危害公共安全罪》、《贪污罪》、《破坏金融管理秩序罪》、《绑架罪　非法拘禁罪》、《杀人罪　伤害罪》、《职务侵占罪》、《抢劫罪抢夺罪》、《贩卖制造毒品罪》、《扰乱市场秩序罪》、《强奸罪　拐卖妇女儿童罪》、《妨害对公司、企业管理秩序罪》、《妨害司法罪》、《渎职罪》、《扰乱公共秩序罪》。

第二十一，刑事法适用指导系列：《刑法分则适用典型疑难问题新释新解》、《刑事法适用典型疑难案件新释新解》、《职务犯罪刑法适用指导》。

第二十二，刑事诉讼理论与实务：《中国刑事证据规则研究》、《名家评案：化解社会矛盾的司法诠释》、《国家刑事赔偿法律解读》、《刑事证据适用指南》、《执行监督论》、《刑事案件侦查实务》、《当代侦查学（第三版）》、《实践中的刑事诉讼法》、《刑事程序法哲学》、《论科学证据》、《侦查程序实证研究》、《有组织犯罪侦查研究》、《刑事诉讼程序价值论》、《刑事诉讼规则酝酿与重构——以司法实践为切入点》、《中国式对抗制庭审方式的理论与探索》、《品格证据在刑事案件中的运用》、《证据组合论——科学证据观对证据现象的新观察》、《超越当事人职权主义：底限正义视野下的审判程序》、《司法会计学（第三版）》、《秘密侦查问题研究》、《证据保全理论与实务》、《侦查方法论》、《司法鉴定实用知识解答》、《刑事侦查权研究》、《刑事犯罪侦查（第八版）》、《中美刑事辩护技能与技巧研讨》、《执法人员刑事证据教程（第四版）》、《犯罪侦查中对计算机的搜查扣押与电子证据的获取》、《刑事正当程序研究法理与案例》、《刑事证据疑难问题探索》、《程序正义的重心：底限正义视野下的侦查程序》、《陪审制度与辩诉交易》。

第二十三，法律法规办案工具书系列：《检察委员会委员常用工作手册（修订版）》、《检察工作常用法律手册（第二版）》、《刑事办案证据一书通》、《检察政治工作政策法规汇编（2005—2008）》、《检察政治工作政策法规汇编（1994—2004）》、《刑法应用一本通（第三版）》、《刑事诉讼法律应用一本通（第二版）》、《中华人民共和国刑法（2011）》、《中华人民共和国刑法　中华人民共和国刑事诉讼法》、《中华人民共和国刑法适用手册（第三版）》、《常用刑事司法解释新编》、《中华人民共和国刑法全新整理》。

2. 非检察名著。它是指除检察名著之外的检察文献。而就我国目前而言，下列检察图书也可视为非检察名著：

（1）1906—1949 年间编辑出版发行的有：浙江高等法院检察处 1919 年编印《浙江高等检察厅六年办事情况报告》，华北人民检察院 1949 年编印《华北人民检察院一年来的工作情况》等。

（2）1950—1980 年间编辑出版发行的有：苏联高等教育部综合大学、高等经济和法律学校总管理局审定，李亚西、刘采一译《苏联检察长监督教学大纲》（人大 1956），〔苏〕列别金斯基等编《"苏联检察长的监督"课程提纲》（人大 1956），董必武、张鼎丞作《关于最高人民法院的工作报告、关于一九五六年以来检察工作情况的报告》（法律 1957），《第四次全国检察工作会议文件》（法律 1958），张鼎丞、罗瑞卿等著《十年来革命同反革命的斗争》（群众 1959），安徽省人民检察院 1959 年编印《安徽检察经验汇编》，贵州省人民检察院 1959 年编印《贵州检察工作经验选辑》等。

（3）1981—1990 年间编辑出版发行的有：《武汉检察志资料汇编》（武汉市人民检察院史志办公室 1981 年编印），辽宁省人民检察院 1982 年、1985 年 5 月编印《检察工作手册》（第一辑、第二辑上 1322 页、下 971 页），李英权著《检察工作基础知识》（辽宁人民 1983），宁夏回族自治区人民检察院 1984 年编印《检察业务手册》，《大连检察史资料汇编第一辑 1946—1956》（大连市人民检察院史志办公室 1986 年编印），最高人民检察院研究室编《人民检察官》（红旗 1986），吴光裕主编《怎么当好检察长》（检察 1987），上海人民检察院 1987 年编印《检察工作手册》，陕西省人民检察院 1987 年编印《检察工作手册》，湖南省人民检察院 1987 年编印《检察工作手册》，张穹、苏德永编《检察官手册》（黑龙江人民 1987），福建省人民检察院 1987 年编印《检察工作手册》，云南省人民检察院 1987 年编印《检察工作手册》，《法庭演说词简介》（群众 1987），最高人民检察院三厅 1987 年编印《监所检察工作手册》，最高人民检察院经济检察厅编《罪与刑：经济犯罪案件 146 例评述》（新时代 1988），刘振起著《人民检察院直接受理侦查刑事案件预审概论》（最高人民检察院二厅 1988 年编印），刘建编著《刑事法律检察监督实务》（宜丰县社会科学学会联合会 1988 年编印），吕继贵著《罪与罚：渎职罪的理论与实践》（上海社会科学院 1988），王凡等编《检察官札记：六十起青年刑事案件剖析》（上海人民 1989），马长生著《渎职犯罪的定罪与量刑》（湖南人民 1989），张永恩编《〈检察业务概论〉资料选编》（上下，辽宁人民 1989），《赤峰检察工作十年：1978—1988》（赤峰市人民检察院 1989 年编印），中央检察官管理学院 1989 年编印《国外反贪污贿赂法规选》和《贪污贿赂罪论文集》，《前进的十年：1978—1988：庆祝江西省检察机关重建十周年》（江西省人民检察院 1989 年编印），福州市检察学会 1989 年编印《学术论文集》，张永恩等编《〈检察业务概论〉教学指导》（辽宁人民 1989），本书编写组编《检察官的万花筒》（中国经济 1989），雷铣主编《〈检察业务概论〉学习纲要》（检察 1990），陈世荣编著《检察官的奇遇》（四川人民 1990），新疆维吾尔自治区人民检察院 1990 年编印《奋进的十年》，全国人大常委会办公厅编《国外廉政法律法规介绍》（民主法制 1990），最高人民检察院人事厅编《检察机关人事工作文件选编》（陕西人民 1990）等。

（4）1991—1995 年间编辑出版发行的有：最高人民检察院研究室编《检察手册》（检察 1991），《回忆张鼎丞》（福建人民 1991），［苏］В.И 鲍斯科夫著《检察机关的审判监督》（法大 1991），徐景峰主编《联合国预防犯罪和

刑事司法领域活动与文献纵览》（法律 1992），最高人民检察院三厅编《劳改
检察法规政策类编》 （法大 1992），孙佩生主编《抗诉案例选编》（群众
1992），魏平雄著《贪污贿赂罪的认定与对策》（群众 1992），袁祥麟等编
《〈职务犯罪概论〉教学大纲》（检察 1993），王远明编《民事行政检察案例选
编》（法律 1993），单民著《贿赂罪研究》 （法大 1993），李坤编《检察官文
集》（华南理工大学 1993），储槐植编《美国德国惩治经济犯罪和职务犯罪法
律选编》 （北京大学 1994），陈兴实编《检察机关自侦经济犯罪案件办案手
册》（黑龙江人民 1994），徐汉明主编《热点 难点 重点：湖北省检察机关
1992—1993 年优秀调研作品集》（检察 1994），岳方顺著《人民检察院自侦案
件各罪的衡定》（石油大学 1994），黎煜昌等主编《职务犯罪问题研究》（河
南人民 1995），最高人民检察院举报中心编《举报常识》（检察 1995），丁慕
英主编《检察官素质》和《检察书记员素质》（山西教育 1995），左祥等主编
《检察官手册》（山西人民 1995），李春亮主编《中国检察官法概论》（检察
1995），徐鹤喃主编《〈中华人民共和国检察官法〉实用问题解析》（中国计
划 1995），李金山主编《海口检察官论文集》（检察 1995），刘秀臣编著《当
代洗冤录：刑事检察纠正错案辑录》（南海出版公司 1995），黄火青著《一个
平凡共产党员的经历》（人民 1995 年）等。

（5）1996—2000 年间编辑出版发行的有：《张鼎丞传》（中央文献 1996），
《杨易辰回忆录》（中央文献 1996），雷铣主编《检察官教育与检察事业的发
展：95 北京检察官教育国际研讨会论文集》（检察 1996），李向武著《检察工
作十四年》（检察 1996），刘光显著《贪污贿赂罪的认定与处理》（法院
1996），罗辑主编《中华人民共和国反贪污贿赂政策法律大全》（党建读物
1997），雷铣主编《中国高级检察官优秀论文精选》（检察 1997），王田海等
编《检察实务若干问题研究》（陕西师范大学 1997），王高生主编《检察业务
基础知识》（检察 1997），孙德强著《控辩式法庭论辩技巧》（检察 1997），最
高人民检察院政治部编《检察长换届选举工作指导手册》（检察 1997），张玉
坤编《来自办案一线的检察探索》（检察 1997），云南省人民检察院编《云南
检察概况：1951—1992》 （云南民族 1997），张树海著《新时期检察工作探
微》（检察 1997），郑义正著《检察工作实践与探索》（人民 1997），苑玉民主
编《检察机关干部教育工作法规文件选编：1995—1997.6》（党建读物 1997），
李自民主编《检察机关管辖罪案的认定与处理》 （检察 1998），本书编写组
《当前失职渎职违法违纪犯罪界限问答》（方正 1998），吴建主编《肃贪惊示
录》（检察 1998），江敬臣著《民事行政抗诉案例点评》（河北省人民检察院
1998 编印），王文元主编《96 初任检察官考试复习纲要》（法律 1998），国家

检察官学院培训中心编《查办贪污贿赂案件工作手册》和《查办渎职侵权案件工作手册》（检察 1998），袁文光等编《山东省司法工作人员违法办案责任追究案例释义》（山东人民 1999），王红日等著《民事行政检察监督的现实剖析与理想构建》（辽宁大学 1999），最高人民检察院政治部编审《99 初任检察官考试复习纲要》（检察出版社 1999），陈国庆著《〈人民检察院刑事诉讼规则〉释义与适用》（警官教育 1999），杨叙安等编《检察机关督查工作实务》（文心 1999），刘佑生主编《人间正气：第三届中国十大杰出检察官及提名奖获得者事迹报告文学集》（检察 1999），宋继江主编《深圳检察工作改革与借鉴》（1999 年），郑广宇著《实用检察散论》（河北人民 1999），李忠诚主编《人民检察院刑事诉讼规则释义与法律文书适用指南》（检察 1999），戴玉忠主编《检察委员会工作手册》（检察 1999），周其华等主编《检察机关侦查职务犯罪辅导教材》（检察 1999），杨志强主编《群雁竞高飞：深圳市人民检察院中层领导干部竞争上岗录》（检察 1999），秦醒民著《邓小平理论与当代检察》（检察 1999），湖北人民检察院编《前进中的湖北检察事业》（检察 1999），陈振东主编《辉煌二十年：铁路检察文集》（检察 1999），周其华主编《检察机关刑事诉讼业务辅导教材》（检察 1999），张政锦等主编《深圳政法年鉴·1999》（海天 1999），余啸波主编《监所检察实务教程》（上海市人民检察院 1999 年编印），甘正培著《司法职务犯罪的惩治与防范》（广东高等教育 2000），最高人民检察院政治部组织编写《检察官教育：政治读本》（检察 2000），于萍等编《2000 初任检察官考试复习纲要》（检察 2000），杜世相著《出庭公诉研究》（检察 2000），杨城等主编《中外刑事公诉制度》（法律 2000），杨向阳编著《中国检察官实务十题》（方正 2000），黄健编《检察之光：郑州市二七区检察院质量建院纪实》（黑龙江人民 2000），康树华等编《国际预防犯罪学术研讨会论文集》（公大 2000），李志辉著《检察与公正》（湖南人民 2000），《初任检察官考试习题集》（检察 2000），中国检察理论研究所编《新世纪检察改革展望：首届全国检察理论研究年会文集》（检察 2000），杨诚等主编《中外刑事公诉制度》（法律 2000），杨迎泽著《公诉人出庭公诉操作实务》（检察 2000），王春瑜著《中国反贪史》（上下，四川人民 2000），朱丽欣著《渎职，"侵权"案件侦查实务》（检察 2000），周其华著《玩忽职守罪的立法与适用》（检察 2000）等。

　　（6）2001—2006 年间编辑出版发行的有：张学军主编《检察人才学》和《检察领导学》（检察 2001），中国检察理论研究所编《检察理论研究集粹：第二届全国检察理论研究年会论文集》（检察 2001），杜波著《国家工作人员职务犯罪研究概要》（华夏 2001），但伟著《人民检察院检控案件定性研究》

（检察 2001），最高人民检察院职务犯罪预防厅编《建立有中国特色职务犯罪预防机制：检察机关预防职务犯罪工作的探索与实践》（法律 2001），邱学强主编《挑战自我：走上炽热的演讲台》（检察 2001），范春明著《贪污贿赂犯罪的法律适用》（法院 2001），柳晞春编《举报没商量：反对腐败、惩治腐败、监督和预防国家工作人员贪污贿赂等职务犯罪举报指南》（经济管理 2001），莫远航著《从政法度：职务犯罪的法律界限》（方正 2001），谢望原著《国家工作人员犯罪认定中疑点难点问题研究》（方正 2001），曲颖等著《行政渎职违法犯罪的认定和处理》（方正 2001），郭永运主编《预防职务犯罪教育读本》（广西人民 2001），毕玉谦等著《法官、检察官工作实务》（法律 2001），本书编写组编《国家司法考试法津实务辅导检察实务与审判实务》（检察 2001），本书编写组编《全国检察人员基本素质考试复习纲要——法警类》，《全国检察人员基本素质考试复习纲要——开卷类》，《全国检察人员基本素质考试复习纲要——业务类》，《全国检察人员基本素质考试复习纲要——综合类》（检察 2001），方舟编《全国检察人员基本素质考试复习要点，答题，方法技巧与全真模拟试卷》（中国经济 2001），刘建著《中国检察制度研究》（海南 2001），最高人民检察院办公厅编《中华人民共和国检察官法：汉英对照》（检察 2001），中国检察理论研究所编《检察理论研究集萃：第二届全国检察理论研究年会论文集》（检察 2001），郝明著《民事检察实务》（法院 2001），中央纪委法规室编《国外反腐败廉政法律法规选编》（方正 2002），最高人民检察院职务犯罪预防厅编译《世界预防腐败犯罪法律文件选编》（法律 2002），周玉华编《办理经济，渎职犯罪适用法律手册》（山东人民 2002），张同盟主编《检察改革与实践》（检察 2002），最高人民检察院职务犯罪预防厅编《国际预防腐败犯罪法律文件选编》（法律 2002），阙贵善著《井冈山下三代人》（2002 年），李保唐主编《渎职侵权检察工作实用手册》（检察 2002），苏晓宏主编《检察职能的现代化转型》（同济大学 2002），裘树祥主编《职务犯罪侦查》（检察 2002），黄京平主编：《主诉检察官办案责任制理论与实践》（法制 2002），张惠云主编《检察工作改革理论与实践》（公大 2002），邹传纪主编《反贪查案实务教程》（上海社会科学院 2002），颜运秋著《公益诉讼理念研究》（检察 2002），吴建雄编《面向 21 世纪检察工作的若干战略问题》（检察 2002），最高人民检察院制定《人民检察院"检务十公开"》（检察 2002），莫吉武著《当代中国政治监督体制研究》（中国社会科学 2002），陈正云著《贪污贿赂犯罪认定与侦查实务》（检察 2002），张穹主编《检察统计工作实用手册》（检察 2002），《检察官道德建设与行为规范》（法制 2002），黄京平主编《主诉检察官办案责任制理论与实践》（法制

2002），龚佳禾主编《行政执法机关移送涉嫌犯罪案件指南》（方正 2002），宗剑峰著《基层检察院管理概论》（检察 2002），佟宝贵等编《国家工作人员预防职务犯罪法律界定及案例剖析》（华龄 2002），徐仲华编《歧路警灯：诱使官员权力腐败的陷阱透析》（方正 2002），孟凡君编《珍惜权力：预防职务犯罪教育读本》（方正 2002），刘永章等著《检察机关诉讼文书写作方法与技巧》（大众文艺 2002），宋孝贤主编《检察改革理论与实务》（安徽人民 2002），罗继洲著《检察院基层建设工作读本》（海洋 2002），张希龄主编《为国徽增光：来自检察院的报告》（陕西人民 2002），唐世月著《贪污罪研究》（法院 2002），宋孝贤著《走向司法公正》（检察 2002），最高人民检察院渎职侵权检察厅编《渎职侵权案件侦查点评》（当代世界 2002），《职务违纪违法犯罪政策法律法规及司法解释全书》编写组编《职务违纪违法犯罪政策法律法规及司法解释全书》（方正 2003），柳晞春著《预防职务犯罪：反腐败的理性选择》（法律 2003），秦信联编著《检察谋略》（上下，检察 2003），杜波等主编《职务犯罪及惩治知识读本》（中国人事 2003），裘索著《日本国检察制度》（商务 2003），刘建国主编《刑事公诉的实践探索与制度构建》（检察 2003），余啸波主编《侦查监督检察实务教程》（上海社会科学院 2003），最高人民检察院职务犯罪预防厅编《预防职务犯罪工作手册》（检察 2003），秦醒民著《深深的检察足迹》（检察 2003），李伟迪著《国家工作人员与亲属共同受贿犯罪的理论与实务》（方正 2003），杨迎泽等著《贪污贿赂案件证据实务》（广东人民 2003），孙国祥著《贪污贿赂犯罪疑难问题学理与判断》（检察 2003），宗剑锋著《中西文化与贪污贿赂犯罪学研究》（检察 2003），张建南主编《贪污贿赂犯罪疑难实例精解》（检察 2003），谭世贵著《司法腐败防治论》（法律 2003），沾益县检察院编《基层检察院建设探索》（德宏民族 2003），李光成等编《检察理论与实践》（河南人民 2003），王炳祥著《检察艺术》（机械工业 2003），云南省人民检察院政治部编《崇高使命与神圣职责：云南省检察官论文集》（云南大学 2003），周志华著《来自一线检察长的报告》（红旗 2003），澳门特别行政区检察院 2003 年编印《澳门检察制度的改革与发展》，孙宝民著《学习、探索、思考：笔载十四年》（检察 2003），庄洪胜编《现代检察工作基层建设与管理实用手册》（新华 2003），最高人民检察院民事行政检察厅编《新编常用民事行政检察手册》（检察 2003），徐发主编《学习型检察院的创建》（黑龙江人民 2003），郭永运主编《南国检察探索》（检察 2003），许海峰主编《首都检察方略》（法律 2003），刘宁生著《职务犯罪研究》（甘肃文化 2003），最高人民检察院侦查监督厅编《侦查监督实务手册》（群众 2003），孙晔编《职务犯罪案例评析》（河北人民 2003），徐承华编《预防职务犯罪警言警句》（江苏人民 2003），张凤阁主编《检察机关办案证据调查，运用与立案标准实用全书》（黑龙江人民 2003），李雪慧主编《中国检察改革报告》（检察 2003），杨振侠主编《来自基层检察院的报告》（检察 2003），张建南主编《贪污贿赂犯罪疑难实例精解》（检察 2003），《上海合作组织成员国总检察长首次会议论文集》（检察 2003），胡克惠主编《女检察官迎接"入世"新挑战》（检察 2003），刘林祥主编《检察机关刑事诉讼业务全书》（甘肃文化 2003），刘建柱主编《入世后检察工作新视野》（上下，检察 2003），杨迎泽著《检察机关侦查讯问实务》（检察 2003），刘建柱主编《检察实务疑难问题研究》（检察 2004），戴玉忠主编《人民监督员手册》（法院 2004），许海峰主编《法律监督的理论与实证研究》（法律 2004），连峻峰主编《法律监督前沿问题研究》（民主法制 2004），最高人民检察院政治部、中国检察官协会编《法律监督与公平正义》（检察 2004），张明主编《检察机关侦查监督实务全书》（安徽音像 2004），检察理论研究所 2004 年编印《现代执法理念与检察业务改革》，赵惠民主编《检察机关职务犯罪侦查理论与实践》（检察 2004），侯磊著《检务公开论》（检察 2004），最高人民检察院民事行政检察厅编《民事检察制度热点问题探索：第七届全国民事诉讼法学术研讨会优秀论文选》（检察 2004），张智辉主编《拟任检察官培训教程》（检察 2004），《法律监督与公平正义》（检察 2004），《检察机关内部执法办案监督经验材料汇编》（方正 2004），朱兴有著《预防职务犯罪问题研究》（检察 2004），许海峰主编《法律监督的理论与实证研究》（法律 2004），最高人民检察院政治部编《各级检察机关机构改革方案汇编》（检察 2004），王少峰主编《检察制度理论思索与研究》（检察 2005），韩宝林著《基层检察感悟》（检察 2005），刘建柱主编《检察业务探索》（检察 2005），王少峰主编的《检察官境外培训成果文丛》（第 1—2 卷，检察 2005），张兆松著《刑事检察理论研究新视野》（检察 2005），蔡定剑主编《监督与司法公正：研究与案例报告》（法律 2005），左德起著《职务犯罪侦查问题研究》（法律 2005），金波主编《法律监督的理论与实务》（检察 2005），杨振江主编《检察机关侦查监督问题研究》（检察 2005），柏荣等主编《基层建设与检察文化》（检察 2005），刘剑华著《中外监督体系比较研究》（方正 2005），许海峰等主编《法律监督：实践者的理性思考》（法律 2005），李卫平著《检察理论与实践若干重大问题研究》（郑州大学 2005），罗昌平主编《民事行政检察监督理论与实践》（上海社会科学院 2005），樊崇义等主编《现代公诉制度研究》（中国人民公安 2005），尤光付《中外监督制度比较》（商务 2005）等。

（7）2006—2012 年间编辑出版发行的有：农文星主编《检察理论与实务研究》（珠海市人民检察院 2006 年编印），尹晋华主编《法律监督能力建设问题研究》（检察 2006），赵慧著《贪污贿赂犯罪司法适用》（法律 2006），陈斌主编《渎职犯罪司法适用》（法律 2006），郭立新主编《查办渎职侵权犯罪适用手册》（检察 2006），季刚等著《公诉改革的理论与实践》（检察 2006），伍玉功著《公益诉讼制度研究》（湖南师范大学 2006），最高人民检察院公诉厅编《公诉案件证据参考标准》（法律 2006），孙力主编《检察实务中诉讼参与人合法权益保障研究》（检察 2006），李志辉主编《刑事抗诉案例评析》（湖南人民 2006），陈聪主编《检察工作机制创新之思与行》（检察 2006），阮荣富主编《检察实务探索与思考》（上海社会科学院 2006），陶杨著《渎职侵权犯罪案件认定、立案标准、法律依据及司法解释》（法制 2006），缪树权著《渎职侵权案件重点、难点问题的司法适用》（法制 2006），王俊主编《检察理念与执法规范》（检察 2006），孙力著《检察实务中诉讼参与人合法权益保障研究》（检察 2006），李征著《中国检察权研究：以宪政为视角的分析》（检察 2007），白泉民主编《中外刑罚执行监督与人权保护》（检察 2007），本书编写组编《国外公务员惩戒规定精编》（方正 2007），张文志等著《民事诉讼检察监督论》（法律 2007），王俊主编《检察改革与创新实践》（检察 2007），种松志著《检警关系论》（公大 2007），周福民主编《社会主义法治理念与检察工作》（法律 2007），苏凌主编《淮阳检察工作规范》（检察 2007），中国检察官协会编《中国检察官：纪念检察官协会成立十周年画册》（检察 2007），国家森主编《法律监督的理论与实务》（检察 2007），蒋伟亮等主编《中国家权力结构中的检察监督：多维视野下的法学分析》（检察 2007），庄建南主编《和谐社会语境下的中国检察制度》（检察 2007），樊崇义等主编《刑事起诉与不起诉制度研究》（公大 2007），伦朝平等著《刑事诉讼监督论》（法律 2007），李征著《中国检察权研究：以宪政为视角的分析》（检察 2007），张文志著《中国检察制度改革论纲》（法律 2007），陈宝富主编《检察工作与理论探索》（华东师范大学 2008），刘佑生主编《宽严相济与检察工作》（检察 2008），刘志高著《司法工作人员渎职犯罪基本问题研究》（上海社会科学院 2008），蔡春和主编《法律监督理论与实务》（河北人民 2008），周福民主编《和谐社会视野下的检察工作》（法律 2008），王文生等主编《检察理论研究精粹》（公大 2008），慕平主编《检察工作机制与实务问题研究》（法律 2008），彭柄金著《唐代官吏职务犯罪研究》（中国社会科学 2008），伦朝平著《检察工作的理性思考》（法律 2008），东晓钟主编《检察工作发展视点：基层检察官的思索》（法律 2008），王顺义编著《法律监督典型案例评析》

（检察 2008），伦朝平主编《检察理论与实务研究新进展》（法律 2008），王立主编《基层检察官的实践与思考》（清华大学 2008），王振平主编《检察品牌建设的实践与探索》（检察 2008），白泉民主编《监所检察"四个办法"》（国检察 2008），周玉清著《一个检察官的日记》（中国时代经济 2008），罗昌平等著《检察业务管理理论与实务》（上海人民 2008），蒋伟亮主编《民事审判监督案件精选精释》（检察 2008），李培龙主编《不起诉实务》（检察 2008），张志平主编《法律监督的实践与思考》（上海社会科学院 2008），甄贞等主编《附条件逮捕制度研究》（法律 2008），潘金贵著《公诉制度改革研究：理念重塑与制度重构》（检察 2008），程曙明主编《检察改革视角下的探索与求证》（检察 2008），慕平主编《检察工作机制与实务问题研究》（法律 2008），农中校等著《检察官职业化建设探索与研究》（检察 2008），陈剑虹著《办理民事行政抗诉案件重点与方法》（检察 2008），李泽明主编《检察基础理论与实践》（检察 2008），吴春莲主编《检察权的配置和适用》（浙江大学 2008），陈云龙主编《检察视野下的诉讼制度研究》（检察 2008），苗生明主编《宽严相济刑事政策司法化与公诉裁量权的适用》（法律 2008），湖北省人民检察院编《检察工作一体化机制创新》和《检察工作一体化机有关规定选编》（检察 2008），高权主编《人民检察院规范化管理体系的理论与实务》（检察 2008），石少侠主编《初任检察官培训专题讲义》（检察 2009），白金刚等主编《基层检察实践探究》（法制 2009），吴建雄著《检察工作科学发展机理研究》（检察 2009），金鑫著《和谐司法视野中的检察改革》（知识产权 2009），莫洪宪主编《和谐社会与检察权的运用》（知识产权 2009），罗昌平著《检察工作创新与机制研究》（检察 2009），白泉民主编《派驻检察官执法监督纪实》（检察 2009），浙江省绍兴市人民检察院编《和谐检察的探索与实践》（法制 2009），盛美军等著《法律监督运行机制研究》（检察 2009），任文松等著《法律监督权研究：以法律监督权的发展历程为主线》（知识产权 2009），周其华主编《检察人员岗前培训教程》（检察 2009），蒙永山主编《基层检察院建设探索与实践》（检察 2009），孙力主编《刑事审判监督案件精选精释》（检察 2009），周其华主编《检察人员岗位培训教程》（检察 2009），白泉民主编《监所检察实务与理论研究》（检察 2009），丁玮著《人民监督员制度的法理基础：司法民主与正当程序研究》（检察 2010），徐军著《检察监督与公诉职能关系论》（公大 2010 年），王学成主编《法律监督权研究新视野》（检察 2010），倪集化著《反贪侦查谋略与技巧》（检察 2010），种松志著《中国检察制度改革与探索》（公大 2010），李美蓉著《检察官身份保障》（知识产权 2010），徐军著《检察监督与公诉职能关系论》（公大 2010），王顺义著《学科的秩序——关于检察学理论体系的一些基本问题》（检察 2010），张庆建主编《儒家文化与检察文化建设研究》（山东人民 2010），检察理论研究专业委员会编《诉讼规律和诉讼监督规律与检察职能优化配置》（湖北人民 2011），最高人民检察院台办 2011 年编印《台湾关于检察官伦理构建的探索》等。

　　而综上所述，我国检察图书还有如下之最：最早的检察法律文本，是由英国殖民者制定并适用于我国香港特别行政区的《英皇制诰》（1843 年 5 月 4 日）；清末《大理院审判编制法》［光绪三十二年十月二十七日（1906 年 12 月 12 日，星期三），如本书图 132 所示］系我国自主制定的，最早的检察法律文本；由日本冈田朝太郎、松冈义正、小河滋次郎、志田钾太郎口授，蒋士宜编纂，郑言笔述的《检察制度》［中国图书公司宣统三年四月二十六日（1911 年 5 月 24 日）初版，如本书图 135 所示］，系我国历史上第一部检察专著，也是清末第一部检察名著；由中华民国检察制度研究会编辑的《检察制度祥考》［京外各大书坊中华民国元年八月（1912 年 8 月）初版，如本书图 136 所示］，既是我国历史上第二部检察专著，也是中华民国第一部检察名著；由李六如著的《检察制度纲要》（法大教务处 1950 年 1 月编印，亦称《各国检察制度大纲》，《各国检察制度刚要》，如本书图 139 所示），抑或由陈启育著的《新中国检察制度概论》（新华书店 1950 年 11 月初版，如本书图 140 所示），系新中国第一部检察专著；由王舜华著的《我国刑事诉讼中的检察机关》（群众出版社 1982 年 4 月初版，如本书图 141 所示），抑或由金默生著的《人民检察工作漫谈》（群众出版社 1982 年 2 月初版，如本书图 141 所示，当然，也可将其视为我国"文革"最早的检察学文集，因为，它由作者发表于《人民日报》的 14 篇文章汇辑而成），系我国"文革"后首部检察专著；而由王桂五著的《人民检察制度概论》（法律出版社 1982 年 6 月初版，如本书图 142 所示），则是系我国"文革"后第二部检察专著；由王洪俊著的《检察学》（重庆出版社 1987 年 10 月初版，如本书图 143 所示），系新中国乃至我国历史上第一部以"检察学"为书名的专著，抑或我国最早的检察学名著；《中国检察百科辞典》（黑龙江人民 1993）是我国最早出版的专门检察辞典，共收条目 2300 余条。

（四）检察学士、硕士、博士和博士后论文

　　无疑，检察学士、硕士、博士和博士后论文的绝大多数，都属于检察名著。一方面，它们并不限于新中国，在旧中国也有相关的检察学士、硕士和博士论文（如本书图 61 所示文献）。当然，又以"文革"后出现的硕士，博士论文居多。

另外，据《国家图书馆联机公共目录查询系统》统计显示，截止到 2013 年 3 月底，国家图书馆馆藏题名含有"检察"一词的（1988—2012 年度的硕士、博士）学位论文 900 篇。

此外，据《中国知网》不完全统计，自 2001 年起截止到 2012 年底，通过"高级检索"题名含有"检察"（762 篇），"公诉"（269 篇），"不起诉"（153 篇），"司法解释"（112 篇），以及"职务犯罪"（375 篇），"贪污贿赂"（43 篇）， "渎职侵权"（9 篇）等与检察业务相关的硕士博士论文共计 1723 篇。

另一方面，它们所涉及的内容，几乎包括检察知识信息的方方面面。

因此，从这个意义上说，此类文献是了解检察理论和实践研究动态的脉搏、晴雨表。当然，我国最早的检察学士、硕士、博士和博士后论文是客观存在的，但难以考证。

（五）检察志

1. 检察志概述。所谓检察志，亦即检察方志、志书的简称。其中，方志或志书是指"记载某一地方的地理、历史、风俗、教育、物产、人物等情况的书"。① 而早在《周礼·地官·诵训》中就有"掌道方志，以诏观事"的记载。与此同时，也十分注重志书特别是刑（罚）法等志书的编纂。例如，我国二十四史中的《晋书》、《魏书》、《隋书》、《旧唐书》、《新唐书》、《旧五代史》、《宋史》、《辽史》、《金史》、《元史》、《明史》等，以及民国初年编的《清史稿》，都撰有"刑法志"（《魏书》称"刑罚志"），② 以及如图 203 所示文献。

而关于方志起源的问题，主要观点有四：一是方志起源于史，是从古代史官的记述发展而来的；二是脱胎于地理学，是由我国古代最早的地理著作《尚书·禹贡》和《山海经》演变而成的；三是《越绝书》、《吴越春秋》是方志鼻祖；四是多源说认为，方志就是由史、书、志、记、录、传、图、经等各种不同体裁的书籍，互相渗透和逐渐融合而来的一种特定体裁的著作。本书倾向于第四种观点。因此，方志具有地方性、广泛性、资料性、时代性和连续性等特征，并包括综合全国情况的总志和一统志、地区性方志、专志 3 种。所

---

① 参见中国社会科学院语言研究所词典编辑室编：《现代汉语词典》（修订本），商务印书馆 1999 年版，第 354 页。

② 而刑法志，是中国古代第一部法律史著作，中国纪传体史书篇目名，志书的一种。始创于东汉著名史学家班固（公元 32—92 年）的《汉书》。此后各纪传体断代史多相沿用。

以，检察志是专志书的一种，并具有以下特点（如图203所示）。

图203　左上起：《万国通志第二编·万国宪法志》（周达编纂，广智书局1903），《补宋书刑法志·读律心得（爽鸠要录）》（商务1939，共15册），《河南检察志》（1985年），《吉林省志　卷十二/司法公安志/检察》（吉林人民1992），《吉林省检察志》（吉林省人民检察院2002年编印），《新疆检察志》，《天津通志·检察志》，《商丘地区检察志》，《绵竹市检察志》，《湘西州检察志》，《哲里木盟检察志》，《遂昌县检察志》，《嵊州市检察志》，《广州市东山区检察志》，《新平彝族傣族自治县检察志》，《沔阳检察志》，《武汉检察志》

第一，它属于典型的官方检察文献。通常，由相应的检察机关组织人员（编写组）定期编写。因此，它也是记载各地检察制度发展情况的综合性百科全书。例如，不论地方各级检察院志（如《吉林省检察志》、《乌鲁木齐省检察志》），还是专门检察院志（如《新疆生产建设兵团检察志》），都存在连续出版情形。

第二，它的名称具有多样性。除多以"×××（地名）（人民）检察志"（《河南检察志》、《延边检察志》、《屯留检察志》）出现之外，还有以下七种：一是"人民检察志"。例如，《邯郸市人民检察志》、《滦县人民检察志》。二是"××（地方行政区划）检察志"。例如，《吉林省检察志》、《绵竹市检察志》、《湘西州检察志》、《哲里木盟检察志》、《遂昌县检察志》、《嵊州市检察志》、《广州市东山区检察志》、《新平彝族傣族自治县检察志》。三是"×（地方行政区划）志·检察志"。例如，《河北省志·检察志》、《长春市志·检察志》、《常德地区志·检察志》、《昌平县志·第二十五编（检察审判）（一审讨论稿）》。四是"××通志·检察志"。例如，《天津通志·检察志》、《广西通志·检察志》。五是"××检察院志"。例如，《临汾市人民检察院志》、《石家庄市桥东区人民检察院志》、《青川县人民检察院志》。六是"检察院检察志"。例如，《长白朝鲜族自治县人民检察院检察志》、《石家庄市桥西区人民检察院检察志》。七是其他。例如，《北京志·政法卷（检察）》、《湖南省志第六卷·政法志（检察）》等。

第三，既有公开出版发行的，也有内部出版发行的检察志，并以后者居多。

第四，既有针对地方各级（即省、地、县级）人民检察院的，也有针对专门人民检察院的检察志，但目前就没有针对全国检察机关及其人员的全国性检察志和军事检察志。其中，较早编辑出版的省级院检察志是《河南检察志》（1985 年）、地级院检察志是湖北的《武汉检察志》（1983 年）、县级院检察志是山东的《郓城县检察志》（1984 年）、专门检察院志是《昆明铁路检察志》（1992 年）。

2. 检察志概况。据有关资料不完全统计显示，截止到 2013 年 12 月 31 日，我国已编辑出版的检察志共计 358 部强。① 其中，最早撰写、编辑、出版、发行的检察志是湖北省《沔阳检察志》，由湖北仙桃市人民检察院 1978 年编印；最早撰写、编辑、出版、发行的省级检察志，是《河南检察志》（1985 年）；

---

① 值得注意的是：（1）除特别注明者外，其他检察志均为相关检察院编印。（2）像吉林省编有《吉林省志·司法公安检察（一）》、《吉林省志·司法公安检察（二）》两卷以上检察志的，算一种。（3）据《中国检察年鉴·2008》（检察 2009）统计显示，截至 2007 年 12 月底，我国共有检察院 3623 个，包括：最高检察院 1 个；省级检察院 33 个（包括解放军军事检察院 1 个和新疆生产建设兵团检察院 1 个）；分、州、市级检察院 389 个；分、州、盟、市检察院 359 个；军事检察院分院 13 个；铁路运输检察院分院 17 个；县级人民检察院 2994 个，县（市、旗、区）检察院 2882 个；军事检察院 53 个；铁路运输检察院 59 个；派出检察院 206 个；工矿区检察院 9 个；农垦区检察院 12 个；林区检察院 57 个；监狱劳教场所检察院 74 个；油田检察院 2 个；开发区检察院 39 个；其他检察院 13 个。（4）就省级院检察志而言，目前，浙江、宁夏、西藏、香港、澳门和台湾以及军事检察院还没有编辑出版检察志。另据《中国西藏新闻网》2012 年 9 月 22 日报道，今天下午，《西藏自治区志·检察志》终审会议在拉萨召开；又据《浙江检察网》2011 年 3 月 1 日报道，今天上午，省人民检察院召开《浙江通志·检察卷》编纂工作会议，正式启动《浙江通志·检察卷》编纂工作。

最早撰写、编辑、出版、发行的地级检察志，是《武汉检察志》（1983年）；最早撰写、编辑、出版、发行的专门检察院检察志，是《昆明铁路检察志》（1992年）。与此同时，我国目前已撰写、编辑、出版、发行检察志的分布情况如下：

黑龙江有：《黑龙江检察志》（黑龙江人民1988），《齐齐哈尔检察志（1950—1985）》（1988年），《大兴安岭检察志》（2000年），《牡丹江市东安区人民检察院院志（1983—2011）》（2012年）等。

吉林有：《义县人民检察院志》（1986年），《抚松县检察志》（1995年），《长春市志·检察志》（吉林人民1996），《延边检察志第二卷（1989—2005）》，《吉林省检察志》（2002年），（吉林文史2007），《吉林市检察志（1986—2003）》（吉林文史2007），《长白朝鲜族自治县人民检察院检察志》（2008年），《图门市检察院院志（1965—2011）》（2012年）等。

辽宁有：《沈阳检察志（1950—1985）》（1987年），《本溪检察志》（1988年），《锦州检察志（1911—1985）》（1988年），《抚顺检察志》（1992年），《大连市志·检察志》（1994年），《鞍山检察志》（1998年），《辽宁省志·检察志》（辽宁科学技术1999），《海城检察志（1950—2003）》（2003年）等。

北京有：《昌平县志·第二十五编（检察审判）（一审讨论稿）》（1990年），《北京志·政法卷（检察志）》（北京2007）等。

天津有：《宁河检察志》（1998年），《西青区检察志》（天津古籍1999），《天津通志·检察志》（天津社会科学院2002）等。

河北有：《邯郸市丛台区检察志》（1985年），《满城县检察志》（1991年），《石家庄市桥西区人民检察院检察志》（1991年），《秦皇岛市志第七卷·人民政府志，人事管理志，民政管理志，档案管理志，公安志，检察志，审判志，司法行政志和军事志》（1994年），《石家庄市新华区人民检察院检察志（1978—1994）》（1995年），《邯郸市人民检察志》（方志1995），《河北省志第72卷·检察志》（中国书籍1996），《安平县人民检察院检察志》（1996年），《滦县人民检察志》（1997年），《正定县人民检察院检察志》（1997年），《高邑县人民检察院检察志》（1997年），《石家庄市桥东区人民检察院志》（1997年），《（石家庄）长安区人民检察院志（1958—1997）》（1998年），《平山县检察志》（1998年），《邯郸市丛台区检察志》（1998年），《廊坊市检察志》（2001年），《石家庄市裕华区人民检察院志（1995—2006）》（2007年），《张家口检察志·文献篇（2007—2012）》（2012年），《丰润县检察志》等。

山西有：《山西通志第34卷政法志·检察篇》（中华书局1998），《高平县检察志》（1998年），《临汾市人民检察院志》（2000年），《乡宁检察志》（2007年），《屯留检察志》（2008年），《襄汾检察志》（2008年），《介休检察志》（2011年），《沁水检察志1951—2001》（2011年）等。

内蒙古有：《呼和浩特检察志》（1989年），《赤峰检察志》（1991年），《哲里木盟检察志》（1993年），《包头检察志》（1995年），《内蒙古自治区志（检察志）》（内蒙古人民2008），《鄂尔多斯市检察志》（内蒙古人民2009），《开鲁县检察志》（2013年）等。

山东有：《郓城县检察志》（1984年），《高密县检察志》（1985年），《郯城县检察志》（1986年），《历城县检察志（征求意见稿）》（1986年），《寒亭区检察志》（1986年），《安丘县检察志》（1987年），《鄄城县检察志》（1987年），《芝罘检察志》（1989年），《临邑县检察志资料汇编（1951—1988）》（1990年），《沂源县检察志》（1990年），《山东省志·司法志·检察篇（送审稿）》（1990年），《枣庄检察志》（齐鲁书社1990年），《淄博检察志》（1990年），《济南市志第六卷·政法军事第二篇·检察（讨论稿）》（1991年），《广饶县检察志》（1991年），《临清检察志》（1991年），《鱼台县检察志》（1992年），《聊城地区检察志》（1992年），《山东省志·司法志第二篇检察》（1993年），《泰安县检察志》（1997年），《招远市人民检察志》（方志2002），《东营市检察志》（中华书局2005），《（青岛）黄岛检察志》（检察2009），《聊城市东昌府区检察志（第二卷）》（2010年）等。

江苏有：《南京市秦淮区人民检察院院志》（1985年），《江浦县人民检察院检察志（征求意见稿）》（1989年），《苏州检察志（1910—1985）》（1991年），《南京检察志》（海天1996），《江苏省志·检察志》（江苏人民1997），《武进检察志》[1998年，《武进检察志（续一）2006》（2007年）]，《靖江市检察志》（江苏人民2003），《常熟检察志（1950—1998）》（2006年），《泰兴检察志》（2007年），《无锡检察志》（2008年），《扬州市志□检察志（1988—2005）》（2008年），《徐州检察志》（徐州市史志办公室2009）《（常州）高新区（新北区）检察志》（2011年），《兴化市检察志》（2012年），《溧阳检察志》（2012年）等。

安徽有：《庐江县检察志》（1985年），《蚌埠检察志（1950—1985）》（1986年），《皖太湖县检察志》（1987年），《铜陵市检察志（1954—1985）》（1987年），《合肥检察志》（1993年），《安徽省志·司法志》（安徽人民1997），《马鞍山市检察志（1954—2002）》（2002年），《蚌埠检察志（1986—2006）》（2007年），《贵池市人民检察志》（2008年），《萧县检察志》（2008年），《黄山市检察志（1951—2006）》（2009年），《（蚌埠）龙子湖区检察志》（2011年）等。

浙江有：《绍兴县检察志（1952—1985）》（1988年），《遂昌县检察志》（黄山书社1997），《绍兴检察志（第一卷）》（1997年），《嵊州市检察志》（1998年），《义乌检察志》（2000年），《乐清市检察志》（2002年），《慈溪检察志》（2006年），《嘉定检察志》（2008年），《衢州检察志》（方志2008），《开化检察志》（中国文史2009），《平湖市检察志》（中国文史2011）等。

江西有：《南昌市检察志》（1985年），《江西省检察志》（中共中央党校1995），《宜丰检察志》（1996年），《抚州检察志》（2006年），《都昌检察志》（2009年），《崇义县检察志》（2011年）等。

福建有：《南靖县检察志》（1992年），《连江县检察志》（1996年），《福建省志·检察志》（1997年），《泉州市检察志》（1993年），《闽侯检察志》（1995年），《福州市检察志》（1998年），《泉州鲤城区检察志》（1999年），《宁德地区检察志》（2000年），《漳州检察志》（2002年），《南平市延平区检察志》（2008年），《石狮市检察志（1994—2007）》（2009年），《莆田市检察志》（2013年），《南平地区检察志》等。

上海有：《金山检察志（1950—1985）》（1986年），《南汇检察志资料汇编》（1987年），《普陀区检察志》（1994年），《松江县检察志》（1995年），《上海检察志》（1999年），《青浦检察志》（2005年），《宝山检察志》（2010年），《南汇检察志》（2012年）等。

河南有：《偃师县检察志（初稿）》（1984年），《汤阴县检察志》（1985年），《沁阳县检察志》（1985年），《安阳检察志（1950—1985）》（1986年），《信阳地区史志丛书之三·检察志》（1986年），《郑州检察志（1911—1985）》[1987年，《郑州市检察志（1976—2003）》（2007年）]，《开封市郊区人民检察院院志》（1989年），《婺源检察志》（1990年），《河南省检察志（1950—1985）》[1985年，《河南省志（第十九卷）公安志·检察志》（河南人民1994）]，《开封市志第五册·审判、司法、军事、民政、县区、公安、检察、民主党派》（北京燕山2000），《商丘地区检察志（1986—1997）》（2001年），《汝阳检察志（1951—2001）》（2002年），《宜阳检察志（1955—2005）》（2006年），《郑州检察志（1986—2003）》（2007年），《（洛阳）西工区检察志》（2009年）等。

湖北有：《沔阳检察志》（1978年），《武汉检察志》（1983年），《鄂州检察志》（1990年），《荆州检察志（1898—1993）》（1999年），《恩施州检察志》（2011年），《襄樊检察志（初稿）》，《湖北检察志》[湖北人民2003，《湖北省检察志（1978—2000）》（崇文书局2008）]，《京山检察志（1906—

2006)》（2008 年），《兴山检察志》（2009 年），《宣恩检察志》（2010年）等。

湖南有：《益阳市检察志》（1989 年），《湘乡市检察志》（1991 年），《会同县检察志》（1991 年），《湘潭县检察志》（1991 年），《蓝山县检察志》（1992 年），《茶陵县检察志》（1992 年），《蓝山县检察志》（1992 年），《湘西土家族苗族自治州志丛书·检察志》（贵州民族1993），《湘西土家族苗族自治州志丛书·检察志》[贵州民族1993，《湘西州检察志（1989—2007）》（中共党史2009）]，《常德地区志·检察志》（1995 年），《零陵地区志·检察志》（1995 年），《湘潭市志8（军事　公安　检察　审判　司法行政）》（中国文史1996），《湖南省志第六卷·政法志（检察）》（湖南人民1996），《沅陵县检察志》（1998 年），《长沙市志第四卷·公安检察》（湖南人民1999），《沅江市检察志1949—2004 中国文史2008》，《郴州市检察志1989—2005》（2008 年），《衡阳市检察志（1949—2006）》（2010 年）等。

广东有：《梅州检察志》（1988 年），《花县检察志》（1990 年），《佛山市检察志》（1989 年），《惠州市检察志》（1991 年），《广州检察志》（广东人民1995），《广州市东山区检察志（1955—1990）》（1995 年），《广州市白云区检察志》（1996 年），《阳山县检察志》（1999 年），《（深圳）宝安区检察志（1993—2000）》（2002 年），《广州市黄埔区检察志（1979—2000）》（2003年），《广州市荔湾区检察志》（2003 年），《台山检察志》（2004 年），《广州市东山区检察志》（2005 年），《佛山市高明市检察志（1982—2002）》（2005年），《（云浮市）云城区检察志》（2006 年），《广东省志·检察志》（广东人民2006），《云浮市检察志》（2007 年），《东莞市检察志》（广东人民2008），《广州市天河区检察志》（中华书局2008），《汕尾市检察志》（2009 年），《中山检察志》（广东人民2010），《五华县检察志》（2011 年），《揭阳县，榕城区检察志》（2011 年），《番禺检察志》（方志2012），《大埔检察志》（2012年）等。

广西有：《象州县检察志》（1989 年），《合浦县检察志》（广西新闻1989），《广西通志·检察志》（广西人民1996），《凉山彝族自治州检察志》（民族1996），《桂林市检察志（1910—1995）》[1999 年，《桂林市检察志（1996—1998）》（1998 年）]，《桂林地区检察志（1910—1998）》（2001年）等。

海南有：《海南省志·检察志》（南海出版公司1997）等。

四川有：《开江县检察志》（1985 年），《盐亭县检察志》（1985 年），《大足县检察志》（1987 年），《三台县检察志（1937—1985）》（1987 年），《营山

县检察志》（1988 年），《内江县检察志》（巴蜀书社 1990），《江油县检察志》
（1990 年），《潼南县检察志》（1987 年），《宣汉县检察志》（1991 年），《龙
泉驿区检察志》（1991 年），《西昌市检察志》（1992 年），《绵阳市中区检察
志》（1993 年），《（成都）金牛区检察院志（1956—1990）》（1993 年），《乐
山市市中区检察志》（1995 年），《四川省志·检察审判志》［四川人民 1996，
《四川省志·检察志（1986—2005）》（2010 年）］，《绵阳市检察志》（重庆
1998），《遂宁检察志》（1999 年），《乐山市检察志》（1999 年），《犍为县检
察志》（2000 年），《成都市志·检察志》（四川辞书 2000），《纳溪县检察志》
（2002 年），《大英县检察志》（2005 年），《通江县检察志》（2006 年），《双
流县检察志》（2006 年），《青川县人民检察院志》（2006 年），《乐至县检察
志》（2007 年），《绵竹市检察志》（2007 年），《宜宾市检察志》（2007 年），
《巴中市检察志》（2009 年），《汉川检察志（1949—2008）》（2009 年），《甘
孜藏族自治州检察志（1939—2005）》（2010 年），《沐川县检察志（1942—
2009）》（2010 年），《达州检察志》（2011 年），《巴东检察志》（2012
年）等。

云南有：《云南省红河哈尼族彝族自治州检察志》（1990 年），《云南省检
察志（1910—1985）》［法律 1991，《云南省志卷五十四·检察志》（1999
年）］，《玉溪地区检察志》（1992 年），《昆明检察志（1910—1988）》（检察
1992），《兰坪县检察志》（检察 1992），《宜良县检察志》（1992 年），《祥云
县检察志（1944—1990）》［1993 年，《祥云县检察志（1955—2010）》（云南
人民 2011）］，《（昆明）盘龙区检察志》（1993 年），《昭通市检察志》（1993
年），《峨山彝族自治县检察志》（1995 年），《鲁甸县检察志》（1996 年），
《大理白族自治州检察志》（云南民族 1997），《玉溪市检察志》（1997 年），
《保山市检察志》（1998 年），《景东检察志》（2001 年），《（昆明）五华区检
察志（1992—2002）》（2002 年），《剑川县检察志》（2002 年），《楚雄彝族自
治州检察志》（2002 年），《临沧地区检察志（1945—2000）》（2003 年），《易
门县检察志》（2003 年），《江川检察志》（2004 年），《鹤庆县检察志》（2004
年），《元江哈尼族彝族傣族自治县检察志》（2006 年），《楚雄市检察志
（1941—2004）》（2006 年），《昌宁县检察志》（2006 年），《澜沧拉祜族自治
县检察院志》（云南人民 2006），《个旧检察志》（云南人民 2008），《昭通检
察志》（2009 年），《思茅检察志》（2008 年），《昭通市昭通区人民检察院志》
（2008 年），《曲靖市检察志（1945—2005）》（云南科技 2009），《昆明市官渡
区人民检察院检察志（1991—2007）》（2009 年），《宾川县检察志》（2009
年），《盐津检察志（1955—2008）》（2009 年），《文山壮族苗族自治州检察

志》（云南科技 2010），《新平彝族傣族自治县检察志》（2010 年），《澂江县
人民检察院检察志》（2010 年），《澄江县人民检察院检察志（1955—2008）》
（2010 年），《怒江傈僳族自治州检察志》（2010 年），《广南县检察志》（2012
年），《漾濞检察志》（2012 年），《西畴县检察志 1955—2010》（云南科技
2012 年）等。

贵州有：《贵州检察志》（贵州民族 1993），《息烽县检察志》（1988 年），
《黔南布依族苗族自治州志·检察志》（贵州人民 1999），《六盘水市志·检察
志》（贵州人民 2001），《遵义地区志·检察志》（2003 年），《贵阳市志·检
察，法院，司法行政志》（贵州人民 2005），《织金县检察志》（2006 年），
《黔西南州志·检察志》（贵州人民 2006），《毕节地区志·检察志》（2008
年），《铜仁地区志·检察志》（贵州科技 2010），《绥阳县检察志》（贵州人民
2010），《岑巩县检察志》（2010 年）等。

重庆有：《榆中县检察志（1952—1989）（送审稿）》（1990 年），《重庆市
志第十四卷公安·检察》（西南师范大学 2005），《重庆市人民检察院第二分
院志》（中国三峡 2006），《南岸区检察志》（2011 年）等。

陕西有：《陇县检察志》（1986 年），《宝鸡市检察志（1950—1937）送审
稿》（1988 年），《延安检察志》（陕西人民 2006），《陕西省志·检察志》（陕
西人民 2009），南郑县检察院检察志（1988—2010）》（2011 年），《岐山检察
志》（2011 年），《风翔县检察志》（2012 年）等。

甘肃有：《美姑县检察志》（1994 年），《甘肃省志第六卷·检察志》（甘
肃文化 1995），《天水市检察志》（1996 年），《兰州市志·司法志（检察）》
（兰州大学 2004），《武威市凉州区检察志》（甘肃文化 2011）等。

青海有：《青海省志·检察志》（甘肃人民 2000 年、2011 年）等。

宁夏有：《兴庆检察志》（2011 年），《青铜峡市检察志》（2012 年）等。

新疆有：《新疆检察志（1910—1985）》（1990 年），《伊宁县检察志（评
审稿）》（1991 年）《哈密地区检察志》（1999 年），《乌鲁木齐市检察志
(1935—1985)》和《乌鲁木齐市检察志（1986—2002）》（2005 年）等。

专门检察院检察志有：《昆明铁路检察志》（中国铁道 1992），《新疆生产
建设兵团检察志》（新疆人民 1995），《黑龙江农垦检察志（1982—2001）》
（2001 年），《武威铁路检察志》（2002 年），《兰州铁路检察志》（2002 年），
《建三江农垦检察志（1982—2002）》（2002 年），《上海铁路检察志》（2003
年），《哈尔滨铁路检察志（1953—2003）》（2003 年），《新疆生产建设兵团检
察志（续）》（2004 年），《黑龙江农垦检察志（2002—2007）》（2007 年），
《徐州铁路检察志》（检察 2012）11 部。如图 204 所示。

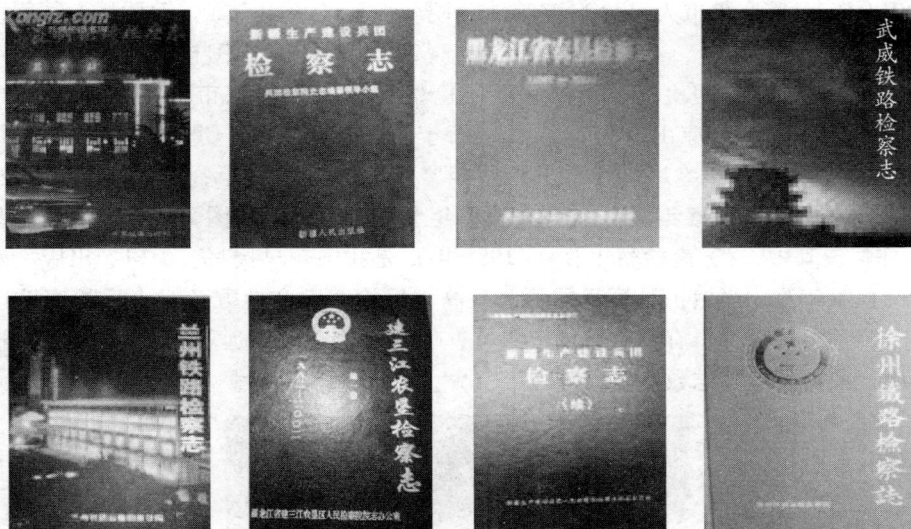

图204　左上起:《昆明铁路检察志》,《新疆生产建设兵团检察志》,《黑龙江农垦检察志》,《武威铁路检察志》,《兰州铁路检察志》,《建三江农垦检察志》,《新疆生产建设兵团检察志（续）》,《徐州铁路检察志》

（六）检察年鉴

基于年鉴的概念和性质不难推论,所谓检察年鉴,就是以全面、系统、准确地记述上年度检察工作发展状况为主要内容的资料性工具书。它既是汇辑一年内有关检察工作的重要时事、文献和统计资料,按年度连续出版的工具书,也是博采众长,集辞典、手册、年表、图录、书目、索引、文摘、表谱、统计资料、指南、便览于一身,具有资料权威、反应及时、连续出版、功能齐全的信息密集型工具书。

另外,在旧中国就有编纂司法及其检察年鉴的先例。例如,浙江高等审判厅、检察厅编辑处于1924年就编辑有《浙江司法年鉴（1922—1923年度）》（16开179页,浙江当时司法数据统计图表179个）、《浙江司法年鉴（1924年度）》、《浙江司法年鉴（1925年度）》等,以及如图205所示年鉴。而从某种意义上说,《浙江司法年鉴:1922—1923年度》既是我国第一部司法年鉴,也是我国第一部审判、检察或司法行政年鉴。

此外,目前我国已经编辑出版发行的检察年鉴有:《江西检察年鉴》（1987年）、《河南驻马店检察年鉴》（1997年）、《检察政治工作年鉴》（河南省人民检察院2003年）、《西华检察年鉴》（2007年）、《南阳检察年鉴》

（2011 年）、《天津市人民检察院第一分院年鉴》（2010 年）、《吉木萨尔县检察年鉴》（2011 年）、《临沂检察年鉴》（2011 年）、《中国检察官文联年鉴》（2012）以及《广西检察年鉴》、《兵团检察年鉴》、《南京市检察年鉴》、《台州市检察年鉴》、《凉山检察年鉴》、《海宁市检察年鉴》、《景洪市检察年鉴》、《上海闸北区检察年鉴》、《海盐县检察年鉴》、《佳县检察年鉴》、《岳塘区检察年鉴》、《余杭区检察年鉴》、《罗庄检察年鉴》等，以及如图 205 所示检察年鉴37 部强。其中，《云南检察年鉴》（1985 年）是我国较早撰写、编辑、出版、发行的检察年鉴。当然，尽管我国目前最高人民检察院和地方各级人民检察院以及专门检察院都编辑有相应的检察年鉴，但就数量而言，远不如已撰写、编辑、出版、发行的检察志数量多、范围广。

图 205 左上起：《中国年鉴》（商务 1924），《内政年鉴》（商务 1928），《上海市年鉴》（1947 年），《民国政府年鉴》（行政院 1948 年编印），《中华年鉴》（中华年鉴社 1948）；《中国检察年鉴》（1988 年），《北京检察年鉴》（1987 年创刊），《甘肃检察年鉴》（1987 年创刊），《广东检察年鉴》（1990 年），《云南检察年鉴》（1985 年创刊），《黑龙江检察年鉴》（1995 年），《富阳市检察年鉴》（1998 年），《上海检察年鉴》（2001 年），《绍兴检察年鉴》（2002 年），《昌都地区检察年鉴》（2003 年），《检察工作年鉴（2003）》（河南省院），《平邑检察年鉴》（2006 年），《河南检察年鉴》（2009 年），《山西检察年鉴》（2009 年），《湖南检察年鉴》（2010 年），《山东检察统计年鉴》（2005 年），《兰州铁路检察年鉴》（2004 年），《金融检察年鉴》（上海交大出版社竖版）

（七）检察丛书

顾名思义，检察丛书就是有关检察的丛书。而所谓丛书，是指汇集多种单独著作而成的一套具有一个总书名，并以编号或无编号形式出版的图书。其中每一种书都有其自身的书名，都是一部完整独立的著作，可以由一人所著，多个著者的著作汇编。① 因此，检察丛书与检察期刊、以书代刊等连续出版物的最大区别，就是名称和数量上的不同——前者的数量是有限的，且名称不同；而后者的数量是无限的，但名称相同。

另外，由于旧中国实行审检合署机制，且检方隶属于法务部、司法部或司法行政部，因而鲜见专门针对检察事务的丛书，但却不乏间接针对检察事务的丛书。例如，本书图 20 所示的湖北法政编辑社 1906—1907 年编辑的《法政丛编》，商务印书馆 1936—1937 年出版的民国"实用法律丛书"等。当然，我国专门针对检察事务的丛书主要出现于"文革"的新中国，并以最高人民检察院编写组编辑，吉林人民出版社 1987—1988 年出版的"检察官手册"（如图 206 所示）较早。

---

① 参见王邵平等编：《图书情报词典》，汉语大词典出版社 1990 年版，第 240 页。

此外，除图 20 所示的清末"法政丛编"、民国"实用法律丛书"以及新中国"外国检察制度丛书"（检察 1990）、《人民检察院图书馆（室）建设图书指导目录》所附检察丛书（载《检察日报》2012 年 12 月 28 日）之外，其他检察丛书如图 206 所示。

图 206　左上起："检察官手册"之《检察工作概论》、《刑事检察》、《法纪检察》、《经济检察》、《监所检察》、《控告申诉检察》和《检察文书通论》，

"检察业务系列教材"（检察 1988—1993）之一《刑事审判监督教程》；① "检察
人员岗位培训教材"（检察 1991）之一《检察文书教程》；"检察业务系列教材
资料：刑事犯罪案例丛书"（检察 1992，共 11 种）；"法纪检察案例丛书"（检
察 1996）之一《私放罪犯罪》；"检察业务丛书"（检察 2000，共 4 种）之一
《渎职"侵权"案件侦查实务》；"大型系列报告文学丛书——敬礼！中国检察
官"之山西卷（检察 2002）；② "高级检察官资格培训教程"（法律 2002—2003，
共 7 种）之一《检察制度教程》；"司法改革报告"（法律 2004，共 5 种）之一
《中国的检察院、法院改革》；"检察机关侦查实务"（检察 2005）之一《侦查技
术·技术侦查》卷；③ "检察业务技能丛书"（检察 2008，共 8 种）之一《渎职
侵权犯罪侦查谋略与技巧》；"纪念检察机关恢复重建三十周年系列丛书"（检
察 2008）之一《王桂五论检察》；"高级检察官资格培训教程"（检察 2008，共
7 种，亦即法律 2002 年版高级检察官资格培训教程的修正版）之一《检察证据
实用教程》；"职务犯罪侦查实务丛书"（检察 2009，共 7 册）之一《检察笔录
制作技巧》；"共和国检察 60 周年丛书"（检察 2009，共 6 种）之一《检察制度
史》；"检察实务专家指导丛书"（检察 2009，共 5 种）之一《检察实务中的刑
事程序问题解释》；"职务犯罪侦查实战指导丛书"（检察 2010）之一《反贪侦
查谋略与技巧》；"检察基础理论文库"（检察 2009）之一《中国检察监督的政
治性与司法性研究》；"纪念人民检察制度创立八十周年系列丛书"（检察 2011，
共 7 种）之一《检察史的新闻阅读》；"公诉实战技能丛书"（检察 2012，共 7
种）之一《公诉案件控申观点分歧辨析》；"新刑事诉讼法适用指导丛书"（检
察 2012，共 5 种）之一《检察机关贯彻新刑事诉讼法学习纲要》；"专家论检察
丛书"（检察 2013，共 16 种）之一《（孙谦）论检察》

---

①　"检察业务系列教材"，是最高人民检察院组织编写的专为检察人员培训、自学使
用的检察业务教科丛书；是中国检察机关建立以来首次编写的成套检察业务教科书。从
1988 年开始组织编写，1990—1993 年陆续出版，共发行 18 种。有：《检察业务概论》、《检
察基础理论》、《职务犯罪概论》、《侦查监督教程》、《刑事审判监督教程》、《检察实用侦
查学教程》、《出庭工作实务》、《监所检察教程》、《检察实用预审学教程》、《比较检察制
度概论》、《检察管理教程》、《检察实用司法会计》、《控告申诉检察概论》、《检察实用法
律文书概论》、《检察制度史略》、《检察技术教程》、《民事行政检察业务教程》、《书记员
业务教程》等。

②　各省、自治区、直辖市和新疆生产建设兵团、铁路运输检察院各一卷。

③　郭立新主编、薛伟宏副主编的《检察机关侦查实务》包括：《举报初查·立案技
巧·强制措施》、《讯问对策·询问技巧·翻供翻证》、《侦查对策·侦查措施·假账查证》、
《侦查证据·文书鉴定》、《新领域职务犯罪·人民监督员》、《侦查概况·侦查机制·司法
协助》、《侦查技术·技术侦查》7 卷。

（八）检察法律汇编

所谓检察法律汇编，是指将检察法律按照一定的目的或标准作出系统排列，汇编成册。因此，它并不改变检察法律的内容，也不是制定检察法律，而是检察法律的汇集结果。同时，它包括广义和狭义的检察法律汇编两种。

另外，就我国而言，广义的检察法律汇编在旧中国的清末，中华民国就已存在（如图 207 所示检察法律汇编），并直至今日（如图 198 所示检察法律汇编的绝大多数）；而已撰写、编辑、出版、发行的，狭义的检察法律汇编依次为：《检察署组织法研究资料》（中央人民政府最高人民检察署办公厅 1954 年 6 月编印），《苏联检察制度史（重要文件汇编）》（［苏］奥尔洛夫等编、党凤德等译，人民 1954 年 7 月初版），《监所、劳动改造机关监督工作参考资料》（最高人民检察院办公厅 1955 年编印），《苏维埃检察制度（重要文件）》（［苏］В.Г 列别金斯基等编著，法律 1957），《苏联和苏俄刑事诉讼及法院和检察院组织立法史料汇编》（［苏］古谢夫著、王增润等译，法律 1958），《检察制度参考资料》（第 1—4 卷，最高人民检察院办公厅 1959 年编印，1980 年 2 月最高人民检察院研究室重印），《中国检察制度史料汇编》（最高人民检察院研究室 1987 年编印），《刑事检察常用法规汇编》（最高人民检察院一厅 1987 年编印），《民事行政诉讼检察参考资料》（最高人民检察院民事行政检察厅 1989 年编印），《〈检察业务概论〉资料选编》（上下，张永恩编，辽宁人民 1989），《中华人民共和国检察业务全书》（吉林人民 1991），《世界各国检察院组织法选编》（王克主编，中国社会科学 1994），《检察官人权指南》（国际检察官联合会编，检察 2006），《中国检察史资料选编》（闵钐编，检察 2008），《2009—2010 年出台的检察改革文件及相关司法改革文件选编》（最高人民检察院司法体制改革领带小组办公室 2010 年编印），《诉讼监督制度规范汇编》（东莞市人民检察院政策研究室 2011 年编印），《中国检察制度法令规范解读》（闵钐、谢如程、薛伟宏编，检察 2011，如图 207 所示）等。

此外，就我国目前而言，通常，并不将检察法作为一个独立的法律部门加以汇集，①而是将其与其他法律一起编辑。例如，《民国法律集刊（总目录）》（上海民智书局 1933）、《中华人民共和国法律目录（1949—1982）》（司法部法制局编，法律 1984）、《建国以来法律法令目录》（全国人大常委会办公厅政法组编，群众 1980），以及如图 198 所示文献，都含有检察法律内容。

---

① 当然，也有诸如《澳门检察法律汇编》（澳门特别行政区检察院 2000 年编印，如图 198 所示）、《中外检察法律研究》（薛伟宏著，检察 2013）等提法。

图 207　左上起：《大清新法律》（第 1—4 卷，奕劻编，1909 年）；《法令全书》（印铸局 1914 年编印），《司法法令汇编》（司法行政部 1946 年编印）；《中央人民政府法令汇编》（中央人民政府法制委员会，法律 1952），《法院组织法资料汇编》（第 1—2 集，中央人民政府最高人民法院、司法部办公厅 1954 年编印），《中央人民政府法令汇编（1952）》（中央人民政府法制委员会编，人民 1954），《苏联和苏俄刑事立法史料汇编（1917—1952）》（法律 1956），《澳门检察法律汇编》（澳门特别行政区检察院 2000 年编印）；《大清法规大全》（1—6 册，台湾考证出版社 1972），《清末民国司法行政史料辑要》（湖北司法行政史志编纂委员会 1988 年编印），《清末民国时期云南法制史料选编》（云南司法厅史志办公室 1981 年编印），《中华民国法令大全》（商务 1920），《中华民国法令大全补编》（商务 1917），《司法院解释例全文》（第 1—3 册，上海法学编译社），《武汉国共联合政府法制文献选编》（农村读物 1987），《中华苏维埃共和国法律文件选编》（江西人民 1984），《武汉抗战法制文献选编》（农村读物 1987），《山东老解放区法规选编（1936—1946）》（山东司法管理干部学院 1984 年编印），《民国监狱法规选编》（中国书店 1990），《旧中国治安法规选编》（群众 1985），《中国新民主主义革命时期法制建设资料选编》（第 1—4 册，西南政法学院 1982 年编印），《中国新民主主义革命时期根据地法制文献选编》（第 1—3 卷，中国社会科学 1981），《建国以来重要法规提要》（浙江省图书馆 1982 年编印），《新中国司法解释大全》及其增补本（检察 1990），《司法解释全集》及其增补本（法院 1994），《1985—2007 年司法解释》（民主法制 2007），《中华人民共和国法律全书》（1—34 卷，吉林人民 1989—2008），《中华人民共和国法律通典》（40 卷，检察 2011）；《检察署组织法研究资料》，《苏联检察制度史（重要文件汇编）》，《监所、劳动改造机关监督工作参考资料》，《苏维埃检察制度（重要文件）》，《苏联和苏俄刑事诉讼及法院和检察院组织立法史料汇编》，《检察制度参考资料》，《中国检察制度史料汇编》，《刑事检察常用法规汇编》（第 1—4，续编 1—2），《民事行政诉讼检察参考资料》，《〈检察业务概论〉资料选编》，《世界各国检察院组织法选编》，《中华人民共和国检察业务全书》，《中国检察史资料选编》，《中国检察制度法令规范解读》

（九）检察目录、索引

所谓检察目录，就是有关检察的书目、文献目录。其中，目录是指"把一批著录相关文献的款目按照一定次序编排而成的报道和检索文献的工具"。①例如，《图书草目》（大学堂图书馆 1910 年编印）、《中文书籍目录》（清华学校图书馆 1927 年编印）、《中国政府出版品目录》（北京图书馆现藏 1928 年编

---

① 参见王邵平等编：《图书情报词典》，汉语大词典出版社 1990 年版，第 211 页。

印)、《中文古书分类目录》(国立中山大学图书馆 1930 年编印)、《目录初编》(山西公立图书馆 1933 年编印)、《十年来国内出版法学书目》(福州鸟山图书馆征集部 1934 年编印)、《暂编法学书目》和《本国文法学书目》(震旦大学图书馆 1934 年编印)、《图书总目中日文书》(浙江省立图书馆 1935 年编印)、《图书目录》(奉天省公署 1936 年编印)、《中文书目》和《图书目录》(国立北平大学法商学院 1936—1937 年编印)、《清代历史参考资料目录》(广东省中山图书馆 1959 年编印)、《外文图书目录》(吉林大学法律系资料室 1986 年编印)、《馆藏法学与法律图书目录 (中文部分)》(山东省政法管理干部学院图书馆 1989 年编印)、《北京大学图书馆 (含原燕京大学) 现藏书目》、《北京图书馆现藏书目》、《社科院近代史研究所图书馆书目》、《上海图书馆现藏书目》等，以及如图 208 所示文献。

所谓检察索引，就是有关检察的索引。其中，索引是指"记录和指引文献事项或单元知识，按一定系统组织起来的检索工具"。① 如图 209 所示文献。而比较而言，我国较早撰写、编辑、出版、发行的检察目录索引是《检察理论研究综述 (1979—1989)》所附的"检察理论研究主要著作论文索引" (1979—1989)，如图 209 所示。

---

① 参见王邵平等编:《图书情报词典》，汉语大词典出版社 1990 年版，第 732～733 页。

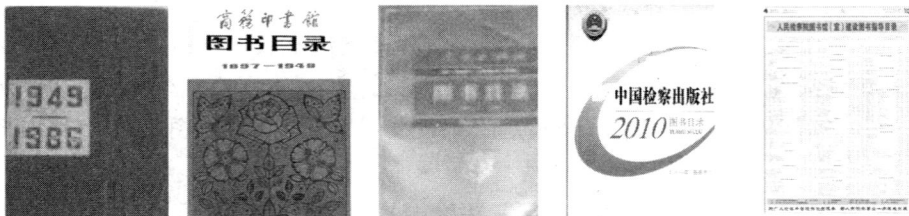

图208　左上起：《中国法学古籍书目》（田涛编译，法律1991），《古旧书副本目录（法学类）》（北京章和文化2010），《民国时期总书目·法律》（北京图书馆编，书目文献1990），《中国法制史参考书目简介》（国务院法制局编，法律1957），《中国法学图书目录》（中国法学会编，群众1986），《中国法律图书总目》（法大图书馆编，法大1991），《法学法律图书联合目录（1983—1993）》（法大图书馆1993年编印），《中文法学与法律图书目录（1949—1982）》（西南政法学院图书馆1985年编印），《华东政法学院中文图书目录》（华东政法学院图书馆1957年编印），《馆藏中文法学和法律图书目录》（上下，浙江省图书馆1979年编印），《新编馆藏中文法学书目》（浙江省图书馆1984年编印），《中文法学和法律图书目录1912—1949》（陕西人民1985），《全国总书目》（生活书店1935），《全国总书目（1949—1954）》（新华书店总店1955年编印），《全国总书目2011》（新闻出版总署信息中心2012年编印），①《1949—1986全国内部发行图书总目》（中国版本图书馆编，中华书局1988），《商务印书馆图书目录（1897—1949）、（1949—1980）》（商务1981），《人民出版社图书目录》（人民1991），《中国检察出版社2010年目录》（检察2010），《人民检察院图书馆（室）建设图书指导目录》（共275种，检察出版社2011年编印，载《检察日报》2012年12月28日）

---

① 《全国总书目》是国内唯一的年鉴性编年总目，自中华民国就开始编辑。1949年以来逐年编纂，收录全国当年出版的各类图书。目前，它以中国版本图书馆征集的样本为依据，收录当年中国出版的公开发行和只限国内发行的各种文字的初版和改版图书（不包括重印书），也收录中小学、师范学校、业余学校教学用书。它由分类目录、专题目录和附录3部分组成，附有光盘，现由新闻出版总署信息中心、中国版本图书馆编印。1949—1955年各年度的《全国总书目》由新华书店总店编辑，1956年度以后改由版本图书馆编辑，1966年编辑工作中断，1971年恢复出版了1970年度《全国总书目》，以后陆续出版1972—1982年各年度的《全国总书目》，1987年出版1966—1969年各年度《全国总书目》，1988年出版1971年度《全国总书目》……

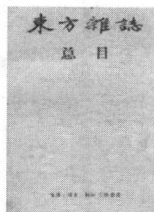    

   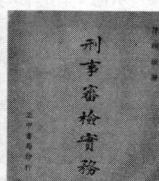 

    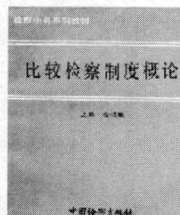

图 209　左上起：《东方杂志总目（1904—1948）》（三联 1957），《法学
文章目录索引（1950—1981）》（南京大学法律系资料室 1982 年编印），《法学
资料目录索引》（上下，中南政法学院法律系资料室 1988 年编印），《法学论
文目录集（1949—1984），（1985—1987）》（童兆洪等编，浙江人民 1985，
1988），《民国法学论文精粹·诉讼法律篇》（何勤华等编，法律 2004）所附
"民国时期诉讼法论文篇名索引"，《中华人民共和国全国人民代表大会常务委
员会公报索引（1961—1962 年）》（全国人大常委会 1962 年编印），《新时期
政法工作内部资料目录索引（1979—1988）》（法大 1991），《中国法律期刊文
献索引》（杂志，法律 2001 年创刊），《全国报刊索引》（杂志，1954 年创
刊），《中国学位论文通报》（季刊，1985 年创刊），《检察理论研究综述
(1979—1989)》，《法律监督论》，《检察实务讲义》，《刑事审检实务》，《检察
业务参考资料（内部文件）》第四辑及其目录，《人民检察院组织法》封二，
《职务犯罪概论》，《刑事审判监督教程》，《检察实用侦查学教程》，《比较检
察制度概论》，《监所检察教程》，《控告申诉检察概论》，《检察实用法律文书
概论》，《侦查监督教程》，《检察技术教程》，《检察院组织法比较研究》，《检
察立法与检察制度》，《中外检察法律研究》，《中央苏区检察史》，《检察权
论》，《军事检察学》，《检察机关办案笔录制作技巧》，《国家最高检察机关比
较研究》，《鄂豫皖革命根据地的人民检察制度》，《诉讼监督研究——中国检
察诉讼监督视角》，《中国检察文献研究》（复印稿）

（十）中国检察图书（小册子）之最

如上所述，所谓检察图书，是指篇幅为 32 开 48 页以上，并制成卷册，非
连续刊行的以检察知识信息为主要承载内容的书籍。而之所以有篇幅限制，因
为图书并不包括小册子；小册子是指"一定篇幅以下并制成卷册的非连续刊
行的文献。根据联合国教科文组织的规定，小册子的篇幅为 5—48 页"。①

而检察图书可概分为 3 种：一是专门性检察图书（亦即检察专业图书或
检察专著）。即以检察知识信息为核心内容的书籍。例如，王桂五著《人民检
察制度概论》（法律出版社 1982 年 6 月初版，系我国"文革"后第二部检察

---

① 参见王邵平等编：《图书情报词典》，汉语大词典出版社 1990 年版，第 26 页。

专著，如图 73 所示）；二是相关性检察图书。即内容既包括检察又包括其他学科知识信息的书籍。例如，［苏］维辛斯基编著、张子美译《苏联法院和检察机关》（上海商务印书馆 1949 年 6 月初版，32 开 55 页，系我国最早介绍苏联检察机关的专著，如图 198 所示）；三是边缘性检察图书。即内容与检察学科关系相对疏远的一些图书。例如，钟海让著的《法律监督论》（法律出版社 1993 年初版，系我国最早的法律监督专著，如图 209 所示）。同时，由于世界上的一切事物都处于普遍联系之中，因此任何（图书）文献都可视为边缘性检察（图书）文献。而基于上述界定，我国检察图书，小册子还有如下之最：

1. 撰写、编辑、出版、发行最早的专门性检察图书——《检察制度》（如图 135 所示）。

2. 撰写、编辑、出版、发行最早的检察实务讲义——《检察实务讲义》（如图 209 所示）。本书由张跃鸾（民国东北大学法学教授）编著，冀察县司法审判官训练所 1912 年编印，大 32 开上（89×2 页）下（94×2 页）两册；全书内容依次包括：上册：绪论；[①] 第一章侦查：第一节侦查之目的，第二节侦查之动因，第三节侦查之方法，第四节侦查之特质，第五节侦查之范围，第六节侦查之协助，第七节侦查之区域；第二章起诉或不起诉：第一节起诉（附起诉书格式），第二节（附不起诉书格式）；第三章声请再议（附格式）；第四章陈述及辩论：第一节陈述，第二节辩论；第五章上诉及答辩：第一节上诉（附上诉声明书，上诉理由书格式），第二节答辩（附答辩书格式）；第六章声请（声请附）（附声请书格式）；第七章抗告（再抗告附）（附抗告理由书格式）；第八章再审（附声请再审理由书格式）；第九章非常上诉（附非常上诉理由书格式）；第十章覆判（附覆判意见书格式）；第十一章执行。下册：附用纸格式：某某地方法院检察处卷宗；验断书（附尸图）；检断书（附骨图）；伤单；某某地方法院检察处搜索票；某某地方法院检察处押票；某某地方法院检察处提票；某某地方法院检察处还押票；某某地方法院检察处拘票；某某地方法院检察处传票；扣押目录；通缉公函；定期报到证；某某地方法院检察处证人传票；某某地方法院检察处证人通知书；某某地方法院检察处鉴定人传票；某某地方法院检察处鉴定人通知书；某某地方法院检察处通译通知书；结文（讯问前）；结文（讯问后）；结文；交状；领状；保证书；责付证

---

① 其中，绪论指出："（一）检察制度之起源　检查制度滥觞于法兰西，最初仅为国王之代理人。至十五世纪始，渐次扩大职权，对一般犯罪均可追嗣。因大革命爆发后废止，继因拿破仑法典之编纂而复兴。其后德意志、奥大利及欧洲大陆诸国与日本等，均次第采用，而国家追诉主义遂以确立。（二）检察官之特质……"

书；延长羁押期间声请书；许可声请停止羁押令；驳回声请停止羁押令；限制居住令；没入保证金令；某某地方法院检察处释票；侦查讯问笔录；委托代收送达文件陈明书；移送公函；某某地方法院检察处公函；某某地方法院检察处起诉书；某某地方法院检察官不起诉处分书；某某地方法院检察处声请命令处刑书状；送达证书；某某地方法院检察处复函；上诉声明书；声请再审理书；声请提起非常上诉意见书；某某地方法院检察处执行指导书；某某地方法院检察处收容票；某某地方法院检察处收容人提票；停止处分书；某某地方法院检察官视察监所报告书；刑事被告羁押一览表；执行刑罚一览表；执行保安处分月报表；宣告无罪报表；宣告免刑月报表；宣告缓刑月报表；宣告劳役命令；易服劳役执行指挥书。因此，既可将本书视为我国第三部检察专著，也可将其视为我国首部检察文书专著。

3. 撰写、编辑、出版、发行最早的检察论文集——《废检察制度之运动》（如图 168 所示）。本书由陈则民（1881—1951 年，江苏吴县人，民国律师）等著，1922 年编印，32 开 24 页；全书由"废除检察制度"（陈则民，第 1～4 页），"湖北高等检察长王树荣条列司法兴革事宜呈文"（第 4～12 页），"废止检察制案"（全国司法会议，第 12～17 页），"董康氏在上海律师公会演说废止检察制文"（第 17～20 页），"检察制度"（吴炳枞，1882—1924 年，字绳麓，湖北房县汪家河人，民国法学家，曾任汉口地方审判厅厅长，京师高等审判厅推事，四川省高等检察厅厅长，修订法律馆署总纂，第 20～24 页）5 篇主张废除检察制度的论文组成。因而它也是我国最早论及检察制度存废问题的论文集。

4. 撰写、编辑、出版、发行最早的刑事检察专著——《刑事审检实务》（如图 209 所示）。本书由陈刚编著，正中书局 1943 年 12 月初版，32 开 324 页；全书内容依次包括：绪论；上编检察实务：第一章检察官，第二章侦查，第三章起诉及不起诉，第四章陈述及辩论，第五章上诉及答辩，第六章裁判之执行；下编审判实务：第一章审判之机构，第二章审判之性质，第三章审判之形式，第四章审判之实质，第五章审理，第六章裁判，第七章附带民事诉讼之审判。

5. 撰写、编辑、出版、发行最早的有关列宁检察思想的专著——《列宁论检察制度与监察工作》（如图 198 所示）由中共中央法律委员会编，王之相译，上海新华书店 1949 年 12 月初版，32 开 54 页；全书内容依次包括："一、论"两重"从属制与法制——给史达林同志转中央政治局"；"二、怎样改组工农检查院——向党第十二次代表大会的提案"；"三、宁肯少些，但要好些，附录：工农检查人民委员会。"因此，从某种意义上说，本书既是新中国撰写、编辑、出版、发行最早的相关性检察图书、译著，也是新中国撰写、编辑、出版、发行最早的相关性检察文集。

6. 新中国撰写、编辑、出版、发行最早的专门性检察小册子——各国《检察制度纲要》。① 作为"司法业务参考资料第六辑"，本书由李六如（1887—1973年，湖南平江县人，我国当代著名法学家、文学家、人民检察理论的主要奠基人之一，曾任最高人民检察署副检察长、党组书记）编纂，中国政法大学教务处1950年1月编印，32开竖排18页0.8万字，亦称《各国检察制度大纲》、《检察制度刚要》和《各国检察制度的比较》，因而它也是我国书名最多（4个），印刷版本最多（4个以上）的专门性检察小册子（如图85所示）;② 内容依次为："一、检察之起源及作用"；"二、资本主义各国的检察"；"三、社会主义苏联的检察"；"四、各新民主主义与新中国的检察"；"五、对各种检察制度之分析批判与说明。"

7. 新中国撰写、编辑、出版、发行最早的检察培训教材（讲义）——《检察制度》（如图135所示）。作为"司法干部学习材料之三",③ 本书由中央人民政府司法部司法干部轮训班1950年6月编印，32开竖排40页2.5万字。内容依次包括："一、各国检察制度纲要"（李六如）；"二、论'两重'从属制与法制"（列宁，也译为"论'双重'领道和法制——给约·维·史达林并转政治局的信"）；"三、苏维埃检察机关组织的基本原则"（维辛斯基），"苏维埃检察机关的任务与功用"（维辛斯基）；"四、以及附录——"苏维埃检察机关组织关系表""参考书目"。因而此书也是新中国撰写、编辑、出版、发行最早的检察文集和第二部专门性检察小册子。

---

① 当然，实践中也有人认为它是《新中国第一本检察著作》（参见闵钐：《新中国第一本检察著作〈检察制度纲要〉述评》，载《中国检察官》2008年5期）。

② 除以《检察制度纲要》、《各国检察制度大纲》、《各国检察制度刚要》编辑、出版、发行之外，还为《中国检察制度史资料选编》（闵钐编，中国检察出版社2008年版，第828~836页）以"检察制度纲要"名称收辑。

③ 它除还有中国人民大学1950年6月翻印的《检察制度》与中央人民政府最高人民检察署1950年翻印的《检察制度》两个版本（参见《中国法律图书总目》，中国政法大学出版社1991年版，第506页）外，1950年还被最高人民检察署西南分署和西南军政委员会司法部翻印。因此，作为"司法干部学习材料之三"的《检察制度》，也是新中国印刷版本或翻印版本最多（5个以上）的检察小册子。而本丛书共7种，另外6种依次为《关于国家与法律问题》、《1949年各地司法工作总结报告选辑》、《监狱工作》、《劳动政策学习文件》、《土地改革法及其有关文件》、《苏联司法工作的几个问题》。因此，"司法干部学习材料"也是新中国较早编辑、出版、发行的法学或司法丛书。

8. 新中国修订最早的专门性检察小册子——《新中国检察制度概论》（修订本）。《新中国检察制度概论》由陈启育（1909—1980 年，广东梅州大埔县湖寮莒村人，曾任上海法政大学教授，湖北省政府法制室主任，徐州第三军法执行部少将副主任兼检察处长，上海商务出版公司董事长，以及新中国最高人民检察署研究室秘书兼研究组长，上海华东检察分署检察专员）于 1950 年 5 月 1 日写成，上海新华书店 1951 年 1 月出版发行，32 开竖排 54 页 1.9 万字；内容依次包括：封二：新中国国检察制度概论，陈启育著，新华书店发行；前言；目录；内容：一、导言，二、资本主义国家及旧中国时代的检察制度，三、社会主义苏联及新民主国家的检察制度，四、新民主主义中国检察制度的建立和任务；版权页：书号：京 777，新中国国检察制度概论，著者：陈启育，发行者：新华书店——上海福州路三九〇号，印刷者：新华印刷厂——上海大连路一三〇号，（印数）1－5000（沪 1），一九五一年一月出版。因此，《新中国检察制度概论》是新中国第三部专门性检察小册子。随后，它由西南人民出版社于 1951 年 6 月再版；之后，经作者修订，内容由原来的 45 页扩充为 48 页，并由人民出版社于 1952 年 11 月 25 日出版，并成为新中国修订最早的专门性检察小册子（如图 140 所示）。①

9. 撰写、编辑、出版、发行最早的世界检察院组织法汇编——《检察业务参考资料（内部文件）》第四辑（如图 209 所示）。本书由中央人民政府最高人民检察署办公厅于 1954 年 6 月 24 日编印，32 开 50 页；内容依次包括：一、苏联检察署条例；二、德意志民主共和国检察署法；三、保加利亚人民共和国检察署法；四、波兰人民共和国检察署法；五、蒙古人民共和国检察署条例；六、阿尔巴尼亚人民共和国检察署法；七、朝鲜民主主义人民共和国法院和检察所条例；八、罗马尼亚人民共和国关于检察署组织与活动的法令。因此，本书也是我国最早的有关社会主义国家检察署法汇编。

而值得注意的是，实践中也会有人认为，我国撰写、编辑、出版、发行最早的世界检察院组织法汇编是《检察署组织法研究资料》（如图 83 所示）。本书由中央人民政府最高人民检察署办公厅于 1954 年 6 月 26 日编印，但比《检察业务参考资料（内部文件）》第四辑晚两天印成。全书 16 开共 82 页，依次包括：说明；目录；一、检察署的性质；二、检察署的任务；三、检察署的职权和行使职权的程式；四、检察署的组织；五、其他规定；六、通则和过渡规定。因此，本书可视为我国编辑、出版、发行最早的世界检察署法分解比较图

---

① 随后，该修订本还为《中国检察制度史资料选编》（闵钐编，中国检察出版社 2008 年版，第 836~856 页）收辑。

书，抑或最早的社会主义国家检察署法比较书籍。

10. "文革"后撰写、编辑、出版、发行最早的专门性检察小册子——《人民检察工作浅谈》（如图141所示）。本书由金默生于1981年9月写成，群众出版社1982年2月初版，32开37页；全书由作者发表于《人民日报》、《中国法制报》的"我国人民检察院的任务是什么"等14篇检察论文以及前言、附记汇辑而成。因此，本书也是"文革"后我国最早撰写、编辑、出版、发行的检察文集。

11. "文革"后撰写与内部编辑、出版、内部发行最早的专门性检察图书——《检察业务课讲稿》（如图141所示）。本书由湖南省政法干部学校于1981年3月编印，32开210页。全书依次包括：学习《人民检察院组织法》讨论稿（第1～49页）；刑事检察工作讲义提纲（草稿）（第50～87页）；法纪检察工作讲课提纲（第88～101页）；关于经济检察工作——希占元副检察长在中央政法干校十七期检察班的讲话（第102～135页）；加强经济检察工作 保卫四化建设（第136～150页）；实施"两法"，全面开展监所检察（监所检察业务课试用讲稿）（第151～177页）；检察机关受理刑事控告，申诉工作情况（提纲）（第178～183页）；民事法律关系几个问题的讲授提纲（第184～210页）。

12. "文革"后撰写与公开编辑、出版、发行最早的专门性检察图书——《我国刑事诉讼中的检察机关》（如图141所示）。本书由王舜华于1981年8月写成，群众出版社1982年4月初版，32开109页。全书依次包括：前言以及人民检察院的性质和任务；人民检察机关的历史；人民检察院的工作原则；人民检察院直接受理案件的侦查；审查批捕；提起公诉；检察人员出庭支持公诉；检察人员出席第二审人民法院审判；监所检察9章。

13. 撰写、编辑、出版、发行最早的检察志——湖北省《沔阳检察志》。本书由湖北仙桃市人民检察院1978年编印，16开156页。而截止到2012年底，我国已编辑出版的各级地方和专门检察志共计342部强。其中，最早撰写、编辑、出版、发行的省级、地级和专门检察院检察志，分别为《河南检察志》（河南省人民检察院1985年编印），《武汉检察志》（湖北省武汉市人民检察院史志办公室1983年编印），《昆明铁路检察志》（昆明铁路运输检察院编，中国铁道出版社1992年版，如图204所示）。

14. 撰写、编辑、出版、发行最早的检察年鉴——《云南检察年鉴》（如图205所示）。本书由云南省人民检察院1985年编印，16开258页；而截止到2012年底，我国已编辑出版的检察年鉴共计35部强。其实，早在1924年，浙江高等审判厅检察厅就组织编辑有《浙江司法年鉴（1922—1923年度）》。

因此，从广义以及内容和创制时间上说，它既是我国第一部司法年鉴，也是我国第一部审判、检察或司法行政年鉴。

15. 撰写、编辑、出版、发行最早的以"检察学"为名的检察图书——《检察学》（如上图143所示）。① 本书由王洪俊［1924—2007年，四川铜梁县人，曾任西南政法学院法学系教授，中国检察学会理事，中国法学会诉讼法研究会顾问；同时，他也是我国最早（1984年）提出检察学学科建设和最早（1985年）在高等院校——西南政法学院开设并讲授检察学课程者］1986年8月写成，重庆出版社1987年10月初版，32开218页；全书依次包括：作者说明、序言（由王桂五1987年11月15日作）、绪论、总论和分论5部分。

16. 撰写、编辑、出版、发行最早的检察工作业务丛书——《检察官手册》（如图206所示）。本丛书由最高人民检察院编写组编，吉林人民出版社1987—1988年初版；丛书包括：《检察工作概论》、《刑事检察》、《法纪检察》、《经济检察》、《监所检察》、《控告申诉检察》、《检察文书通论》。

17. 撰写、编辑、出版、发行最早的以"中国检察学"为名的检察图书——《中国检察学》（如图144所示）。作为"新编高等院校法学系列教材"之一，本书由王叔贤主编，兰州大学出版社1988年8月初版，32开284页；内容主要包括：绪言、总论和分论3部分。

18. 撰写、编辑、出版、发行最早的全国性检察志书——《当代中国的检察制度》（如图179所示）。本书由李士英主编，中国社会科学出版社1988年12月初版，32开660页；全书依次包括：总序，凡例，绪论，第一编新中国人民检察制度的开创和检察工作的发展，第二编少数民族地区的检察工作和专门人民检察院的工作，第三编人民检察制度的发展及其基本问题的概述，后记，以及附录一：人民检察工作大事记，附录二：中华人民共和国宪法和法律关于检察制度的规定。

19. 最早研究检察院组织法的专著——《人民检察院组织法》（如图209所示）。本书由曾龙跃著，辽宁人民出版社1989年初版，32开270页；全书依次包括：绪论，第一章我国人民检察制度的产生，第二章人民检察院的性质和任务，第三章人民检察院的机构设置和组织原则，第四章人民检察院的职权，第五章人民检察院行使职权的程序，第六章人民检察院的活动原则，第七

---

① 其实，在本书出版之前，早在西南政法学院诉讼法教研室1984年4月编印的《我国的检察制度》说明指出："本书由我室王洪俊同志编著，可作为我院各专业学生学习刑事诉讼法的参考书，成稿于1982年。"因此，亦可将其视为新中国第三部检察专著（如图138所示）。

章一些国家的检察制度概况。

20. 撰写、编辑、出版、发行最早的比较检察制度专著——《检察制度比较研究》（如图 200 所示）。本书由张穹、谭世贵著，中国检察出版社 1990 年 1 月初版，32 开 143 页；全书依次包括：序言，第一章检察制度的历史沿革，第二章检察机关的设置、性质和任务，第三章检察官制度，第四章检察机关的领导体制与活动原则，第五章检察机关的职权。

21. 撰写、编辑、出版、发行最早介绍外国检察制度的丛书——《外国检察制度丛书》（如图 20 所示）。本丛书作为《中华人民共和国检察制度研究》附带产品，由最高人民检察院《外国检察制度丛书》编委会于 1990 年 6 月组织编写，中国检察出版社 1990—1991 年初版；丛书包括：《日本检察厅法逐条解释》（伊藤荣树著、徐益初等译）、《日本检察讲义》（日本法务省刑事局编，杨磊等译）、《苏联东欧国家的检察长监督》（C. F. 别列佐夫斯卡娅等著、梁启明译）、《苏联检察院组织法诠释》（B. N. 巴斯科夫等著、刘家辉等译）、《英国总检察长政治与公共权利的代表》（里约翰·J. 爱德华兹著、王耀玲等译）、《皇家检察官》（里约翰·J. 爱德华兹著、周美德等译）、《美国检察官研究》（琼·雅各比著、周叶谦等译）、《法国诉讼制度的理论与实践：刑事预审法庭和检察官》（皮埃及·尚邦著、陈春龙等译）8 种。

22. 撰写、编辑、出版、发行最早的检察业务系列教材丛书——《检察业务系列教材》。本丛书由最高人民检察院检察业务教材编审领导小组于 1988 年组织编写，中国检察出版社 1990—1993 年初版；丛书包括：《检察业务概论》（修订本）、《职务犯罪概论》（张穹主编）、《刑事审判监督教程》（程味秋主编）、《检察实用侦查学教程》（谢宝贵主编）、《比较检察制度概论》（金明焕主编）、《监所检察教程》（张永恩主编）、《检察实用预审学教程》（谢宝贵主编）、《检察制度基础理论》（程荣斌主编）、《检察管理教程》（赵文隆主编）、《检察会计学概论》、《控告申诉检察概论》（熊传震主编）、《检察实用法律文书概论》（张弥恩主编）、《侦查监督教程》（索维东主编）、《检察制度史略》（曾宪义主编）、《检察技术教程》（徐立根主编）、《人民检察院出庭工作实务》（张凤阁主编）、《民事行政检察概论》（柯汉民主编）、《书记员业务教程》18 种（如图 209 所示）。而丛书的每一本，几乎都是该项检察业务的开山之作抑或第一本教材（讲义）。

23. 撰写、编辑、出版、发行最早的检察业务全书——《中华人民共和国检察业务全书》（如图 185 所示）。本书由张思卿主编，吉林人民出版社 1991 年 3 月初版，16 开 1674 页；全书内容依次包括：第一编检察业务基础知识，第二遍检察机关直接受理的刑事案件的认定及处理，第三编典型实例评析，第四编检察机关法律文书，第五编检察业务常用法律，法规以及法律规范性解释，附录：外国及境外检察制度简介。

24. 最早获得国家社科基金资助的检察专著——《中华人民共和国检察制度研究》（如图71所示）。作为"'七五'期间国家社会科学研究重点项目"之一，本书由王桂五主编，法律出版社1991年12月初版，32开828页，中国检察出版社2008年再版；全书依次包括总论、职能论、程序论、组织论、管理论5编，享有中国检察理论研究"圣经"，必读书美誉。

25. 撰写、编辑、出版、发行最早的检察制度史专著——《检察制度史略》（如图71所示）。本书由曾宪义主编，中国检察出版社1992年5月初版，32开405页，2008年再版；全书内容依次包括：第一编中国古代国家机关的检察职能与活动，第二编中国近代的检察制度，第三编外国近代的检察制度。

26. 撰写、编辑、出版、发行最早的检察辞典——《中国检察百科辞典》（如图189所示）。本书由曾龙跃主编，黑龙江人民出版社1993年初版，16开583页；全书共收词2300余条，依次包括：一、检察制度，二、检察机构，三、检察管理，四、对职务犯罪的侦查，五、侦查监督，提起公诉，刑事审判监督，六、监所监督，七、民事审判监督，八、行政诉讼监督，九、控告申诉检察，十、检察技术，十一、检察大事，十二、检察制度史，十三、国外检察制度。而实践中，也有人误认为，《检察大辞典》（如图185所示）是我国撰写、编辑、出版、发行最早的检察辞（词）典。本书由张思卿主编，上海辞书出版社1996年初版，16开860页；全书依次包括：词目表，正文（共收词2855条），附录一：中国检察工作大事记，附录二：检察工作常用法律、法规、条例、决定及法律规范性解释索引，附录三：中华人民共和国人民检察院组织系列表、附录四：中华人民共和国最高人民检察院组织机构表、词目首字汉语拼音索引，后记。

27. 撰写、编辑、出版、发行最早的检察院组织法比较研究专著——《检察院组织法比较研究》（如图209所示）。本书由陈健民主编，中国检察出版社1999年6月初版，32开521页；全书依次包括：第一编检察院组织法比较研究概述，第二编检察院组织法的历史渊源，类型与结构，第三、四、五编检察院组织法的规范，第六编我国检察立法的发展和完善。

28. 撰写、编辑、出版、发行最早的检察立法专著——《检察立法与检察制度》（如图209所示）。本书由最高人民检察院组织法修改小组编写，陈健民主编，中国检察出版社2000年7月初版，32开259页；全书依次包括：第一章检察立法概论，第二章检察立法的产生和发展，第三章检察立法的科学化系统化，第四章检察立法中的人民检察院法，第五章有中国特色社会主义检察

立法体系，第六章检察立法的指导思想和原则，第七章检察立法体制，第八章
检察立法机构，第九章检察立法程序，第十章检察立法技术，第十一章检察立
法与检察解释，第十二章检察立法与执法司法。

29. 撰写、编辑、出版、发行最早的中外检察法律研究专著——《中外检
察法律研究》（如图 209 所示）。本书由薛伟宏著，中国检察出版社 2013 年 9
月初版，16 开 660 页；全书内容依次包括：绪论，第一章检察法概述，第二
章中外检察院组织法研究，第三章中外检察官法研究，第四章中外其他专门检
察法律研究，第五章中外附属性检察法律研究，第六章国际检察法律研究。

30. 撰写、编辑、出版、发行最早的中央苏区检察制度专著——《中央苏
区检察史》（如图 209 所示）。本书由林海主编，中国检察出版社 2001 年 11
月初版，32 开 505 页，2011 年以《人民检察制度在中央苏区的初创和发展》
书名再版；全书内容依次包括：第一章中央苏区检察制度的建立，第二章中央
苏区检察机构的设置，第三章中央苏区检察机关的运作方式和领导体制，第四
章中央苏区各级工农检察机关的检察工作，第五章中央苏区其他检察职能机关
的检察工作，第六章中央苏区检察工作的历史功绩和指导意义，以及 4 个
附录。

31. 最早研究检察权的检察专著——《检察权论》。本书（如图 202 所
示）由洪浩著，武汉大学出版社 2001 年 10 月初版，32 开 281 页；全书内容
依次包括：第一章检察权制度的一般界说，第二章检察权的产生，第三章检察
权制度的比较研究，第四章检察权的本质，第五章法律监督制度的形成与检察
权制度的异化，第六章我国检察权制度在国家权力体系中职能的重构，第七章
检察权实现的基础及其法律保障，第八章检察权制度的嬗变对我国诉讼结构的
影响，以及 3 个附件。

32. 撰写、编辑、出版、发行最早的军事检察专著——《军事检察学》
（如图 209 所示）。本书由李昂主编，军事科学出版社 2003 年 1 月初版，32 开
320 页；全书依次包括：绪论、总论、分论和后记。

33. 撰写、编辑、出版、发行最早的检察笔录专著——《检察机关办案笔
录制作技巧》（如图 209 所示）。本书由薛伟宏著，中国检察出版社 2005 年 3
月初版；全书依次包括：第一章检察笔录概述，第二章检察的制作与管理，第
三章检察笔录的审查判断与采信，第四章检察笔录的格式与制作技巧。2009
年 8 月以《检察笔录制作技巧》再版。

34. 最早研究国家最高检察机关的专著——《国家最高检察机关比较研
究》（如图 209 所示）。本书由魏腊云著，中国检察出版社 2010 年 6 月初版，
32 开 239 页；全书内容依次包括：第一章检察制度的历史考察，第二章国家

最高检察机关结构比较，第三章国家最高检察机关的职能比较，第四章国家最高检察机关宪法地位的理论基础，第五章我国检察监督制度改革。

35. 最早研究鄂豫皖革命根据地检察制度的专著——《鄂豫皖革命根据地的人民检察制度》（如图209所示）。本书由刘建国主编，中国检察出版社2011年4月初版，32开226页，2011年9月以《人民检察制度在鄂豫皖革命根据地的发展》书名再版；全书内容依次包括：第一章鄂豫皖革命根据地的建立，第二章鄂豫皖革命根据地的法律制度，第三章人民检察制度的发端，第四章鄂豫皖革命根据地体现人民检察制度的法律机关，第五章鄂豫皖革命根据地人民检察权的履行和人民检察制度的历史贡献，以及附录。

36. 撰写、编辑、出版、发行最早的检察诉讼监督专著——《诉讼监督研究——中国检察诉讼监督视角》（如图209所示）。本书由杨迎泽，薛伟宏主编，法律出版社2012年3月初版，32开431页；全书依次包括：绪论，第一章诉讼，第二章监督，第三章诉讼监督，第四章检察诉讼监督，附录。

37. 撰写、编辑、出版、发行最早的中国检察文献专著——《中国检察文献研究（初稿）》（如图209所示）。本书由薛伟宏编著，2013年2月1日编印，16开327页；全书依次包括：绪论，第一篇文献，第二篇法学文献，第三篇检察文献。

而谁是中华人民共和国成立以来论述人民检察制度的第一本专著？《中国检察百科辞典》（第2页）和《检察大辞典》（第12页）都认为是《人民检察制度概论》。但并不尽然。从撰写、编辑、出版、发行的时间上看，《检察制度纲要》早于其创制。但据联合国教科文组织规定，小册子的篇幅为32开5—48页（易言之，图书的篇幅应为32开48页以上）之规定，因此，它不是新中国成立以来论述人民检察制度的第一本专著。因为，一般而言，超过4—5万字的才可称为学术专著，而本书只有0.8万字。当然，实践中也有人认为，它是"新中国第一本检察著作"。① 同样，基于页数、字数的限制，尽管中央人民政府司法部司法干部轮训班编印的《检察制度》，陈启育著的《新中国检察制度概论》及其修订本，金默生著的《人民检察工作笔谈》都要早于《人民检察制度概论》创制，但它们也不是新中国建国以来论述人民检察制度的第一本专著。因此，基于专著之性质以及页数、字数等限定，《我国刑事诉讼中的检察机关》才是"中华人民共和国成立以来论述人民检察制度的第一本专著"（借用《人民检察制度概论》语）；而《人民检察制度概论》可视为

---

① 参见闵钐：《新中国第一本检察著作〈检察制度纲要〉述评》，载《中国检察官》2008年第5期。

"论述新中国人民检察制度的第二本专著"（套用《检察大辞典》语）。

二、检察期刊

（一）概述

作为期刊或其社会科学期刊或其法学期刊的子集，检察期刊是指具有一定篇幅，① 制成卷册，定期或不定期连续刊行，并以检察知识信息为主要承载内容的连续出版物。同时，其刊名多含有"检察"一词（如《人民检察》、《内蒙古检察》、《太原检察》、《新世纪检察》、《昌平检察》）或"检"字（如《东检沙龙》、《沙检之声》）。但诸如《反贪工作指导》、《反渎职侵权工作指导与参考》、《职务犯罪预防指引》、《人民监督（员）》、《法律与监督》、《执法与思考》、《公诉人》、《东莞公诉》、《公民与法》、《联络专刊》、《预防犯罪》、《预防文化》、《绍兴职务犯罪预防》、《方圆》、《清风》、《清风苑》、《红嫂》、《映山红》等刊名不含有"检察"或"检"字的期刊，也属于检察期刊。

另外，诚如我国三国时曹丕在《典论·论文》中所云："盖文章，经国之大业，不朽之盛事。"因此，作为承载文章之大成者，并集报纸、图书优点于一身的期刊或其法学或其检察期刊，其文献价值和作用自不待言。

此外，据划分标准的不同，可将检察期刊分为许多种类：

第一，据出版刊期（或出版频率）可将其分为 7 种：一是检察周刊。例如，检察日报社《正义网》主办的《政法网络舆情》和《反贪网络舆情》（2008 年 7 月）。二是检察半月刊。例如，《人民检察》、《中国检察官》、《方圆》、《检察风云》。三是检察月刊。例如，《检察纵横》（1986 年 10 月）。四是检察双月刊。例如，《内蒙古检察》（1992 年 1 月）、《丰城检察》。五是检察季刊。例如，《晋中检察》、《磐石检察》。六是检察半年刊。例如，《昌都检察园地》。七是检察年刊。例如，《中国检察年鉴》、《北京检察年鉴》。

第二，据出版发行范围，性质等不同，可将其分为 3 种：一是公开出版发行检察期刊。例如，《国家检察官学院学报》、《公诉人》。二是内部资料性检察期刊。例如，《山西检察》和《南昌检察》等。三是除出版发行，内部资料性检察期刊之外的检察杂志。例如，《磐石检察》、《赣州检察》等。

第三，据是否属于核心期刊，可将其分为 2 种：一是检察核心期刊。例

---

① 通常，期刊的篇幅为 16 开或 32 开 4 的整数倍页数。因此，实践中常见的期刊篇幅包括 16 或 32 开 32 页、48 页、64 页、80 页、96 页、112 页、128 页、144 页、160 页 9 种。

如，《人民检察》、《国家检察官学院学报》和《刑事法杂志》；二是非检察核心期刊。例如，《公诉人》、《吉林检察官》和《滨海检察》。

再者，实践中，还有检察专刊（或专刊、专号、专辑、特刊、增刊、会刊）等称谓，即"连续出版物在例行刊期之外发行的无卷期号或有当期的附加号，且名称各异的不定期出版物"。① 如图 210 所示。

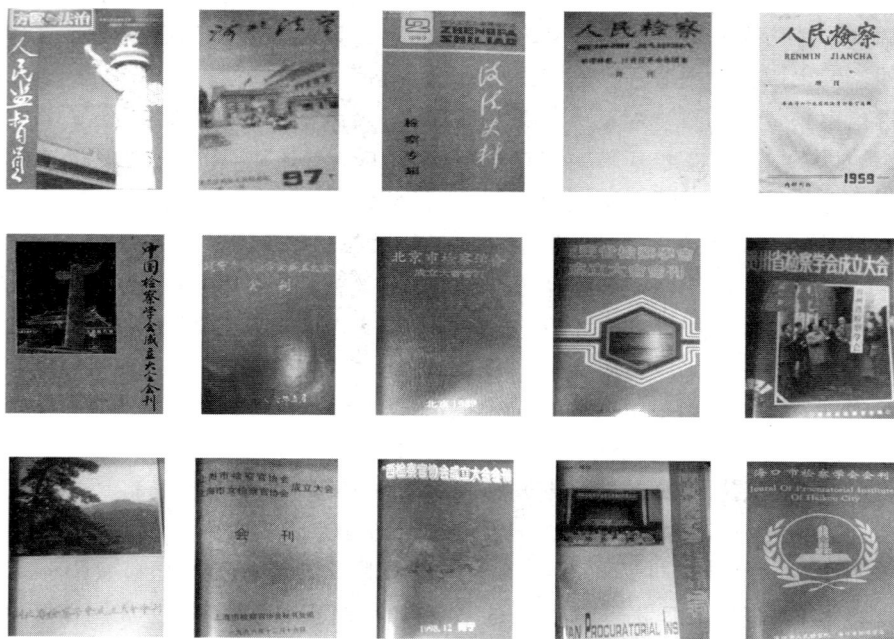

图 210　左上起：《方圆法制·人民监督员专刊》，《河北法学·河北省沧州市人民检察院专号》（1997 年），《武汉政法史料丛刊·检察专辑》（1983 年第 2 期）《人民检察·审理林彪．江青反革命集团案特刊》（1981 年），《人民检察·华北等六个地区政法片会发言选辑》（1959 年增刊），《中国检察学会成立大会会刊》（1988 年），《辽宁省检察学会成立大会会刊》（1986 年 5 月），《北京市检察学会成立大会会刊》（1989 年），《广东省检察学会成立大会会刊》（1989 年），《贵州省检察学会成立大会会刊》，《湖北省检察学会成立大会会刊》，《上海市检察官协会、上海市女检察官协会成立大会会刊》（1996 年 10 月 16 日），《广西检察官协会成立大会会刊》（1998 年 12 月），《河南省检察学会第三节会员代表大会会刊》，《海口市检察学会会刊》

---

① 参见王邵平等编：《图书情报词典》，汉语大词典出版社 1990 年版，第 29 页、第 748 页。

（二）检察期刊沿革

旧中国有无检察报刊？诚如本书第二篇第三章所云，由于旧中国实行审检合署机制，检方隶属于（司法）行政方——法务部、司法部或司法行政部。因此，当时鲜见严格意义上（或狭义）的检察报刊。而诸如《立法院公报》、《大理院公报》、《最高法院公报》、《司法公报》、《司法行政公报》、《法部公报》、《河北高等法院季刊》、《最高法院年刊》、《江苏司法汇报》、《云南司法月报》、《司法黔报》等法律公告类期刊，以及诸如《司法评论》、《司法杂志》、《司法季刊》、《现代司法》、《福建司法月刊》、《广东司法月刊》等司法（审判）类期刊，亦可视为广义的检察期刊。① 所以，我国狭义的检察报刊，出现于 1949 年 10 月新中国成立之后。

那么，谁是我国或其新中国最早创办的、狭义的检察期刊？多数人认为，是 1953 年 10 月创刊的《检察工作通讯》（《人民检察》前身）。细言之，"作为最高人民检察院的机关刊物，《人民检察》的前身为 1953 年 10 月（20 日）创刊的《检察工作通讯》。1956 年 5 月，最高人民检察院作出《关于出版〈人民检察〉的决定》，将《检察工作通讯》改名为《人民检察》，确定了交流经验、指导业务的办刊宗旨，并于 1956 年 6 月正式创刊。1960 年，因中央公、检、法三机关合署办公，《人民检察》在出版了第 76 期之后便停刊了。随着检察工作的恢复，1962 年 12 月 30 日，最高人民检察院作出《关于〈人民检察〉复刊的通知》，决定《人民检察》于 1963 年复刊。1966 年，'文化大革命'开始，《人民检察》再度被迫停刊。1979 年，最高人民检察院《关于〈人民检察〉复刊的通知》，决定《人民检察》于 1979 年 6 月复刊……从 1989 年第 1 期开始，由内部发行改为向国内公开发行，页码由 32 页增至 48 页；1991 年 4 月，《人民检察》并入筹办中的中国检察报社。1993 年 1 月，杂志由 48 页扩版至 64 页，开始向国外公开发行；2001 年 1 月，改为国际标准刊本出版……2005 年，为了加强检察理论研究的宣传力度，扩大杂志的容量，同时建立更加灵活的管理和办刊机制，报社领导决定将《人民检察》改为半月刊，《人民检察》成为我国法律期刊中第一本半月刊"（如图 211 所示）。② 但本书认为，尽管 1953 年 10 月创刊和 1956 年 6 月更名为《人民检察》的《检察工作通讯》是最高人民检察院最早的机关刊物，但《检察工作通讯》及

---

① 而此间刊登检察论文较多的法学学报是朝阳大学的《法律评论》和东吴大学的《法学季刊》。

② 人民检察杂志社社长、主编徐建波语（参见《〈人民检察〉创刊 55 周年暨出版 600 期座谈会在京召开》，载《正义网》2011 年 6 月 3 日）。

其后世——《人民检察》并非新中国最早的检察期刊。

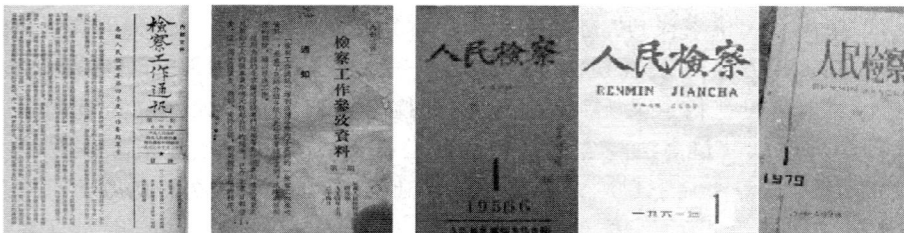

图 211　左起：《检察工作通讯》创刊号及其增刊——《检察工作参考资料》（最高人民检察署办公厅），《人民检察》1954 年 6 月创刊号，1963 年复刊号，1979 年复刊号

第一，尽管 1949 年 10 月 22 日最高人民检察署检察委员会议第一次会议在罗荣桓检察长主持下于中南海勤政殿举行并宣布最高人民检察署成立，但是由其主办的检察刊物——《检察工作通讯》，却直至 1953 年 10 月才得以创刊。

第二，尽管最高人民检察署西北分署（1950 年 3 月）要晚于最高人民检察署成立，但由其主办的《西北人民检察汇编》第一辑（如图 212 所示），却于 1951 年 4 月 1 日创刊。其《通知》（相当于发刊词）第二点指出："本汇编系不定期的业务参考资料，出刊时间，视材料情况而定。"

第三，尽管最高人民检察署华东分署（1950 年 4 月 22 日）也要晚于最高人民检察署成立，[①] 但由其主办的《人民检察工作学习资料》第一辑（如图 212 所示），却早于 1951 年 2 月创刊。其《前言》（相当于发刊词）指出："人民检察工作是新中国的新制度之一，分署为适应业务生疏，经验缺乏，及各地检察机构的建立，人民检察工作的逐渐扩展，特汇辑有关业务指道及参考的文件，陆续编印成册，分发各地作为检察干部业务学习及训练的资料。希各级检察署，认真组织干部学习，并多提供意见，加强此项工作。"时至 1953 年 3 月，已编辑出版《人民检察工作学习资料》第八辑。

与此同时，1951 年 5 月，湖北省人民检察署编印了《检察汇编》第一期；1953 年 4 月，成都市人民检察署编印了《人民检察工作资料》；1954 年 6 月 8 日，青海人民检察署编印了《人民检察工作材料汇集》第一辑；1954 年 7 月

---

　　① 而同年随后成立的最高人民检察署中南分署（4 月 29 日）、东北分署（5 月）、西南分署（9 月 18 日）也创办有本机关刊物。而时至 1954 年 8 月，最高人民检察署在各大行政区设立的东北、西北、中南、华东、西南分署，随着各大行政区的撤销而全部撤销。

24 日，最高人民检察署办公厅创办《检察工作参考资料》刊物；1955 年，广西省人民检察院创办有《人民检察工作资料汇编》；1955 年 4 月，山东省人民检察院创办有《检察工作手册》；1955 年 11 月 10 日，上海市人民检察院创办有《检察业务》（如图 212 所示）。

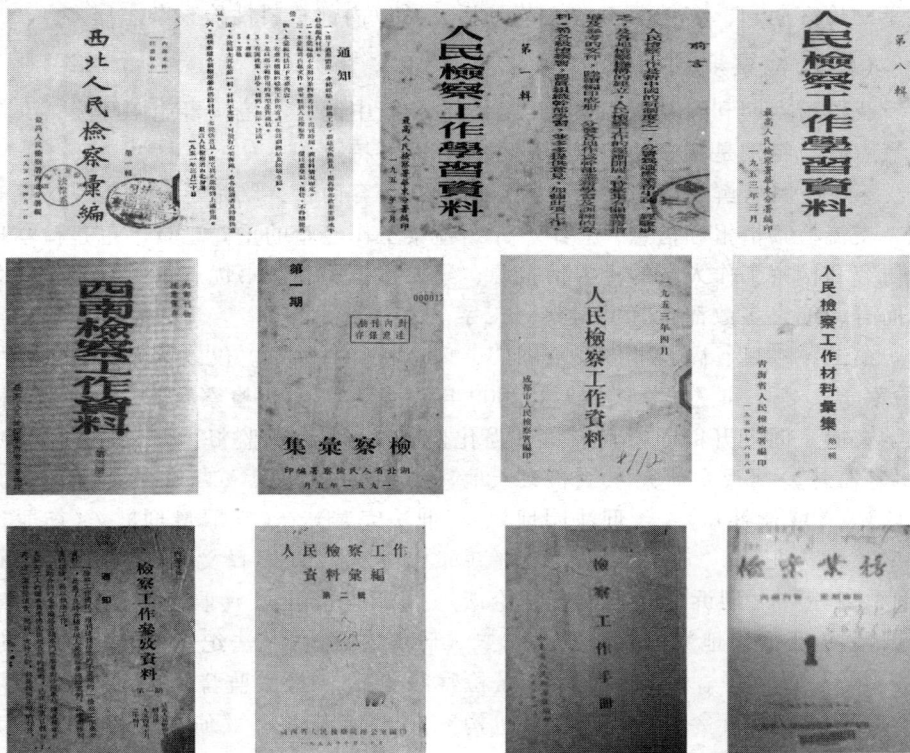

图 212　左上起：《西北人民检察汇编》第一期（创刊号）封面及其《通知》（发刊词，1951 年 3 月 20 日），《人民检察工作学习资料》第一辑（创刊号）封面及其《前言》（发刊词），《人民检察工作学习资料》（第八辑）封面，《西南检察工作资料》（第三辑）封面，《检察汇编》第一期，《人民检察工作资料》，《人民检察工作材料汇集》第一辑，《检察工作参考资料》第一期封面，《人民检察工作资料汇编》（第二辑），《检察工作手册》，《检察业务》创刊号

　　总之，基于上述和下述分析以及实证不难发现，一方面，我国或其新中国较早创办的检察期刊（或不定期刊物）依次为：《人民检察工作学习资料》（1951 年 2 月）、《西北人民检察汇编》（1951 年 4 月 1 日）、《检察汇编》

（1951 年 5 月）、《检察工作通讯》（1953 年 10 月）、《人民检察工作材料汇集》（1954 年 6 月 8 日）、《检察工作参考资料》（1954 年 7 月 24 日）、《检察工作手册》（1955 年 4 月）、《人民检察》（1956 年 6 月）；① 另一方面，我国最早的定期检察刊物是 1956 年 6 月创刊的《人民检察》，而我国绝大多数、狭义的检察期刊，多创办于"文革"后，并以内部资料性检察杂志居多。

（三）检察期刊特点

我国检察期刊除具有广狭两义，产生于新中国，与检察事业同呼吸，共命运特点外，特别是狭义的检察期刊还具有以下特点：

第一，具有鲜明的检察行业特点。就其内容而言，既是承载并传授检察知识，交流检察情报和信息，总结、介绍检察工作经验的重要工具，也是检察理论研究和检察工作人员的重要情报源，集检察报纸和图书优点于一身。就其名称而言，绝大多数都含有"检察"二字。

第二，栏目、内容上涉及范围广，理论和实务并重。仅以本人参与创办的《检察学文摘》和《检察实践》（2000 年更名为《中国检察官》）为例，《检察学文摘》时期开辟的栏目有：《强化监督》、《法律监督》、《侦查监督》、《审判监督》、《反贪研究》、《检察天地》、《刑侦之页》、《自侦纵横》、《疑案点评》、《取长补短》、《刑法园地》、《刑法完善》、《定罪量刑》、《衡罪量刑》、《法人犯罪》、《走私犯罪》、《新罪探讨》、《新罪释义》、《新罪认定》、《徇私舞弊》、《刑诉专栏》、《诉讼论坛》、《调查报告》、《取证技巧》、《刑事证据》、《证据天地》、《律师介入》、《刑事检察》、《法纪工作》、《立法建言》、《热点研究》、《袖珍文摘》、《检察瞭望》、《检察监督》、《法制经纬》、《反贪肃贿》、《反贪策略》、《反贪机构》、《自侦谋略》、《侦查技巧》、《公诉天地》、《出庭公诉》、《抗诉方略》、《论不起诉》、《民行监督》、《检察文书》、《文书技巧》、《检察札记》、《赔偿方略》、《法苑拾英》、《法律手册》、《两法修改》、《检察官法》、《资料卡片》、《社会广角》、《专稿选摘》、《专题综述》、《卷首》、《专题》、《索引》、《对策篇》、《反光镜》、《瞭望台》、《社会各界畅谈新刑事诉讼法》、《新刑事诉讼法》等 66 个栏目；《检察实践》时

---

① 当然，亦可将《人民检察工作学习资料》（1951 年 2 月）、《西北人民检察汇编》（1951 年 4 月 1 日）、《检察汇编》（1951 年 5 月）、《检察工作通讯》（1953 年 10 月）、《人民检察工作材料汇集》（1954 年 6 月 8 日）、《检察工作参考资料》（1954 年 7 月 24 日）、《检察工作手册》（1955 年 4 月）视为不定期、内部发行连续出版物；将《人民检察》（1956 年 6 月）视为我国或其新中国最早编辑出版发行的内部出版发行检察刊物；而 1989 年第 1 期的《人民检察》则是我国最早公开出版发行的检察期刊。

期开辟的栏目有：《检察瞭望》、《检察建设》、《检察培训》、《民行专题》、《检察实务》、《理论探讨》、《新法评说》、《司法制度》、《检察教育》、《检察改革》、《司法改革》、《新法评析》、《业务研究》、《博士论坛》、《反贪策略》、《检察监督》、《自侦技巧》、《法纪工作》、《检察札记》、《检察业务》、《经验交流》、《法苑拾英》、《疑案点评》、《本刊专稿》、《专家论坛》、《衡罪量刑》、《公诉天地》、《审查起诉》、《控申检察》、《监所检察》、《民行监督》、《预防犯罪》、《批捕工作》、《审查批捕》、《规章参见》、《检察建言》、《他山之石》、《观点撷要》、《强制措施》、《司法纵横》、《法制经纬》、《立法建议》、《服务国企》、《队伍建设》、《实案追踪》、《港澳点滴》、《法学争鸣》、《调查报告》、《社会调查》、《法学理论》、《案例研究》、《经验交流》、《学术动态》、《海外法制》、《法苑杂坛》、《时讯速递》、《特别报道》、《主诉检察官》、《人民监督员》、《基层院建设》、《检委会工作》、《检察长论坛》、《知识窗》、《卷首》、《争鸣》、《专论》、《职务犯罪侦查研究》等 67 个栏目。

　　第三，既有公开出版发行的检察期刊，① 也有内部资料性和其他检察期刊，并以后两者居多；既有检察核心期刊（目前仅有《人民检察》和《国家检察官学院学报》两种），也有检察非核心期刊；既有检察半月刊、检察月刊、检察双月刊，也有检察季刊、检察半年刊、检察年刊；既有公报、法规性检察期刊（如《最高人民检察院公报》、《检察工作应用法规选编》）、学术性检察期刊（如《中央检察官管理学院学报》、《检察研究》），也有工作指导性检察期刊（如《反贪工作指导》）、文学性检察期刊（如《检察风云》、《方圆》）。

　　第四，从内容上说，以针对检察事务的居多（如《人民检察》、《四川检察》、《广州检察》、《大连检察》和《昌平检察》），其次是针对预防和惩治职务犯罪的（如《反贪工作指导》、《预防犯罪》和《职务犯罪预防指引》），再次是针对公诉的（如《公诉人》），最后是针对其他方面的（如《民事行政检

---

① 另据有关资料不完全统计显示，截止到 2012 年底，我国共有（含现已停刊的，更名的视为一种）检察期刊 213 种。其中，公开出版发行的有：《人民检察》、《中华人民共和国最高人民检察院公报》、《检察理论研究》（现名《中国刑事法杂志》）、《检察实践》（现名《中国检察官》）、《中央检察官管理学院学报》（现名《国家检察官学院学报》）、《方圆法治》（现名《方圆》）、《方圆律政》、《法治新闻传播》、《检察工作文选》、《中国刑事法杂志·检察论坛》、《检察纵横》、《检察风云》、《清风苑》、《检察与审判》（现名《公民与法》）、《当代检察官》、《公诉人》、《人民检察·陕西版》、《南铁检察》18 种，占检察期刊总数的 8.5%；而其余 195 种为内部资料性和其他检察期刊，占检察期刊总数的 91.5%。

察指导与研究》、《监所检察工作指导》、《清风苑》、《红嫂》、《检察文学》等）。

第五，就刊名而言，通常含有"检察"两字。其中，由省级院主办的检察刊物，最初名称多为《××（省名）检察通讯》，现名称则多为《××（省名）检察》。

第六，最高人民检察院和地方各级检察院以及专门检察院，都创有相应的检察刊物，① 共计 277 种强。如图 213 所示检察期刊创刊号。

图213　左上起:《人民检察》(1956年1月),《中央检察官管理学院学报》(1993年1月),《国家检察官学院学报》(1999年1月),《检察实践》(1999年1月),《检察纵横》(1986年10月),《检察之声》(1996年1月),《检察时空》(1999年),《海淀检察》(2001年),《滨海检察》(2000年),《沧州检察》(2005年),《石家庄检察》(2008年),《阳泉检察》(2003年),《廉政风云》(2001年),《台州检察》(2011年),《诸暨检察》(2008年),《绍兴县检察》(2008年),《检察与审判》(1998年),《楚天检察》(1991年3月),《广西检察》(1987年8月),《预防犯罪》(2002年),《西藏检察》(2005年),《白银检察》(2006年),《太铁检察》(2006年)

最高人民检察院主管(办)的有:《人民检察》(＊,人民检察杂志社1956年),《中华人民共和国最高人民检察院公报》(＊,最高人民检察院法律政策研究室1989年),《检察理论研究》[＊,中国检察理论研究所主办1991年7月季刊,1998年1月更名为《中国刑事法杂志》(＊)],《检察调研工作指南》和《检察工作文选》(最高人民检察院法律政策研究室1992年),《检察学文摘》[中央检察官管理学院1993年9月季刊,1999年1月30日更名为《检察实践》(＊)公开发行双月刊,2006年更名为《中国检察官》(＊)],《中央检察官管理学院学报》(＊,中央检察官管理学院1993年1月,1999年1月更名为《国家检察官学院学报》),《方圆法治》(＊,检察日报社1993年3月月刊),《方圆·人民监督员》(最高人民检察院人民监督员办公室2008,2010年更名为《人民监督》),检察日报社主办的《方圆律政》(＊,2009年)、《法治新闻传播》(＊,2007年),以及如图214所示检察期刊,共计23种。

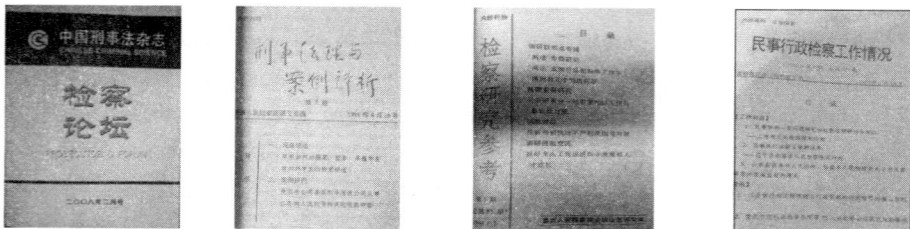

图 214 左上起：《检察信息》（最高人民检察院办公厅），《函授通讯》（中央检察官管理学院 1992 年 4 月 20 日季刊，1993 年更名为《检察教育》，现已停刊），《检察业务研究》（最高人民检察院研究室 1987 年），《检察学会通讯》（中国检察学会 1992），《检察工作应用法规选编》［最高人民检察院法律政策研究室 1993 年 1 月，1993 年 10 月更名为《检察工作文选》（＊）］，《国外法制信息》（中国检察理论研究所 1997 年，已停刊），《检察业务学习资料》（最高人民检察院法律政策研究室 1983 年，1984 年更名为《检察业务资料》，现已停刊），《中国检察论坛》（检察理论研究所 1993），《中国刑事法杂志·检察论坛》（＊，检察理论研究所 2008，现已停刊），《刑事法理与案例评析》（最高人民检察院研究室），《检察研究参考》（最高人民检察院研究室），《民事行政检察工作情况》（最高人民检察院民行厅）

黑龙江有《调研文选》（黑龙江省人民检察院研究室）、《龙之剑》（原名《检察探索》1991 年 1 月双月刊，1997 年改为现名，如图 215 所示）、《红剑》（大庆市红岗区检察院 2012）等 3 种。

辽宁有《检察纵横》（＊，1986 年 10 月月刊）、《检察业务研究》（大连市检察院 1985 年 8 月）、《鞍山检察》（原名《检察与预防》，2009 年）、《辽阳检察经纬》（如图 215 所示）等 4 种。

吉林有《检察研究》（1987 年 6 月双月刊）、《检察研究指导》（吉林省检察学会）、《检察之声》（1996 年）、《吉林检察官》（＊，2010 年）、《磐石检察》（如图 215 所示）等 5 种。

北京除有《检察时空》、《海淀检察》（2001 年）、《昌平检察》（2008 年）、《检察与代表》（2006 年）、《海淀检察与人大代表》（2010 年）、《东城检察调研参阅》（2011 年）之外，还有《北京检察》（原名《北京检察通讯》，北京市人民检察院 1982 年 4 月 25 日双月刊，1985 年更名为现名）、《新世纪检察》（北京市检察院第一分院）、《首都检察官》、《法律监督论坛》（北京市人民检察院第一分院，如图 215 所示）等 10 种。

天津除有《天津检察预防职务犯罪专刊》（2010 年）、《丽检预防画报》（2012 年）之外，还有《天津检察》（原名《天津检察通讯》，1982 年不定期，1985 年改为现名双月刊）、《滨海检察》（天津市人民检察院第二分院，如图 215 所示）等 4 种。

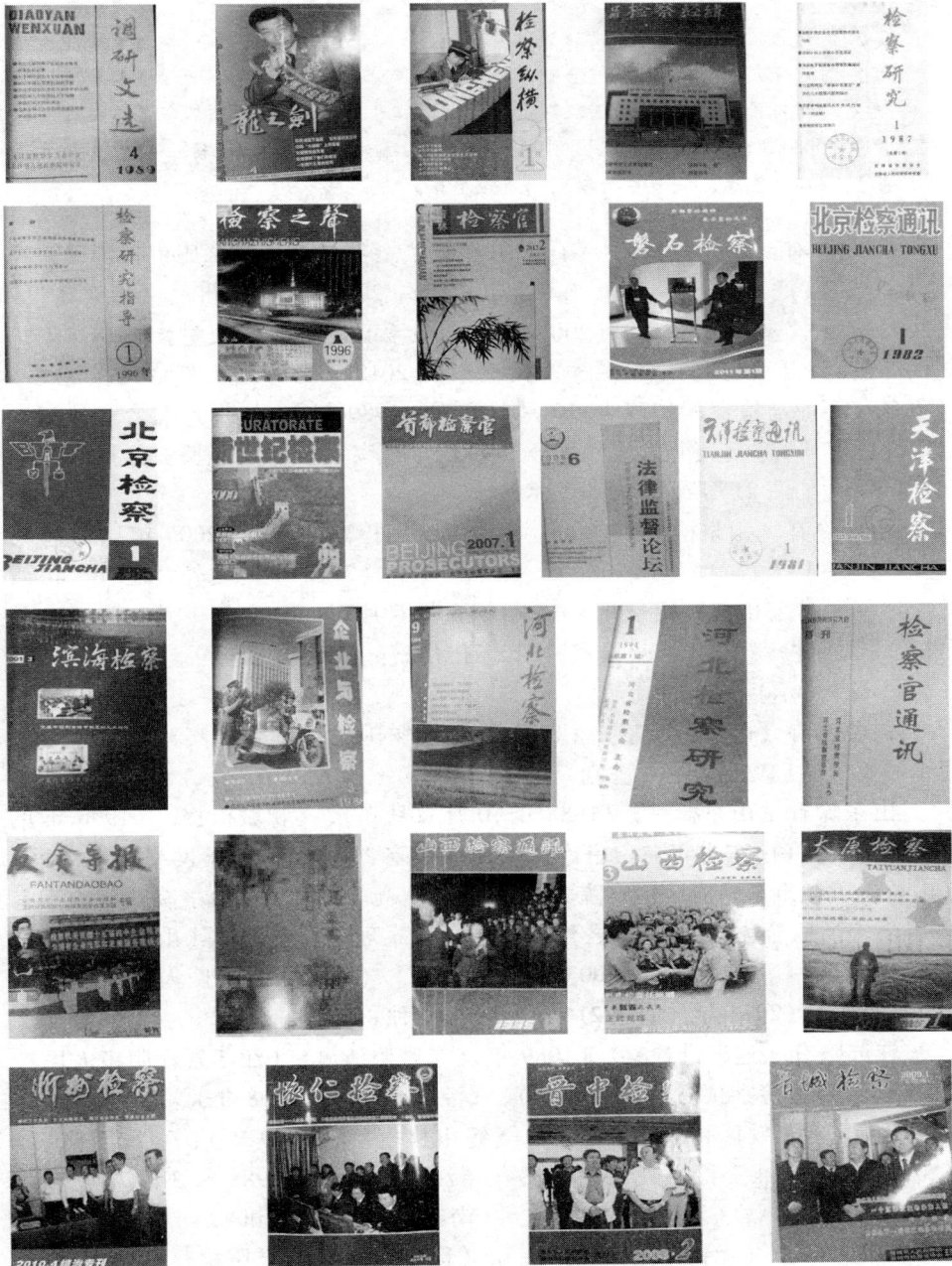

图 215　左上起:《调研文选》,《龙之剑》;《检察纵横》创刊号,《辽阳检察经纬》;《检察研究》创刊号,《检察研究指导》,《检察之声》创刊号,《吉林检察官》,《磐石检察》;《北京检察通讯》和《北京检察》创刊号,《新世纪检察》创刊号,《首都检察官》,《法律监督论坛》;《天津检察通讯》和《天津检察》创刊号,《滨海检察》;《企业与检察》和《河北检察》创刊号,《河北检察研究》创刊号,《检察官通讯》,《反贪导报》,《预防文化》(沧州新华人民检察院 2008);《山西检察通讯》创刊号和《山西检察》,《太原检察》,《忻州检察》,《怀仁检察》,《晋中检察》,《晋城检察》

河北除有《沧州检察》、《石家庄检察》、《足迹》(石家庄市裕华区人民检察院 2005)、《检察一线》(衡水市检察院 2006)、《沧州反腐倡廉建设》(2008 年)、《秦皇岛检察》(2009 年)、《柏乡县职务犯罪预防》(2010 年)、《山海检韵》(秦皇岛山海关区人民检察院 2012)之外,还有《河北检察》(原名《企业与检察》1987 年 10 月双月刊,1989 年 10 月改为现名双月刊)、《河北检察研究》(河北省检察学会 1994)、《检察官通讯》、《反贪导报》、《预防文化》(如图 215 所示)等 12 种。

山西除有《阳泉检察》(2003 年)、《盐湖检察预防》(2006 年)、《检察论坛》(临县人民检察院 2008)、《沁水检察》(2010 年)之外,还有《山西检察》(原名《山西检察通讯》1984 年 6 月双月刊,1989 年 1 月改为现名季刊)、《太原检察》、《忻州检察》、《怀仁检察》、《晋中检察》、《晋城检察》(如图 215 所示)等 10 种。

内蒙古有《内蒙古检察》(1992 年 1 月季刊)、《集宁检察》(2004 年)、《青城检察》(1990 年 1 月季刊)、《通辽检察》(如图 216 所示)等 4 种。

山东除有《山东检察》(1988 年 10 月双月刊)、《聊城检察》(1996 年)、《阳光检察》(山东省青岛市市南区人民检察院 2009)、《涉检网络舆情周报》(山东省聊城市东昌府区检察院 2011)、《新生苑》(泗水县检察院驻所检察室与县看守所联合创办 2012)之外,还有《检察理论与实践》(山东省人民检察院 1997)、《济宁检察》(2003 年)、《红嫂》(临沂市兰山区人民检察院)、《枣庄检察》(2013 年,如图 216 所示)等 9 种。

江苏除有《连云港检察》(1989 年)、《暨阳清风》(江苏省江阴市人民检察院)、《北塘检察预防》(2000 年)、《灌云预防》(2008 年)、《经检之窗》(镇江市经济开发区检察院 2008)、《锡山检察》(2009 年)、《沭阳检察》(2011 年)、《淮安检察》之外,还有《江苏检察》(1988 年 3 月双月刊)、《江苏检察研究》、《清风苑》(*)、《南京检察》、《通讯》(江苏省检察学会)、《检察苑》(无锡市人民检察院)、《徐州检察》、《淮阴检察》(1996 年,如图 216 所示）等 16 种。

图 216　左上起：《内蒙古检察》，《集宁检察》，《青城检察》，《通辽检察》；《检察理论与实践》，《济宁检察》，《红嫂》；《江苏检察》，《江苏检察研究》，《江苏检察调研》，《清风苑》，《南京检察》，《通讯》，《检察苑》，《徐州检察》，《淮阴检察》；《安徽检察》（1987 年 8 月创刊号），《检察理论与实践》，《安徽检察官通讯》，《黄山检察实践》；《浙江检察》，《慈溪检察》，《桐乡检察》，《越城检察》，《温州检察》

安徽除有《廉政风云》（安徽省人民检察院 2001）、《金寨检察》（2002年）、《蚌埠检察》（2008年）、《宣州检察工作》（2009年）、《芜湖检察研究》（2009年）、《泉检文苑》（安徽徐州泉山人民检察院 2010）、《滁州检察》（2011年）、《池州检察》（2012年）之外，还有《安徽检察》（1987年8月季刊）、《检察理论与实践》、《安徽检察官通讯》、《黄山检察实践》（如图216所示）等 11 种。

浙江除有《法律信息要览》（台州市检察院 1997）、《嘉兴检察》（2004年）、《南湖检察》（2006年）、《绍兴职务犯罪预防》（2007年）、《理论与实践》（杭州市检察学会）、《诸暨检察》（2008年）、《绍兴县检察》（2008年）、《台州检察》（2011年）之外，还有《浙江检察》（1988年8月双月刊）、《温州检察》（2004年）、《桐乡检察》、《慈溪检察》、《越城检察》（2009年）（如图216所示）等 13 种。

福建有《福建检察》（1984年3月双月刊）、《闽检学刊》（福建省检察学会 1993，如图217所示）之外，还有《福州检察》、《漳州检察》（1982年）、《东海岸》（福建省厦门市翔安区检察院 2004）、《职务犯罪预防月刊》（南靖县检察院 2008）、《职务犯罪预防》（宁化县检察院 2009）、《云霄检察》（2010年）等 8 种。

江西除有《江西检察》（1990年5月双月刊）、《南昌检察》（1991年）、《瓷都检察》、《宜春检察》（1995年）、《赣州检察》、《上高检察》、《吉安检察》、《丰城检察》、《西湖检察》、《东检沙龙》、《渝水检察》、《都昌检察园地》（如图217所示）之外，还有《永平预防职务犯罪专刊》（2006年）、《安检风云》（安义县人民检察院 2012）、《铜鼓检察动态》等 15 种。

上海有《上海检察》（1991年8月试刊双月刊，1992年创刊双月刊）、《检察风云》（＊，1993年由《上海检察》改为现名月刊）、《上海检察调研》（如图217所示）等 3 种。

河南除有《中州检察》（1990年8月双月刊）、《检察与审判》（＊，河南省高级人民法院、河南省人民检察院 1998、2009年更名为《公民与法》）、《河南检察论坛》（河南省检察官协会）、《开封检察》（如图217所示）、《河南检察论坛》之外，还有《检察天地》（1996年）、《山花》（2001卢氏县人民检察院）、《山检文化》（鹤壁市山城区检察院 2002）、《预防专刊》（渑池县人民检察院 2003）、《郏县检察》（2009年）等 10 种。

湖北除有《楚天检察》（省人民检察院 1991年3月双月刊）、《检察函授》（检察干校 1985年9月）、《宜昌检察》、《孙河检察》（如图217所示）之外，还有《武汉检察》（1990年8月季刊）、《汉江检察》（2003年）、《荆州检察》

（2007年）、《检察官》（荆门市人民检察院2011）、《桃江检察论坛》、《监所职务犯罪预防》（武汉地区监管场所职务犯罪预防协会2012）、《鼎城检察》（2010年）、《兴山检察》（2012年）等12种。

图217　左上起：《福建检察》，《闽检学刊》；《江西检察》，《南昌检察》，《瓷都检察》，《宜春检察》，《赣州检察》，《上高检察》，《吉安检察》，《丰城检察》，《西湖检察》，《东检沙龙》，《渝水检察》，《都昌检察园地》；《上海检察》试刊号和创刊号，《检察风云》创刊号，《上海检察调研》；《中州检察》，《检察

与审判》和《公民与法》,《河南检察论坛》,《开封检察》;《楚天检察》创刊
号,《检察函授》,《宜昌检察》,《孙河检察》;《湖南检察》,《湖南检察研究》,
《长沙检察论坛》,《检察与社会》,《检察学文选》

湖南有《湖南检察》(1988 年 5 月季刊)、《湖南检察研究》、《长沙检察
论坛》、《检察与社会》、《检察学文选》(湖南省检察学会 1992,如图 217 所
示)等 5 种。

广东除有如图 218 所示检察期刊外,还有《番禺检察》(2003 年)、《梅
州检察》(2007 年)、《深圳检察》、《紫金检察》、《联络专刊》(广东省深圳
市宝安区人民检察院)等 24 种。

图 218　左上起:《当代检察官》创刊号(*,原名《广东检察通讯》广
东省人民检察院 1980 年 1 月双月刊,1986 年改称为《广东检察》双月刊,1988
年改为现名,亦是我国"文革"最早编辑出版发行的省级检察刊物),《广东检

察通讯》,《检察研究》（广东省检察学会 1987 年）,《广州检察》（1997 年）,
《湛江检察》,《珠海检察》,《检察视窗》和《东莞公诉》（东莞市人民检察
院）,《中山检察》,《韶关检察》,《汕头检察》,《龙门检察》,《惠阳检察》,
《惠州检察》,《肇庆检察》创刊号,《检察官与实践》（佛山市人民检察院）,
《遂溪检察》,《江门检察》,《专题调研》（广东省人民检察院研究室）

广西有《广西检察》（＊,1987 年 8 月双月刊,2002 年改称为《公诉人》,
如图 219 所示）、《南宁检察》、《预防职务犯罪专刊》（广西宾阳检察院 2010）
等 3 种。

图 219　左上起:《广西检察》和《公诉人》创刊号;《检察新时代》,
《检察理论研讨》,《分院检坛》,《阳光检坛》;《四川检察通讯》和《四川检
察》,《绵阳检察》,《帅乡检察》;《云南检察》,《玉溪检察》,《曲靖检察》,
《朱提检苑》,《普洱检察》;《贵州检察》创刊号;《西南七省市检察通讯》,
《重庆检察》,《检察探索》,《执法与思考》,《法律与监督》,《北碚检察》,
《綦江检察》,《沙检之声》

海南除有《检察新时代》（海南省人民检察院 1994）、《检察理论探讨》

（海南省检察学会 1995）、《分院检坛》（海南省人民检察院分院）、《阳光检坛》（海南省人民检察院第一分院主办，如图 219 所示），还有《公诉通讯》（海南省人民检察院公诉处 2006）、《预防犯罪》（2002 年）、《椰城检察》（海口市人民检察院）等 7 种。

四川除有《四川检察》（原名《四川检察通讯》，1980 年 9 月不定期，1989 年 1 月改为现名双月刊）、《绵阳检察》、《帅乡检察》（如图 219 所示）之外，还有《凉山检察》（1997 年）、《广安检察》、《成都检察》（2006 年）、《盐都检察》（自贡市人民检察院 2009）、《邻州检察之声》（2011 年）、《廉政讲坛》（四川苍溪县人民检察院 2008）、《检察视界》（成都市武侯区检察院 2009）、《瓮安检察》（2012 年）等 11 种。

云南除有《云南检察》（原名《实践与研究》，1989 年 1 月双月刊，1990 年 6 月改为现名）、《玉溪检察》（2011 年）、《曲靖检察》、《普洱检察》、《朱提检苑》（如图 219 所示）之外，还有《大姚检察》（2012 年）、《青松文学》（宣威市检察院 2012）、《红河检察》、《富民检察》等 9 种。

贵州除有《贵州检察》（原名《贵州检察通讯》，1992 年 7 月月刊，1993 年 7 月改为现称，如图 219 所示）之外，还有《贵州预防职务犯罪专刊》（2009 年）、《贵阳检察》等 3 种。

重庆有《西南七省市检察通讯》（重庆市人民检察院）、《重庆检察》（重庆市人民检察院）、《检察探索》（重庆市人民检察院第一分院）、《执法与思考》（重庆市人民检察院第二分院）、《法律与监督》（重庆市人民检察院第三分院 1993）、《北碚检察》、《綦江检察》、《沙检之声》（重庆市沙坪坝区人民检察院）（如图 219 所示）等 8 种。

西藏有《西藏检察》（2005 年，如图 220 所示）。

陕西除有《陕西检察》（原名《陕西检察通讯》，1989 年 1 月创刊，1989 年 7 月改名为《陕西检察》双月刊）、《人民检察（陕西版）》（＊）、《西安检察》、《都市检察》（西安市人民检察院）、《检察文学》（陕西咸阳市人民检察院 1997）、《宝鸡检察》、《清风》（西安市未央区人民检察院）之外，还有《上阁钟声》（武功县检察院 2006）等 8 种。

甘肃除有《交流与参考》（省人民检察院 1989 季刊）、《甘肃省预防职务犯罪专刊》（2008 年）、《职务犯罪预防之声》、《兰州检察》、《陇原检察》（如图 220 所示）之外，还有《白银检察》（2006 年）、《甘州检察》（2010 年）等 7 种。

青海有《青海检察》（原名《青海检察通讯》，1986 年试刊季刊，1987 年更为现名创刊季刊，如图 220 所示）、《西宁检察》等 2 种。

图 220 左上起:《西藏检察》;《陕西检察通讯》创刊号和《陕西检察》,
《人民检察(陕西版)》,《西安检察》,《都市检察》,《清风》,《检察文学》,
《宝鸡检察》;《交流与参考》(甘肃省人民检察院研究室),《甘肃省预防职务
犯罪专刊》创刊号,《兰州检察》,《职务犯罪预防之声》,《陇原检察》;《青海
检察通讯》,《青海检察》创刊号;《宁夏检察通讯》创刊号和《宁夏检察》;
《新疆检察》创刊号,《昌吉检察》,《兵团检察研究》创刊号,《兵团检察》,
《检察工作研究》;《南铁检察》;《澳门检察》创刊号,《检察通讯》;《检察新
论》(创刊号)

宁夏有《宁夏检察》(原名《宁夏检察通讯》,1989 年 1 月 20 日创刊不
定期,1989 年 12 月改为现名双月刊,如上图 220 所示)、《固原预防信息》
(2010 年)等 2 种。

新疆除有《新疆检察》（1990 年 1 月季刊）、《昌吉检察》（如图 220 所示）之外，还有《博州检察文化》（2012 年）等 3 种。

新疆生产建设兵团除有《兵团检察》（原名《兵团检察研究》，1986 年 9 月 7 日）、《检察工作研究》（农六师检察院，如图 220 所示）之外，还有《农五师检察》（2008 年）、《检察拾珍》（农四师检察院）等 4 种。

军事检察院有《法治与检察》（济南军区军事检察院 1986）、《军事检察工作》（解放军军事检察院 1988 年，2010 年 1 月改版为月刊）等 2 种。

铁路运输检察院除有《南铁检察》（南昌铁路运输检察分院，如图 220 所示）之外，还有《太铁检察》（太原铁路运输检察院 2006）、（哈大铁路客运专线）《预防之窗》（沈阳铁路运输分院 2008）等 3 种。

澳门有《澳门检察》（＊，2000 年），《检察通讯年》（澳门通便行政区检察院，如图 220 所示）等 2 种。

台湾有《检察新论》（＊，2004 年）。

（四） 检察以书代刊出版物

所谓检察以书代刊出版物，就是有关检察的书代刊出版物。其中，所谓以书代刊出版物，就是以书号代替刊号定期连续编辑、出版、发行的似书非书，似刊非刊的连续出版物。因此，它与丛书的最大区别：一是没有数量上的限制；二是名称一致；三是既可以是一个书号，也可以是一期一书号。

而实践中常见的检察以书代刊出版物包括：《反贪工作指导》、《反渎职侵权工作指导与参考》，以及如图 221 所示检察以书代刊出版物。

图 221 左上起:《检察理论与实践》(广西壮族自治区人民检察院与检察出版社 1998,系较早编辑出版发行的检察以书代刊出版物),《人民检察院民事行政抗诉案例选》和《民事行政检察指导与研究》(最高人民检察院民事行政检察厅与法律 1999,检察 2007),《检察论丛》(国家检察官学院与法律出版社 2000),《中国检察》(检察理论研究所与检察 2001,北大,检察),《预防职务犯罪工作手册》和《职务犯罪预防指引》(最高人民检察院职务犯罪预防厅与检察 2002),《公检法办案指南》(最高人民法院研究室、最高人民检察院研究室、公安部法制局与公大 2002),《检察业务指导》(最高人民检察院法律政策研究室与法制 2003),《法律应用与检察业务研究》(最高人民检察院法律政策研究室与法制 2004),《检察研究》(江苏省人民检察院与检察 2006),《检察研究与司法实务》(南京大学法学院与南京大学 2008),《检察前沿报告》(国家检察官学院与检察 2010),《西部检察》和《检察案例与业务指导》(重庆市人民检察院与检察 2010),《监所检察工作指导》(最高人民检察院监所检察厅与检察 2011)

(五) 中国检察期刊之最

如上所述,我国最早的专门性检察期刊既不是《检察工作通讯》和《检察工作参考资料》,也不是《人民检察》,而是《西北人民检察汇编》。另据有关资料不完全统计,截止到 2012 年底,我国最高人民检察院和地方各级人民检察院以及专门检察院创办的专门性检察期刊有 252 种多,含诸如《楚天检察》(1993 年 1 月创刊,现已停刊)、《检察理论研究》(1991 年 7 月创刊,1998 年 1 月更名为《中国刑事法杂志》)等停刊、更名的检察期刊。其中:

1. 创制最早的检察期刊增刊,是最高人民检察署办公厅主办的《检察工作参考资料》;而《检察工作通讯》则是最早出版、发行增刊的检察期刊。

2. 创制最早的检察周刊,是检察日报社《正义网》主办的《政法网络舆情》和《反贪倡廉网络舆情》,2008 年 7 月创刊;最早的检察半月刊,是《人民检察》,2005 年 1 月改为半月刊;最早的检察月刊,是《人民检察》,1956 年 6 月创刊;最早的检察双月刊,是《北京检察通讯》,北京市人民检察院主办,1982 年 4 月创刊,1985 年更名为现名《北京检察》;最早的检察季刊,是《青海检察通讯》,青海省人民检察院主办,1986 年创刊,1987 年更为现名《青海检察》;最早的检察半年刊,是《昌都检察园地》,西藏昌都地区人民检察院主办,2010 年创刊;最早的检察年刊,是《云南检察年鉴》,云南省人民检察院主办,1985 年创刊。

3. 创制最早的国内外公开发行的检察期刊,是《人民检察》,1979 年 1 月;最早的内部资料性检察期刊,是《广东检察通讯》,广东省人民检察院主办,1980 年 1 月创刊,1987 年改称《广东检察》,1988 年 1 月改为现名《当代检察官》，2002 年 2 月起国内公开发行。

4. 创制最早的检察学报，是湖北省检察干部学校于 1985 年 9 月创办的《检察函授》；最早的检察公报，是《中华人民共和国最高人民检察院公报》（最高人民检察院主办，1989 年 4 月创刊）；最早的检察理论期刊，是《检察理论研究》（季刊，中国检察理论研究所和中国检察学会主办，1991 年 7 月创刊）；最早的检察学文摘，是中央检察官管理学院主办的《检察学文摘》（1993 年 9 月季刊内部发行，1991 年 1 月更名为《检察实践》公开发行双月刊，2006 年 1 月更名为《中国检察官》月刊）；最早的民行检察业务期刊，是最高人民检察院民事行政检察厅与法律出版社 1999 年 1 月创办的《民事行政检察指导与研究》；最早的公诉业务期刊，是广西壮族自治区人民检察院主办的《公诉人》（2002 年 6 月由《广西检察》更名而来）；最早的反贪业务期刊，是最高人民检察院反贪污贿赂总局与中国检察出版社 2000 年 1 月创办的《反贪工作指导》（月刊）；最早的反渎职侵权业务期刊，是最高人民检察院渎职侵权检察厅与民主法制出版社 2003 年创办的《惩治与预防渎职侵权犯罪指南》（季刊，2004 年改为现名《反渎职侵权工作指导与参考》双月刊）；最早的人民监督员业务期刊，是最高人民检察院人民监督员办公室与《方圆杂志》社 2006 年创办的《人民监督员》（2011 年改为现名《人民监督》）；最早的监所检察业务期刊，是最高人民检察院监所检察厅与中国检察出版社于 2011 年联合主办的《监所检察工作指导》。

5. 创制最早的国家级不定期、不定页检察内刊，是最高人民检察署办公厅主办的《检察工作通讯》；最早的大区级不定期、不定页检察内刊，是最高人民检察署西北分署主办的《西北人民检察汇编》；最早的省级不定期、不定页与定期、定页检察内刊，是《检察汇编》、《广东检察通讯》；最早的副省级定期、定页检察内刊，是《检察业务研究》（辽宁省大连市人民检察院主办，1985 年创刊）；最早的地级定期、定页检察内刊，是《漳州检察》（福建省漳州市人民检察院主办，1982 创刊）；最早的县级定期、定页检察期刊，是《北塘检察预防》（江苏无锡市北塘区人民检察院主办，2000 年创刊）。

6. 最早获得"中国法律类核心期刊"称号的检察期刊，是《人民检察》（1992 年 9 月荣获）。因此，它也是首批"中文核心期刊"及其"中文法学类核心期刊"的获得者。而目前，获此称号的检察期刊还有《中国刑事法杂志》（2008 年首获）、《国家检察官学院学报》（原名《中央检察官管理学院学报》，1993 年 1 月创刊，1999 年 1 月更为现名，2012 年首获）。

三、检察报纸（含中国检察报纸之最）

所谓检察报纸，就是有关检察事务的报纸。而报纸，是指"具有固定名称，以刊载各类新闻和时事评论为主，以非常紧凑的时间间隔定期出版的连续出版物"。[1]

另外，与检察期刊发展类似，我国广义的检察报纸在旧中国就已出现。例如，《法政浅说报》（北京）、《京报新法学副刊》（北京）、《法声》（南京）、《法声日报》（苏州）、《司法日刊》（广州）等。而较早的、红色的、广义的检察报纸，是 1931 年 4 月 11 日由闽西裁判兼肃反委员会（我国人民法院的前身）创办发行的《法庭日刊》；1932 年 2 月 1 日，由闽西苏维埃政府创办，闽西苏维埃政府主席张鼎丞撰写发刊词的《裁判法庭日刊》；1933 年 6 月 16 日，由江西省苏维埃裁判部部长古柏创办的《司法汇刊》。[2]

此外，新中国较早的、广义的检察报纸包括：《公安红旗》（1967 年）、《福建法制报》（1979 年 11 月，2006 年 1 月 1 日改称《法制今报》，如图 222 所示）、《中国法制报》（1980 年 8 月 1 日，1988 年 1 月 1 日更名为《法制日报》如图 222 所示）、《新疆法制报》（1980 年 8 月）、《陕西法制报》（1981 年 5 月 1 日）、《青海法制报》（1981 年 6 月）、《西安法制报》（1981 年 7 月）、《江西法制报》（1981 年）、《大连法制报》（1981 年）、《本溪法制报》（1981 年）、《宁夏法制报》（1982 年 1 月）、《云南法制报》（1982 年 7 月）、《山东法制报》（1982 年 7 月）、《重庆法制报》（1982 年 12 月）、《广西法制报》（1982 年 12 月）、《重庆法制报》（1982 年 12 月）、《河北法制报》（1982 年）、《湖北法制报》（1982 年）、《新疆法制报》（1982 年）、《山东法制报》（1983 年 1 月）、《安徽法制报》（1983 年 1 月）、《天津法制报》（1983 年 7 月）、《上海法制报》（1983 年 9 月）、《广州法制报》（1983 年 12 月 24 日）、《山西法制报》（1984 年 3 月）、《黑龙江法制报》（1984 年 4 月）、《武汉法制报》（1984 年 4 月 25 日）、《浙江法制报》（1984 年 5 月）、《辽宁法制报》（1984 年 10 月）、《人民公安报》（1984 年 10 月 5 日）、《江苏法制报》（1985 年 1 月 15 日）、《河南法制报》（1985 年 1 月）、《四川法制报》（1985 年 1 月）、《宁夏法制报》（1985 年 1 月）、《法制生活报》（1985 年 1 月）、《北京法制报》（1985 年 4 月 6 日）、《哲里木法制报》（1985 年 3 月）、《法制导报》（1985 年

---

[1] 参见王邵平等编：《图书情报词典》，汉语大词典出版社 1990 年版，第 403～404 页。

[2] 参见严峻：《全国最早的红色法制报〈法庭日刊〉发现记》，载《人民法院报》2012 年 10 月 25 日。

4 月)、《内蒙古法制报》（1985 年 7 月）、《民主与法制时报》（1985 年）、《贵州法制报》（1985 年）、《深圳法制报》（1986 年 7 月）、《西藏法制报》（1988 年 1 月）、《法制文萃报》（1992 年）、《人民法院报》（1992 年 10 月 1 日）、《中国律师报》（1994 年 1 月 4 日，1999 年改称《百姓信报》，现已停刊，如图 222 所示）等。

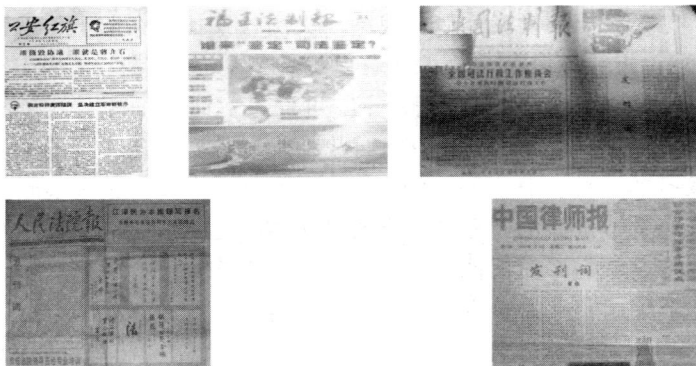

图 222 左上起：《公安红旗》，《福建法制报》（终止号，2005 年 12 月 31 日），《中国法制报》（创刊号），《人民法院报》（创刊号），《中国律师报》（创刊号）

再者，我国最早的狭义的检察报纸是《中国检察报》（1991 年 5 月 1 日试刊，1991 年 7 月 4 日创刊，1996 年 1 月 1 日改称为《检察日报》，如本书图 157 所示）。而其他狭义的检察报纸还有：《中央检察官管理学院院报》（1992 年创刊，1993 年停刊，共出版不足 10 期）、《河北日报·检察周刊》（河北省人民检察院党组，河北日报报业集团党委，河北法制报社 2001 年创办）、《鹤城检察》（齐齐哈尔检察院 2005 年 1 月创办）、《职务犯罪预防报》（招远市检察院 2006 年 6 月 14 日创办）、《许昌日报·检察视点》（河南许昌市人民检察院与许昌日报社 2007 年 7 月创办）、《山西青年报·检察周刊》（山西临汾市人民检察院与山西青年报社 2008 年创办）、《沧州日报·检察战线》（河北沧州市人民检察院与沧州日报社 2009 年 1 月创办）、《江西日报·检察周刊》（江西省人民检察院与江西日报社 2010 年 7 月创办）、《预防与廉政》（辽宁省检察院辽河分院，联合辽河石油报社创办 2010 年创办）、《河口检察报》（山东省东营市河口区检察院 2011 年 4 月创办）、《新建检察》（江西南昌新建县检察院 2011 年 9 月 7 日创办）、《双辽预防》（内蒙古双辽市人民检察院 2011 年 11 月创办）、《临潼预防之窗》（陕西临潼市人民检察院 2012 年 5 月 18 日创办）、《任城检察》（山东济宁市任城区检察院 2012 年 7 月创办），以及《番禺检察》（广东番禺市人民检察院 2004 年 3 月创办）、《保定检察》（2006 年 5 月 8 日）、《合肥晚报·人民检察》（安徽省人民检察院与合肥晚报社 2007 年 10 月 27 日创办）、《沧州检察工作》（河北沧州市人民检察院 2012 年 10 月 1 日创办）、《检察文化报》（云南曲靖市人民检察院 2012 年 3 月 9 日创办）、《卫东检察之声》（河南平顶山市卫东区人民检察院 2012 年 11 月 2 日创办），如图 223 所示。

图 223　左上起：《番禺检察》，《保定检察》，《合肥晚报·人民检察》，《沧州检察工作》，《检察文化报》，《卫东检察之声》

四、电子检察报刊

随着计算机，互联网的普及应用，电子报刊包括针对检察事务的电子报刊大流量涌现。

所谓电子报刊亦称数字报刊，是指运用各类文字、绘画、图形、图像处理软件，参照电子出版物的有关标准，创作的电子报或电子刊物的总称。它是将信息以数字形式存储在光、磁等存贮介质上，并可通过电脑设备本地或远程读取使用的连续出版。因此，它包括两类：一类是纸质报刊的电子化。例如《法制日报》、《人民公安报》、《人民法院报》、《检察日报》、《方圆》、《检察风云》、《清风苑》等纸质报刊的电子版。

另一类是纯正的电子报刊。例如，2007 年 8 月 2 日，广西南宁市检察院创办的《南宁检察》；2008 年 9 月，天津市河北区人民检察院公诉科创办的《公诉园地》；2009 年 2 月 10 日，山东省潍坊市潍城区检察院创办的《城检 e 家》；2010 年，重庆市大渡口区检察院创办的《大渡口检察》；2011 年 7 月，四川省江油市人民检察院创办的《江油检察》；2012 年 4 月 4 日，福建省大田县检察院创办的《岩检风采》；2012 年 6 月 1 日，山西武乡县检察院创办的《红星杨》等。

五、检察文献数据库

所谓检察文献数据库，就是有关检察文献的数据库。其中，数据库产生于 20 世纪 60 年代，是指按照数据结构来组织、存储和管理数据的仓库。随着信息技术和市场的发展，特别是 20 世纪 90 年代后，数据管理不再仅仅是存储和管理数据，而转变成用户所需要的各种数据管理的方式。

另外，作为依照某种数据模型组织起来并存放二级存储器中的数据集合，数据库具有如下特点：一是尽可能不重复，以最优方式为某个特定组织的多种应用服务；二是其数据结构独立于使用它的应用程序，对数据的增、删、改和检索由统一软件进行管理和控制；三是数据库中数据具有整体性，共享性。

此外，数据库通常分为层次式、网络式和关系式数据库 3 种。而实践中，最常见、常用的文献或其法律文献数据库有：

第一，光盘式数据库。例如，《中国法律知识资源总库》，由清华大学主办，中国学术期刊（光盘版）电子杂志社 2008 年出版；《中国法律检索系统》，由北京大学法制信息中心研制，北京大学出版社出版；《中国法律法规大典》，由中国政法大学与北京博利群电子信息有限责任公司联合开发制作，电子工业出版社出版发行；《国家法规数据库》，由国家信息中心编制；《大法官 2000》，由中软融鑫信息技术有限公司，新疆汇通（集团）股份有限公司制作；《中国法律年鉴（光盘版）》；《全国总书目（光盘版）》；等等。

第二，互联网式数据库。例如，《中国知网》（http：//www. cnki. net/）、《万方数据》（http：//c. wanfangdata. com. cn/Claw. aspx）、《中国法律数字图书馆》（http：//law. cnki. net/）、《北大法宝》（http：//www. pkulaw. cn/）、《北大法意》（http：//www. lawyee. net/）、《法律图书馆》（http：//www. law‐lib. com/law/）、《全国人大常委会·法律法规数据库》（http：//law. npc. gov. cn：87/home/begin1. cbs）、《法律之星》（http：//law. law‐star. com/html/lawsearch. htm）、《国务院法制办公室·法律法规全文检索系统》（http：//search. chinalaw. gov. cn/search2. html）、《中国政府网·法律法规》（http：//www. gov. cn/flfg/）、《汇法数据库》（www. lawxp. com）、《法律门数据库》（http：//www. falvmen. com. cn/falvm/app/db/f_ database. jsp）、《中国国家图书馆·中国国家数字图书馆》（http：//www. nlc. gov. cn/）、《中华数字书苑》

（http：//www. apabi. com/tiyan/pub. mvc/Index2？pid = login&cult = CN）、《古籍网》（http：//www. bookinlife. net/cart – index. html）、《大成老旧期刊全文数据库》（http：//www. dachengdata. com/search/toRealIndex. action；jsessionid = E-166D3F7146869E0581FEEFBB6CD15FC）、《孔夫子旧书网》（http：//www. kongfz. com/）、《中国人民大学复印报刊资料数据库》（http：//ipub. zlzx. org/）、《全国报刊索引》（http：//www. cnbksy. com/shlib_ tsdc/index. do）等。

　　第三，连续性电子期刊。例如，《中国财经审计法规公报》（中国时代经济出版社）、《全国新书目》（新闻出版总署，中国版本图书馆），以及《中国学术期刊——政治军事与法律辑》、《中国图书全文数据库》、《中国公检法知识仓库》、《中国年鉴全文数据库》、《中国博士学位论文全文数据库》、《中国政报公报期刊文献总库》、《中国优秀法律学术论文集全文数据库》、《中国优秀硕士学位论文全文数据库》、《中国重要报纸全文数据库》、《中国重要会议论文数据库》（中国学术期刊光盘版电子杂志社）等。

　　而实践中最常见的检察数据库，除包括上述光盘、互联网式、连续性电子期刊数据库之外，还有如图 224 所示光盘数据库。

图 224　左起：《人民检察 1996—2005（全文检索光盘）》（人民检察杂志社 2005），《纪念检察日报创刊十五周年（1991.7.4—2006.7.4）全文检索数据库》（检察日报社 2006），《国家检察官学院学报创刊十周年（1993—2003 光盘版）》（中国检察出版社电子出版物数据中心 2003）

第十七章　检察文献的管理

一、检察文献的分布

（一）概述

所谓检察文献的分布，是指检察文献在社会上的典藏散布，亦即检察文献存在于社会的哪些地方、角落。

诚然，"纵观我国文献存储历史，我们可以将文献存储历史划分为'官府文献存储范式'、'民间文献存储范式'、'传统图书馆文献独立存储范式'和'复合图书馆文献合作存储范式'四大阶段"。① 易言之，文献或其法学文献或其检察文献，通常也为官府、民间、传统图书馆和复合图书馆所典藏。但本书认为，作为近现代随我国检察制度产生才出现的检察文献，其分布可概分为两类：

1. 典藏于官方之处的检察文献，抑或为官方所典藏的检察文献。它又以检察档案特别是其中的检察法律文本及其诸稿、检察志、检察年鉴、检察法律汇编、检察报刊等官方法律文献居多。而之所以将其称为官方检察文献，因为它们一般均为官方所创制。例如，据《立法法》和全国人大常委会《关于加强法律解释工作的决议》等规定，检察法律文本及其诸稿的创制者，只能是全国人大及其常委会、最高人民法院和最高人民检察院、国务院及其各部委、地方各级人大及其常委会、地方各级人民政府及其各部门；据国务院《出版管理条例》、《法规汇编编辑出版管理规定》（1990 年 2 月 18 日）、《地方志工

---

① 参见倪代川等：《我国文献存储历史的范式演变》，载《上海高校图书情报工作研究》2011 年第 4 期。

作条例》（2006 年 5 月 18 日），① 以及新闻出版总署《报纸出版管理规定》、《期刊出版管理规定》等规定，检察报刊、检察法律汇编、检察志、检察年鉴，一般只能由相应的国家机关创制，而不能由个人编制。而创制和典藏检察文献的官方，主要包括以下十种：

（1）出版行政主管部门以及各类图书馆（如公共图书馆），特别是其中的法律图书馆（如中国政法大学、社科院法学所等法律系院校、法学研究机构图书馆）尤其是其中的检察图书馆（如国家检察官学院及其分院图书馆）。

第一，《出版管理条例》第 22 条规定："出版单位应当按照国家有关规定向国家图书馆、中国版本图书馆和国务院出版行政主管部门免费送交样本。"② 因此，国家图书馆和中国版本图书馆以及各级出版行政主管部门（亦即各级新闻出版局），理应是典藏检察文献最多的官方。

---

① 其中，《法规汇编编辑出版管理规定》规定："编辑法规汇编，遵守下列分工：（一）法律汇编由全国人民代表大会常务委员会法制工作委员会编辑；（二）行政法规汇编由国务院法制局编辑；（三）军事法规汇编由中央军事委员会法制局编辑；（四）部门规章汇编由国务院各部门依照该部门职责范围编辑；（五）地方性法规和地方政府规章汇编，由具有地方性法规和地方政府规章制定权的地方各级人民代表大会常务委员会和地方各级人民政府指定的机构编辑"（第 4 条第 1 款）；"根据工作、学习、教学、研究需要，有关机关、团体、企业事业组织可以自行或者委托精通法律的专业人员编印供内部使用的法规汇集；需要正式出版的，应当经出版行政管理部门核准。除前款规定外，个人不得编辑法规汇编"（第 5 条）。《地方志工作条例》规定："本条例所称地方志，包括地方志书、地方综合年鉴。地方志书，是指全面系统地记述本行政区域自然、政治、经济、文化和社会的历史与现状的资料性文献。地方综合年鉴，是指系统记述本行政区域自然、政治、经济、文化、社会等方面情况的年度资料性文献。地方志分为：省（自治区、直辖市）编纂的地方志，设区的市（自治州）编纂的地方志，县（自治县、不设区的市、市辖区）编纂的地方志"（第 3 条）；"县级以上地方人民政府应当加强对本行政区域地方志工作的领导。地方志工作所需经费列入本级财政预算"（第 4 条）；"国家地方志工作指导机构统筹规划、组织协调、督促指导全国地方志工作。县级以上地方人民政府负责地方志工作的机构主管本行政区域的地方志工作，履行下列职责：（一）组织、指导、督促和检查地方志工作；（二）拟定地方志工作规划和编纂方案；（三）组织编纂地方志书、地方综合年鉴；（四）搜集、保存地方志文献和资料，组织整理旧志，推动方志理论研究；（五）组织开发利用地方志资源"（第 5 条）。

② 而《图书出版管理规定》（2008 年 2 月 21 日）第 34 条、《电子出版物出版管理规定》（2008 年 2 月 21 日）第 35 条、《报纸出版管理规定》（2005 年 9 月 30 日）第 45 条、《期刊出版管理规定》（2005 年 9 月 30 日）、《音像制品出版管理规定》（2004 年 6 月 17 日）第 29 条等，也有类似规定。

第二，《国家检察官学院分院建设标准》第 10 条第 1 项规定，检察官分院的房屋建筑，分为教学用房、行政用房、生活用房和辅助用房等，教学用房包括各类教室、研讨室、报告厅、模拟审讯室、模拟法庭、图书馆及体能训练馆等。因此，国家检察官学院及其分院必须设置图书馆；而国家检察官学院及其分院图书馆，须以典藏检察文献为重点。

第三，我国目前图书馆的类型主要有国家、公共、学校、科学、专业（如人大系统图书馆）、技术、工会、军事、儿童、盲人和少数民族图书馆 11 种类型；其中的国家、公共、科学、高等院校图书馆则是我国整个图书馆事业的四大支柱，① 也是官方典藏检察文献的主要地点；而高等院校中的诸如中国政法大学（前身为北京政法学院）、西南政法大学（前身西南政法学院）、西北政法大学（前身西北政法学院）、华东政法大学（前身华东政法学院）、中南财经政法大学（前身中南政法学院）等政法大学，诸如甘肃政法学院等政

---

① 另据有关资料统计显示，截止到 2011 年底，全国共有公共图书馆 2952 个，其中县级公共图书馆 2570 个；研究生培养机构图书馆 797 个，包括普通高校图书馆 481 个与研究机构图书馆 316 个；普通高等学校图书馆 2358 个，包括高等学校独立学院图书馆 323 个，成人高等院校图书馆 365 个，民办高等学校图书馆 836 个；中等教育学校图书馆 85132 个。而截至 2007 年底，全国共有 615 所法学专业高等院校，几乎所有的本科院校都设置了法学专业。目前，全国已经建立了由普通高等法学教育、成人法学教育、法律职业教育构成的多渠道、多形式、多层次的法学教育体系。其中，较著名的法学院校有：人大、北大、武大、清华、法大、吉大、复旦、西南、南京、中山、华政、华中师大、北师大、厦门、中南财经、山大、浙大、南开、南京师大、东北师大、华中科技、重庆、上海交大、苏州、川大、西北、华东师大、湘潭、郑州、上海、黑大、云南、湖南、山西、湖南师大、河北、华南师大、外交、中南、深圳、西南财大、天津师大、暨南、西安交大、烟台、上海财大、对外经济贸易、南昌、辽大、华南理工、西南、上海师大、同济、首都师大、上海政法学院、中央民族、东南、安徽师大、北航、扬州、中央财大、安徽、中南民族、宁波、广东商学院、兰州、中国青年政治学院、江西财大、沈阳师大、河海、上海外国语、湖北、中国农大、浙江工商、河南财经政法、华东理工、北京理工、河南师大、广西师大、河南、华中农大、浙江师大、福建师大、中国海洋、长春理工、江西师大、广州、广东外语外贸、大连海事、广西民族、河北师大、海南、四川师大、海南师大、国际关系、西北、江苏、西北工业、甘肃政法学院、湖南科技、温州、南京财经、浙江工业、陕西师大、首都经贸、中国传媒、北外、东北、西华师大、燕山、西南民族、武汉理工、重庆工商、广西、浙江财经、浙江理工、福州、西北师大、华南农大、华侨、长沙理工、贵州、河北经贸、西财经、哈工大、安徽财经、北工商、信阳师范学院、南京工业、西南交大、山东师大、山东理工、南京农大、北京科技、南京航空航天、重庆邮电、徐州师大、北交大、杭州师大、大连理工、吉首、长安贵州师大、山东工商、辽宁师大、电子科技、江南、东北财经、华北电力、北工大、山东经济、南京审计、成都理工、汕头等大学 154 所。

法学院，诸如中央政法管理干部学院（前身中央政法干校）、河南政法管理干部学院等政法管理干部学院，诸如中国刑事警察学院、北京警察学院等警察学院，诸如国家法官学院及其分院，诸如司法行政学院、山东司法行政学院等司法行政学院的图书馆，以及诸如北京大学、清华大学等 211、985 院校及其法学院的图书馆，① 也都是官方典藏检察文献的重要地方。

第四，诸如中国社会科学院法学研究所、中国应用法学所等法学研究机构，以及诸如中国法学会、北京市法学会等法学会图书馆，也都是官方典藏检察文献的主要地方。

第五，据《中国法学图书目录》（中国法学会编，群众 1986）统计显示，目前我国馆藏法学文献或其检察文献最多的图书馆有：中国社科院法学所、浙江、广东中山、南京、山西政法管理干部学院、北京、四川、中国人民大学及其法学院、北京大学及其法学院、西北政法大学、吉林大学及其法学院、厦门大学及其法学院、中国政法大学、湖北财经学院、福建省、新疆政法管理干部学院、河北大学及其法学院、安徽大学及其法学院、兰州大学及其法学院、武汉大学及其法学院、广西桂林、天津师范大学、辽宁省、贵州政法管理干部学院、青海省、河北政法管理干部学院、中山大学及其法学院、山东政法管理干部学院、郑州大学及其法学院、华东政法大学、南京大学及其法学院、中国人民公安大学、上海、西南政法大学、中国法学会图书馆。

因此，出版行政主管部门以及各类图书馆是典藏纸质检察文献的主要官方。

（2）各类档案馆特别是其中的法律、司法档案馆。例如，中央档案馆、山

---

① 其中，"211"是中国政府面向 21 世纪，重点建设 100 所左右的高等学校和重点学科的建设工程，目前有 107 所；"958"是国家创建一批世界一流大学和高水平的大学，目前有 37 所。

东档案馆、广州市档案馆等各级国家档案馆,① 天津和北京等公安档案馆,②
北京房山区人民检察院等检察档案馆,重庆荣昌县人民法院等法院档案馆。

　　另外,据《档案法》规定,中央和县级以上地方各级各类档案馆,是集
中管理档案的文化事业机构,负责接收、收集、整理、保管和提供利用各分管
范围内的档案（第 8 条）;机关（含检察机关）、团体、企业事业单位和其他
组织必须按照国家规定,定期向档案馆移交档案（第 11 条）;博物馆、图书
馆、纪念馆等单位保存的文物、图书资料同时是档案的,可以按照法律和行政
法规的规定,由上述单位自行管理。档案馆与上述单位应当在档案的利用方面
互相协作（第 12 条）。

　　此外,据最高人民检察院、国家档案局《人民检察院诉讼档案管理办法》
（2000 年 11 月 2 日）规定,各级人民检察院应设专门库房保管档案,购置必
需的设备,不断改善档案的保管条件（第 12 条）;按国家有关规定,应进馆
的档案在本机关保存期满后,向有关档案馆移交（第 19 条）。

　　再者,据最高人民检察院、国家档案局《关于人民检察院诉讼档案保管期

---

　　①　中央档案馆,是中共中央和国务院直属的文化事业机构,也是我国国家档案馆,
1959 年成立于北京,集中保管自"五四"运动以来的,具有全国意义的革命历史档案和中
华人民共和国成立后党和国家中央机关的具有永久保存价值的档案。该馆馆藏档案 80 余万
件,资料 80 余万册,主要包括:1921 年 7 月中国共产党成立以来,中共中央及其所属机构
和派出机关在各个时期活动中形成的档案;新中国成立前,相继在各地成立的苏维埃红色
政权、抗日民主政权、解放区民主政权形成的档案;新中国成立以来,全国人民代表大会
常务委员会、国务院及其各部委和各直属机构、全国政协形成的档案;一些全国性人民团
体形成的档案;党和国家主要领导人以及老一辈无产阶级革命家、著名社会活动家的手稿、
书信、日记等档案和资料。其下设中国第一历史档案馆（北京）,是以管理明清时期中央
机关档案为主的文化事业机构;中国第二历史档案馆（南京）,是以管理中华民国时期各
个政权的中央机关档案为主的文化事业机构。我国档案工作实行统一管理、分级负责的体
制。除中央一级以外,省、地、县三级都分别设有本级的档案局和档案馆,它们都分别由
各级党委、政府相关部门管理。到 2009 年,全国共有各级国家档案馆 3191 个,一共收藏
档案 2.1 亿多卷,案卷排架长度为 400 多万米。
　　②　而公安部《全国公安档案馆设置方案》（2001 年 12 月 14 日）指出:"公安档案馆
是公安基础业务部门,是永久保管公安档案的基地,是研究公安档案理论、为公安业务工
作服务的信息资源中心。从 20 世纪 60 年代起,公安部即建有单独的档案。1983 年,国
家档案局、公安部明确提出地级以上公安机关要建立公安专业档案馆。2000 年 11 月,公
安部、国家档案局又共同制定《公安档案管理规定》,再次明确公安机关建立公安档案馆
的要求……。公安档案馆（室）主要职责:（一）接收和征集公安机关应当长期和永久保
存的公安档案;（二）保护和管理公安机关移交进馆的公安档案,根据需要兼管有关资料;
（三）开发馆藏档案,编辑出版公安史料,开展档案利用工作。"

限的规定》（2000 年 11 月 2 日）规定，人民检察院诉讼档案的保管期限分为永久、长期（保管时间为 60 年）、短期（保管时间为 20—30 年）3 种（第 1 条）。

人民检察院诉讼档案保管期限表（第 4 条）

顺序号	条款名称	保管期限
一	侦查、审判监督的刑事案件档案	
1	人民检察院审查批准逮捕、决定起诉、免予起诉及提出抗诉的案件	
（1）	重要的	永久
（2）	一般的	长期
2	人民检察院不批准逮捕、不起诉、二审撤销抗诉的案件	
（1）	重要的	永久
（2）	一般的	长期
二	直接受理立案侦查的刑事案件档案	
1	人民检察院作起诉或免予起诉处理的案件	
（1）	重要的	永久
（2）	一般的	长期
2	人民检察院作撤销案件、不起诉处理的案件	长期
3	人民检察院撤销起诉、撤销免予起诉、撤销抗诉、撤销不起诉的案件	长期
4	人民检察院受理后经初查不立案的案件	短期
三	控告申诉案件档案	
1	人民检察院直接查处的群众控告申诉案件	
（1）	重要的	永久
（2）	一般的	长期
2	转有关部门处理而要查处结果的群众来信来访材料	短期
四	其他	
1	下级人民检察院按照法定程序上报的备案材料	
（1）	予以纠正的	长期
（2）	同意备案的	短期
2	上级人民检察院对疑难、分歧案件的指导材料	
（1）	重要的	永久
（2）	一般的	长期
3	对下级人民检察院决定免予起诉、不起诉和不批准逮捕案件的复核材料	短期
4	对下级人民检察院报请延长羁押期限的审批材料	短期

因此，各级各类档案馆是典藏检察文献之检察档案的重要官方。

（3）各类博物馆特别是其中的法律、司法博物馆。例如，国家博物馆、上海博物馆等各级博物馆，上海等公安博物馆、人民检察院博物馆、河南人民检察博物馆等检察博物馆、中国法院博物馆等法院博物馆。

另据文化部《博物馆管理办法》（2005年12月22日）规定，① 博物馆依法享受税收减免优惠，享有通过依法征集、购买、交换、接受捐赠和调拨等方式取得藏品的权利（第4条第2款）；博物馆藏品的收藏、保护、研究、展示等，应当依法建立、健全相关规章制度，并报所在地市（县）级文物行政部门备案（第19条第1款）。因此，博物馆是典藏检察文献特别是检察文物重要地方。

（4）各类纪念馆。例如刘少奇纪念馆、彭真纪念馆、罗荣桓纪念馆、张鼎丞纪念馆等。

（5）各类法学文献的编辑，出版和发行单位（如《法制日报》等法律报社，《中国法学》等法律杂志社、编辑部，中国法制等法律出版社，② 中法图等法律书店），特别是其中检察文献的编辑、出版和发行单位。例如，《检察日报》等检察报社，《人民检察》等检察杂志社、编辑部，中国检察出版社等检察出版社，中国检察出版社读者服务部等检察书店。

另外，据新闻出版总署统计资料显示，截止到2012年底，我国共有图书出版单位（出版社）581个，音像出版单位374个，电子出版物出版单位264个，报社199个，期刊社1006个。

此外，据新闻出版总署《2011年度全国新闻出版业基本情况》公布统计显示：一是2011年全国共出版图书369523种（初版207506种，重版、重印162017种），图书品种增长12.53%（初版增长9.62%，重版、重印增长16.48%）；2011年共出版政治、法律类图书15669种（初版12322种）占总品种4.24%（初版占5.94%），种数增长12.70%（初版增长15.70%）。二是2011年全国共出版期刊9849种，与上年相比，种数下降0.35%。其中，综合

---

① 该《办法》第2条规定："本办法所称博物馆，是指收藏、保护、研究、展示人类活动和自然环境的见证物，经过文物行政部门审核、相关行政部门批准许可取得法人资格，向公众开放的非营利性社会服务机构。利用或主要利用国有文物、标本、资料等资产设立的博物馆为国有博物馆。利用或主要利用非国有文物、标本、资料等资产设立的博物馆为非国有博物馆。"

② 而总的来说，我国出版法学或其检察学图书较多的出版社有商务印书馆、人民、法律、中国检察、人民法院、中国法制、民主法制、中国方正、中国政法大学、中国人民公安大学等出版社，以及各省人民出版社、各大学出版社等。

类期刊 435 种，占期刊总品种 4.42%，与上年相比，种数下降 12.12%；哲学，社会科学类期刊 2516 种，占期刊总品种 25.55%，与上年相比，种数增长 2.03%。三是 2011 年全国共出版报纸 1928 种，种数降低了 0.57%。其中，综合报纸 809 种，占报纸总品种 41.96%。四是 2011 年全国共出版电子出版物 11154 种。五是 2011 年全国共有出版物发行网点 168586 处。

（6）最高人民检察院、地方各级人民检察院和军事、铁路运输、兵团等专门检察院，以及检察院的派出机构等检察实践单位、部门。

另外，据《人民检察院组织法》、《档案法》、《人民检察院诉讼档案管理办法》等规定，最高人民检察院，地方各级人民检察院（包括省、自治区、直辖市人民检察院；省、自治区、直辖市人民检察院分院，自治州和省辖市人民检察院；县、市、自治县和市辖区人民检察院）和军事、兵团、农垦、铁路运输等专门人民检察院以及工矿区、农垦区、林区等区域设置的人民检察院派出机构，是检察档案的重点典藏者。

此外，值得注意的是，2011 年 12 月，最高人民检察院印发《关于加强人民检察院图书馆（室）建设的通知》提出，已完成"两房"建设的检察院，力争在今年年底前完成建设任务；要立足检察工作实际，精心挑选和购置包括检察理论研究与改革、检察综合业务知识等方面的图书资料。为此，自 2006 年起，中国检察出版社就承担了中国检察官教育基金会资助贫困基层检察院图书室的配备工作，从 2009 年开始承担了最高人民检察院援建西部贫困基层检察院图书室的项目，至今已完成 500 多家检察院图书馆（室）的建设任务。①

（7）诸如国家检察官学院及其分院等检察教育培训部门。为实大规模战略，最高人民检察院陆续批准在全国建立或筹建 36 个国家检察官学院分院。截止到 2012 年 4 月底，已建成的国家检察官学院分院有：黑龙江、吉林、辽宁、北京、天津、河北、山西、内蒙古、山东、江苏、浙江、福建、上海、河南、湖北、湖南、广东、四川、云南、青海以及大连、井冈山分院等 24 个；而海南、安徽、广西、重庆、西藏、陕西、甘肃、贵州、宁夏、新疆等 12 所分院正在兴建。

（8）诸如中国检察理论研究所等检察理论研究部门。

（9）诸如中国检察官协会、中国女检察官协会、中国检察官教育基金会、中国检察官文艺联合会等检察（官）协会。

（10）诸如中国检察学研究会及其各专业委员会（检察基础理论、诉讼监

---

① 参见《中国检察出版社关于配备人民检察院图书馆（室）图书资料的通知》，载《检察日报》2011 年 12 月 14 日。

督、公诉、职务犯罪侦查、民事行政检察、金融检察专业委员会）。

2. 典藏于非官方或民间之处的检察文献。即典藏于上述官方之外的民间。它又包括以下地方：

第一，作者等检察著作的著作权人之处。

第二，检察理论和实践的研究者之处。

第三，检察文献（物）的收藏者。

第四，非官方主办的博物馆，纪念馆。

第五，其他。

（二）我国检察文献的分布状况

毋庸讳言，法律（学）图书馆是我国目前典藏检察文献的最重要地方。而据各级各类图书馆主管部门体制与管辖范围，我国法律（学）图书馆分布呈现为众多部门体制和与其相应的纵向分割关系，并可该概分为以下四类：①一是国家法制机构类图书馆，包括我国各级立法、审判（法院、仲裁）、检察、公安（警察）、司法行政（含监狱、律师和公证管理）5 大法制系统中的图书馆、法律信息中心、专业资料室、司法档案馆和博物馆等。二是政府法制工作机构图书馆。即国务院法制办及其各部委的政策法律部门、图书馆、法律信息中心、专业资料室、司法档案馆和博物馆等。其特征是所藏文献资源与其所属政府职权有密切的联系，文献收集主要集中在与本行业或职权相关的部门立法，行政立法，技术立法方面。三是综合性图书馆，包括国家、各省级、省会城市公共图书馆，高等院校及其法学院图书馆、资料室。四是法学学术社团和社会科学研究系统图书馆、资料室。

另外，据《民国时期总书目》（法律分册）统计显示，民国时期法律图书总数为 4368 种。其中，国家、上海和重庆图书馆分别收藏有 3175 种（占总数的 72.2%）、2584 种（占总数 60.1%）、344 种（占总数 8%）。

此外，据百度、谷歌搜索显示，目前，在著名的法律图书馆中，西北政法图书馆现有藏书 50 万种 153 万册，法大图书馆现有藏书 20 万种 100 万册，西南政法大学图书馆现有藏书 9.7 万种 80 万册，华东政法大学图书馆现有藏书 9 万种 46 万册，中南财经政法大学图书馆现有藏书 60 万种 180 万册，甘肃政法学院图书馆现有藏书 10 万种 50 万册，上海政法学院图书馆现有藏书 12 万种 63 万册，广西政法管理干部学院图书馆现有藏书 3 万种 15 万册，河北政法

---

① 参见田建设：《我国法律图书馆及其法律文献建设》，载《云南法学》2000 年第2 期。

职业学院图书馆现有藏书 9 万种 47 万册，公安大学图书馆现有藏书 16 万种 80 万册，湖北警官学院图书馆现有藏书 12 万种 60 万册，中国刑警学院图书馆现有藏书 2.4 万种 12 万册，广东警官学院图书馆现有藏书 9 万种 48.2 万册，贵州警官职业学院图书馆现有藏书 6.6 万种 33.7 万册，辽宁公安司法干部管理学院图书馆现有藏书 2 万种 10 万册，浙江公安高等专科学校图书馆现有藏书 4.4 万种 22 万册，江苏警官学院图书馆现有藏书 1.2 万种 51 万册，中国社会科学院法学研究所图书馆现有藏书 7 万种 35.7 万册，中国人民大学法学院图书馆 10 万种 30 万册，北京大学法学院法律图书馆现有藏书 5 万种 15 万册，清华大学法学院 4 万种 11 万册，复旦大学法学院信息资料中心现有藏书 2 万种 4 万册，中山大学法学院图书馆现有藏书 3 万种 5 万册，山东大学法学院图书资料中心现有藏书 2 万种 4 万册，重庆大学法学院图书馆现有藏书 0.5 万种 1.3 万册，苏州大学王健法学院图书馆现有藏书 2.5 万种 5 万册，南京大学法学院图书馆现有藏书 1.5 万种 3.1 万册，辽宁大学法学院资料室现有藏书 1 万种 2 万册，内蒙古大学法学院图书馆现有藏书 1 万种 2 万册，郑州大学法学院资料室现有藏书 10 万种 23 万册。而截止到 2011 年 3 月 31 日，国家检察官学院图书馆共有各类馆藏文献信息资源 49532 种 127466 册。其中，法学文献（不含检察文献）28270 种 70597 册，分别占馆藏总数的 50.14%、55.38%；检察文献 749 种 2847 册，分别占馆藏总数的 1.33%、2.23%。

二、检察文献的收集

（一）概述

所谓检察文献收集，是指通过有偿或无偿方式，将检察文献聚集在图书馆等典藏地方的行为活动。而文献采集，"又称'采购'、'采访'、'藏书补充'、'文献收集'等。图书馆或文献中心根据自身任务和服务方针，有计划地选择，收集所需文献的过程……包括文献的选择与采集两方面……具体采集方式有购入和非购入两种。前者包括订购、选购、邮购、复制等；后者包括呈缴、调拨、交换、征集、赠送等"。① 因此，检察文献收集包括有偿和无偿收集两类。而两者的关键，是做好检察文献的选择：② 哪些该收，哪些不该收；

---

① 参见王邵平等编：《图书情报词典》，汉语大词典出版社 1990 年版，第 126 页。

② 所谓文献选择，"又称'选书'。图书情报机构在采集文献的过程中，为了均衡增加与更新馆藏，维护馆藏特色及重点，通过查询书目、评论、馆藏书目、出版机构和书商资料、文献本身等途径，对文献进行选定的工作过程"（参见王邵平等编：《图书情报词典》，汉语大词典出版社 1990 年版，第 127 页）。

哪些应全面收，哪些应重点收；哪些应现在收，哪些可过一段时间收……其前提，是摸清社会现存检察文献"底数"和自存检察文献"家底"，从而确定应收集检察文献重点、数量，使收集工作有的放矢；而做好摸清"底数"和"家底"的前提和关键，是做好检察文献线索的检索工作。

而有偿和无偿收集，通常都应遵循以下原则：一是突出重点——检察文献，全面收集；二是所收集检察文献所承载知识上的有用性；三是所收集检察文献内容上的丰富性；四是所收集检察文献种类和形式上的多样性；五是所收集检察文献时间上的及时性；六是所收集检察文献时序上的连续性和积累性。

（二）检察文献的检索

所谓检察文献检索，是指以检察文献线索为检索对象的活动。其中，检察文献线索是指"任何可用以查寻（检察）文献的文献特征或标识"。[①]

第一，检索检察文献的常用方法有十种:[②] 一是通过法律或其检察书目检索；二是通过法律或其检察文献索引检索；三是通过法律或其检察文摘检索；四是通过法律或其检察辞书检索；五是通过法律或其检察年鉴检索；六是通过法律或其检察百科全书检索；七是通过法律或检察手册检索；八是通过法律或其检察名录检索；九是通过法律或其检察文献汇编检索；十是通过类书、政书、表谱、图录等检索。

第二，检索检察文献的途径有六种：一是据检察文献的书名、刊名、篇名等来查找所需检察文献的题名途径；二是据检察文献的著者、编者、译者等来查找所需检察文献责任者途径；三是据检察文献知识所属的学科分类体系来查找所需检察文献的分类途径；四是据检察文献内容的主题词及其派生出来的关键词来查找所需检察文献的主题途径；五是据检察文献的时间顺序来查找所需检察文献的时间途径；六是据检察文献形成的不同地域来查找所需检察文献的地域途径。

---

① 参见王邵平等编：《图书情报词典》，汉语大词典出版社 1990 年版，第 126 页。
② 检察文献的检索方法，还可归纳为以下五种：一是从有关检察文献形成的起始年代入手，向后逐年查找所需检察文献的顺查法；二是从有关检察文献形成的终止年代入手，向前逐年查找所需检察文献的倒查法；三是从有关检察文献形成的起止年代中的某一段时间里查找所需检察文献的抽查法；四是据已知检察文献所附的注释、附录等指引为线索，通过逐一追踪来查找所需文献的扩展法；五是通过查阅原始检察文献直接获取所需检察文献的直查法。

第三，检索检察文献的检索工具有手工和机读检索工具两种:[1] 前者具体包括检察文献的卡片式目录、书目、手册、索引、文摘、字词典、百科全书、年鉴、手册、名录、图录、表谱、资料汇编等;后者则主要指计算机互联网检察文献检索系统——即按照检索者的提问要求，利用计算机、互联网自动查询预先经过整理并储存于计算机内的检察文献信息，并将查找结果提供给检索者的过程。因此，机读检索具有快捷准确、有利于实现资源共享、多途径、多窗口、体积小、容量大等特点。与此同时，根据划分标准的不同，还可将机读检索分为许多种类:一是据检索机器不同，可将其分为脱机、联机和网络检索3种;二是据检索对象不同，可将其分为字段检索和全文检索2种;三是据检索难易程度，可将其分为一般和高级检索2种;四是据检索内容不同，可将其分为数据、事实和文献检索3种;五是据检索次数不同，可将其分为一次和二次检索2种。但手工检索也好，机读检索也罢，则主要通过分类、主题词、题名、号码、任意词、时序、机构、责任者、地域、基金、引文检索而实现。

（三）检察文献的收集方式

概言之，通过调查、检索等方式摸清社会现存检察文献的"底数"和自身现存检察文献的"家底"之后，便可制定出切实可行的检察文献收集方案。同时，针对检察文献的分布状况和可能存有检察文献的单位和个人，可通过广告、邮发收集信函等方式发布收集邀约，并采取以下方式结网收集，使检察文献"一个都不能少":

1. 检察文献的采购。即通过预定、订购、选购、邮购、网购等方式，有偿获取检察文献。

2. 检察文献的复制。即通过复制方式而有偿或无偿地获取检察文献。其中，复制是指"仿造原件（多指艺术品）或翻印书籍等";[2] 而翻印书籍等检察文献的方式，主要有静电复印和影印，并以静电复印居多。

3. 检察文献的交换。即通过文献交换方式而有偿或无偿地获取检察文献。其中，征集是指"图书情报机构根据订立的协议互相供应文献的藏书补充工作"。[3] 例如，2011年，国家检察官学院图书馆就利用本院主办的《中国检察官》、《国家检察官学院学报》与有关地方各级人民检察院和专门检察院建立交

---

[1] 所谓检察文献检索工具，是指按照一定的需要，将各个检察学科或某一检察学领域的必要资料，按特定的排检法编排而成，供人们查检检察文献线素的目录、工具书刊或设备。

[2] 参见中国社科院语言研究所词典编辑室编:《现代汉语词典》（修订本），商务印书馆1999年版，第397页。

[3] 参见王邵平等编:《图书情报词典》，汉语大词典出版社1990年版，第565页。

换关系，从而无偿获取了许多检察院内部规章制度等内部出版发行的检察文献。

另外，交换包括国内与国际检察文献交换两种。而早在 1979 年，国务院就颁发《对外交换科技书刊资料等工作的暂行规定》指出："对外进行书刊交换，是我国与国外进行科技交流的一种形式，也是对我了解国外科技发展动向和水平的渠道之一。"① 而实践证明，做好检察文献交换，既有利于节约经费、充实馆藏，也有利于获得从一般渠道难以得到的检察文献；既有利于减少中间环节，缩短到馆周期，迅速获得最新检察文献，也有利于促进合作交流。

此外，检察文献交换一般应遵循互助互利、资源共享、稳定发展、有针对性、对等等原则，并做好以下工作：一是领导重视；二是加强调研；三是主动与各级检察院、兄弟院校图书馆及有关科研单位联系，签订交换协议；四是请教师和科研人员提供有关对口的科研机构和学术团体的线索，建立联系网；五是注意交换资料应完整有用。

4. 检察文献的征集。即通过征集方式而有偿或无偿地获取检察文献。其中，征集是指"图书情报机构采用主动发函、上门访求、刊登广告、征书启事等方法征求文献的藏书补充方式。一般是免费的，有时也支付一定费用"。② 例如，2011 年，国家检察官学院图书馆就利用向各级检察院发放征集函（如图 130 所示）的方式，无偿获取了北京、广东、重庆等 63 个检察院所赠检察志、年鉴、期刊等检察文献共计 254 种 833 册。

5. 检察文献的缴送。即以行政命令、考评等方式，在广泛宣传有关检察文献制度和征集检察文献文件的基础上，一方面，敦促各级检察机关遵照文件规定如数如期向国家检察官学院图书馆呈缴检察文献；另一方面，敦促本院科研人员向图书馆呈缴检察文献。例如，2011 年，国家检察官学院图书馆与财务部就联合开展了院内呈缴工作。

6. 检察文献的捐赠。即通过征集等方式使检察文献的所有者有条件或无条件地将其拥有的检察文献捐赠给图书馆。

例如，2011 年，国家检察官学院图书馆就利用向各级检察院发放征集函的方式，无偿获取了湖南省院王名湖、北京市人民检察院等同志和单位捐赠的

---

① 而值得注意的是，1958 年，联合国教科文组织在巴黎组织第 10 次会议，通过了两个公约：一是《国际出版物交换公约》，共 21 条，规定文献交换的范围、交换机构、传递方法、运费、运价、关税以及批准和接受、加入和废止等；二是《各国间交换官方出版物和政府文件公约》，共 22 条，对交换协定、交换机构、传递方法、运费、运价、海关以及批准和接受、加入或废止等项作了具体规定。两个公约于 1961 年生效，我国是该公约成员国。

② 参见王邵平等编：《图书情报词典》，汉语大词典出版社 1990 年版，第 565 页。

检察期刊等检察文献近百种，随后该馆向捐赠者颁发了捐赠证书和国家检察官学院建院 20 周年邮册。

三、纸质和电子数据检察文献的相互转化

总的来说，目前能收集到的检察文献无外两种：一种是纸质的，另一种是非纸质的检察文献。而为了促进检察文献利用的最大化，减小馆藏空间不足压力，馆藏纸质检察文献的电子数据化趋势不可阻挡。同时，已存在诸如检察硕士，博士论文等电子检察出版物的纸质化问题，以满足传统阅读者需求。

（一）纸质检察文献的电子数据化[①]

1. 纸质（检察）文献电子化的概念和沿革。它是指通过计算机、互联网、照相机、扫描仪、缩微扫描仪、存档机、缩微冲洗拷贝阅读机等设备（如图 225 所示）及其技术，将获取的纸质（检察）文献进行电子数据化的加工过程。[②]

图 225　左上起：高速文件扫描仪，书刊扫描仪，零边距扫描仪，缩微胶片扫描仪，缩微数模整合设备（存档机），缩微拍摄设备，光盘库，磁盘阵列，磁带机，文献数字化加工系统（软件），数字化文献管理系统（软件）

---

① 参见张攀：《纸质档案、文物的数字化建设述略》，载《中原文物》2009 年第 5 期；李孟珠：《浅淡档案信息电子化》，载《引进与咨询》2005 年第 6 期；江燕萍：《地质资料电子化及存储研究》，载《才智》2011 年第 22 期；李兰芹：《纸质文献深度电子化的标准化工作流程构建》，载《图书情报工作》2010 年增刊；杨向东：《档案电子化管理系统简介》，载《华南金融电脑》2004 年第 6 期；唐海英：《对纸质档案电子化的探讨》，载《城建档案》2010 年第 11 期。

② 而国家档案局《中华人民共和国行业标准 DA/T 31—2005 纸质档案数字化技术规范》（2005 年 4 月 30 日）规定，数字化是指用计算机技术将模拟信号转换为数字信号的处理过程（第 3·1 条）；纸质档案数字化是指采用扫描仪或数码相机等数码设备对纸质档案进行数字化加工，将其转化为存储在磁带、磁盘、光盘等载体上并能被计算机识别的数字图像或数字文本的处理过程（第 3·2 条）。

自 20 世纪 80 年代中期以来，我国香港特别行政区和内地的古籍数字化建设开始起步，至今已硕果累累。从 1984 年开始，我国台湾地区"中央研究院"就着手进行"史籍自动化计划"，目前已开发的"汉籍全文资料库"，拥有上亿字资料，其中较大型的是二十五史、医药文献、明实录、历代史料笔记丛刊和十三经等；香港汉达古文献数据库中心开发的全文数据库，包括先秦两汉一切传世文献数据库、魏晋南北朝传世文献数据库、中国传统类书数据库等；上海人民出版社、香港迪志公司、北京书同文公司合作的文渊阁《四库全书》电子版，为读者提供了快捷有效的检索、统计、整理、编辑功能；书同文公司是内地最大的致力于古籍数字化的公司，现拥有《四库全书》、《四部丛刊》、《康熙字典》的电子版，以及《中华文化通志》、《汉语大词典》、《中华古汉语词典》、《永乐大典》等产品；上海图书馆与长江计算机集团合作的"古籍影像光盘制作及检索系统"，使内地的古籍数字化从计算机书目服务走向全文服务……

2. 纸质（检察）文献电子化的利弊。纸质（检察）文献电子数据化的"利"有六种：一是可改善（检察）文献管理工作，扩大馆藏空间，减轻了（检察）文献管理人员的劳动强度，提高了工作效率。二是有利于对纸质（检察）文献原件的保护：代替原件使用，副本分地保存，还可恢复（检察）文献模糊褪变的字迹。三是提高（检察）文献的利用率：不受孤本、地域和时间的限制；检索途径众多，方便查考；即时打印，方便读者；可应用技术多，生动形象；借助电讯线路、互联网，可远程传送；易于拷贝，避免积压；信息存储密度高，节省空间；便于建立大型数据库，实现资源共享。四是缩短二次文献信息的加工时间，提高（检察）文献信息的时效性。五是一次投入，多次产出，可改变（检察）文献信息加工工作受经费限制的局面。六是（检察）文献知识信息成果传递迅捷，并与最新信息技术接轨。因此，电子数据化（检察）文献克服了纸质（检察）文献录入、保存、检索、分发四大困难，从而提高了（检察）文献的利用率和价值。

当然，纸质（检察）文献电子数据化也有"弊"：一是它具有虚拟性和依赖性。即电子数据（检察）文献是以电子字节作为记录形式的，它必须通过计算机及其相应的软件系统处理后，才能被人们阅读和识别，因而它不能离开计算机硬、软件系统而独立存在。二是它具有不稳定性和可变性。即所依赖的系统、载体具有不稳定性，其真实可靠性远不如纸质档案，随时面临被修改、盗窃、丢失，甚至销毁危险。三是磁盘和光盘等载体寿命短，易受灰尘等影响。四是（检察）文献知识信息易受电脑病毒影响。五是不利于知识产权保护，易泄密等。

3. 纸质（检察）文献电子化的归档途径。实践证明，利用磁盘，脱机采集数据的介质移交方式容易造成数据丢失；如遇质量较差的磁盘，会影响文件的可读性。因此，为防止数据丢失需制作多份备份盘存档，这不仅加大了工作量，也增加了存储磁盘的数量，简便而安全的方式是采用网络移交归档，并利用光盘存储。其中，网络移交的途径有二：一是借助计算机信息管理网，开通电子数据（检察）文献归档专递网线。二是选择电子数据（检察）文献信息的汇集点，由计算机与信息管理部门负责归档。

4. 纸质（检察）文献电子化的方法和步骤。即采用扫描仪或数码相机等数码设备对纸质（检察）文献进行数字化加工，将其转化为存储在磁带、磁盘、光盘等载体上并能被计算机识别的数字图像或数字文本的处理过程。因此，它包括以下步骤（如图226所示）：

第一，原件处理。即扫前对原件进行修整、分类、组织编排等项工作。其中，修整，主要是保证扫描数字化工作的速度和质量，对图纸的折痕、原件中的破损处及不清晰处所进行熨平、修复或清绘等工作；分类，是依据图文的内容和形式，将原件分为封面、正文、审批、附图、附表、附件、多媒体和其他等7类。

第二，扫描：一是选择彩色、灰度或黑白合适的扫描方式；二是选择适当的分辨率。对彩色、灰度或黑白二值的原件，分辨率的设置为：图纸300dpi，文字200dpi，照片100dpi。

第三，整饰。即为了使扫描后形成的文件清晰、美观而进行的反转、调整页边距、去污、旋转、纠斜、修补等工作。

第四，保存数据。扫描后的电子文件，硬盘中存一套，光盘存一套，一份报告的所有信息存于一个文件夹中，便于借阅者浏览查找和资料的安全保密。

5. 电子数据（检察）文献的存储方式。这主要有以下两种：

一种方式是利用存储介质传输，即直接存储模式。其中，存储介质包括磁盘、光盘、磁带、U盘、移动硬盘等。

另一种方式是利用计算机网络技术进行传输，即网络存储模式。在网络传输方式中，根据传输区域的大小，可分为局域传输和远程传输：前者主要应用于单位内部；后者是利用远程网络技术进行传输。

6. 电子数据（检察）文献的存储介质。通常，电子文件的存储介质（亦即载体）应是数据一次写入不可追加、修改的存储载体。而选择不当会造成信息很快丢失，甚至造成维护、转换的极大困难。

因此，选择载体的原则：一是尽量选择有国际和国家标准的载体；二是有

定义索引模板 --- 定义不同种类的档案索引信息存储模板，为档案的存储提供存储空间。

定义识别模板 --- 对不同种类的档案建立相应的 OCR 识别类型，并为每种类型的档案制定需要识别的区域，建立识别要素与索引模板的对应关系。

扫描 --- 将档案通过扫描仪转化成计算机识别的影像数据，在扫描中可采用先进的图像处理技术去除杂点、杂线，自动纠偏，保证图像质量。

影像编辑 --- 对影像进行编辑修改，如重新排序、添加批注，拆分合并等，直到用户满意。

索引录入 --- 对每份文档建立索引，取得查找文件所需的关键字，保证影像文档与索引信息的精确对应关系。

OCR 识别 --- 建立 OCR 识别模板，可自定义需要识别的区域，并同所建立的索引模板建立对应关系。自动将识别结果保存到响应的索引数据库。

查找 --- 通过索引信息，使用欧诺个系统提供的多种智能化搜索方法查找满足检索条件的文档图像内容。

文档导出 --- 将经过处理的影像文件插入到 WORD 文档中，添加一些必要的说明和本级机关和要求等信息……

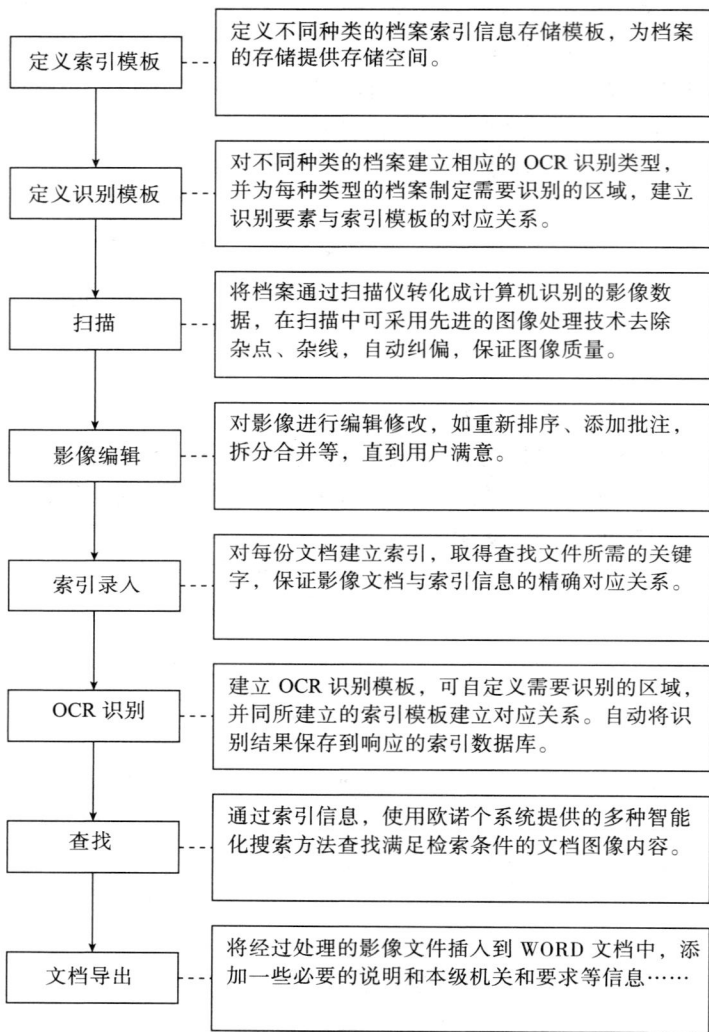

图 226　纸质（检察）文献电子数字化流程

发展前途的，其使用的软硬件应有多个供应渠道；三是载体内在性能稳定，耐久性得到公认；四是能较方便地进行保护；五是载体及其记录所必备的软硬件，价格便宜并为用户所能接受；六是能较容易地检测出载体的质变现象，以便能在载体变化之前将文件复制到新的载体上。为此，能够采用的主要有以下几种：存储载体采用硬盘、DVD＋R 或 DVD－R 可写入光盘、CD－R 可写入光盘、DVD±R、磁带、硬盘。

7. 纸质（检察）文献电子数据化系统网络服务结构、流程。如图 227 – 228 所示。

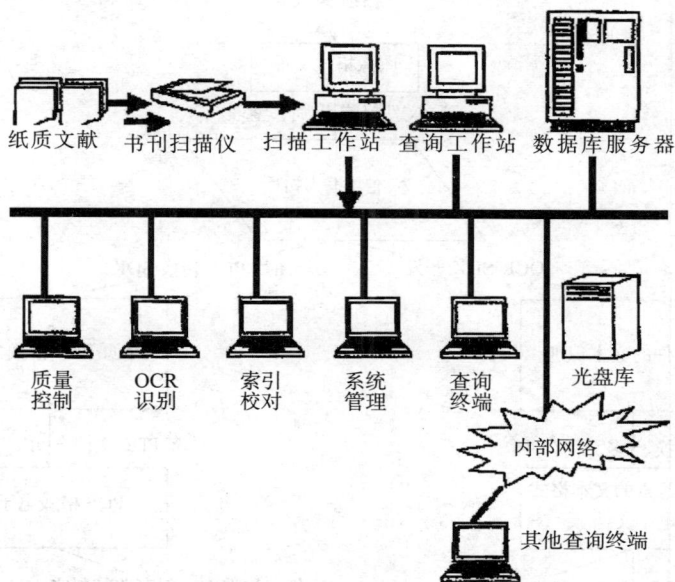

图 227 纸质（检察）文献电子数据化系统网络服务结构

8. 电子数据（检察）文献的保护：（1）保证电子文件载体物理上的安全：一是在文件传输前把数据加密，文件到达目的地后再进行解密；二是进行计算机病毒查杀。（2）保证电子文件内容逻辑上的准确。（3）保证电子文件的原始性：一是保存电子文件相关支持软件；二是保存原始文件的电子图像；三是保存电子文件的打印输出件或制成缩微品，因为这是最为稳妥的的永久保存方法。（4）保证电子文件的可理解性。（5）对电子文件载体进行有效的检测与维护。

9. 纸质（检察）文献电子数据化的技术规范。参照国家档案局《中华人民共和国行业标准 DA/T 31—2005 纸质档案数字化技术规范》（2005 年 4 月 30 日）规定，纸质（检察）文献电子数据化，也应符合下列技术规范：

第一，数字化对象的确定，应遵循符合国家法律法规和价值性原则。

第二，纸质（检察）文献数字化的基本环节主要包括整理、目录建库、扫描、图像处理、图像存储、数据质检、数据挂接、数据验收、数据备份、成果管理等步骤。

第三，在扫描之前，根据（检察）文献管理情况，按下述步骤对其进行

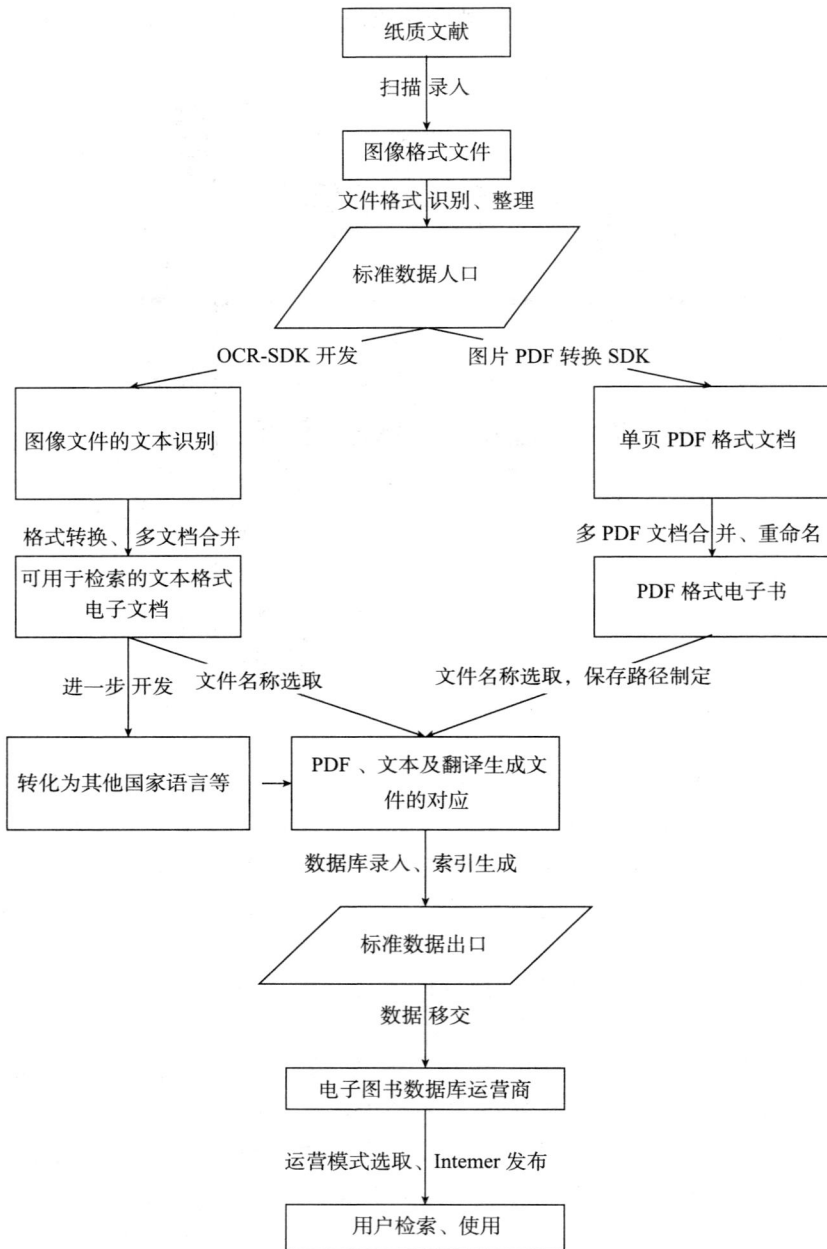

图 228　纸质（检察）文献电子数据化系统流程示意图

适当整理，并视需要作出标识，确保（检察）文献数字化质量：一是目录数据准备。即按照《文献著录总则》（1984 年 4 月》等要求，规范（检察）文献中的目录内容。包括确定（检察）文献目录的著录项、字段长度和内容要求。如有错误或不规范的案卷题名、文件名、责任者、起止页号和页数等，应进行修改。二是拆除装订。在不去除装订物情况下，影响扫描工作进行的（检察）文献，应拆除装订物。拆除装订物时应注意保护（检察）文献不受损害。三是区分扫描件和非扫描件。四是页面修整。五是（检察）文献整理登记。六是装订。

第四，确定扫描方式：页面为黑白两色，并且字迹清晰，不带插图的（检察）文献，可采用黑白二值模式进行扫描；页面为黑白两色，但字迹清晰度差或带有插图的（检察）文献，以及页面为多色文字的（检察）文献，可采用灰度模式扫描；页面中有红头、印章或插有黑白照片、彩色照片、彩色插图的（检察）文献，可视需要采用彩色模式进行扫描。

第五，确定扫描分辨率。扫描分辨率参数大小的选择，原则上以扫描后的图像清晰、完整、不影响图像的利用效果为准。

第六，要对图像偏斜度、清晰度、失真度等进行检查。发现不符合图像质量要求时，应重新进行图像的处理。

第七，对图像页面中出现的影响图像质量的杂质如黑点、黑线、黑框、黑边等应进行去污处理。处理过程中应遵循在不影响可懂度的前提下展现（检察）文献原貌的原则。

第八，确定存储格式：采用黑白二值模式扫描的图像文件，一般采用 TIFF（G4）格式存储；采用灰度模式和彩色模式扫描的文件，一般采用 JPEG 格式存储。存储时的压缩率的选择，应以保证扫描的图像清晰可读的前提下，尽量减小存储容量为准则；提供网络查询的扫描图像，也可存储为 CEB、PDF 或其他格式。

第九，应按照《文献著录总则》的要求进行著录，建立（检察）文献目录数据库。

第十，数据验收、备份。为保证数据安全，备份载体的选择应多样化，可采用在线、离线相结合的方式实现多套备份，并注意异地保存。

第十一，应加强对纸质（检察）文献数字化成果的管理，确保其安全、完整和长期可用。纸质（检察）文献数字化成果提供网上检索利用时，应有制作单位的电子标识，并根据具体情况分别采用可下载或不可下载的数据格式。

（二）电子数据检察文献的纸质书本化

随着电子计算机、互联网的普及应用，电子出版物及其电子检察出版物逐渐增多。

另外，据新闻出版总署《电子出版物出版管理规定》（2008 年 2 月 21 日）规定，电子出版物是指以数字代码方式，将有知识性、思想性内容的信息编辑加工后存储在固定物理形态的磁、光、电等介质上，通过电子阅读、显示、播放设备读取使用的大众传播媒体，包括只读光盘（CD - ROM、DVD - ROM 等）、一次写入光盘（CD - R、DVD - R 等）、可擦写光盘（CD - RW、DVD - RW 等）、软磁盘、硬磁盘、集成电路卡等，以及新闻出版总署认定的其他媒体形态（第 2 条）；国家对电子出版物出版活动实行许可制度；未经许可，任何单位和个人不得从事电子出版物的出版活动（第 5 条）。另据新闻出版总署有关资料统计显示，截止到 2012 年底，我国有诸如人民、中华书局、《中国学术期刊（光盘版）》电子杂志社有限公司、人民法院电子音像出版社、商务印书馆电子音像出版中心、万方数据电子出版社、中国人民公安大学出版社电子音像分社、中国检察出版社电子音像出版中心等 264 家电子出版物出版单位。其中，中国学术期刊光盘版电子杂志社连续编辑、出版、发行的《中国学术期刊——政治军事与法律辑》、《中国公检法知识仓库》、《中国博士学位论文全文数据库》、《中国优秀法律学术论文集全文数据库》、《中国优秀硕士学位论文全文数据库》中，就包括许多有关检察理论和实践的学术论文，特别是其中的检察硕士、博士论文。

此外，电子数据检察文献的纸质化，就是利用计算机、互联网、打印机、复印机、装订机及其技术，将出版发行的电子数据检察文献纸质、书本化的过程。因此，其特点是便于携带阅读，有利于传统纸质阅读者利用，也可丰富馆藏纸质检察文献品种。例如，2011 年，国家检察官学院图书馆就尝试将《检警关系论》（种松志，中国政法大学 2006 年度博士学位论文），《构建检察引导侦查制度之思考》（王苏，南京师范大学 2007 年度硕士学位论文）等电子出版物纸质书本化。

四、检察文献的分类

（一）概述

所谓检察文献分类，亦称检察文献编目，[①] 是指根据检察文献的学科属性

[①] 所谓文献编目，是指"图书馆及文献信息机构对所收藏的文献按照相应的规则和方法进行有序著录，制成款目，并通过文献标引组织成目录的活动过程。文献编目工作包括文献著录、文献标引和目录组织"（参见于友先等主编：《中国大百科全书》（第 2 版），中国大百科全书出版社 2009 年版，第 23～311 页）。

以及其他有检索意义的特征，采用特定的文献分类法中的分类号对其揭示的过程。

另外，我国近现代文献分类法，主要有：杜定友编的《世界图书分类法》，王云五编的《中外图书统一分类法》（商务 1934），刘国钧编的《中国图书分类法》（南京金陵大学图书馆 1936 年印行），皮高品编的《中国十进分类法》，中国人民大学图书馆编的《中国人民大学图书馆图书分类法》（简称《人大法》，中国人民大学 1954），中小型图书馆图书分类表小组编的《中小型图书馆图书分类表草案》（简称《中小型表》，北京图书馆 1957），中国科学院图书馆编的《中国科学院图书馆图书分类法》（简称《科图法》，科学 1957），武汉大学图书馆编的《武汉大学图书分类法》（简称《武大法》，湖北人民 1959），《中国图书馆图书分类法草案》（简称《大型法》，中国图书馆图书分类法编辑委员会 1964 年编印），北京图书馆、中国科学技术情报所等单位共同编的《中国图书馆分类法》（简称《中图法》，书目文献 1990），《中国图书资料分类法》（科学技术 1975）等；而目前运用较普遍的是《中图法》（第 5 版），《中国图书资料分类法》（第 4 版）（如图 229 所示）。

图 229　左上起：《中外图书统一分类法》，《中国图书分类法》，《中国人民大学图书馆图书分类法》，《中小型图书馆图书分类表草案》，《中国科学院图书馆图书分类法》，《武汉大学图书分类法》，《中国图书馆图书分类法草案》，《中国图书馆分类法》初版与第 5 版（北京图书馆 2010），《中国图书资料分类法》初版与第 4 版（科技文献 2002）

此外，检察文献分类，通常包括检察文献分析、主题标引、著录、加工等步骤。

所谓文献分析，"又称'主题分析'。对文献主题内容进行分析的工作，是文献的分类标引和主题标引的重要工作步骤"。①

所谓文献主题标引，是指"通过对文献进行主题分析，选用检索词语（标题词、叙词、关键词、人名、地名等）用以揭示文献内容的过程。包括两个步骤，即主题分析与概念转换为词"。② 为此，中国文献工作标准化技术委员会第六分会主持制订了以下文献主题标准规则：《文献著录总则》（GB3792.1-83，1983年7月2日发布，1984年4月起实施），《普通图书著录规则》（GB3792.2-85，1985年1月31日发布，同年10月起实施），《连续出版物著录规则》（GB3792.3-85，1985年2月12日发布，同年10月起实施），《非书资料著录规则》（GB3792.4-85，1985年2月12日发布，同年10月起实施），《档案著录规则》（GB3792.5-85，1985年5月10日发布，1986年1月起实施），《地图资料著录规则》（GB3792.6-86，1986年6月19日发布，1987年1月起实施），《古籍著录规则》（GB3792.7-87，1987年1月3日公布，同年10月起实施），《乐谱著录规则》（1991年5月征求意见稿）。

所谓文献著录，是指"编制文献目录时对文献形式特征和内容特征进行分析，选择和记录的过程"。③

所谓文献加工，是指"图书情报机构对采集到的文献进行整理，使其处于可利用状态的过程。包括文献的验收、登记、分类、编目、装订、加固、贴书标与书袋卡、入库上架、修复等一系列作业"。④

（二）检察文献分类规则

无疑，管理典藏检察文献的关键，是对所收集的检察文献进行分类；而做好检察文献分类工作的前提和关键，是确定符合检察文献特点和本馆实际情况的分类方法。为此，2011年4月，根据《中国图书馆分类法》（第5版），《中国图书资料分类法》（第4版）的规定，结合检察文献和图书馆馆藏特点，由本人拟定的《国家检察官学院图书分类规则》（2011年4月12日颁布施行），可作为当前检察文献的分类规则：

1. 世界（法学）检察学文献分类规则：

---

① 参见王邵平等编：《图书情报词典》，汉语大词典出版社1990年版，第122页。
② 参见于友先等主编：《中国大百科全书》（第2版），中国大百科全书出版社2009年版，第23~317页。
③ 参见于友先等主编：《中国大百科全书》（第2版），中国大百科全书出版社2009年版，第23~312页。
④ 参见王邵平等编：《图书情报词典》，汉语大词典出版社1990年版，第124页。

D916.3	检察学与检察制度	（含检察理论、检察法、检察机关、检察人员、检察文献等）世界、地区或两个国家以上的检察学与检察制度问题入此。切记不凭书名意义归类的图书分类基本原则。例如，朱孝清的《检察学》不宜入此，宜分入"D926.3"；而樊崇义的《域外检察制度研究》宜入此，不宜分入"D926.3"；何家弘的《检察制度比较研究》宜入此，不宜分入"D926.3"。同时，还应注意对《中图法》辅助表的充分利用。
D916.3	法律监督、检察监督总论问题	
D916.300.1	法律监督	
D916.300.2	检察监督	一般监督、最高监督等入此。
D916.301	检察机关	检察机关的宪法地位、组织结构等入此，并注意复分。
D916.301.11	检察委员会	
D916.301.12	检察机关接受监督问题	
D916.301.121	检察机关内部监督	检察机关纪检监察工作，监督督察等入此。
D916.301.122	检察机关外部监督	
D916.301.122.1	权力机关对检察机关的监督	
D916.301.122.2	其他组织检察机关的监督	检察审查委员会等入此。
D916.301.2	检察机关的职权（检察权）及相关问题	总论检察权、行使检察权的基本原则等入此。
D916.301.21	职务犯罪侦查权及相关问题	
D916.301.211	举报与初查	
D916.301.211.1	举报	
D916.301.211.2	初查	

D916.301.212	反贪污贿赂（经济检察）检察及相关问题	
D916.301.213	渎职侵权（法纪检察）检察及相关问题	
D916.301.22	批准或决定逮捕权及相关问题	
D916.301.23	诉讼监督权及相关问题	审检关系、司法监督、审判监督、检察监督等入此。
D916.301.231.1	检察建议	
D916.301.231.2	"三大诉讼"公诉	
D916.301.231.3	"三大诉讼"抗诉	
D916.301.231.4	其他诉讼监督方式	
D916.301.232	刑事诉讼监督权（刑事检察）及相关问题	
D916.301.232.1	侦查监督权及相关问题	
D916.301.232.11	立案监督及相关问题	
D916.301.232.12	检警关系及相关问题	检察引导侦查等入此。
D916.301.232.2	公诉权及相关问题	公诉工作等入此。
D916.301.232.21	量刑建议及相关问题	
D916.301.232.22	不起诉及相关问题	
D916.301.232.23	免予起诉及相关问题	
D916.301.232.3	控告申诉检察及相关问题	
D916.301.232.31	控告检察及相关问题	
D916.301.232.32	申诉检察及相关问题	
D916.301.232.33	检察机关刑事赔偿及相关问题	
D916.301.232.4	刑罚执行监督权及相关问题	监所检察工作等入此。
D916.301.232.41	死刑监督及相关问题	

D916.301.232.5	未成年人刑事检察及相关问题	
D916.301.233	民事行政诉讼监督权及相关问题	公益诉讼、民行抗诉等入此。
D916.301.233.1	民事诉讼监督权及相关问题	民事检察工作、民事公诉、民事抗诉、民事公益诉讼等入此。
D916.301.233.2	行政诉讼监督权及相关问题	行政检察工作、行政公诉、行政抗诉、行政公益诉讼等入此。
D916.301.24	职务犯罪预防及相关问题	
D916.301.25	劳教、留置盘查、强制戒毒、收容审查等行政活动法律监督	
D916.301.26	检察文书	
D916.301.27	检察技术	检察机关的勘验检查、司法鉴定、法医、刑事照相等入此。
D916.301.28	检察机关其他法律监督权及相关问题	检察解释权等入此。
D916.301.3	检察业务管理机制	业务考核、案件管理等入此。
D916.301.4	检察信息化建设	
D916.301.41	检务公开	
D916.301.5	检察档案管理	
D916.301.6	有关检察机关的其他问题	
D916.302	检察官制度（检察人员）总论	检察官的选任、考核、奖惩、晋升、培训、保障等入此。
D916.302.1	御史制度	
D916.302.2	检察官职业道德	
D916.302.3	检察长	
D916.302.4	检察机关书记员	
D916.302.5	检察机关司法警察	
D916.303	检察制度改革	

D916.304	有关检察制度或工作的解释、案例、法规汇编、业务指导	
D916.305	检察制度史	
D916.305.1	检察年鉴	依世界地区表分。
D916.305.2	检察志	依世界地区表分。
D916.306	检察文化	检察文献、回忆录、摄影等入此。
D916.307	各国检察制度	依世界地区表分。
D916.308	国际条约中的检察规定	

2. 中国（法学）检察学文献分类规则：

D926.3	中国法律监督、检察监督总论问题	
D926.300.1	法律监督	
D926.300.2	检察监督	一般监督、最高监督等入此。
D926.300.21	名人论检察	
D926.301	检察机关	检察机关的宪法地位、组织结构等入此，并注意复分。
D926.301.11	检察委员会	
D926.301.12	检察机关接受监督问题	
D926.301.121	检察机关内部监督	检察机关纪检监察工作、监督督察等入此。
D926.301.122	检察机关外部监督	
D926.301.122.1	权力机关对检察机关的监督	
D926.301.122.2	其他组织检察机关的监督	
D926.301.2	检察机关的职权（检察权）及相关问题	总论检察权、行使检察权的基本原则等入此。

D926.301.21	职务犯罪侦查权及相关问题	
D926.301.211	举报与初查	
D926.301.211.1	举报	
D926.301.211.2	初查	
D926.301.212	反贪污贿赂（经济检察）检察及相关问题	
D926.301.213	渎职侵权（法纪检察）检察及相关问题	
D926.301.22	批准或决定逮捕权及相关问题	
D926.301.23	诉讼监督权及相关问题	审检关系、司法监督、审判监督、检察监督等入此。
D926.301.231.1	检察建议	
D926.301.231.2	"三大诉讼"公诉	
D926.301.231.3	"三大诉讼"抗诉	
D926.301.231.4	其他诉讼监督方式	
D926.301.232	刑事诉讼监督权（刑事检察）及相关问题	
D926.301.232.1	侦查监督权及相关问题	
D926.301.232.11	立案监督及相关问题	
D926.301.232.12	检警关系及相关问题	检察引导侦查等入此。
D926.301.232.2	公诉权及相关问题	公诉工作等入此。
D926.301.232.21	量刑建议（或求刑）及相关问题	
D926.301.232.22	不起诉及相关问题	
D926.301.232.23	免予起诉及相关问题	
D926.301.232.3	控告申诉检察及相关问题	
D926.301.232.31	控告检察及相关问题	
D926.301.232.32	申诉检察及相关问题	

D926. 301. 232. 33	检察机关刑事赔偿及相关问题	
D926. 301. 232. 4	刑罚执行监督权及相关问题	监所检察工作等入此。
D926. 301. 232. 41	死刑监督及相关问题	
D926. 301. 232. 5	未成年人刑事检察及相关问题	
D926. 301. 233	民事行政诉讼监督权及相关问题	公益诉讼、民行抗诉等入此。
D926. 301. 233. 1	民事诉讼监督权及相关问题	民事检察工作、民事公诉、民事抗诉、民事公益诉讼等入此。
D926. 301. 233. 2	行政诉讼监督权及相关问题	行政检察工作、行政公诉、行政抗诉、行政公益诉讼等入此。
D926. 301. 24	职务犯罪预防及相关问题	
D926. 301. 25	劳教、留置盘查、强制戒毒、收容审查等行政活动法律监督	
D926. 301. 26	检察文书	
D926. 301. 27	检察技术	检察机关的勘验检查、司法鉴定、法医、刑事照相等入此。
D926. 301. 28	检察机关其他法律监督权及相关问题	检察解释权等入此。
D926. 301. 3	检察业务管理机制	业务考核、案件管理等入此。
D926. 301. 4	检察信息化建设	
D926. 301. 41	检务公开	
D926. 301. 5	检察档案管理	
D926. 301. 6	有关检察机关的其他问题	
D926. 302	检察官制度（检察人员）总论	检察官的选任、考核、奖惩、晋升、培训、保障等入此。
D926. 302. 1	御史制度	

D926.302.2	检察官职业道德	
D926.302.3	检察长	
D926.302.4	检察机关书记员	
D926.302.5	检察机关司法警察	
D926.303	检察制度改革	
D926.304	有关检察制度或工作的解释、案例、法规汇编、业务指导	
D926.305	检察制度史	
D926.305.1	检察年鉴	依中国地区表分。
D926.305.2	检察志	依中国地区表分。
D916.306	检察文化	检察文献、回忆录、摄影等入此。
D926.31	最高人民检察院	
D926.32	专门人民检察院	军事、铁路运输、农垦检察院入此。
D926.33	地方各级检察院	依中国地区表分。
D926.34	港澳台检察制度	
D926.341	香港检察制度	
D926.342	澳门检察制度	
D926.343	台湾检察制度	

五、检察文献的传播和利用

（一）检察文献的传播①

1. 概念和特点。作为一种知识和信息资源以及精神产品，文献或其法学文献或其检察文献，只有在广泛传播交流中，才能真正体现其价值；而其社会和经济效益，也只能在传播交流过程中得以彰显。因此，文献包括检察文献的生命力都在于传播交流；没有传播交流，再好的文献或其检察文献也只是"死书"，而毫无价值可言。当然，目前尚未被发掘、利用的文献除外。例如，

---

① 参见李进香：《文献传播特点及规律初探》，载《图书馆工作与研究》1994 年第 4 期；李日禾：《文献传播过程、渠道、方式浅析》，载《河南省图书馆学刊》1995 年第 4 期；张莹、贾二鹏：《文献载体与文献传播》，载《科技情报开发与经济》2011 年第 34 期。

倘若没有发掘《云梦秦简》，那么，其中的《秦律十八种》、《效律》、《秦律杂抄》、《法律答问》、《封诊式》、《编年记》、《语书》、《为吏之道》、甲种与乙种《日书》等法律，就难以被人知晓、传播和利用。

作为文献或其法学文献传播的子集，检察文献传播是指在一定的社会条件下，产生于社区、群体以及人与人之间的一种检察文献互动过程，是检察文献及其所承载的检察知识信息在社会中的传递、交换和共享过程，也是使检察文献信息化，实现检察文献资源效能的过程。因此，检察文献传播是检察知识信息传播交流的一种基本的形式，包括生产、流通、服务、消费、接受等环节，并具有以下特点：

第一，它超越时空限制，具有保存性、持久性、动态性、连续性、间接性、多样性。

第二，随着书写工具的逐步发展，特别是计算机、互联网的广泛运用，检察文献传播的自动化程度加深，传播面越来越大，受众越来越多，导致传播更具公开性与普遍性。

第三，无偿和有偿传播并存，并具有不可逆性——即检察文献一经编辑出版发行进入传播渠道后，其内容即为受众阅读和接受，就再也无法追回。

第四，局限性。即检察文献传播受语言、文化程度、知识水平、作者与受众的时空分离等限制。

第五，有规律、原则可循。检察文献传播既应遵循传播与积累的互促规律、传播者与受众的互通规律、传播渠道的互补规律，也应遵循思想性、受众至上、科学性、广、快、精、准、新、开放、内外有别、社会与经济效益并重等原则。

2. 构成要素。与文献传播一样，检察文献传播也由如下"四要素"构成：①

第一，检察文献传播者。即检察文献传播活动的发动主体，包括图书馆、档案馆、博物馆、情报机构、出版发行部门、文献信息中心、图书情报档案部门的计算机中心、缩微中心等机构中从事检察文献工作的法人和自然人。因此，传播者的主要任务既要不断收集、整理、补充检察文献资源，也要努力开发检察文献资源，改进传播技术，提高传播效率，使检察文献资源极大地发挥

---

① 当然，实践中也有"三要素"、"五要素"、"六要素"、"七要素"、"八要素"诸说。

作用。为此，国务院《公共文化体育设施条例》规定，① "公共文化体育设施管理单位必须坚持为人民服务，为社会主义服务的方向，充分利用公共文化体育设施，传播有益于提高民族素质，有益于经济发展和社会进步的科学技术和文化知识，开展文明、健康的文化体育活动。任何单位和个人不得利用公共文化体育设施从事危害公共利益的活动"（第3条）；"国家鼓励企业、事业单位、社会团体和个人等社会力量举办公共文化体育设施。国家鼓励通过自愿捐赠等方式建立公共文化体育设施社会基金，并鼓励依法向人民政府、社会公益性机构或者公共文化体育设施管理单位捐赠财产。捐赠人可以按照税法的有关规定享受优惠。国家鼓励机关、学校等单位内部的文化体育设施向公众开放"（第6条）。

第二，检察文献传播渠道。它包括传统与现代化传播渠道、综合性与专业性传播渠道、直接与间接传播渠道等。其中，直接传播渠道是指传播者通过一定空间场合或时间规定让受众获得所需检察文献。例如图书馆借阅。而间接传播渠道是指传播者利用一定的机器设备对检察文献信息进行转换，或存储在一定的机器设备中，受众通过一定的机器设备或某种手段间接获得已经经过转换的文献资料。例如利用互联网检索、阅读。

第三，检察文献源。它是传播者与受众之间发生联系的媒介，也是检察文献传播的物质条件和基础。

第四，检察文献受众。检察文献受众亦称受传者，是指检察文献知识信息的接受者、利用者。而实践证明，传播者与受众之间应互相理解、互相尊重、互相关心、互相帮助、互相促进、互相支持。

3. 检察文献传播方式。它是指即检察文献传播的方式、方法，主要有以下九种：②

第一，社会流通。它是指传播者通过出版发行系统和图书馆、文献中心等社会传播机构对检察文献进行传播。其特点是规模大、范围广、受众多、影响无所不及，具有广泛的社会性。

---

① 该条例第2条规定："本条例所称公共文化体育设施，是指由各级人民政府举办或者社会力量举办的，向公众开放用于开展文化体育活动的公益性的图书馆、博物馆、纪念馆、美术馆、文化馆（站）、体育场（馆）、青少年宫、工人文化宫等的建筑物、场地和设备。本条例所称公共文化体育设施管理单位，是指负责公共文化体育设施的维护，为公众开展文化体育活动提供服务的社会公共文化体育机构。"

② 此外，还可将检察文献传播可分为非正式传播和正式传播两种。前者主要是指自我传播和个人之间的传播；后者是指由专门的传播机构进行的，它主要包括组织传播、大众传播和文献传播等。

第二，集体或区域性交流。它是指通过科学研讨会、学术会等方式对检察文献进行区域性传播。其特点是作者与受众可直接讨论、交流。

第三，个人交换。它是指在人与人之间进行的个人检察文献交换活动。其特点是带有自发性。

第四，馆际互借。它是指馆际之间的集体互借与交换。其特点是互通有无、经济、方便。

第五，直接为受众提供检察文献。它是指传播者利用直接传播渠道为受众提供检察文献。其特点是文献数量庞大、受传者众多、传播方法简便。

第六，间接为受众提供文献。它是指传播者利用间接传播渠道为受众提供检察文献。其特点是能够全面、系统地为受众提供检察文献信息，一般能满足其需求。

第七，为受众提供咨询服务。它是指传播者根据受众的询问解答咨询，或直接提供检察文献供其查阅，或提供检察文献线索供其查寻。

第八，主动传播服务。它是指受众还没有提出具本需求之前，传播者就预先主动地传播检察文献信息，指导受众掌握获取检察文献信息的方法，帮助他们提高查找和利用文献信息的能力。它又包括下列几种方式：一是分析、报导检察文献；二是翻译检察文献；三是举办书刊文献展览、展销；四是举办读书讨论会和学术报告会。

第九，现代自动化传播。它是指应用电子计算机技术和现代通讯技术，如互联网、无线电广播、电视等手段来传播检察文献信息。例如电子数据图书馆。

（二）检察文献的利用

所谓检察文献的利用，是指受众对检察文献所承载知识信息的利用。它既是对检察文献传播的接受和回应，也是把最大限度地开发和利用检察文献作为文献工作竞争力得以提高的关键，还是了解、揭示、提供知识，启动人去学习、发现、创造知识，并在实践中运用知识扩展人脑的智慧和才能——启迪和延伸人的改造客观世界和主观世界的过程。

另外，据利用者性质不同，可将检察文献的利用概分为 3 种：一是检察文献拥有和传播者的自我利用。例如，编制馆藏检察文献目录索引、撰写检察书评、编纂检察文集等。二是检察文献传播者单位进行教育、培训、科研的自我利用。三是供检察系统乃至全国、全世界检察理论和实践研究者，无偿或有偿利用。据是否收取利用费用，可将检察文献的利用概分为有偿和无偿利用种。

此外，实践中常用的检察文献利用方式有 4 种：（1）对馆藏检察文献进行校勘、目录整理，以便利用。其中，常见的校勘方法有 4 种：一是外校亦称对校，即用不同的版本，互相校正；二是内校亦称本校，即用同本书上的上、下文互相校正；贯通，即根据推究书中上、下文的意义是否贯通，从中辨别原文有无错误，加以论正；三是他校，以其他书来勘定本书；四是理校，即在对校、本校、他校的基础上，通过分析和考证，据理来推侧正误。（2）文献评价。文献评介"又称'图书评价'，'图书鉴别'。图书情报工作人员根据一定的标准和目的评判文献价值的工作"。① 例如，检察书评、文评。（3）刊布传播。例如，检察新书介绍、检察文献目录索引编制发行、检察文集的编辑出版。（4）检察文献的参考咨询。它是指具备法律及其检察专业知识和技能的图书馆员，就读者提出的涉及法律及其检察文献方面的问题提供法律及其检察文献的查找、搜集，协助或辅导他们利用馆藏检察文献知识信息的服务。其内容相当广泛，包括：帮助读者等受众解决检察文献利用上的具体问题；协助查找检察文献；辅导利用馆藏检察文献；推荐检察书目和检索工具；指导检索工具的使用；等等。

---

① 　参见王邵平等编：《图书情报词典》，汉语大词典出版社 1990 年版，第 126 页。

附录：全国检察文献中心建设缘起与构想

一、缘起

概言之，随着国家检察官学院（以下简称"学院"）的发展沿革，学院图书馆也经历了以下四个发展阶段：一是中央检察干部学院筹备组阶段（1985年至1989年3月16日）；① 二是中央检察干部学院筹备组与中国高级检察官培训中心"一套人马，两块牌子"并存阶段（1989年3月17日至1991年6月26日）；② 三是中央检察官管理学院阶段（1991年6月27日至1998年11月12日）；③ 四是国家检察官学院阶段（1998年11月13日至今）。④

而该不该把国家检察官学院图书馆（以下简称"图书馆"）建成全国检察文献中心？似乎有点明知故问。但不可否认的是，提出并确立此建设目标并落实到文件和实际行动上的，却是其成立22年之后的2010年下学期。当然，此

---

① 1985年12月23日，最高人民检察院向国家教委报送《关于建立中央检察管理干部学院的报告》；1989年3月16日，最高人民检察院决定创办"中国高级检察官培训中心"〔〔89〕高检发（教）字第6号〕。

② 1989年3月17日，中国高级检察官培训中心在北京八大处饭店（现香山南路111号）；1991年2月26日，国家教委向最高人民检察院回复《关于同意建立中央检察官管理学院的批复》（教计〔1991〕36号）。

③ 1991年6月27日，中央检察官管理学院宣布成立。

④ 1998年3月初，最高人民检察院向国家教委报送《关于中央检察官管理学院更名的请示》（〔1998〕高检办发第3号）；同年3月19日，国家教委向最高人民检察院回复《关于中央检察官管理学院更名等有关问题的通知》（教计〔1998〕16号），同意学院更名为国家检察官学院；同年7月初，最高人民检察院又向中编办报送《关于中央检察官管理学院更名的请示》（〔1998〕高检办发第21号）；同年7月22日，中编办向最高人民检察院回复《关于中央检察官管理学院更名的批复》（中编办字〔1998〕24号），也同意学院更名；1998年9月10日，江泽民同志为国家检察官学院题写院名；同年11月13日，中央政治局常委、中央政法委书记罗干，全国政协副主席、致公党中央主席罗豪才，全国政协副主席、九三学社中央副主席王文元，最高人民检察院检察长韩杼斌等中央领导出席国家检察官学院揭牌仪式。

前也有诸如"学院的图书资料室应是检察系统的图书资料中心，为全系统服务，经费应增加一点。书籍以检察业务、法律为主，又不限于这些，种类要多些，同一种书不一定买太多。图书馆可以开展一些服务业务。如整理资料、复印资料、积累资料、编辑文摘等"等蓝图设想。① 然而，基于诸多原因，把图书馆建成全国检察文献中心（以下简称"中心建设"）并未付诸实施。

——2010 年 10 月 18 日，在图书馆向学院主管院领导提交的《图书馆现状与设想》报告中提出，"把'双中心'定为图书馆目前乃至'十二·五'发展目标。所谓'双中心'，即图书馆既应成为我院乃至全国检察系统的文献信息中心，也应成为全国检察文献中心。……检察文献应成为馆藏核心。这可变不利为有利——'水不在深，有龙则灵'，也是学院及其图书馆在教育培训中的'龙头'示范辐射作用的内在要求。为此，一方面，将'以检察学为主，宪政、司法（诉讼）制度为两翼，兼顾其他法学和社会科学'，作为馆藏特色建设采购的基本原则。另一方面，把'瞻前顾后'作为馆藏特色建设采购的基本范围和策略。所谓'瞻前'，即搞好现在、将来出版（包括公开出版和内部发行）检察文献的采购工作，'一个不能少'；所谓'顾后'，即寻购、复制以往（清末、民国、建国初期、'文革'前后）已出版的检察文献，'一个都不少'"。

——2010 年 12 月 1 日，学院主管院领导在图书馆提交的《图书馆当前亟待解决的问题与明年工作构想要点》报告上，再次批示肯定"双中心"目标建设。②

——2010 年 12 月 10 日下午，最高人民检察院孙谦副检察长在与学院新领导班子座谈会议（即宣布胡卫列担任学院党委副书记、副院长的"香山会议"）上强调，既要不断树立学院在检察教育培训工作中的权威地位，也要注意收集检察文献资料、会议资料，增加新书采购量，形成学院的图书资料特色。③

——2010 年 12 月 12 日，经学院主管院领导批准，图书馆向各省和地级市人民检察院下发《最高人民检察院国家检察官学院图书馆关于征集检察文献的函》（如图 130 所示），④ 从而拉开中心建设序幕。

---

① 参见《王文元副检察长听取干部教育局、中央检察官管理学院汇报工作时的讲话要点》，载《检察机关干部教育工作文件法规汇编》，文化艺术出版社 1994 年版，第 177 页。
② 参见《国家检察官学院图书馆工作简报》（第 6 期），2010 年 12 月 3 日。
③ 参见《国家检察官学院图书馆工作简报》（第 9 期），2010 年 12 月 14 日。
④ 参见《国家检察官学院图书馆工作简报》（第 7 期），2010 年 12 月 8 日。

——2010 年 12 月 17 日下午，以落实 12 月 10 日 "香山会议" 精神为内容的院长办公会议，充分肯定 "双中心" 发展目标。①

——2011 年 1 月 13 日，在图书馆和学院办公室推动下，使最高人民检察院办公厅首次向全国检察机关印发《关于征集检察文献的通知》（高检办〔2011〕5 号，如图 130 所示）成为现实。

——2011 年 4 月 2 日，图书馆向学院主管院领导提交《关于补足未藏检察文献的可行性报告》，并得到院领导肯定。

——2011 年 5 月 10 日上午，主管院领导主持召开图书馆全体工作人员会议，再次肯定 "双中心" 建设目标。②

——2011 年 5 月 19 日上午，最高人民检察院咨询委员，老领导视察图书馆时，学院党委副书记、副院长胡卫列指出，经最高人民检察院领导同意，学院决定在 "十二·五" 期间把图书馆建成名副其实的 "全国检察文献中心"，为全国检察理论研究提供优质服务。③

——2011 年 5 月 24 日上午，最高人民检察院孙谦副检察长在视察学院图书馆时指出："图书馆要加强检察特色馆藏建设，特别要重视对检察志、检察年鉴等检察文献的收集，要尽量收齐"；"可通过社科院法学所、南京大学法学院等图书馆，收集、复制一些"；"必须舍得花点钱，搞特色馆藏建设花点钱也是值得的。"④

——2011 年 6 月 9 日，图书馆再以学院名义，向各省级、副省级检察院下发《国家检察官学院图书馆关于征集检察文献的函》。

——2011 年 9 月 8 日，图书馆在向学院提交的《国家检察官学院图书馆 "十二五" 发展规划》中，明确提出 "十二五" 期间，"把学院图书馆检察全国检察文献中心" 作为建设目标……

——2012 年 1 月 6 日，经最高人民检察院批准的《国家检察官学院 "十二五" 时期发展规划》明确提出："大力加强图书馆建设，进一步突出馆藏特色，规划期内要力争收齐各类中文检察文献，有计划地收集、收藏有代表性的国外检察文献，努力建成全国检察文献资料中心；积极推进图书馆数字化、网络化建设，探索构建'基层检察院电子图书馆'，为检察系统提供更好的检察文献服务……"

---

① 参见《国家检察官学院图书馆工作简报》（第 16 期），2011 年 1 月 14 日。
② 参见《国家检察官学院图书馆工作简报》（第 10 期），2010 年 12 月 17 日。
③ 参见《国家检察官学院图书馆工作简报》（第 39 期），2011 年 5 月 19 日。
④ 参见《国家检察官学院图书馆工作简报》（第 42 期），2011 年 5 月 24 日。

二、构想

1. 国家检察官学院图书馆《关于补足未藏检察文献的可行性报告》（**2011** 年 **4** 月 **2** 日，节录）

一、馆藏检察文献简况

（一）已藏检察文献的现状与不足（略）

（二）未藏检察文献特点（略）

二、补足未藏检察文献的实施方案

（一）现实意义（略）

（二）指导思想（略）

（三）具体设想

1. 补足方式：

第一，必须坚决贯彻落实"瞻前顾后"、"一个都不能少"的馆藏特色建设方针……

第二，必须从"从现在做起，从我做起"，早补比晚补强。否则，今天的检察文献，也会变成明天的检察文物。同时，补足检察文献不仅要考虑其必要支出，更要考虑其社会、学术价值乃至文物的保值增值特性和"母鸡"功效……

第三，以自寻、自购、复制为主，捐赠、缴送为辅……既要关注公开出版的检察文献，更要关注内部编辑出版的检察文献。

第四，筹备并每年定期召开"全国检察文献工作会议"，使各级各类检察机关向学院图书馆缴送检察文献机制，得以迅速确立并良性发展。

第五，考虑我馆人手不足、精力有限等因素，可以向社会公开招标的方式，选定一家或几家能够提供代寻、复制检察文献的合法公司，代为补足未藏检察文献工作。

2. 补足重点。在坚决贯彻落实"瞻前顾后"、"一个都不能少"馆藏特色建设方针的同时：

第一，应以 1949 年前出版的为主，1949—1988 年间出版的为辅，尽早避免"检察文献"变成"检察文物"情形的进一步扩大。

第二，应以检察硕博士论文、理论著述为主，兼顾检察志、检察年鉴、检察机关内部规范性文件等资料性检察文献，从而为全国检察理论研究以及检察立法、司法实践提供文献支撑、服务。

第三，应借助"香山会议"和 20 周年院庆之机，补足目前易寻易购检察文献，从而凸显学院图书馆乃全国检察文献中心的地位、作用；同时，这也是学院 20 年发展的特色、亮点之一。

第四，应借助高检院办公厅下发《关于征集检察文献的通知》（高检办字〔2011〕5 号）之机，首先补足各省及其省会城市所编辑出版的检察志、检察年鉴，而后补足目前易寻易购的其他检察年鉴、检察志等检察文献。

3. 补足步骤：

第一，力争 2011 年底，补足各省级及其省会城市之检察志、检察年鉴，以及其他易寻易购检察年鉴、检察志。目前，经征集、高检档案处支持，已有 22 个省级院检察志为我馆藏。

第二，力争 2012 年底，补足清末、民国以及 1949—1988 年间公开出版检察文献的 80%。

第三，力争 2013 年底前，补足检察硕博士论文的绝大多数，特别是 1978 年后通过答辩的硕博论文，进而提高馆藏检察文献的学术种类、品味。

第四，力争在"十二五"期间，补足未藏检察文献的 4/5，特别要补齐公开出版检察文献的 90% 以上。

第五，实时补足已发现、易采购、未馆藏的其他检察文献，尤其是内部和"文革"期间编辑出版的检察文献，并使之长效化。

因此，倘若经过 5 年（2011—2015 年）卓有成效的补足工作，力争到 2015 年，使我馆逐步成为名副其实的全国检察文献中心。

4. 补足所需经费。补足未藏检察文献需资金 240 万元左右。而资金的主要来源：一是向高检院申请专项经费；二是争取检察基金会等社会赞助；三是由学院自行承担。

2.《国家检察官学院图书馆"十二五"时期发展规划实施方案》（2012 年 2 月 28 日国家检察官学图书馆全体会议讨论通过，节录）

第一章　制定根据（略）
第二章　主要任务——7 项

一、主持任务（3 项）

第一，"大力加强图书馆建设，进一步突出馆藏特色。规划期内要力争收齐各类中文检察文献，有计划地收集、收藏有代表性的国外检察文献，努力建成全国检察文献资料中心"——收集。

第二，"以现代技术和科学管理为手段，积极推进图书馆数字化网络化建设，提高检察文献的利用率和服务水平"——转换。

第三，"探索构建基层检察院电子图书馆，为检察系统提供更好的检察文献服务"——利用。

二、协助任务（4 项）

第四，协助教务部、各教研室、办公室、电化教学部继续推进"四库"建设——"四库"文献馆藏管理。

第五，协助科研部、各教研室、教务部做好检察改革热点、难点问题和疑难案例的收集——检察事务决策、咨询文献收集、管理。

第六，协助电化教学部、办公室、教务部、总务部全面推进信息化建设——数字化检察文献网络服务之通道建设。

第七，协助电化教学部、总务部、教务部、办公室、教研部加强教学和学员自动化管理系统建设——图书馆工作网络化建设。

第三章　总体思路——"三加强，一树立"

一加强收集，即加强馆藏检察文献特色建设，努力把国家检察官学院图书馆（简称"图书馆"）"建成全国检察文献资料中心"；二加强转换，即加强对所收集检察文献的数字化转换；三加强利用，即探索构建基层检察院电子图书馆，为检察系统提供数字化检察文献网络服务。同时，树立"一盘棋"思想，协助电化教学部、办公室、教务部、教研室、总务部完成协助任务。

第四章　实施环境——有利条件和不利因素（略）
第五章　本方案实施前提与基础——需院党委帮助解决的问题（略）
第六章　实施步骤与时间节点

2012 年做好各项准备工作；2013—2015 年，采取先易后难、先补购后转换、"瞻前顾后"等策略，有计划、有目的地稳步推进中心建设。

（一）2012 年度——准备

第一步：检察文献阅览室、办公室、协助院党委提出"学院图书馆工作委员会"（以下简称"委员会"）组建方案，以及《检察文献阅览室岗位职责》，《"中心建设"所需的必要资金预算方案》和《"中心建设"实施细则》的起草、制定工作（2012 年上学期：3—4 月，即节点时间，下同）。

第二步：摸清现馆藏检察文献家底。采编室、检察文献阅览室负责检察图书清理，并编辑《国家检察官学院现馆藏法学（检察）图书目录》；报刊阅览室、检察文献阅览室负责报刊清理，并编辑《国家检察官学院现馆藏法学（检察）报刊目录》（亦即《投稿指南》）；检察文献阅览室负责起草《国家检察官学院现馆藏检察文献之特点》，以便"委员会"决策参考。办公室、典藏阅览室、电子阅览室协助（2012 年上学期：3—5 月）。

第三步：坚持检察文献"一个都不能少"的馆藏方针，摸清未藏而欲购检察文献底数。检察文献阅览室、采编室，可利用旧新中国《全国总书目》、《中国法学古籍书目》、《民国时期总书目（法学）》、《中国法学图书目录》、

《中国法律图书总目》、《全国内部发行图书总目》、《法学法律图书联合目录》等工具书，尽量摸清清末、民国、1949—1988 年间所编辑出版检察图书底数，并编辑《国家检察官学院未藏检察图书目录》。检察文献阅览室、采编室，可通过国家图书馆、著名法学院校、《中国知网》摸清未藏而欲购检察硕士、博士论文底数，并编辑《中国检察硕士、博士论文目录》。检察文献阅览室，报刊阅览室，可利用《中国主要报刊名录（1815—1949）》、《中国近代报刊名录》、《中国报刊名录》、《法学论文目录集》、《法学文章目录索引》等工具书，一是尽量摸清清末、民国、1949—1988 年间所编辑出版法学（检察）报刊底数，并编辑《国家检察官学院未藏法学（检察）报刊目录》。二是尽量摸清清末、民国、1949—1988 年间报刊所刊载检察论文底数，并编辑《国家检察官学院未藏检察论文索引》。检察文献阅览室、采编室，可通过国家图书馆、著名法学院校、外事部门等，摸国外著名检察文献底数，并编辑《国外著名检察文献目录》。检察文献阅览室负责起草《国家检察官学院未藏检察文献之特点》，为中心建设之收集、转换、利用、资金、场地、人员等配置，实施提供客观依据，共"委员会"决策参考（2012 年全学年：1—12 月）。

（二）2013—2015 年度——实施

2013 年：收集全面启动

检察文献阅览室、采编室，根据《国家检察官学院未藏检察图书目录》，《中国检察硕士、博士论文目录》，通过网购、复制等途径，依次全面收集下列检察图书：各类检察志和检察年鉴；检察硕博论文；检察专著；检察法规；一般性检察著作。先公开出版，后内部发行（2013 年 1—12 月）。

检察文献阅览室、报刊阅览室，根据《国家检察官学院未藏法学（检察）报刊目录》，通过网购，复制等途径，依次全面收集下列检察报刊：先公开出版、后内部发行；整体式检察报刊；附着式检察论文（2013 年 1—12 月）。

2014 年：数据化转换全面启动

通过与"阿帕比"，"法律门"和"中国知网"等公司合作：我们为他们提供纸质检察文献，他们为我们提供"优阅"等数字化产品。同时，联合组建《中国检察文献网》，利益共享（2014 年 1—12 月）。

2015 年：网络服务全面启动（如图 230 所示）

利用身份加密认证等措施，通过互联网、法律门网、中国知网、学院局域网、检察专线网，将数据化检察文献有偿提供给全国检察系统使用（2015 年 1—12 月）。

第七章　配合中心建设的附带工作、产品（略）

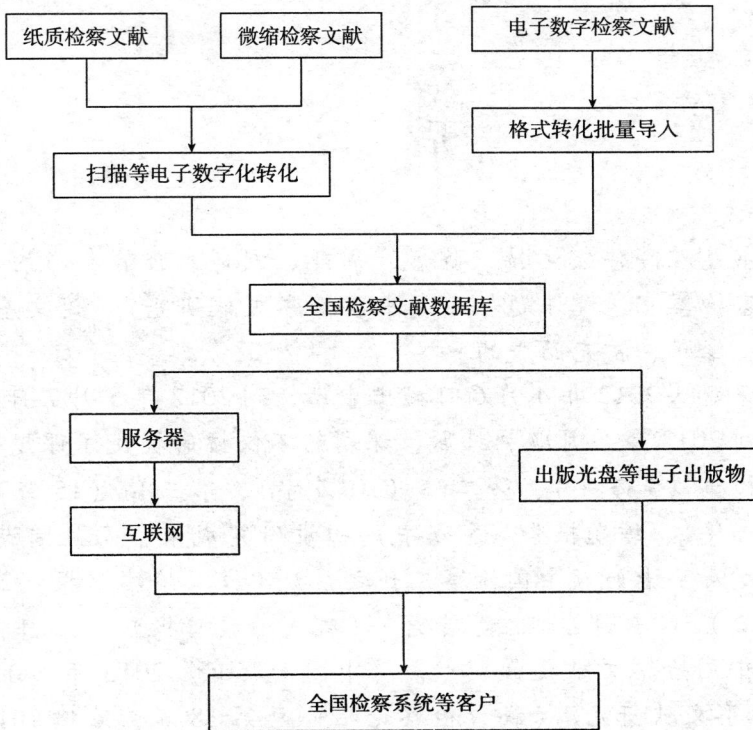

```
┌──────────────┐  ┌──────────────┐        ┌──────────────────┐
│  纸质检察文献  │  │  微缩检察文献  │        │  电子数字检察文献  │
└──────────────┘  └──────────────┘        └──────────────────┘
              │                                      │
              ▼                                      ▼
     ┌────────────────────┐              ┌────────────────────┐
     │  扫描等电子数字化转化  │              │   格式转化批量导入    │
     └────────────────────┘              └────────────────────┘
                        │                      │
                        ▼                      ▼
              ┌────────────────────────┐
              │    全国检察文献数据库     │
              └────────────────────────┘
                   │                    │
                   ▼                    ▼
          ┌──────────┐          ┌──────────────────────┐
          │  服务器   │          │  出版光盘等电子出版物   │
          └──────────┘          └──────────────────────┘
               │                           │
               ▼                           │
          ┌──────────┐                     │
          │  互联网   │                     │
          └──────────┘                     │
               │                           │
               └────────────┬──────────────┘
                            ▼
              ┌────────────────────────┐
              │    全国检察系统等客户     │
              └────────────────────────┘
```

图 230　全国检察文献中心网络服务示意图

后 记

本书是在薛伟宏主持，陈晨、周萍、刘婷、孙静参与的"2012年度国家检察官学院课题——《中国检察文献研究》"论文基础上，经调整、修正、扩充而成的。

原课题从2012年4月6日提出申请，到2012年5月7日批准立项，再到2013年5月顺利结题，课题组不仅按时提交了课题论证申请书与初稿（5万字）、第二稿（10万字）、第三稿（15万字复印装订结集稿）、结题报告（5万字）初步研究成果，而且圆满结项，并公开发表了诸如《中国检察期刊之最》（载《检察日报》2013年4月19日）、《中国首部检察专著》（载《检察日报》2013年7月19日）、《中国检察文献之最》（载《中国检察官》2013年第11期）、《中国检察文献研究》（载《检察论丛》总第18卷，法律2013）等论文。而这些，既坚定了正式出版信心，也奠定了最终成书之蓝图、精华。

随后，在课题组成员，以及王卫星博士、聂利民检察长、吴文嫔副教授和付长翠、郑导、薛丛、苏弘等同仁的灼见、笔耕之下，我国首部检察文献理论专著——《中国检察文献研究》瓜熟蒂落。

诚如毛泽东主席所云："人的正确思想是从哪里来的？是从天上掉下来的吗？不是。是自己头脑里固有的吗？不是。人的正确思想，只能从社会实践中来。"但倘若没有图书、报刊等文献的客观载体，再正确的思想乃至人类文明，也都会灰飞烟灭、荡然无存。因此，在实现中华民族伟大复兴的中国梦，推进法治中国建设的伟大征程中，本书定能彰显些许作用！因为，法学及其检察学文献的优劣多寡，是一国法制（治）建设兴衰的晴雨表；而倡行法（治）制建设，无疑也是创新社会治理体制的不二法门。

　　当然，在我们"王婆卖瓜"而欣慰付梓之际，由衷感谢中国检察出版社社长阮丹生博士的慧眼识珠、鼎力相助，由衷感谢李健主任和颜雷同志的卓越编辑，更由衷感谢指出本书不足甚至错误并欣然倾囊购阅的广大读者！

　　再版的《中国检察文献研究》会更美好！

主　编

2014 年 2 月 20 日

于国家检察官学院

图书在版编目（CIP）数据

中国检察文献研究/薛伟宏，杨迎泽主编. —北京：中国检察出版社，2014.4
ISBN 978 - 7 - 5102 - 1154 - 6

Ⅰ. ①中… Ⅱ. ①薛… ②杨… Ⅲ. ①检察机关 – 工作 – 文献 – 研究 – 中国
Ⅳ. D926.3

中国版本图书馆 CIP 数据核字（2014）第 036829 号

中国检察文献研究

薛伟宏　杨迎泽　主编

出版发行：中国检察出版社
社　　址：北京市石景山区香山南路 111 号（100144）
网　　址：中国检察出版社（www.zgjccbs.com）
电　　话：(010)88685314(编辑)　68650015(发行)　68650029(邮购)
经　　销：新华书店
印　　刷：三河市西华印务有限公司
开　　本：720 mm×960 mm　16 开
印　　张：29.5 印张
字　　数：538 千字
版　　次：2014 年 4 月第一版　　2014 年 4 月第一次印刷
书　　号：ISBN 978 - 7 - 5102 - 1154 - 6
定　　价：75.00 元